Engadin und Südbünden

mit Val Müstair, Puschlav, Bergell und Via Engiadina

Wolfgang Heitzmann

DER AUTOR

Wolfgang Heitzmann • lernte als Tourismusberater viele europäische Regionen intensiv kennen. Der gebürtige Oberösterreicher ist Mitbegründer des Nationalparks Kalkalpen, organisierte überregionale Kulturprojekte und gestaltete zahlreiche Themenwege. Heute ist er in der Verlagsbranche tätig. Neben Beiträgen für diverse Medien verfasste er bisher über 80 Bücher, die z. T. auch in Übersetzungen vorliegen. Bei KOMPASS erschienen u. a. Wander- und Radführer über das Berner Oberland und das Wallis, Bayern, Tirol, Südtirol und die Dolomiten, Kärnten, Ober- und Niederösterreich, aber auch über Nationalparks und die Mittelmeerinsel Mallorca.

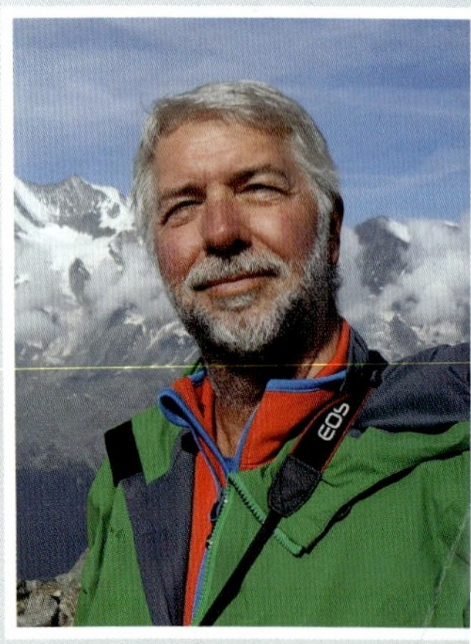

VORWORT

„Gesehen habe ich viele Landschaften und gefallen haben mir beinahe alle, aber zu schicksalhaft mir zugedachten, mich tief und nachhaltig ansprechenden, allmählich zu kleinen Heimatländern aufblühenden wurden mir nur ganz wenige, und wohl die schönste, am stärksten auf mich wirkende von diesen Landschaften ist das obere Engadin.“

Diese Zeilen von Hermann Hesse fügen sich in eine lange Reihe literarischer Bekenntnisse, die von der Schönheit der 100 Kilometer langen Alpenlandschaft zwischen dem „Ostkap“ der Schweiz, dem rechts abgebildeten Piz Bernina und dem Bergell künden. Man wird dort also viele Spuren kulturschaffender Einheimischer und Gäste finden. Vor allem aber wird man ihre Begeisterung über diese einzigartige Natur- und Kulturlandschaft teilen – vor allem dann, wenn man die Wanderschuhe schnürt und losmarschiert. Ein weite
Netz perfekt gepflegter Wanderweg
ermöglicht unterschiedlichste Tou
ren – von den einzigartigen Dörfer
im Unterengadin bis zur Urnatur i
Schweizerischen Nationalpark, vo
Promenadenweg um den St. Moritz
See bis zum Gletscherrand, von de
Schienen der Rhätischen Bahn bis z
hohen Aussichtsgipfeln, von der V
Panoramica im Angesicht der Berge
ler Granitzacken bis zur Via Engiadin
auf der man die Landschaft 140 Kil
meter weit geniesst.

Wer weiss, vielleicht geht es Ihne
dort wie dem Komponisten Richar
Strauss, der 1947 festhielt: „Es gibt nu
ein Engadin auf der ganzen Welt, wi
sind hier restlos begeistert und schlür
fen die Luft der Gemsen wie französi
schen Champagner!“

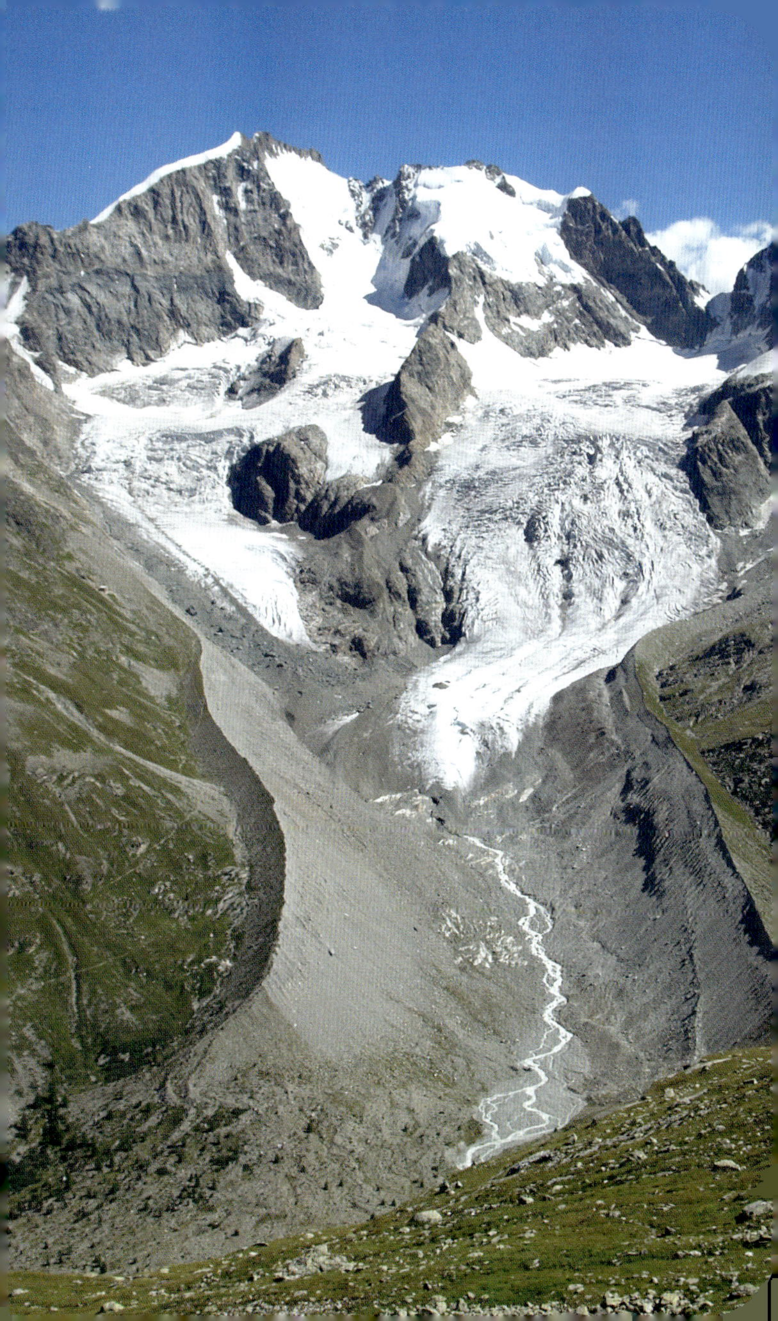

INHALT UND TOURENÜBERSICHT

AUFTAKT

ANHANG

km	h	hm	hm									Karte
12,6	3:30	500	500	✓	✓		✓				✓	24
11,8	3:00	350	350	✓	✓		✓				✓	24
25,3	8:45	1250	1250	✓	✓		✓				✓	24
11,3	4:15	650	650	✓	✓		✓				✓	24
15,3	9:30	1750	1750	✓	✓		✓	✓			✓	24
23	6:00	560	560	✓	✓		✓		✓		✓	37
5,8	3:45	650	650	✓	✓		✓					37
10,5	4:30	750	750	✓	✓	✓	✓	✓				24
8,4	3:00	300	300	✓	✓		✓				✓	24
13,8	4:00	380	560	✓	✓		✓				✓	24
21,4	6:30	1350	1400	✓	✓		✓				✓	24
17,6	7:30	1250	1250	✓	✓							37
6,8	4:15	820	820	✓	✓			✓				36
10,4	4:30	650	650	✓	✓		✓				✓	36
13,4	7:30	1230	1530	✓	✓		✓				✓	37
6	2:15	270	270	✓	✓							37
6,7	3:00	970	970	✓	✓		✓					37
13,5	4:45	1000	1000	✓	✓			✓				37
14	4:15	100	600	✓	✓		✓				✓	37
19,2	7:00	600	1380	✓	✓		✓				✓	37

INHALT UND TOURENÜBERSICHT

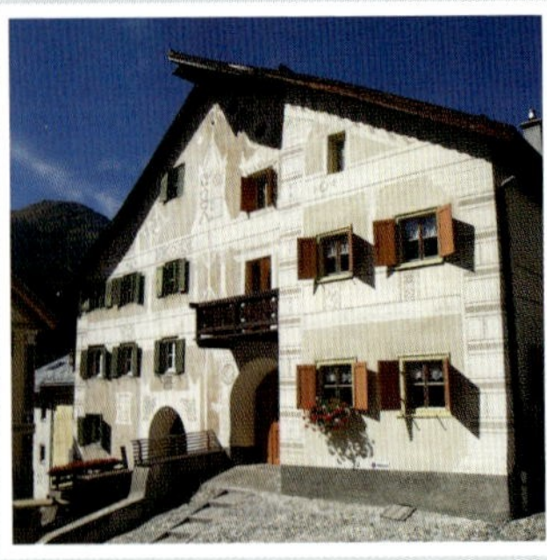

Baukultur im Unterengadin.

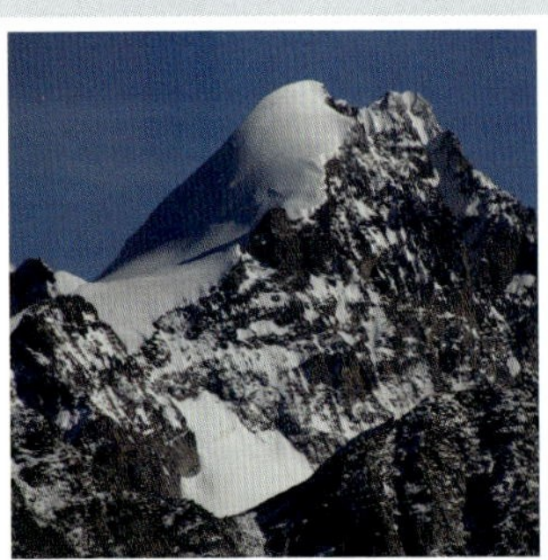

Der Piz Roseg im Oberengadin.

km	h	hm	hm									Karte
16	6:00	880	880	✓	✓		✓					37
8,9	3:45	680	680	✓	✓		✓	✓				37
12,7	4:30	490	490	✓	✓		✓				✓	37
13,6	5:30	750	750	✓	✓		✓				✓	36
15,2	4:00	400	400	✓	✓					✓		36
14	4:30	650	550	✓	✓		✓				✓	36
10,4	4:00	790	790	✓	✓		✓	✓				36
6,2	3:00	380	520	✓	✓		✓				✓	36
7,2	4:45	950	950	✓	✓	✓	✓	✓			✓	36
21,8	6:00	400	400	✓	✓		✓			✓	✓	47
14,2	5:00	650	650	✓	✓		✓				✓	47
17,2	5:00	250	700	✓	✓		✓				✓	47
13,3	4:00	240	1180	✓	✓	✓	✓	✓			✓	47
15,2	4:00	100	1400	✓	✓		✓				✓	47
15,5	4:30	510	510	✓	✓		✓				✓	47
7,9	3:00	50	100	✓	✓		✓		✓		✓	47

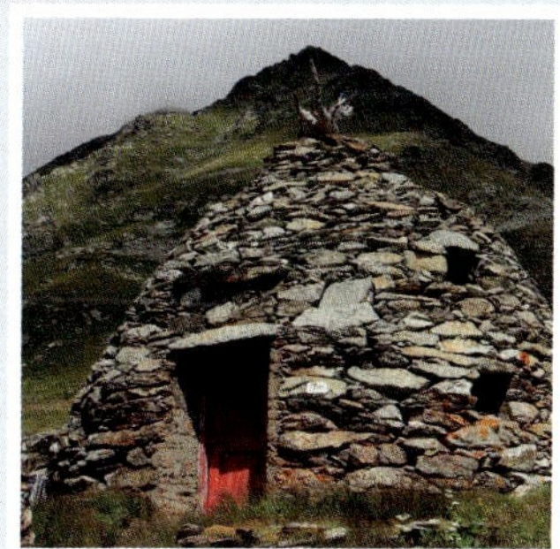

Ein „Crot“ (Crotto) im Puschlav.

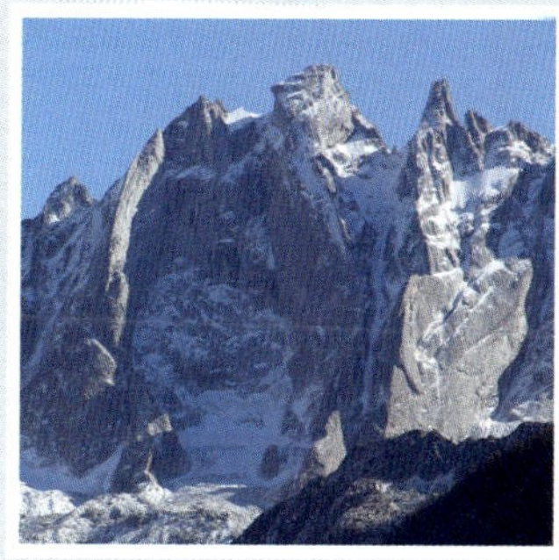

Die wilden Bergeller Alpen.

INHALT UND TOURENÜBERSICHT

km	h	hm	hm									Karte
13,6	4:45	200	1100	✓	✓	✓	✓					36
12,9	4:00	180	180	✓	✓		✓				✓	36
15,7	4:45	150	150	✓	✓		✓				✓	46
7,9	6:30	1250	1250	✓	✓			✓				46
10,6	3:15	100	900	✓	✓	✓	✓				✓	46
11,6	4:30	420	890	✓	✓	✓	✓	✓				46
12,1	5:00	660	660	✓	✓		✓				✓	46
11	4:45	750	750	✓	✓							46
5,7	2:30	100	450	✓	✓		✓					46
7,6	3:00	220	220	✓	✓		✓	✓				46
14	4:30	350	700	✓	✓		✓					46
6,8	3:30	510	510	✓	✓	✓	✓				✓	46
6,6	3:00	430	430	✓	✓		✓				✓	46
7,2	2:45	220	220	✓	✓						✓	46
18	6:00	550	600	✓	✓	✓	✓				✓	46
10,4	3:00	230	820	✓	✓	✓	✓					36
10,6	3:30	400	400	✓	✓							36
12,9	4:30	230	330	✓	✓							37
19,4	5:00	100	320	✓	✓		✓				✓	37
13,4	4:00	800	550	✓	✓							24
12,6	4:00	490	680	✓	✓		✓					24
13,2	4:50	950	250	✓	✓	✓	✓					24
18,1	5:30	470	980	✓	✓	✓	✓				✓	24
18,7	6:00	380	930	✓	✓		✓				✓	24

GEBIETSÜBERSICHTSKARTE

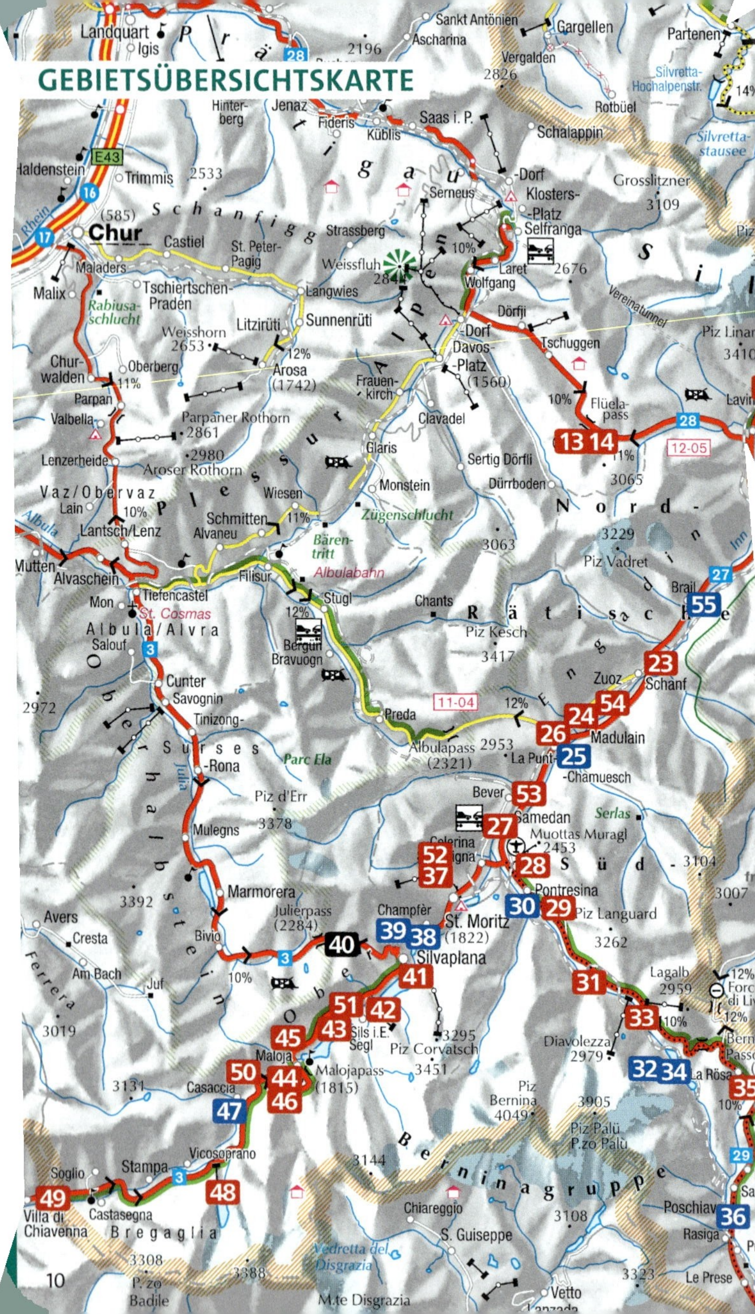

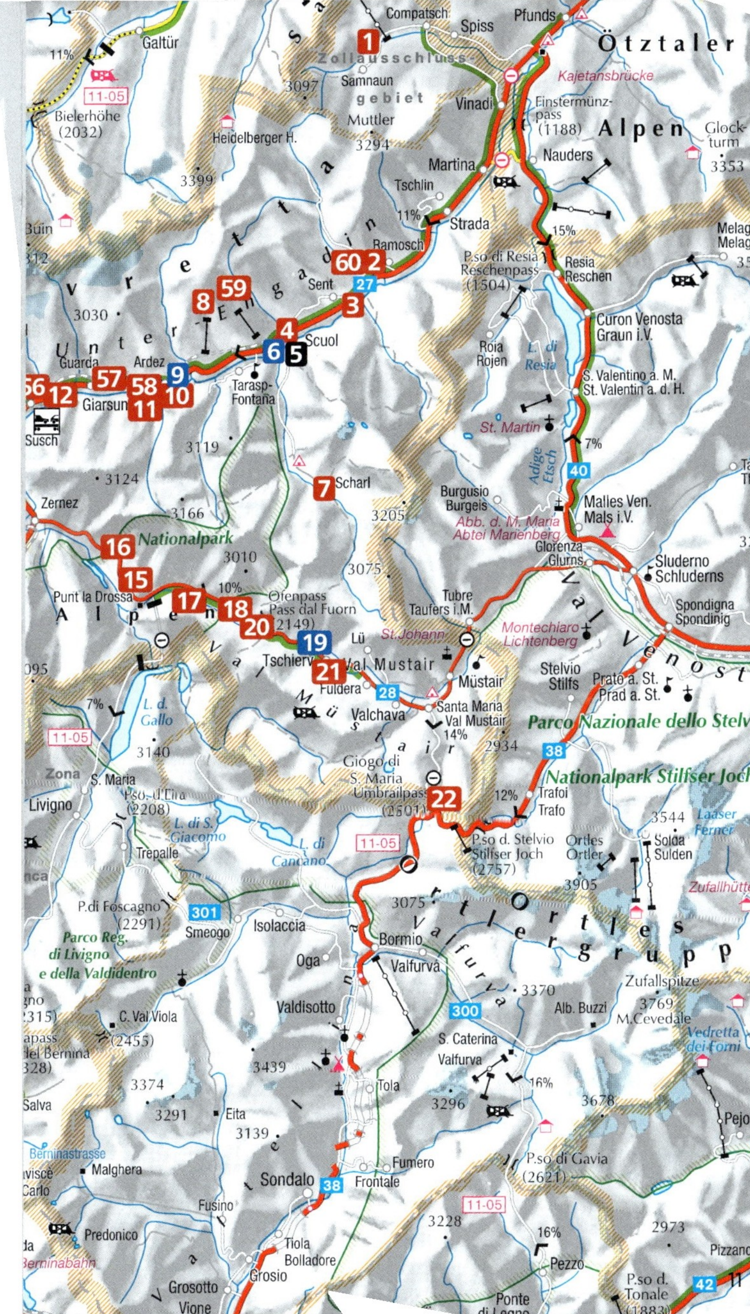
Compatsch
Spiss
Pfunds
Ötztaler
Alpen
Galtür
Zollausschluss-
gebiet
Samnaun
3097
Kajetansbrücke
Vinadi
Finstermünz-
pass
(1188)
Bielerhöhe
(2032)
Heidelberger H.
Muttler
3294
Glock-
turm
3353
Nauders
Martina
3399
Tschlin
Strada
Buin
Ramosch
Melago
Melag
3526
P.so di Resia
Reschenpass
(1504)
Resia
Reschen
Sent
Scuol
3030
Unterengadin
Curon Venosta
Graun i.V.
Roia
Rojen
L. di
Resia
Guarda
Ardez
Tarasp-
Fontana
S. Valentino a. M.
St. Valentin a. d. H.
Giarsun
Susch
St. Martin
3119
3124
Scharl
Adige
Etsch
Tanai
Thana
Zernez
3166
Burgusio
Burgeis
3205
Malles Ven.
Mals i.V.
Abb. d. M. Maria
Abtei Marienberg
Nationalpark
3010
3075
Glorenza
Glurns
Sluderno
Schluderns
Punt la Drossa
Ofenpass
Pass dal Fuorn
(2149)
Tubre
Taufers i.M.
Spondigna
Spondinig
St. Johann
Montechiaro
Lichtenberg
Val Venosta
Tschierv
Lü
Val Mustair
Müstair
Stelvio
Stilfs
Prato a. St.
Prad a. St.
Fuldera
Valchava
Santa Maria
Val Mustair
L. d.
Gallo
Parco Nazionale dello Stelvio
3140
2934
Zona
S. Maria
Giogo di
S. Maria
Umbrailpass
(2501)
Nationalpark Stilfser Joch
Trafoi
Trafo
Livigno
P.so d. Eira
(2208)
3544
Laaser
Ferner
L. di S.
Giacomo
L. di
Cancano
P.so d. Stelvio
Stilfser Joch
(2757)
Ortles
Ortler
Solda
Sulden
Trepalle
3905
Zufallhütte
P.di Foscagno
(2291)
3075
Ortlergruppe
Smeogo
Isolaccia
Parco Reg.
di Livigno
e della Valdidentro
Bormio
Valfurva
Oga
Valfurva
3370
Zufallspitze
3769
M.Cevedale
Alb. Buzzi
Valdisotto
C. Val Viola
(2455)
S. Caterina
Valfurva
Vedretta
dei Forni
Valtellina
3439
Tola
3374
3296
3678
3291
Eita
3139
Pejo
Berninastrasse
Malghera
Fumero
P.so di Gavia
(2621)
Sondalo
Frontale
Fusino
Predonico
3228
2973
Tiola
Bolladore
Pezzo
Pizzano
Berninabahn
Grosio
Grosotto
Vione
Ponte
di Legno
P.so d.
Tonale
(1883)
11-05
11%
15%
7%
10%
14%
12%
16%

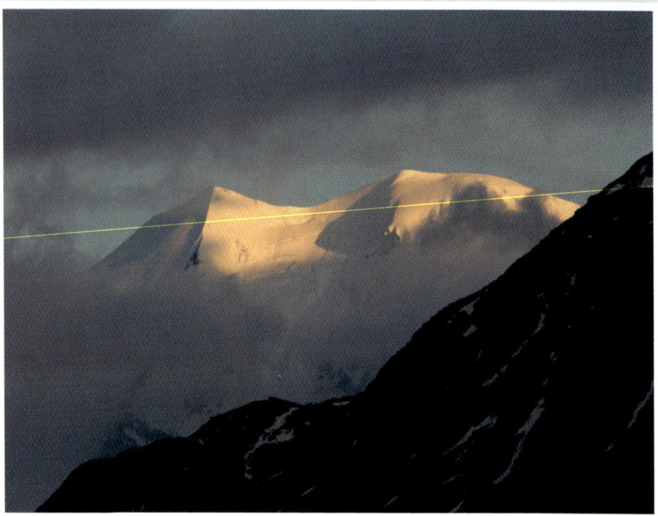

Das magische Licht des Engadins – hier auf dem 3900 Meter hohen Piz Palü.

„Allegra!“ Gibt es einen schöneren Gruss als diesen, den man im Engadin noch überall hört? „Freue dich!“ wünschen sich die Menschen hier also auf Rätoromanisch, und sie freuen sich auch, wenn sie Fremde damit ansprechen. Noch mehr geht wohl die ursprüngliche Langform des Wunsches zu Herzen: „Cha Dieu ans allegra!“ – „Dass Gott uns erfreue!“

Und wie uns Gott im Engadin erfreut! Mit der Oberengadiner Seenplatte, mit dem 4049 Meter hohen Piz Bernina und seinem schneeweissen Biancograt oder mit den blütenübersäten Sonnenhängen gegenüber den „Unterengadiner Dolomiten“.

Wenn der abgedroschene Begriff „Bilderbuchlandschaft“ irgendwo seine Berechtigung hat, dann zwischen dem Malojapass und der Schlucht bei Finstermünz.

Dazwischen fliesst der En.
Das ist der rätoromanische Name des Inns, dem das Engadin seinen Namen verdankt. So nobel wie in seiner „Kinderstube“ wird sich der Fluss in seinem weiteren Verlauf nirgends mehr zeigen: Er entspringt in einem glasklaren Hochgebirgssee im Angesicht der höchsten Ostalpengipfel, stürzt über eine Reihe von Wasserfällen von 2484 auf 1800 Meter Seehöhe hinab und speist dort vier Seen, die zu den schönsten in ganz Europa zählen. Gewaltige Berge umgeben das von eiszeitlichen Gletschern modellierte Engiadin'Ota, das Oberengadin – doch sie schaffen keine bedrückende Enge, sondern eher einen weiten Horizont. Und die duftigen Lärchenwälder, die vom breiten Talboden emporziehen, sorgen im Herbst für einen wahren Goldrausch.

Rätoromanisch

Seit 1938 ist Rätoromanisch in der Schweizer Verfassung als ofizielle Landessprache anerkannt; 1996 erhielt es den Status als Amtssprache. Es handelt sich dabei um eine sehr alte Sprache, die auf die ursprünglichen Alpenbewohner und das Latein der römischen Eroberer zurückgeht. Bis weit in die Neuzeit hinein wurde „Rumantsch“ von der Mehrheit der Bevölkerung im Gebiet von Graubünden (und auch im Südtiroler Vinschgau) gesprochen. 2013 bezeichneten rund 35.000 Menschen das Rätoromanische als ihre Hauptsprache. Zu hören und zu lesen ist Rätoromanisch in fünf verschiedenen Idiomen und mehreren lokalen Dialekten. So spricht man im Unterengadin, wo das Rätoromanische noch am weitesten verbreitet ist, Vallader, im Oberengadin Putér und im Val Müstair Jauer (das ist jedoch keine Schriftsprache, daher schreibt man dort ebenfalls Vallader). Das 1982 als einheitliche Schriftsprache entwickelte „Rumantsch Grischun“ stiess nirgends auf grosse Akzeptanz.
Diese Vielfalt schägt sich natürlich auch in Wanderkarten und auf Beschilderungen nieder. Hier nur einige unterschiedliche Begriffe im Unter- und im Oberengadin: aua/ova (Bach oder Wasser), chamonna/chamanna (Schutzhütte), chesa/chasa (Haus), mot/muot (Hügel), lai/lej (See), plan/plaun (Ebene). Viele wichtige Bezeichnungen sind aber mehr oder weniger einheitlich – etwa alp dadaint/dadora/sura/suot (innere/äussere/obere/untere Alp), alv (weiss), bass (niedrig), cotschen (rot), crap (Fels), fuorcla (Pass), god (Wald), grond (gross), laret (Lärchenwald), nair (schwarz), ot (hoch), pitschen (klein), vadret (Gletscher), val (Tal).

Auch bezüglich der Aussprache gibt es Besonderheiten:
c vor i und e wie „z“
c vor a, o und u wie „k“
ch wie tsch
g vor i, e. ö und ü wie „j“ oder „dsch“ – beides ist korrekt
g am Wortende wie „dsch“
gn wie „nj“
gl vor i und ü wie „lj“
Das h wird nicht ausgesprochen
s vor Konsonanten: „sch“
s-ch wie „sch-tsch“ (z. B. der Ortsname Cinous-chel wie „Zinuosch-tschel“)
v am Wortanfang wie w, am Wortende wie „f“
eu wie „ä“ bzw. „äu“
uo wie „o“
ieu wie „jou“

Weitere Infos unter http://liarumantscha.ch
Radiotelevisiun Svizra Rumantscha: www.rtr.ch

Der Schweizerische Nationalpark

Zwischen Scuol und S-charl im Unterengadin, dem Ofenpass, S-chanf im Oberengadin und der italienischen Staatsgrenze liegt der Schweizerische Nationalpark. Er wurde 1914 gegründet und ist damit der älteste Nationalpark der Alpen. Mit einer Fläche von 170,3 Quadratkilometern bildet er auch das grösste Wildnisgebiet der Schweiz. Tiere, Pflanzen und Lebensräume sind in seinen 20 Tälern und rund um seine bis über 3000 Meter hohen Gipfel vor menschlichen Einflüssen geschützt. Wissenschaftliche Forschung ermöglicht es, die natürlichen Abläufe zu verstehen. Der Nationalpark ist für seinen Reichtum an Alpentieren wie Gämsen, Hirschen und Murmeltieren sowie für seine vielfältige Pflanzenpracht bekannt. Auch Adler und Bartgeier (Foto links) lassen sich beobachten – am besten im Rahmen von geführten Touren.

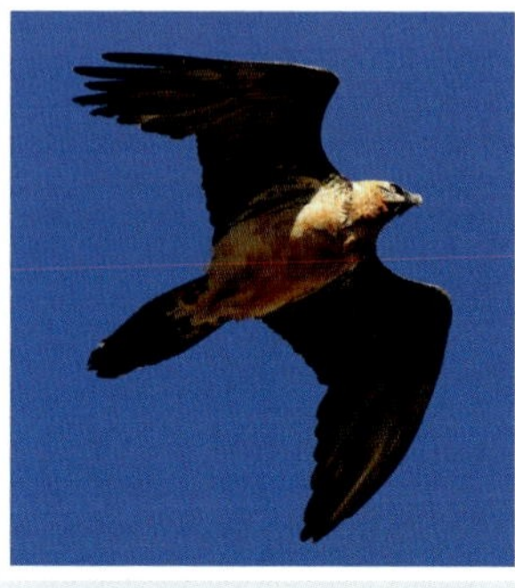

Etwa ein Drittel der Nationalparkfläche ist von Wald bedeckt. Weite Bereiche des ursprünglichen Baumbestands hat man jahrhundertelang für die Bergwerke und Schmelzöfen am Ofenpass, in S-charl und sogar im fernen Tirol abgeholzt. Auf den Kahlschlägen breitete sich die bis heute vorherrschende Bergföhre aus. Von Stürmen oder Lawinen niedergefegte Waldabschnitte werden nicht wie anderswo technisch aufgearbeitet, sondern regenerieren sich auf natürliche Weise. Ein 80 Kilometer langes Netz gepflegter Wanderwege bietet viele Möglichkeiten, diesen Naturraum zu Fuss zu erkunden. Allerdings dürfen diese Routen und die ausgewiesenen Rastplätze nicht verlassen werden. Nicht erlaubt ist u. a. auch das Radfahren und Reiten, das Baden, das Übernachten (ausser in der Schutzhütte Chamanna Cluozza) und das Mitführen von Hunden. Im Winter darf das Schutzgebiet nicht betreten werden. Ganzjährig geöffnet ist dagegen das Nationalparkzentrum in Zernez. Der innovative Leichtbetonbau des Architekten Valerio Olgiati birgt interessante Ausstellungen über das Schutzgebiet und seine Aufgaben, seine Geschichte und die Vielfalt der Natur. Ein Audioguide in fünf Sprachen begleitet die Besucher; ein Entdeckerpfad lädt Kinder zum spielerischen Forschen ein.

Schweizerischer Nationalpark – Besucherzentrum
CH-7530 Zernez, Tel. +41 81 851 41 41, www.nationalpark.ch

Ab St. Moritz hält der En/Inn seine Fliessrichtung nach Nordosten bei. Nach einer kleine Talstufe gluckert er recht beschaulich dahin, da er im Bereich der sehr sehenswerten Orte Samedan, Bever, La Punt, Chamues-ch, Madulain, Zouz und S-chanf nur etwa 100 Höhenmeter verliert. Die „Champagna" nennt man den oberen Bereich dieses Talbodens, wo sich nicht nur der Engadin Airport befindet, sondern auch der „Kältepol" des Engadins am kleinen Lej ad Gravatscha (Rekord: minus 36 Grad Celsius). Begleitet wird der Inn dort nicht nur von der Kantonsstrasse, sondern auch von der Rhätischen Bahn. Die „kleine Rote", wie sie liebevoll genannt wird, stellt durch den Albulatunnel eine wichtige Verbindung Richtung Chur her und fährt über Pontresina und den Berninapass bis ins italienische Tirano – beide Strecken wurden von der UNESCO zum Welterbe erklärt.
Am unteren Rand des Oberengadins quert eine völlig vergessene Alpentransitroute das Inntal: Der historische Weg von Davos nach Bormio.

Das Unterengadin

Zwischen den kleinen Dörfern Cinuos-chel und Brail markiert die Punt Ota die Grenze zum Unterengadin, das die Rätoromanen Engiadina Bassa nennen. Dort, im östlichsten Bereich der Schweiz, stürzt sich der En/Inn von einer Waldschlucht in die nächste. Der Verkehrsknotenpunkt Zernez gilt als das Tor zum Schweizerischen Nationpalpark; zur Gemeinde gehören auch die schmucken Nachbarorte Susch am Fuss des Flüelapasses und Lavin.
Östlich davon – auf den Hangterrassen der Silvretta-Südabdachung und gegenüber den zerklüfteten Dreitausendern der „Unterengadiner Dolomiten" – findet man eine Reihe von Dörfern, die für ihr intaktes Ortsbild und ihre prachtvoll geschmückten Engadinerhäuser bekannt sind: Guarda, in dem die weltbekannte Kinderbuch-Geschichte vom Schellenursli spielt, das von einer Burgruine gekrönte Ardez, Ftan mit seinen beiden von Lawinen getrennten Ortsteilen und Sent, in dem ein nadelspitzer Kirchturm und die geschwungenen „Senter Giebel" auffallen.

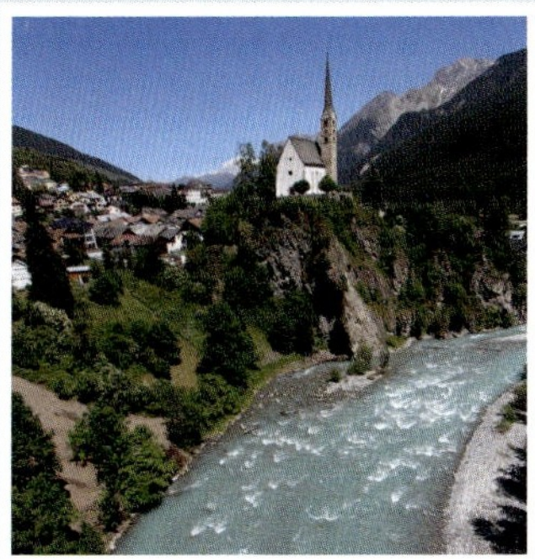

Die Kirche von Scuol über dem Inn.

Näher am Inn liegt Scuol, die kleine Metropole des Unterengadins. Auch in ihrem Zentrum stehen wunderschöne Engadinerhäuser. Auf ihren Plätzen sprudelt aus mehreren Brunnen leicht prickelndes Mineralwasser, das nicht nur das elegante Erlebnis- und Gesundheitsbad Bogn Engiadina im oberen Ortsbereich versorgt, sondern auch dem Weiler Vulpera auf der Südseite des Tals zu einer (kurzen) Karriere als mondäner Kur- und Hotelort verhalf. Oberhalb davon steht das gut erhaltene Schloss Tarasp über dem Dorf Fontana, das bis 1803 zur Habsburgermonarchie gehörte und daher als einziges im Unterengadin

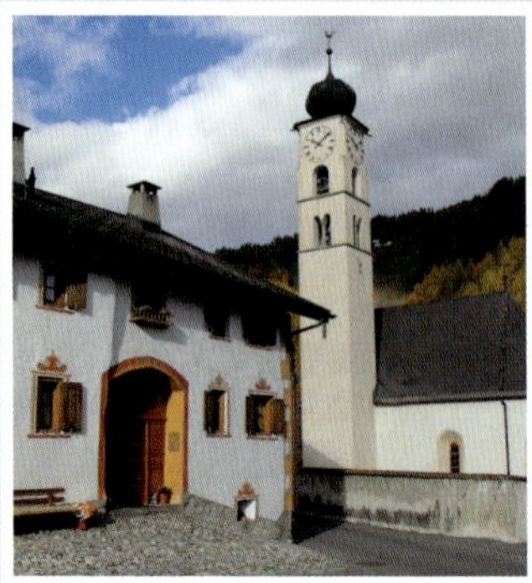

Valchava im Val Müstair.

auch nach der Reformation katholisch blieb.

Das Unterengadin verzeichnet noch mehr Sonnentage und noch weniger Niederschlag als das Oberengadin. Seine östlichsten Dörfer – Ramosch, Vnà, Tschlin, Strada und Martina – liegen in einem der trockensten Gebiete der Alpen.

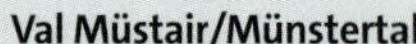

Val Müstair/Münstertal

Wer von Zernez über den Ofenpass Richtung Südtirol fährt, gerät bald ins Staunen. Westlich der Passhöhe breitet sich die ungezügelte und menschenleere Urnatur des Schweizerischen Nationalparks aus, östlich davon die durch Jahrhunderte gepflegte Kulturlandschaft um die Dörfer Tschierv, Lü, Fuldera, Valchava, Sta. Maria Val Müstair und Müstair. Jeder dieser Orte ist mit seinen schönen Engadinerhäusern ein Schmuckstück für sich, während letzterer mit seinem Kloster nicht nur eine weitere katholische Enklave aufweist, sondern auch ein kulturelles Welterbe, das dem etwa 30 Kilometer langen Tal einst seinen Namen gegeben hat. Heute ist es als Biosfera Val Müstair ein regionaler Naturpark von nationaler Bedeutung, der gemeinsam mit dem Nationalpark und Teilen der Gemeinde Scuol das erste hochalpine UNESCO-Biosphärenreservat der Schweiz bildet.

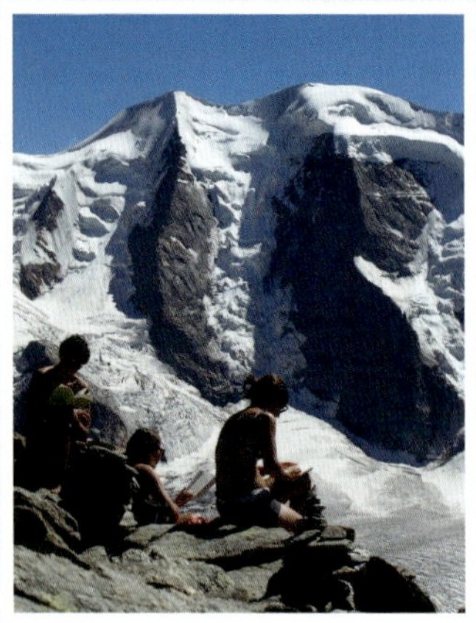

MEINE LIEBLINGSTOUR

Der Munt Pers (Tour 33) ist eine der ganz grossen Aussichtslogen der Alpen. Mächtig, aber eher unscheinbar erhebt sich der 3207 Meter hohe Berg über dem Val Bernina zwischen Pontresina und dem Berninapass. Doch erst beim Aufstieg vom Berghaus Diavolezza, das mit einer Seilbahn leicht ereichbar ist, spielt er seinen Panoramatrumpf aus: Direkt gegenüber steht der 3900 Meter hohe Piz Palü mit seinen Pfeilern und Eisbalkonen, flankiert vom ebenso eindrücklichen Piz Bernina – und darunter breitet sich das riesige Eismeer des Vadret Pers aus!

Tourismus Info

Engiadin'Ota/Oberengadin

Engadin St. Moritz Tourismus
Via San Gian 30,
CH-7500 St. Moritz,
Tel. +41 81 830 00 01,
www.engadin.stmoritz.ch

Engiadina Bassa/Unterengadin

Gäste-Information Scuol
Stradun 403a,
CH-7550 Scuol,
Tel. +41 81 861 88 00,
https://scuol.engadin.com/de/unterengadin

Val Müstair/Münstertal

Gäste-Information Val Müstair
Chasa Cumünala,
CH-7532 Tschierv,
Tel. +41 81 861 88 40,
https://val-muestair.engadin.com

Valposchiavio/Puschlav

Valposchiavo Turismo
Stazione,
CH-7742 Poschiavo,
Tel. +41 81 839 00 60,
www.valposchiavo.ch

Bregaglia/Bergell

Bregaglia Engadin Turismo
Strada principale 101,
CH-7605 Stampa,
Tel. +41 81 822 17 49,
+41 81 822 17 49,
www.bregaglia.ch

Südlich des Engadins

Das Valposchiavo/Puschlav, eines der Graubündner „Südtäler", in denen ein italienischer Dialekt gesprochen wird, erreicht man aus dem Oberengadin mit der Berninabahn oder auf der Strasse über den Berninapass. Beide Strecken sind gleichermassen spektakulär, denn sie überwinden bis Tirano im Veltlin fast 1900 Höhenmeter.

Auf dieser Reise von den Gletschern zu den Weinbergen passiert man auch den sehenswerten Hauptort Poschiavo. Das dortige „Spaniolenviertel" ist ein ganz besonderes Zeugnis für die Geschichte der „Randulins": Im und um das Engadin mussten vor allem zwischen dem 17. und dem 19. Jahrhundert viele Menschen emigrieren. Nicht wenige von ihnen brachten es als Zuckerbäcker oder Kaffeehausbesitzer erst in Venedig und später auch in vielen europäischen Städten zu Wohlstand. Viele trieb das Heimweh später wieder wie die Schwalben, die Randulinas, zurück in ihre Heimat. Dort liessen sie etliche Hotels, schöne Engadinerhäuser und mitunter auch Villen im Stil ihrer „Exilorte" bauen.

Italienisches Lebensgefühl verspürt man auch im Val Bregaglia. Das Bergell verläuft vom Malojapass nach Südwesten Richtung Chiavenna – gleich zum Auftakt über einen 300 Meter hohen Steilhang. Dann geht's an sehr ursprünglich gebliebenen Dörfern mit steingedeckten Häusern, alten Kirchen und kleinen Palazzi vorbei: Casaccia, Vicosoprano, Borgovovo, Stampa, Coltura, Promontogno, Bondo. Oberhalb des Grenzortes Castasegna, in dem schon Kastanienbäume und Palmen gedeihen, liegt das bekannte „Bilderbuchdorf" Soglio, von dem man direkt zu den steilen Bergeller Granitzinnen hinüberblickt.

ALLGEMEINE TOURENHINWEISE

Für eine erste Einschätzung der Anforderungen, die Sie im Gelände erwarten, sind die Touren mit drei verschiedenen Farben gekennzeichnet.

■ LEICHTE WANDERUNGEN
verlaufen meist auf gut angelegten, beschilderten und markierten Wegen ohne besondere Gefahrenstellen. Das schliesst allerdings kurze, kräftige Steigungen nicht aus. Diese Wege können auch bei schlechtem Wetter relativ gefahrlos begangen werden.

■ MITTELSCHWERE TOUREN
führen mitunter schon in (hoch-)alpines, steiles und felsiges Gelände. Die Pfade können schmal, steinig und felsig sein; abschüssige Passagen erfordern Trittsicherheit, Schwindelfreiheit und ein Mindestmass an alpiner Erfahrung. Schwierige Stellen können mit Stahlseilen, Ketten, Eisentritten, Treppen oder Leitern gesichert sein.
Die meisten der hier vorgestellten Touren sind „rot" – das Spektrum reicht dabei von Talwanderungen und Hüttenzustiegen bis zu Gipfelrouten.

■ SCHWERE TOUREN
sind anspruchsvoll und oft auch sehr lang. Diese Routen führen in unwegsames und steilfelsiges Fels- und Gletschergelände, das bei Nebel, Schnee oder Vereisung gefährlich wird. Da und dort ist bereits leichte Kletterei (1. Schwierigkeitsgrad) erforderlich. Vorausgesetzt werden neben absoluter Trittsicherheit und Schwindelfreiheit auch gute körperliche Kondition sowie Bergerfahrung.

Vor Ort finden Sie drei Kategorien von Routen – gemäss den Richtlinien der BAW (Bündner Arbeitsgemeinschaft Wanderwege, www.baw-gr.ch).

WANDERWEGE
verlaufen vorwiegend abseits von Strassen mit motorisiertem Verkehr und weisen möglichst keine Asphalt- oder Betonbeläge auf. Sie stellen keine besonderen Anforderungen an die Benützer/-innen.
Signalisation: gelbe Wegweiser, gelbe Rhomben und Richtungspfeile.

BERGWANDERWEGE
erschliessen teilweise unwegsames Gelände und verlaufen überwiegend steil, schmal und teilweise exponiert. Benützer/-innen müssen trittsicher, schwindelfrei, in guter körperlicher Verfassung und bergerfahren sein. Feste Schuhe, eine der Witterung entsprechende Ausrüstung und topografische Karten werden vorausgesetzt.
Signalisation: gelbe Wegweiser mit weiss-rot-weisser Spitze, weiss-rot-weisse Farbstriche und Richtungspfeile.

ALPINWANDERWEGE
sind schwierige Bergwanderwege und führen teils über Gletscher und durch Fels mit kurzen Kletterstellen. Benützer/-innen müssen trittsicher, schwindelfrei und in sehr guter körperlicher Verfassung sein. Alpine Erfahrung und entsprechende Ausrüstung werden vorausgesetzt.
Signalisation: blaue Wegweiser, weiss-blau-weisse Farbstriche und Richtungspfeile.

Gelb-rote Tafeln bezeichnen keine Wege, sondern Wildschutzgebiete.

Bewertet sind die hier vorgestellten Touren auch nach der Berg- und Alpinwanderskala des Schweizer Alpen-Clubs SAC (www.sac-cas.ch).

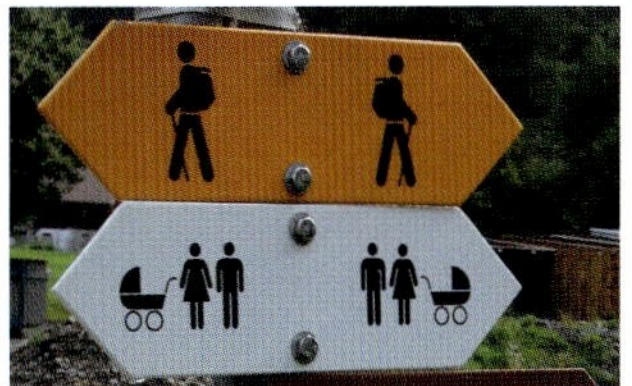

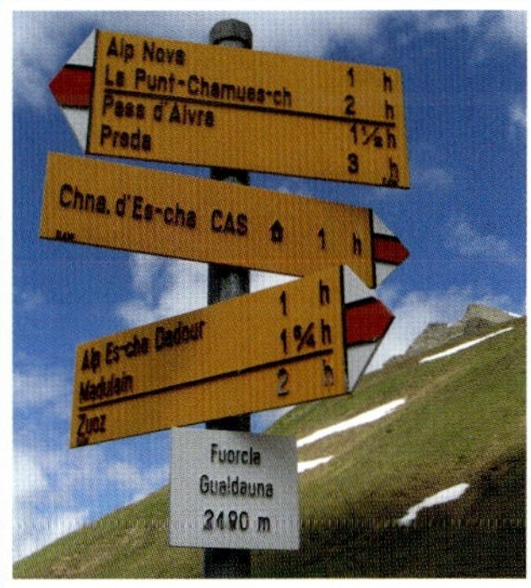

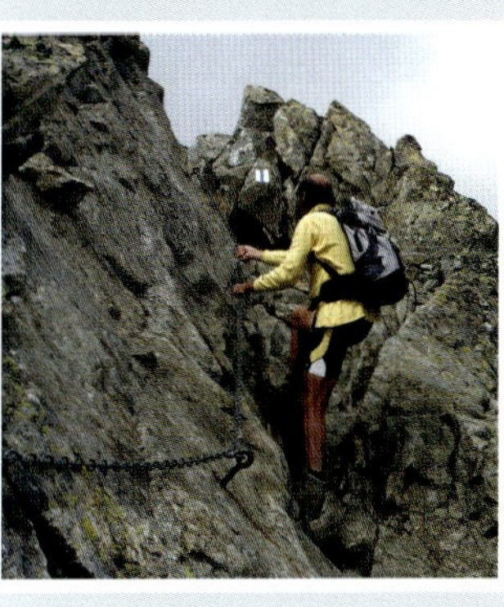

T1 WANDERN
Wandern: Weg gut gebahnt. Falls vorhanden, sind exponierte Stellen sehr gut gesichert. Absturzgefahr kann bei normalen Verhalten weitgehend ausgeschlossen werden.
Anforderungen: keine, auch mit Turnschuhen geeignet. Orientierung problemlos, in der Regel auch ohne Karte möglich.

T2 BERGWANDERN
Weg mit durchgehendem Trassee. Gelände teilweise steil, Absturzgefahr nicht ausgeschlossen.
Anforderungen: etwas Trittsicherheit, Trekkingschuhe, elementares Orientierungsvermögen.

T3 ANSPRUCHSVOLLES BERGWANDERN
Weg am Boden nicht unbedingt durchgehend sichtbar. Ausgesetzte Stellen können mit Seilen oder Ketten gesichert sein. Zum Teil exponierte Stellen mit Absturzgefahr, Geröllflächen, weglose Schrofen.
Anforderungen: Vertrautheit mit exponiertem Gelände. Stabile Trekkingschuhe. Gewisse Geländebeurteilung und gutes Orientierungsvermögen. Alpine Erfahrung. Bei Wettersturz kann ein Rückzug schwierig werden.

T4 ALPINWANDERN
Wegspur nicht zwingend vorhanden. An gewissen Stellen braucht es die Hände zum Vorwärtskommen. Gelände bereits recht exponiert, heikle Grashalden, Schrofen, einfache Firnfelder und apere Gletscherpassagen.
Anforderungen: Vertrautheit mit exponiertem Gelände, stabile Trekkingschuhe, Geländebeurteilung und gutes Orientierungsvermögen, alpine Erfahrung (wie z. B. links am Piz Julier).

ALLGEMEINE TOURENHINWEISE

BAHN UND BUS
Viele Start- und Zielpunkte sind umweltfreundlich ohne Auto erreichbar.
www.rhb.ch, www.postauto.ch, https://engadinbus.ch
Mit Netzkarten wie dem Swiss Travel Pass spart man Geld.
https://switzerlandtravelcenter.de/swiss-travel-paesse
Taxibetreiber in den Bergen:
www.alpentaxi.ch

BERGBAHNEN INKLUSIVE
Über 100 Hotels im Oberengadin bieten im Sommer ab der zweiten Übernachtung ein Gratisticket für bis zu 13 Bergbahnen der Region.
www.engadin.stmoritz.ch/sommer/de/bergbahnen-inclusive

ORTSNAMEN UND HÖHENANGABEN
Im Engadin weisen viele Orte, Pässe und Gipfel rätoromanische und deutsche Namen auf. Im Valposchiavo/Puschlav und im Val Bregaglia/Bergell herrschen italienische Bezeichnungen vor. Die Namen in den Tourenbeschreibungen entsprechen den offiziellen Beschilderungen und Wegweisern vor Ort. Gleiches gilt für die Seehöhe der einzelnen Wegpunkte. Daher sind Abweichungen zu Angaben in den Wanderkarten möglich.

GEHZEITEN
Die angegebenen Gehzeiten sind nur Richtwerte (ohne Pausen). Auch sie entsprechen mit wenigen Ausnahmen den Angaben auf den Wegschildern vor Ort. Manche Wanderer werden sie unterbieten, andere lassen sich unterwegs mehr Zeit. Auch schlechte Wetter- und Geländeverhältnisse können zu Verzögerungen führen. Planen Sie daher stets genügend Zeitreserven ein.

AUSRÜSTUNG
Abgesehen von einfachen Wanderungen im Talbereich benötigen Sie bei allen Touren feste Trekkingschuhe mit Profilgummisohle, wind- und regendichte Kleidung, Reservewäsche zum Wechseln, Proviant, genug zu Trinken und eine kleine Notfallapotheke.
Teleskopstöcke sind vor allem beim Bergabgehen hilfreich. Bei Übernachtung ist in den meisten Hütten ein Hüttenschlafsack Pflicht.

WANN WANDERN?
Während Talwanderungen im Puschlav und im Bergell meist schon im April möglich sind, liegt in Samnaun, St. Moritz oder Maloja oft noch im Mai viel Schnee. Im Frühsommer blühen die Bergwiesen in unglaublicher Pracht. Hohe Gipfel lassen sich mitunter erst ab Anfang/Mitte Juli ohne langes Schneestapfen erklimmen. Hartgefrorene Altschneefelder und vereiste Rinnen bedeuten immer Absturzgefahr. Dafür dauert die Wandersaison bis zum Spätherbst. In höheren Lagen – vor allen nordseitig – ist zwar mit den ersten Schneefällen Schluss, auf den Südhängen lassen sich jedoch oft noch im November lohnende Touren unternehmen.
Wanderungen sind nicht nur bei Sonne schön. Nasses Gras auf Steilhängen, Nebel, Gewitter und Wetterstürze bedeuten im Gebirge jedoch grosse Gefahr – achten Sie unterwegs stets auf die Wetterentwicklung.

WETTERBERICHT, WEBCAMS
Im TV-Programm SRF 1 täglich um 19.55 Uhr, www.srf.ch/meteo
www.meteoschweiz.admin.ch
http://wolkenbasis.ch/wetter
https://engadin.online/webcams
www.swisswebcams.ch

UNWETTERSCHÄDEN – WEGSPERREN

Immer wieder verursachen Unwetter, Hochwasser, Stürme und Felsstürze Schäden an Forststrassen und Wegen, die dann zeitweise nur erschwert passierbar sein können, gesperrt oder sogar neu trassiert werden müssen. Auch durch Bau- und Forstarbeiten können einzelne Wegabschnitte kurzfristig unbegehbar sein.

Aktuelle Infos über die Begehbarkeit der Wege im Schweizer Nationalpark finden Sie unter www.nationalpark.ch (Button „Zustand Wege". Auch die örtlichen Tourismusbüros informieren über Beeinträchtigungen oder Wegsperren.

In einigen Gebieten führt die Schweizer Armee zeitweise Schiessübungen durch. Schiessanzeigen werden dort 15 Tage im Voraus angezeigt. Sollten Sie Blindgänger finden: Nicht berühren, markieren und der Polizei (Tel. 117) melden. www.vtg.admin.ch/de/aktuell/mitteilungen/schiessanzeigen

MUTTERKUHHALTUNG

Auf vielen Weiden werden Mutterkühe gesömmert. Diese schützen ihre Kälber mit natürlichem Instinkt. Gehen Sie ruhig und unauffällig in 20 bis 50 Metern Distanz an den Tieren vorbei, erschrecken Sie sie nicht und schauen Sie ihnen nicht direkt in die Augen. Streicheln Sie auf keinen Fall Kälber. Achten Sie auf Drohgebärden der Kühe – Senken des Kopfes, schnarren, brüllen. Sollten die Tiere herannahen, bleiben Sie ruhig und verlassen Sie die Weide langsam, kehren Sie ihnen aber dabei nicht den Rücken zu. Ein Hund darf nur an der Leine mitgeführt werden – im Notfall müssen Sie ihn jedoch loslassen. https://wegwandern.ch/kuhweiden-und-wanderer

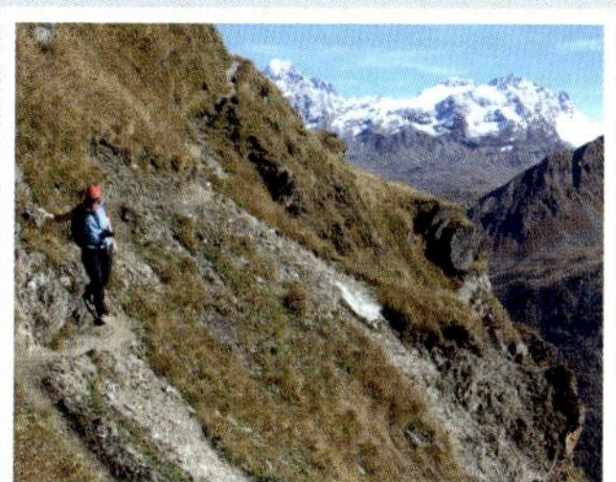

Volle Konzentration im Steilhang.

HERDENSCHUTZ

Manche Tierherden werden von Hunden geschützt. Verhalten Sie sich auch dort ruhig und halten Sie Distanz. Bellen die Hunde und laufen auf Sie zu, ziehen Sie sich weiter zurück – vermeiden Sie dabei Augenkontakt, bleiben Sie aber den Hunden zugewandt. Umgehen Sie die Herde weiträumig oder kehren Sie um. Mit dem eigenen Hund dürfen Sie eine geschützte Herde nie durchqueren.
www.herdenschutzschweiz.ch

IM NOTFALL

Medizinische Infos (z. B. Apotheken-Notdienst, ärztlicher Notfalldienst): www.medinfo-engadin.ch
Internationale Notrufnummer: 112
Rega (Schweizerische Rettungsflugwacht): mit schweizerischer SIM-Karte 14 14, mit ausländischer SIM-Karte +41 333 333 333.
Informationen über Bergungskosten, Rega-Gönnermitgliedschaft und Versicherungen: www.rega.ch, www.sac-cas.ch, www.alpenverein.at, https://www.alpenverein.de,
Alpines Notsignal: Innerhalb einer Minute sechs mal rufen, pfeifen, blinken oder winken; dazwischen eine Minute Pause. Antwort: drei Zeichen pro Minute.

MEINE HIGHLIGHTS

1

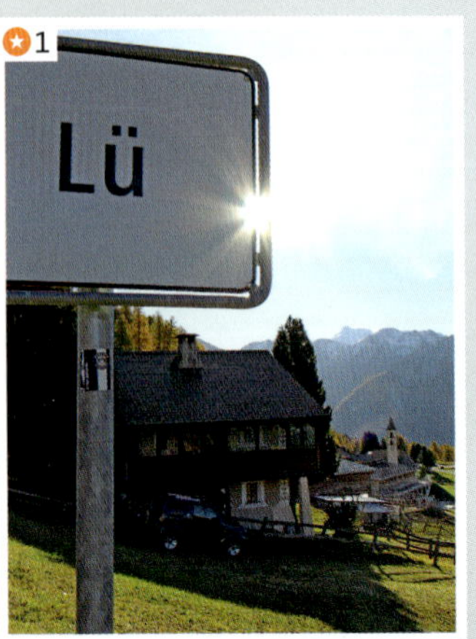

2

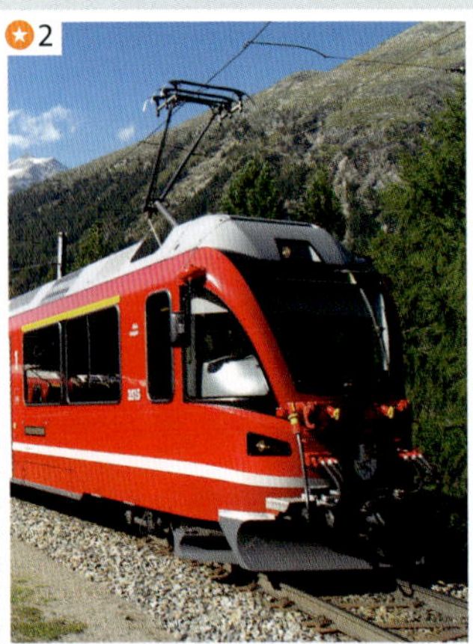

4

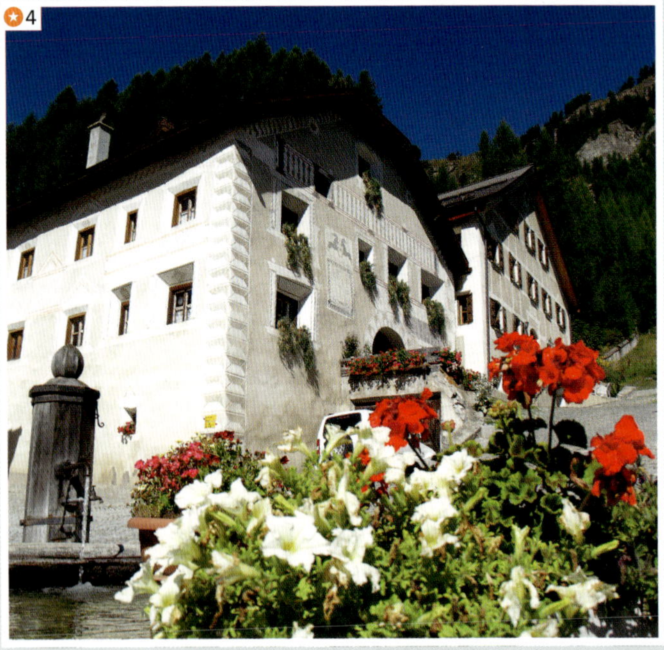

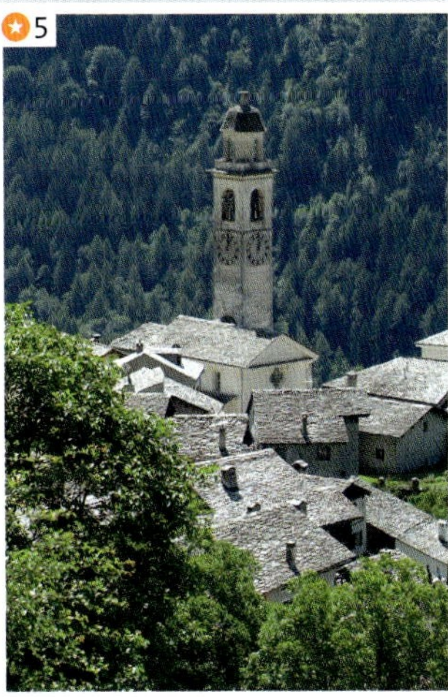

1: Auf der Senda Val Müstair ins Bergdorf Lü
→ Tour 20, Seite 100

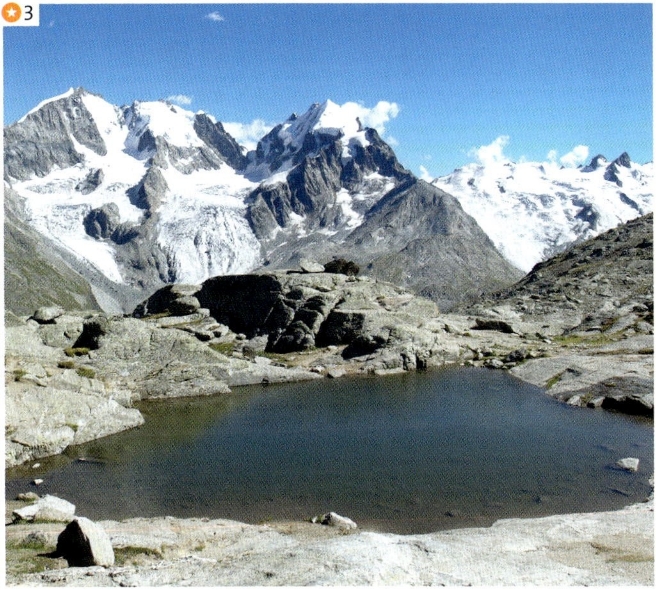

2: Hinunter ins Puschlav – hinauf mit der Rhätischen Bahn
→ Tour 34, Seite 160

3: Zum berühmten Berninablick von der Fuorcla Surlej
→ Tour 41, Seite 188

4: Wandern rund um das Unterengadiner Dorf Ardez
→ Tour 9 bzw. 10, Seite 56 bzw. 60

5: Durch die Kastanienwälder des Bergells nach Soglio
→ Tour 49, Seite 222

SAMNAUN

Zollfrei wandern

 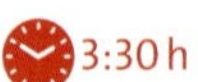 12,6 km 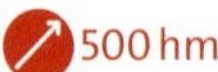 3:30 h 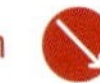 500 hm  500 hm 24

START | Samnaun, Talstation der Twinliner-Seilbahn unterhalb des Weilers Ravaisch (1799 m); Parkplatz und Postauto-Haltestelle. [GPS: UTM Zone 32 604.661 m y: 5.200.737 m]
CHARAKTER | Einfache Talwanderung auf teils asphaltierten Nebenstrassen, Wiesenwegen und stellenweise steilen Waldpfaden (T1, kurze Abschnitte T2).

Samnaun, das nördlichste Seitental des Engadins, ist eine Welt für sich. Ursprünglich befanden sich dort, zwischen den Gipfeln der Silvrettagruppe und dem 3293 Meter hohen Muttler, nur entlegene Sommerweiden der Bauern aus dem Gebiet um Scuol. Irgendwann blieben die ersten Siedler wohl für immer dort. Ausgerichtet haben sie sich dann jedoch eher auf das nahe Tiroler Oberland, denn von dort bestand lange Zeit die einzige Zufahrt ins Tal. Zum Ausgleich wurde Samnaun im Jahre 1892 zu einem Zoll-Ausschlussgebiet erklärt. Dieser Standortvorteil lockt bis heute viele Besucher in die zahlreichen Geschäfte, Boutiquen und Tankstellen, die vor allem im Hauptort Samnaun-Dorf entstanden sind. Durch den Ausbau eines riesigen Skigebiets. das über die Staatsgrenze ins österreichische Paznauntal hinüberreicht, hat sich Samnaun auch zu einer bedeutenden Wintersportdestination entwickelt. Im Sommer und im Herbst verlocken zahlreiche Wege zum Wandern. Zum „Einstieg" empfiehlt sich eine gemütliche Talrunde, bei der man nicht nur Dörfer des Tals, sondern auch einige raue Gebiete erlebt.

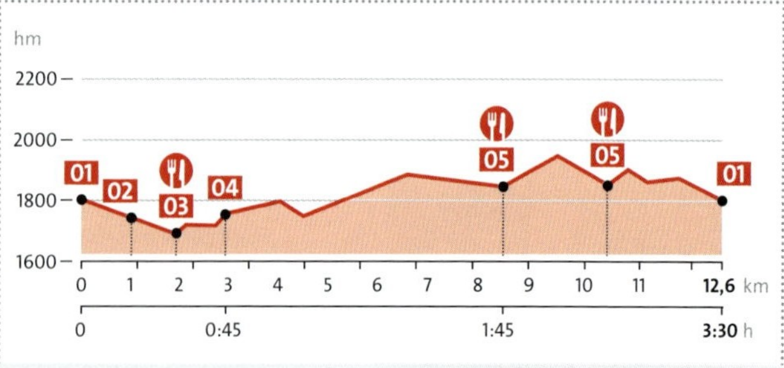

01 Seilbahn-Talstation, 1799 m; 02 Plan, 1725 m; 03 Laret, 1715 m; 04 Compatsch, 1715 m; 05 Samnaun-Dorf, 1844 m

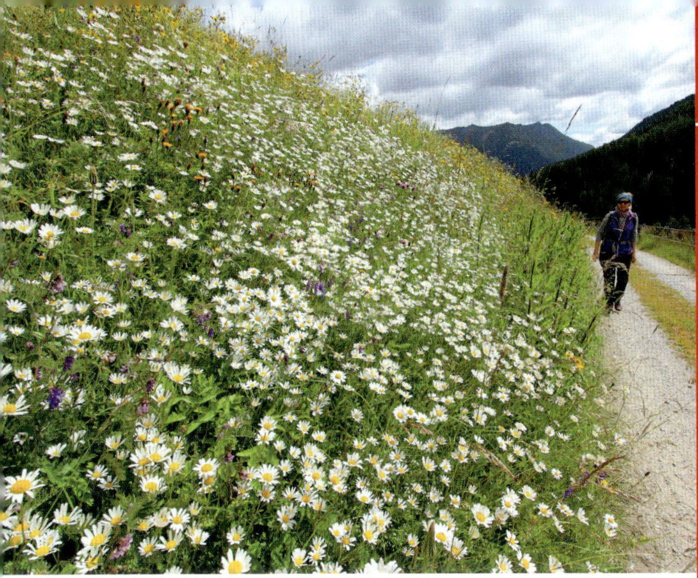

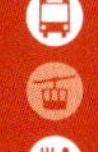
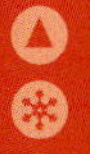

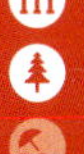

Im Frühsommer blühen die Samnauner Wiesen in besonderer Pracht.

▶ Vom Parkplatz bei der **Seilbahn-Talstation** 01 folgen Sie dem Forstweg neben dem Schergenbach talauswärts. Nach ungefähr 400 m zweigen Sie rechts ab, queren bald einen Seitenbach und erreichen die Talstrasse, der Sie scharf nach links über die Brücke folgen (Postauto-Haltestelle). Jenseits gelangen Sie rechts in den Weiler **Plan** 02 (1725 m), wo sich das Talmuseum in der Chasa Raetica aus dem 16. Jahrhundert befindet.

In der Folge marschieren Sie auf dem Fahrweg links des Baches weiter. Knapp vor der Einmündung in die Talstrasse zweigen Sie links auf einen schmalen Wiesenpfad ab, der in die schmucke Ortschaft **Laret** 03 (1715 m) hinaufführt. Auf der Laret-Strasse gelangen Sie rechts ins nahe **Compatsch** 04 (1715 m), wo Sie – vorbei am Erlebnisbad Alpenquell – zur katholischen Kirche spazieren. 45 Minuten.

Links davon wandern Sie auf der anfangs asphaltierten Urezzastrasse etwa 100 Höhenmeter in den Wald hinauf. Auf Schotterbelag durchqueren Sie die steilen Hänge über dem Dorf bis zu den Wiesen über dem Mülbach. Dort bleiben Sie links auf der unteren Strasse, zweigen kurz darauf links ab und steigen auf einem Pfad zum Bach ab. Dort überqueren Sie einen Fahrweg und die Brücke, um jenseits nach **Laret** 03 zurückzukehren. 45 Minuten.

Vom westlichen Dorfrand (Postauto-Haltestelle) folgen Sie dem Fussweg neben einem geteerten Fahrweg durch die Wiesenhänge über dem Tal und dem Weiler Plan. Nach etwa 800 m – hinter zwei Holzgebäuden – zweigen Sie rechts gemäss der Beschilderung „Ravaisch, Samnaun" ab. Kurz darauf schwenken Sie links auf den Pflanzenpfad ein, der den Graben des Planer Salaasbachs quert. Achtung! 70 m nach der Brücke zweigen Sie an ei-

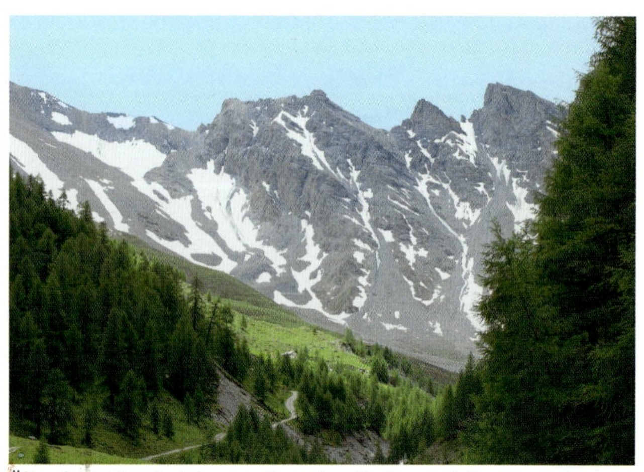

Über das Maisasjoch kamen die ersten Siedler nach Samnaun.

ner Geländekante rechts ab (Wegweiser ohne Bezeichnung) und folgen einem schmalen Pfad in den Lärchenwald hinauf. Dort geht's kurz in Kehren empor und dann durch den steilen Hang unter dem Chè d'Mot zu den Wiesen oberhalb des Weilers Ravaisch hinüber. Bei einer Quellfassung erreichen Sie eine Schotterstrasse, die links zum Bach hinabzieht. Rechts über eine Brücke (Beschilderung „Samnaun") und auf einem Pfad durch die Wald- und Weidehänge. So gelangen Sie zum Schergenbach, den Sie taleinwärts begleiten, bis eine Brücke links in den Hauptort **Samnaun-Dorf** 05 (1844 m) führt. 1 Stunde.

Vom zentralen Platz gehen Sie auf der Dorfstrasse nach rechts, vorbei an zahlreichen Geschäften und Hotels. Nach der Schmuggler-Alm geht's noch 200 m auf einer Schotterstrasse ins Val Musauna hinauf, bis Sie scharf nach links auf den beschilderten Märchenweg abzweigen. Vorbei an 10 Erlebnisstationen wandern Sie nun ins Val Maisas

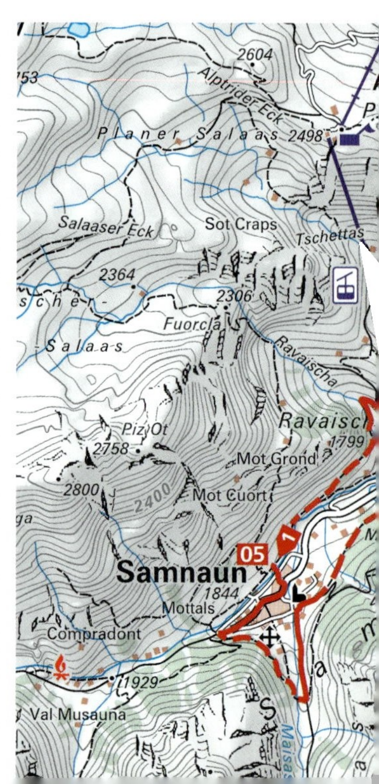

hinüber. Im wilden Talgrund unter dem Muttler überschreiten Sie den Bach und wandern links zum grossen Parkplatz vor **Samnaun-Dorf** 05 hinab. 30 Minuten.

An seinem unteren Rand biegen Sie, dem Wegweiser „Mot Grond, Laret, Zürich vitaparcours" folgend, rechts ab. Nach 100 m schwenken Sie links auf einen Feldweg ein, der oberhalb der Häuser eine Brücke ansteuert.

Danach erreichen Sie auf einem Waldpfad (oder auf dem Fitnessweg, der weiter unten wieder einmündet) eine Forststrasse, die links Richtung „Ravaisch" wieder zur **Seilbahn-Talstation** 01 hinabführt (Lift zum Parkplatz auf der linken Seite). 30 Minuten.

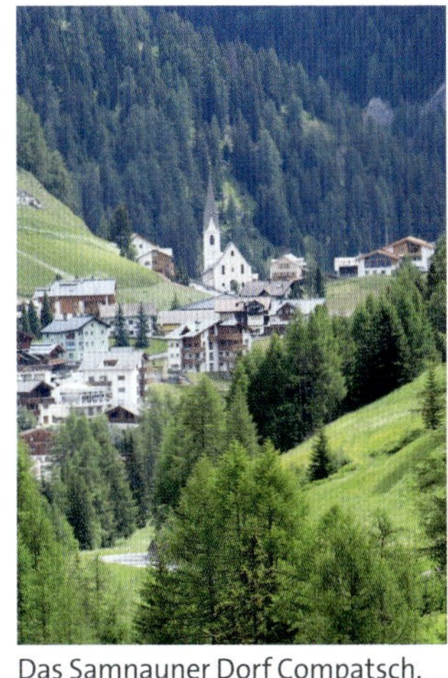

Das Samnauner Dorf Compatsch.

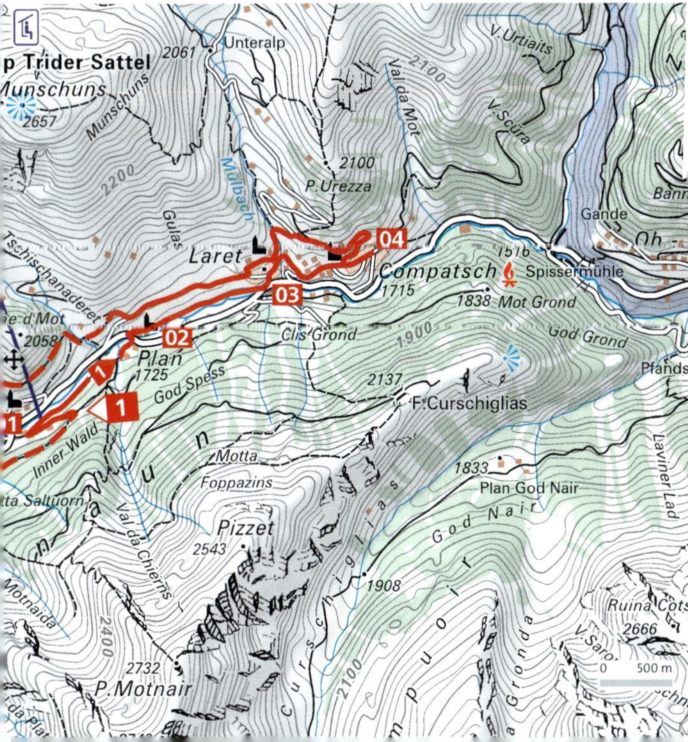

VAL SINESTRA – ZUORT

Schmugglerpfade, Erdpyramiden und ein Geisterschloss

 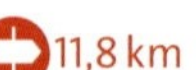 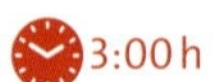   

11,8 km | 3:00 h | 350 hm | 350 hm | 24

START | Vnà (1602 m) oberhalb von Ramosch; Postauto-Verbindung von dort, kleiner Parkplatz am unteren Ortsrand.
[GPS: UTM Zone 32 x: 603.994 m y: 5.188.648 m]
CHARAKTER | Abwechslungsreiche Tal- und Alpwanderung auf Schotterstrassen und Pfaden, kurze Abschnitte erfordern Trittsicherheit (T2). Einkehrmöglichkeiten bieten unterwegs das Gartenbergbeizli Tanna da Muntanella, der Hof Zuort und das Hotel Val Sinestra.

In früheren Zeiten wurde im Val Sinstra, das zwischen Sent und Ramosch ins Zal des En/Inns mündet, viel geschmuggelt. Aus seinem Talgrund, in dem schon während der Jungsteinzeit Menschen unterwegs waren, führt ein Weg über den Cuolmen d'Fenga/Fimberpass ins tirolerische Paznauntal und ein weiterer Pfad ins nördlich benachbarte Dorf Samnaun. Wo sich die beiden Routen trennen, steht der seit 1482 urkundlich bezeugte Erblehenshof Zuort. Er gefiel dem belgischen Dirigenten Willem Mengelberg so gut, dass er sich 1911 daneben ein Chalet als Sommerresidenz und später auch eine Holzkapelle erbauen liess.
2,5 Kilometer weiter südlich sprudeln arsenhaltige Mineralquellen aus dem Gestein, sodass dort schon am Ende des 19. Jahrhunderts ein Kurbetrieb entstand. 1912 erbaute man dort ein turmgeschmücktes Kurhotel samt Restaurant, in dem sogar ein Geist herumspuken soll – jedenfalls diente es als Drehort in Martin Sutters Film „Der Teufel von Mailand". Aber auch naturkundlich

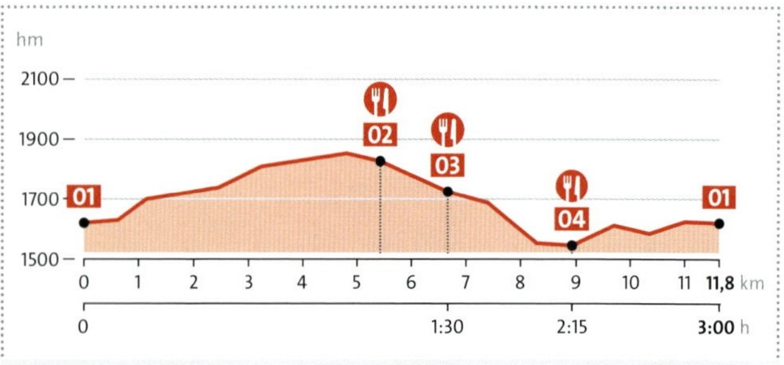

01 Vnà, 1602 m; 02 Griosch, 1817 m; 03 Zuort, 1711 m;
04 Hotel Val Sienestra, 1524 m

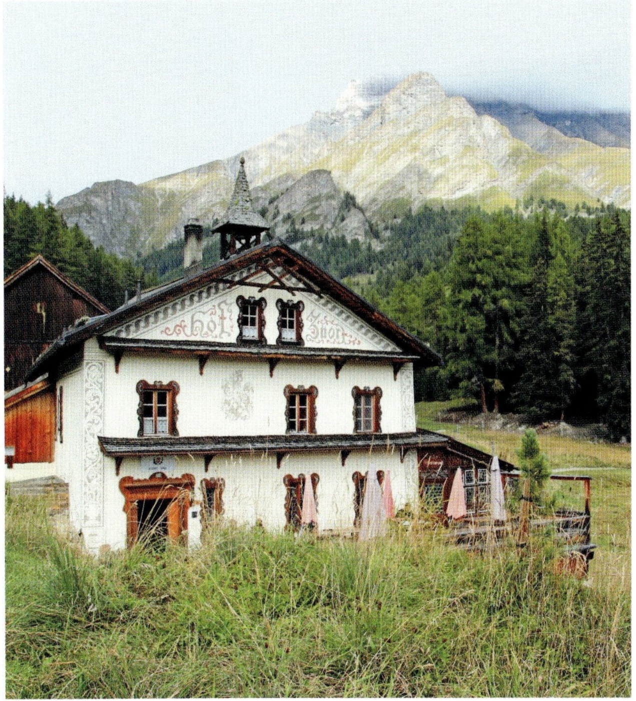

Der Hof Zuort im hinteren Val Sinestra.

hat das Tal viel zu bieten, zum Beispiel die spitzen, bis zu 15 Meter hohen Erdpyramiden im eiszeitlichen Moränenschutt gegenüber von Zuort. Die alten Holz-Hängebrücken über dem ungestümen Wildbach Brancia wurden inzwischen durch solide, aber etwas weniger abenteuerliche Konstruktionen ersetzt.

▶ Vom oberen Ortsbereich von **Vnà** 01 marschieren Sie, dem Wegweiser der Via Engiadina Richtung „Sinestra, Sent" auf der Schotterstrasse durch Weide- und Waldhänge ins Val Sinestra hinein. Bei den folgenden Gabelungen bleiben Sie rechts. Der Fahrweg durchquert die Wiesenhänge von Praschan und führt an den Alphütten am Prà San Peider vorbei. Über dem Tal baut sich der felsige Piz Tschütta (3254 m) auf – an seinem Fuss zweigen Sie beim Haus Chantbel links zur alten Alphütte von **Griosch** 02 (Gartenbergbeizli Tanna da Muntanella, 1817 m) ab. Dort biegen Sie links Richtung „Zuort, Sinestra, Sent" ab und gelangen durch Wiesen zum Bachbett der Aua Chöglias hinab. Nach einer Brücke geht's links zum Hof **Zuort** 03 (1711 m). Ein paar Meter weiter oben steht die Chasa Mengelberg mit ihrer hölzernen Kapelle. Gehzeit 1 ½ Stunden.
Links führt die Zufahrtsstrasse durch Wald zu einer Brücke und

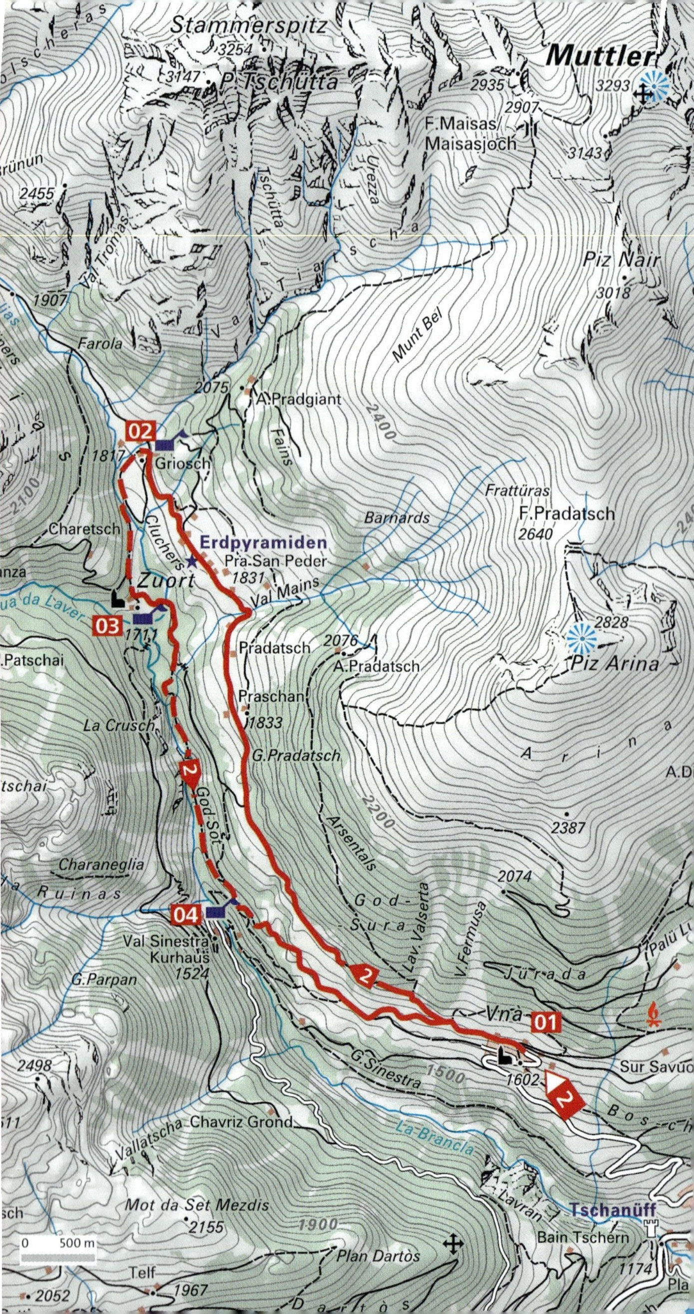

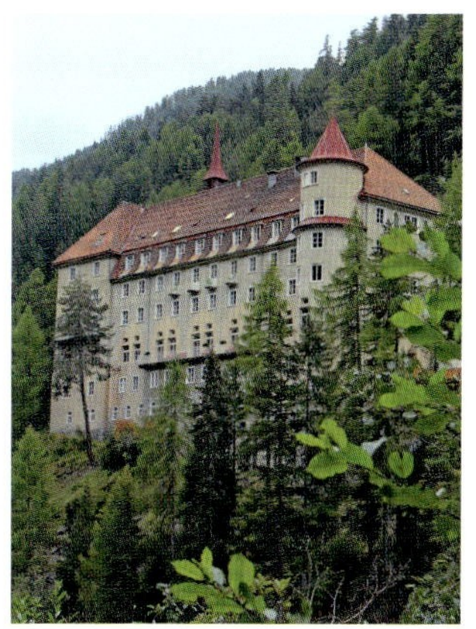

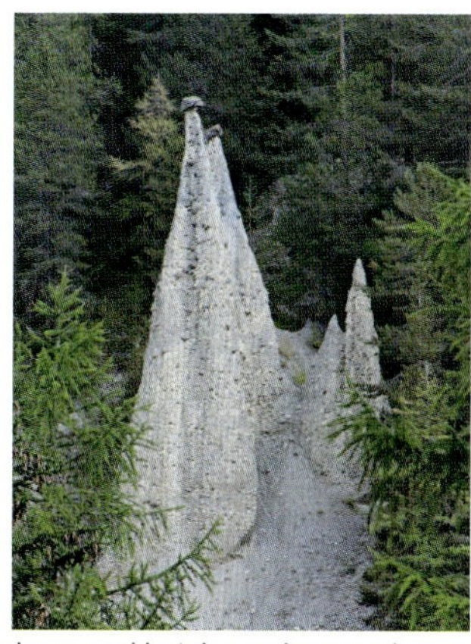

Türme und Zacken – am einstigen Kurhaus und bei den Erdpyramiden.

und zum mächtigen Piz Tschütta über dem Talschluss). Dann folgen Sie den Wegweisern „Griosch, Zuort“ links zur Alpstrasse hinab und gehen auf dieser scharf nach rechts. Die flache Fahrbahn führt zu den nahen Hütten von **Griosch** 02 (1817 m). 1:45 h.

Dort biegen Sie links Richtung „Zuort, Sinestra, Sent“ ab und gelangen zum vermurten Bachbett der Aua Chöglias hinab. Nach einer Brücke geht's links zum Hof **Zuort** 03 (1711 m). 20 Minuten.

Links führt die Zufahrtsstrasse zu einer Brücke und jenseits unter den im Wald verborgenen Erdpyramiden des Val Sinestra vorbei. Kurz darauf folgen Sie der Beschilderung „Sinestra“ rechts auf einen Pfad über einen bewaldeten Rücken in das schluchtartige Tal der Brancla hinab. Dort übersetzen zwei metallene Hängebrücken (Punt) den Wildbach. Schliesslich treffen Sie auf eine Abzweigung, von der Sie rechts in einer Kehre zum Bach ab- und jenseits vom Berghaus zum **Hotel Val Sinestra** 04 (1524 m) ansteigen können. 45 Minuten.

Nach der Rückkehr über den Bach geht's von der erwähnten Abzweigung rechts gemäss dem Wegweiser „Vnà“ durch Wald zu einer kurzen Felspassage hoch über dem Tal. Ketten erleichtern die Überwindung einiger Gesteinsstufen, bevor der Pfad durch steile Waldhänge und über sonnige Weiden zur Talstrasse hinaufzieht. Auf dieser kommen Sie rechts nach **Vnà** 01 (1602 m) zurück. 1:00 h.

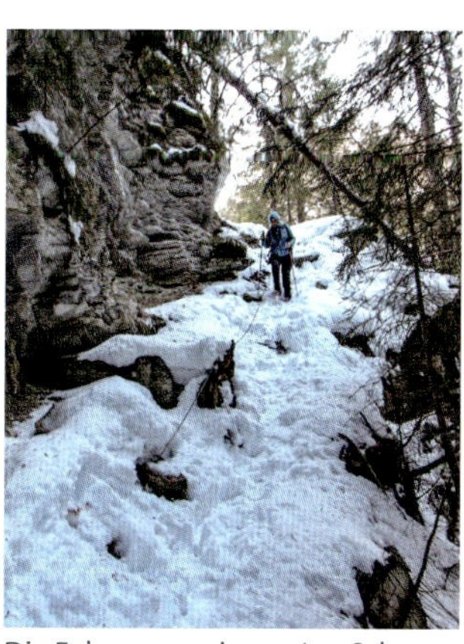

Die Felspassage im ersten Schnee.

DURCH DIE UINASCHLUCHT ZUR SESVENNAHÜTTE

Der unglaubliche Weg der Pforzheimer Bergfreunde

 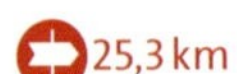 25,3 km  8:45 h  1250 hm 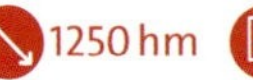 1250 hm  24

START | Sur En (1125 m) unterhalb von Sent am Inn/En; Zufahrt von der beschilderten Abzweigung von der Kantonsstrasse zwischen Ramosch und Crusch zur Innbrücke, jenseits beim Campingplatz rechts abzweigen; Postauto-Haltestelle und Parkplatz.
[GPS: UTM Zone 32 x: 604.008 m y: 5.185.677 m]
CHARAKTER | Lange, aber im oberen Bereich sehr eindrucksvolle Bergwanderung auf Schotterstrassen und einem stellenweise steilen, aus der Felswand gesprengten Pfad durch eine tiefe Schlucht (teils Geländer, Halteseil bergseitig); Trittsicherheit und Schwindelfreiheit sind notwendig (T3). Bei Schneelage oder Vereisung – oft bis in den Sommer – ist der Schluchtpfad lebensgefährlich, aktuelle Infos beim Hüttenwirt (Tel. +39 0473 830234). Einkehrmöglichkeiten: Alp Uina Dadaint, Sesvennahütte (Übernachtung empfohlen).

Wie nennt man in Sent einen eigensinnigen Menschen? „Dür sco la crappa d'Uina", also „hart wie die Steine von Uina". Gar so hart ist das Gestein gegenüber dem Unterengadiner Bilderbuchort dann aber doch nicht, denn die Kraft des Wildwassers fräste dort eine bis zu 400 Meter tiefe Schlucht aus dem Gebirge: La Chavorgia dal Quar. Wanderer und Mountainbiker kennen Sie eher als „Uinaschlucht".

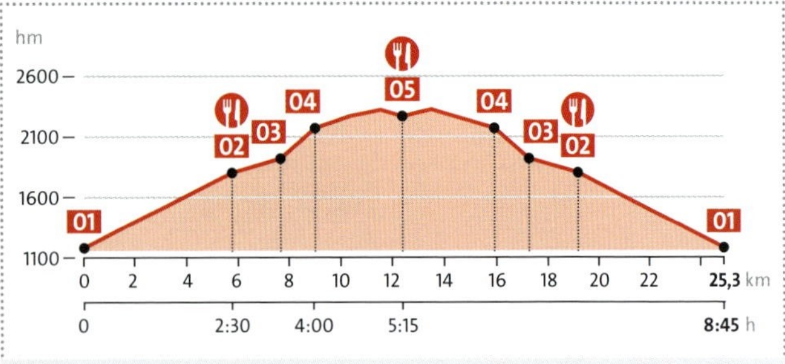

01 Sur En, 1125 m; 02 Alp Uina Dadaint, 1772 m; 03 Uinaschlucht, 1894 m; 04 Alp Sursass, 2155 m; 05 Sesvennahütte, 2258 m

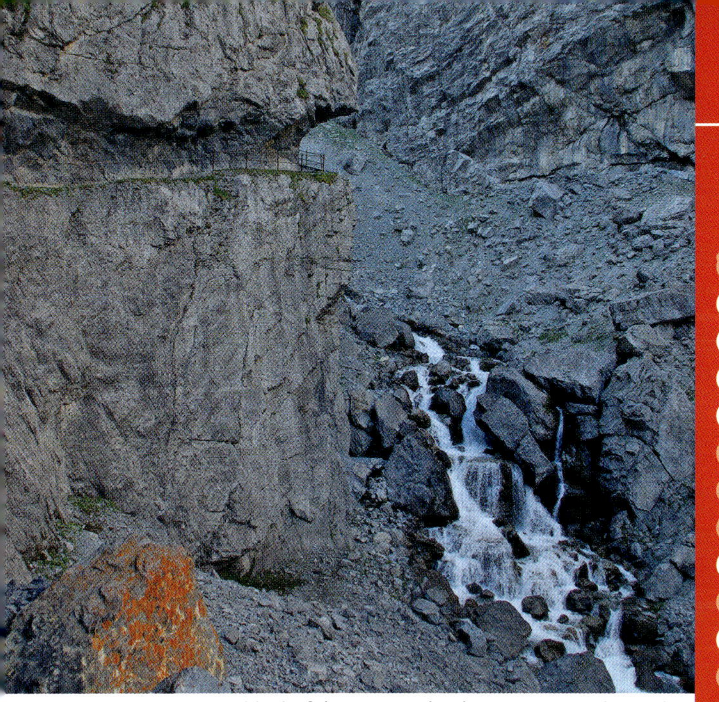

Der Weg in die Uinaschlucht führt mitten durch eine riesige Felswand.

Zwischen 1908 und 1910 wurde dieses Naturwunder durch einen unglaublichen erscheinenden Weg erschlossen, und zwar durch die Gemeinde Sent und auf Initiative der deutschen Alpenvereinssektion Pforzheim, die jenseits des Schlinigpasses in Südtirol eine Schutzhütte erbaut hatte. Auf einer Länge von 600 Metern führt dieser Weg mitten durch die Felswände, und zwar bis zu 100 Meter über dem Schluchtgrund. Schwindelfreiheit ist also eine unabdingbare Voraussetzung für diese Tour, zumal man auf dem schmalen Trail durch die Uinaschlucht nicht selten sogar Mountainbikern begegnet. Für die Zweiradfans ist dies die „Königsetappe" einer Transalp-Route über den Alpenhauptkamm, auf der aber selbst die kaltblütigsten Zweiradartisten absteigen und schieben – immerhin gab es hier schon tödliche Abstürze. So mancher Wanderer ist schon ohne Rad froh, oben auf der Alp Sursass („über den Felsen") wieder ins Sonnenlicht einzutauchen. Dort zeigt sich eine ganz andere Landschaft: weit, grasig und von herrlichen Bergen umgeben. Mittendrin, aber schon jenseits der italienischen Grenze auf der Südtiroler Seite, empfiehlt sich die gemütliche Sesvennahütte (der Nachfolgebau der 1964 ausgebrannten Pforzheimer Hütte) für ein längeres Verweilen.

▶ Vom Parkplatz in **Sur En** 01 marschieren Sie auf dem Fahrweg in das bewaldete und anfangs recht enge Val d'Uina hinein, vorbei am Bauernhof Uina Dadora

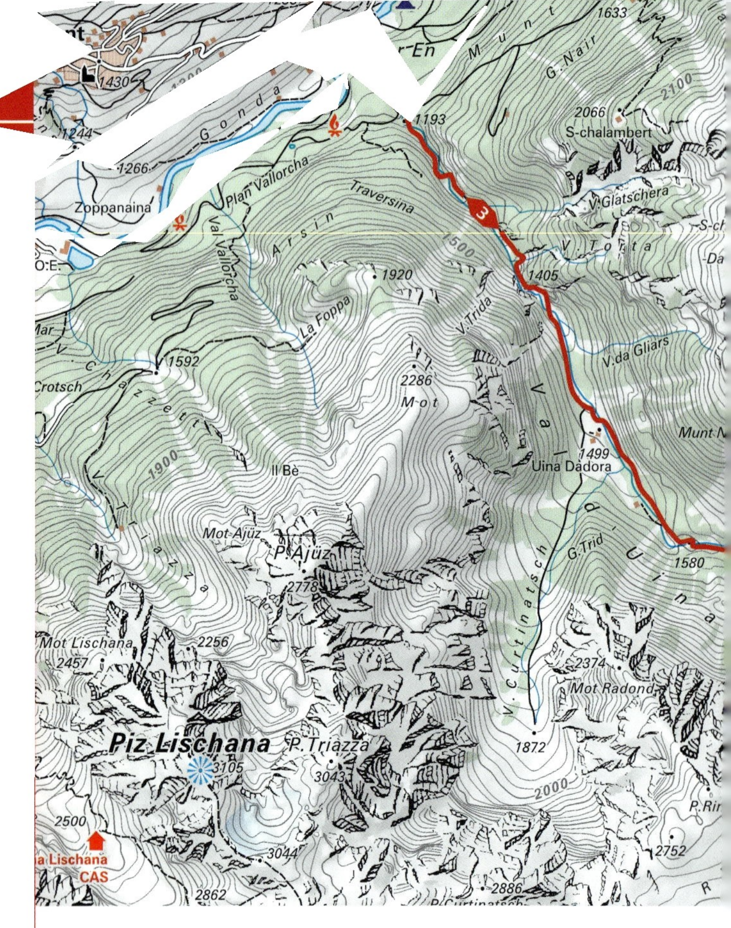

(1499 m), der schon 1475 urkundlich erwähnt wurde. Nach gut 2 ½ Stunden erreicht man dann die nur im Sommer bewirtschaftete **Alp Uina Dadaint** 02 (1772 m).

Nun führt ein Wanderweg durch Waldhänge, über eine Wiese und zwischen Latschen zu den steilen Felsflanken direkt unter dem Piz da Gliasen (2469 m) hinauf. Dort beginnt der spektakuläre Wegabschnitt durch die **Uinaschlucht** 03 (1894 m), der hoch über dem Wildbach aus dem Gestein geschlagen wurde. Die etwa 1 m breite Wegtrasse ist fast durchgehend mit Stahlseilen gesichert; Geländer über dem Abgrund gibt's aber nicht überall – ängstliche Gemüter können aber in zwei kurzen Tunnels verschnaufen. Nach weiteren 1 ½ Stunden Gehzeit erreichen Sie den 2150 m hoch gelegenen Schluchteingang, wo der Bach von den Wiesen der **Alp Sursass** 04 (2155 m) in den Felsschlund gurgelt. Dort folgen Sie dem Wegweiser „Chna. Sesvenna (I)" zur

Staatsgrenze (2297 m, Kreuz) und kurz weiter zur Senke des Schlinigpasses (2309 m). Dahinter lädt die **Sesvennahütte** 05 (2258 m) des Südtiroler Alpenvereins zur Einkehr und zur Übernachtung ein. Hinter dem nahen Minisee steht die alte Pforzheimer Hütte, die seit 2015 ein Museum birgt – bei klarer Luft ist auch der Ortler zu sehen. Von der Alp Sursass 1 Stunde 15 Minuten.

Rückweg nach **Sur En** 01 auf derselben Route in 3 ½ Stunden.

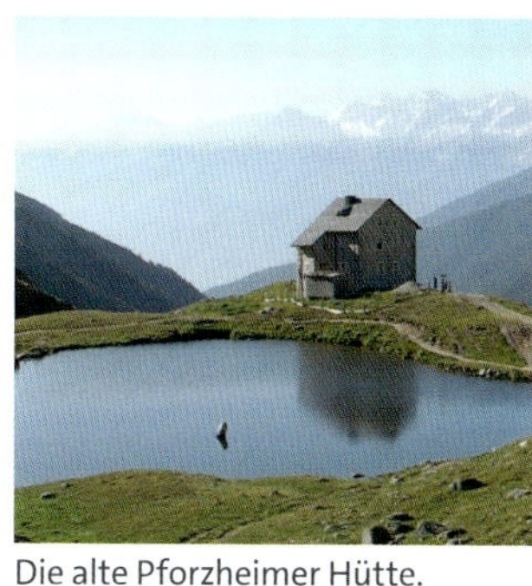

Die alte Pforzheimer Hütte.

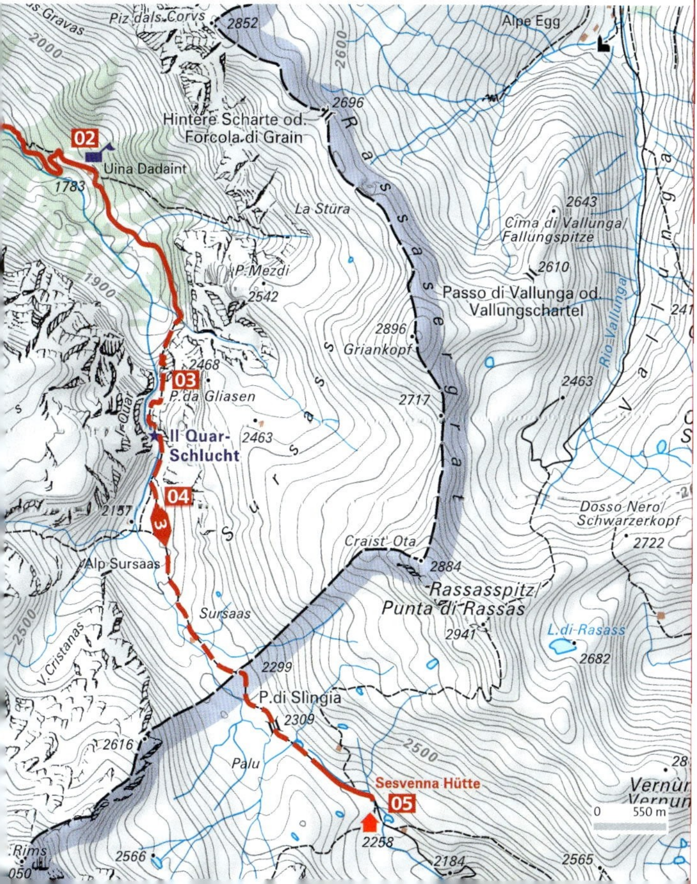

LAI NAIR – CHASTÈ TARASP – FONTANA

Schlucht, Schloss und Seen

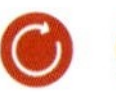

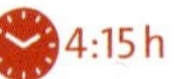

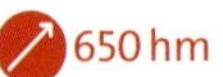

START | Gurlaina (1250 m), der südliche Ortsteil von Scuol jenseits des Inns; Bahnstation und Postauto-Haltestelle im oberen Ortsbereich von Scuol (Sportbus ins Ortszentrum), Parkplatz bei den Tennisplätzen in Gurlaina, Zufahrt von der östlichen Ortseinfahrt von Scuol stets Richtung „S-charl, Parc Naziunal Svizzer", über die Innbrücke und von der nächsten Abzweigung nach rechts.
[GPS: UTM Zone 32 x: 599.192 m y: 5.182.711 m]
CHARAKTER | Landschaftlich sehr vielfältige Wanderung auf auf Nebenstrassen und Wanderwegen (T2). Die Wildruhezone bei Sgne darf vom 21. Dezember bis zum 30. April nicht betreten werden. Einkehrmöglichkeiten gibt's in Scuol, Vulpera und Sparsels, Gastbetrieb in Avrona nur nach Reservation für Gruppen ab 10 Personen; in Fontana findet man einen Laden.

Südwestlich von Scuol thront das imposante Schloss Tarasp auf einem 1499 Meter hohen Felshügel. Das Wahrzeichen des Unterengadins geht auf das 11. Jahrhundert zurück, war bis 1803 im Besitz der Habsburger und gehört heute dem weltbekannten Engadiner Künstler Not Vital, der es zu einer einzigartigen Kulturattraktion ausbaut. Die Umgebung birgt kleine Seen, Dörfer mit behäbigen Engadinerhäusern und eine geheimnisvolle Urzeitstätte. Kein Wunder, dass diese Rundtour zu den schönsten Wanderungen der Region zählt.

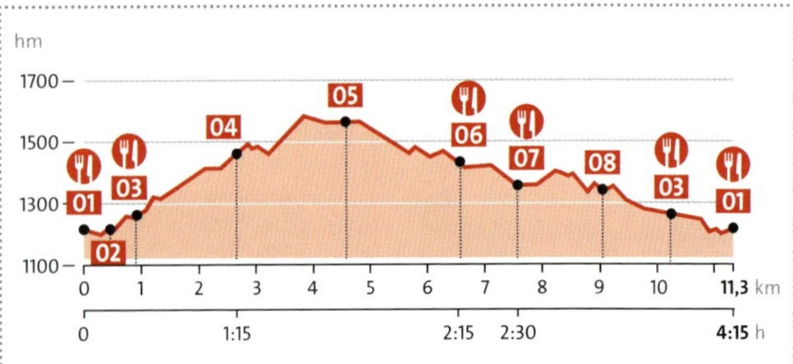

01 Scuol-Gurlaina, 1198 m; 02 Punt Clemgia, 1198 m; 03 Vulpera, 1280 m; 04 Avrona, 1449 m; 05 Lai Nair, 1547 m; 06 Sparsels, 1450 m; 07 Fontana, 1402 m; 08 Platta da las Strias, 1360 m

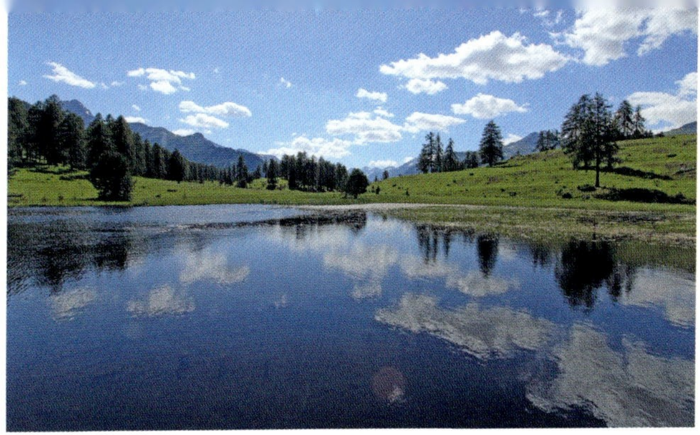

Der Lai Nair, ein wirklich schwarzer Moorsee in unberührter Umgebung.

▶ Vom Parkplatz in **Gurlaina** 01 gehen Sie den Sportanlagen entlang und folgen dem Wegweiser „Vulpera, Tarasp Fontana“ links zur **Punt Clemgia** 02 (1198 m). Diese Fussgängerbrücke führt rechts über die Clemgia-Schlucht.

Jenseits geht's rechts nach **Vulpera** 03 (1280 m) hinauf. Von der Infotafel am Ostrand dieser Hotelsiedlung gehen Sie 100 m zwischen zwei grossen Gebäuden zu einer Wasserfassung, vor der Sie einer Schotterstrasse links in den Wald folgen (der Wegweiser „Avrona, Lai Nair“ steht ein paar Meter weiter oben). Der Weg verschmälert sich hinter Tennisanlagen und einem alten Pavillon, dann steigt er durch Waldhänge zu einer Abzweigung an. Geradeaus geht's zu einer Forststrasse, die links nach Avrona hinaufzieht; der links abzweigende Weg mündet weiter oben ein. Zuletzt kommen Sie über einen Waldsattel zum einsam gelegenen Weiler **Avrona** 04 (1449 m). Gehzeit ab Gurlaina ca. 1 Stunde.

Bei der Kreuzung vor den Häusern folgen Sie dem Wegweiser „Lai Nair“ geradeaus, schwenken aber gleich danach auf den rechts ansteigenden Waldweg ein. Er führt zu einer grossen Wiesenmulde, der Sie rechts entlanggehen. Bei einer Infotafel biegen Sie links zum **Lai Nair** 05 (1547 m) ab. Nach der Brücke über einen Bach führen links zwei Pfade mit Holzstegen durch das Hochmoor zu einem Rastplatz bzw. 100 m langen Gewässer. Traumblick zum Piz Pisoc und zu den Gipfeln der Silvrettagruppe!

Nördlich des Sees führt die Route durch eine Weide weiter und dann rechts auf einem Fahrweg Richtung „Vulpera, Sparsels“ abwärts. Mit Blick auf das Schloss Tarasp erreichen Sie eine Schotterstrasse, auf der Sie links zu einem Sendemasten gelangen. Nach weiteren 70 m zweigen Sie rechts zum Mot da la Crusch ab – der aussichtsreiche Hügel (1474 m) ist mit einem Kreuz geschmückt. Jenseits geht's kurz abwärts und links in die kleine Ortschaft **Sparsels** 06 (1450 m). Von Avrona 1 Stunde. Hinter dem Schlosshotel beginnt der Zugangsweg zum Chastè Tarasp/Schloss Tarasp (1499 m), das nur im Rahmen von Führungen besichtigt werden kann (Infos unter www.schloss-tarasp.ch).

Unterhalb des Schlosses geht's auf der Zufahrtsstrasse in 15 Minuten zu einem Parkplatz hinab und links – vorbei an der Postauto-Haltestelle – ins sehenswerte Dorf

Fontana 07 (1402 m; schöne alte Häuser, barock ausgestaltete Dreifaltigkeitskirche). Ein ganz besonderer Rastplatz befindet sich am Südufer des 2 Hektar grossen Lai da Tarasp/Taraspsees, in dem sich das gleichnamige Schloss im Sommer zwischen Seerosen spiegelt.

Von der Postauto-Haltestelle am Fuss des Burghügels folgen Sie der Hauptstrasse 150 m Richtung Vulpera (Wegweiser „Sgné, Kurhaus Tarasp") bis zur Ortstafel, wo Sie links auf den beschilderten Pfad zur Zufahrt nach Florins (1354 m) einschwenken. Von diesem Weiler führt ein Feldweg weiter Richtung Sgnè. Der Pfad, der nach 200 m links abzweigt, bleibt unbeachtet. Nach weiteren 350 m erreichen Sie ein Hinweisschild zur **Platta da las Strias** 08 (1360 m). Ein paar Schritte links des Weges verbirgt sich hinter einem Holzzaun eine Steinplatte mit unzähligen eingeriebenen Vertiefungen und Ritzzeichnungen, die vermutlich in graue Urzeit zurückweisen.

Gleich danach zweigen Sie links Richtung „Tarasp, Vulpera, Kurhaus Tarasp" ab und wandern auf einem Pfad in den Wald. Dahinter

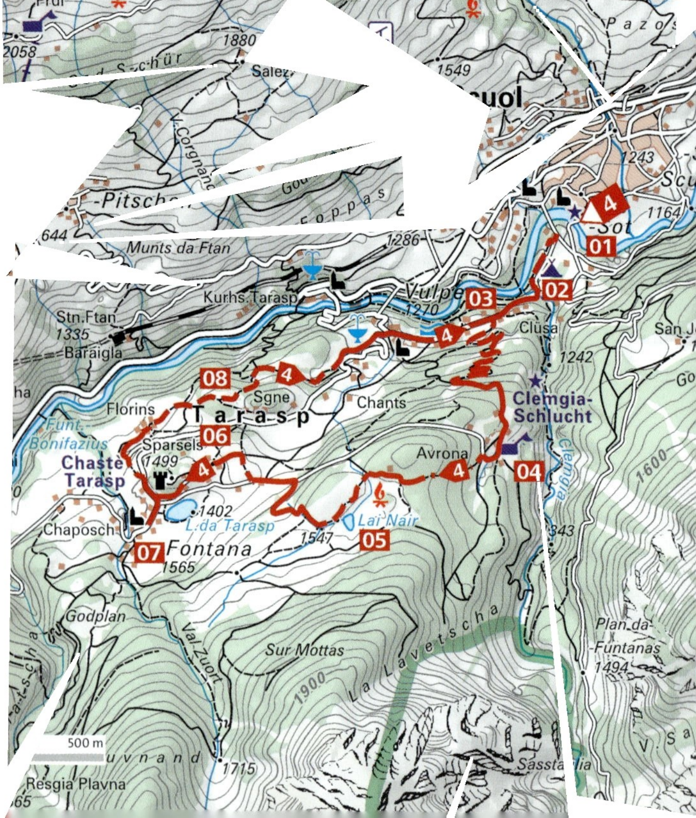

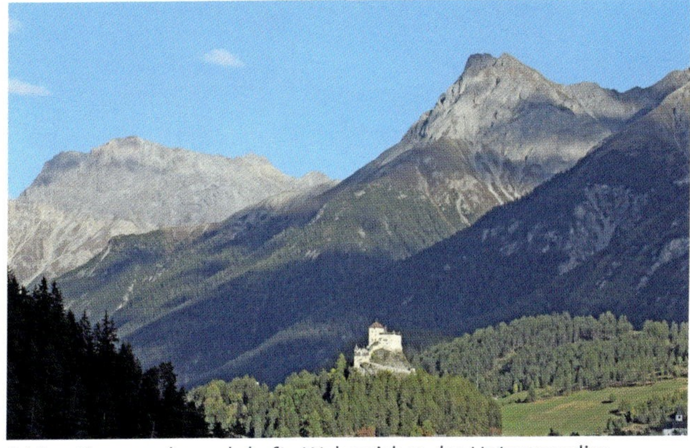

Schloss Tarasp – das wehrhafte Wahrzeichen des Unterengadins.

gelangen Sie neben einem Golfplatz zum Hotel Restaurant Villa Maria (mit kurioser Sammlung), das jenseits der Hauptstrasse steht. Ein paar Schritte links am Parkplatz finden Sie das nächste Schild „Vulpera". Von dort führt ein schmaler, oft verwachsener Pfad neben dem Zaun zum Golfgelände hinab. Rechts kommen Sie – zuletzt auf Asphalt – wieder zur Hauptstrasse, die ins nahe **Vulpera** 03 (1260 m) hinabführt.
Dort biegen Sie vor dem Schweizerhof rechts ab und spazieren durch die Hotelsiedlung, vorbei am Freibad und am Park vor der Villa Post. Dahinter erreichen sie den bereits bekannten Zugangsweg, auf dem Sie links zur **Punt Clemgia** 02 und zu den Sportanlagen in Gurlaina zurückkehren. Den finalen Höhepunkt der Tour bildet dann die Punt da Gurlaina. Diese hohe Fussgängerbrücke, die links über die Innschlucht nach **Scuol** 01 hinüberführt, wurde 1905 als Verbindung zwischen den Hotels beiderseits des Flusses eingeweiht und bietet einen schönen Blick zur Kirche. 1½ Stunden.

Die Clemgiaschlucht

Im Süden von Gurlaina mündet die Clemgia in den Inn. Der 21 Kilometer lange Wildbach, der in den Grenzbergen zu Südtirol entspringt, fliesst durch das Dorf S-charl und grub sich mitten durch die schroffen „Engadiner Dolomiten" eine wilde und geologisch besonders interessante Schlucht, in der er auf zwei Kilometern Länge über mehr als 200 Höhenmeter talwärts rauscht. Der abschnittsweise schon im 19. Jahrhundert angelegte Pfad durch die Clemgiaschlucht wurde mehrfach durch Hochwasser, Steinschlag und Muren zerstört, zuletzt im Jahr 2017. Im Jahr darauf begann jedoch eine Generalsanierung der Stege, Brücken und Schutzbauten.

Ob der Weg gerade offen ist, erfährt man unter https://scuol.engadin.com/de/news-tipps

PIZ LISCHANA • 3105 m

Der brüchige Bergriese

  15,3 km  9:30 h  1750 hm  1750 hm 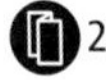 24

START | San Jon (1465 m) südlich über Scuol; Zufahrt von dort auf der Strasse nach S-charl, in der 4. Kehre links Richtung „Chamanna Lischana" abzweigen und ca. 700 m zu einem kleinen Parkplatz. [GPS: UTM Zone 32 x: 600.421 m y: 5.182.608 m]
CHARAKTER | Anspruchsvolle Bergtour auf schmalen Pfaden durch abschüssiges Felsgelände, das alpine Erfahrung, Trittsicherheit, Schwindelfreiheit und alpine Erfahrung erfordert (T4). Der Gipfelbereich ist bei Schneelage oder Vereisung sehr gefährlich. Man sollte unbedingt in der Chamonna Lischana übernachten.

„Wandergipfel" gibt's in den Engadiner Dolomiten, den hellfelsigen Riesenbergen im Süden von Scuol, nicht viele. Auch der Piz Lischana ist keiner – aber er lässt sich immerhin auf einem markierten Pfad erklimmen und ermöglicht dank der Chamonna Lischana die Aufteilung der Tour. Die wunderbar gelegene und sehr gut geführte Schutzhütte bildet schon für sich ein lohnendes Wanderziel. Die Gipfelersteigung setzt jedoch alpine Erfahrung und sichere Bedingungen voraus. Wenn in den steilen Flanken des Berges Schnee liegt, braucht man meist Steigeisen. Und dann gibt es noch einen Haken: Am 31. Juli 2011 stürzten rund 2000 Kubikmeter Fels von seiner höchsten Kuppe ins Val Triazza. Bergsteiger, die gerade noch mit dem Schrecken davonkamen, haben diesen monumentalen Bergsturz aus nächster Nähe gefilmt – wer ihr Video auf Youtube sieht, denkt nicht mehr über die Sinnhaftigkeit der seither verhängten Gipfelsperre nach.

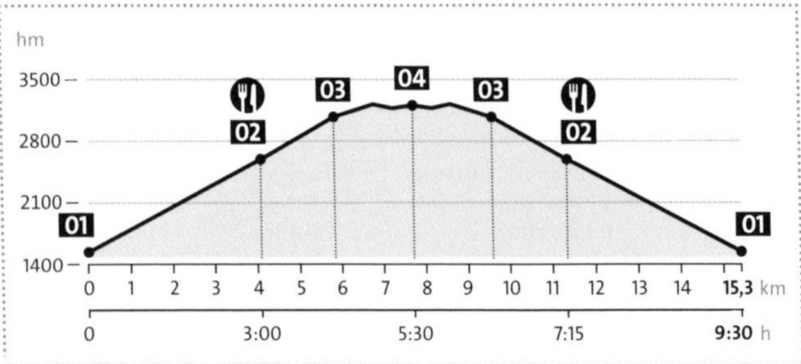

01 San Jon, 1465 m; **02** Chamonna Lischana, 2500 m;
03 Gratsattel, 2975 m; **04** Piz Lischana, 3105 m

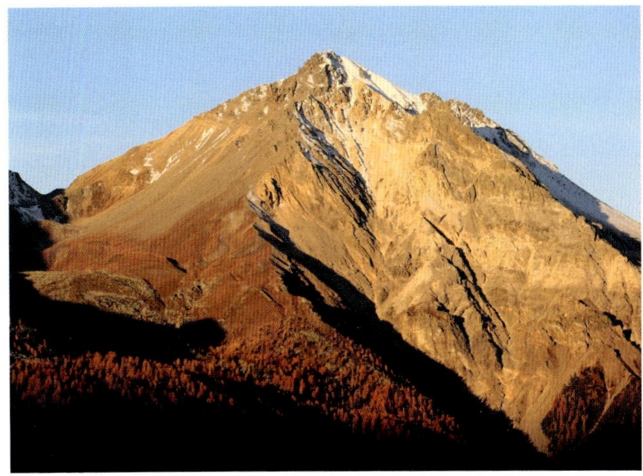

Das Morgenrot verstärkt den spätherbstlichen Farbzauber am Piz Daint.

demasten. Von dort führt ein Weg durch Kiefernwald und links unter den Felstürmen in der Ostflanke des Jalet vorbei – dort ist er kurz mit einem Geländer gesichert (Blick ins Val Müstair). Durch einen Graben und an einer weiteren Abzweigung vorbei gelangen Sie zur Ebene Davo Plattas (2288 m) hinauf. Von dort folgen Sie der Beschilderung „Piz Daint, Tschierv" links auf die Anhöhe Murtaröl (2406 m) und rechts in eine Mulde. Dann queren Sie im schrägen Anstieg eine steile Schuttflanke bis zum Nordwestrü cken des Piz Daint (2650 m).

Auf diesem Schuttrücken geht's links in wechselnder Steigung empor. Über eine letzte Steilstufe mit losem Gestein erreichen Sie nach etwa 2 ½ Stunden das Gipfelkreuz auf dem **Piz Daint** 03 (2968 m). An Tagen mit klarer Sicht erkennt man die Gletscherberge der Berninagruppe, schaut durch das Val Müstair bis zu den Dolomiten, zu den Ötztaler Alpen und zum Ortler; aber auch der Tiefblick zum Ofenpass ist sehr eindrücklich.

Abstieg auf dem Nordwestrücken bis zur Abzweigung (2650 m), von der Sie nun links – nach Süden – absteigen. Hier finden sie nur spärlich markierte Pfadspuren, gelangen aber bald wieder in grüneres Gelände. Links sehen Sie ins entlegene Val Mora hinunter.

Nahe einer kleinen Hütte erreichen Sie schliesslich die Senke vor der flachen Kuppe des Döss dal Termel (2318 m). Dort biegen Sie rechts ab (Wegweiser „Pass dal Fuorn, Buffalora" und marschieren gut 1 km über die Hochebene Jufplaun nach Norden. Links steht in einiger Entfernung eine Grenzhütte, darüber baut sich der felsige Munt Buffalora (2629 m) auf.

Hinter den flachen Felsen am **Döss la las Plattas** 04 (2296 m) finden Sie den Wegweiser „Buffalora, Alp la Schera", der nach links zeigt. Zu dem deutlich sichtbaren Pfad, der von dort ins Hochtal am Fuss des Munt Buffalora hinüberführt, kann man auch schon vor der Tafel ein kurzes Stück weglos hinuntergehen. Der sanft abfallende Weg trifft

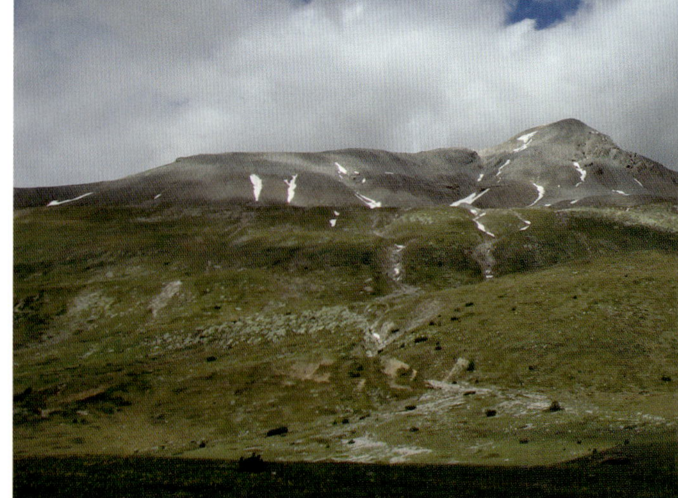

Über dem Jufplaun baut sich der Piz Daint, die „innere Spitze", auf.

nach ca. 800 m auf einen Fahrweg, auf dem Sie rechts Richtung „Buffalora" weitergehen. Nach der Brücke über die Aua da Murtaröl führt er durch Wiesen zu einer Alphütte und rechts durch steile Waldhänge zur **Alp Buffalora** 05 (2038 m) hinunter. 2 Stunden.

Gleich nach den Hütten zweigen Sie links auf einen sanft abfallenden Wiesenweg ab, auf dem Sie in 15 Minuten ins Tal gelangen. Zuletzt geht's auf einem Steg durch sumpfiges Gelände und über zwei schuttreiche Bachläufe zum **Gasthaus Buffalora** 01 zurück.

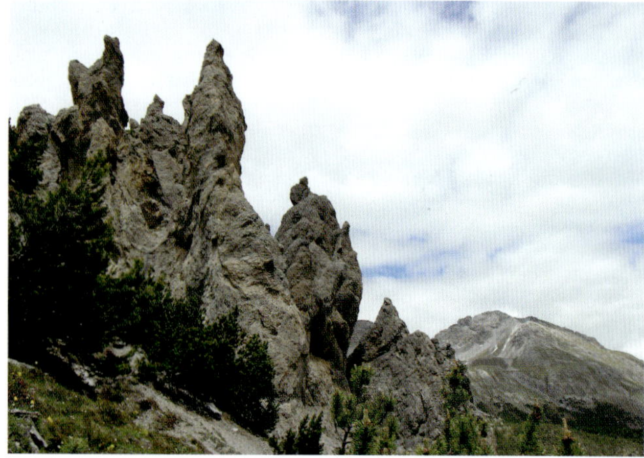

Magie der Vielfalt – Felstürme unter dem Jalet vor dem Piz Vallatscha.

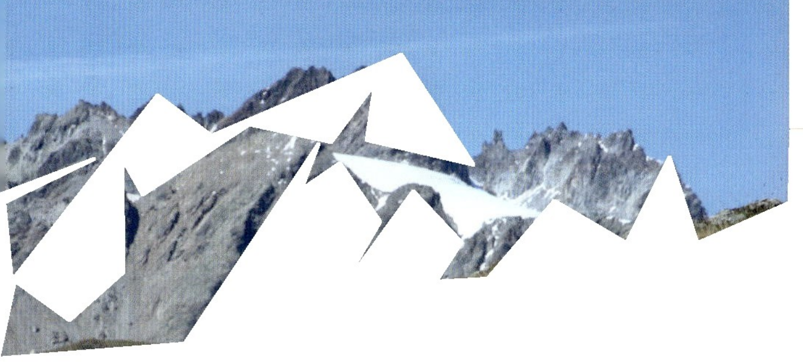

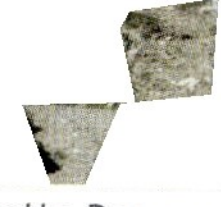

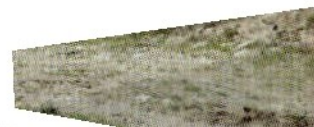

Silvretta-Panorama beim Abstieg – die Jamspitzen und der Jamtalferner.

rechts Richtung „Piz Clünas, Muot da l'Hom" weiterwandern. Nach einem kurzen Aufstieg gelangen Sie zu flacheren Wiesen, dann geht's im Zickzack über einen steilen Rücken zur Hütte auf der aussichtsreichen Terrasse der **Alp Clünas** 02 (2444 m) hinauf.

Nach der Querung eines breiten Alpweges steigen Sie weiterhin sehr steil über den Südrücken des Piz Clünas an. Im steinigen Gelände passieren Sie Lawinenverbauungen, bis Sie nach gut 2 Stunden Aufstiegszeit den Steinmann und den Gipfelbuchbehälter auf dem **Piz Clünas** 03 (2793 m) erreichen. Fantastisch ist die Sicht nach Süden zu den Engadiner Dolomiten, hinter denen auch der vergletscherte Ortler hervorlugt, nach Osten zu den Ötztaler Alpen und nach Westen zu den Albula-Alpen und zum dunklen Felsspitz des Piz Buin.

Nun folgt der **Abstieg** auf dem Nordrücken, auf den benachbarten Piz Minschun (3068 m) zu. Nach zwei kurzen Felspassagen zieht der Pfad von der Fuorcla Clünas (2723 m) links durch ein Kar zu einem Minisee und zum daneben gelegenen **Lai da Minschun** 04 (2642 m) hinab. Durch flacheres Wiesengelände kommen Sie zu einem Fahrweg, der von der Alp Clünas herüberführt. Diesem folgen Sie rechts bis zu einer Hochebene, von der Sie neben weiteren Lawinenverbauungen links die Graskuppe des **Muot da l'Hom** 05 (2512 m) ansteuern.

An ihrem vorderen Rand steht ein Gipfelkreuz, von dem Sie nun auch die zentralen Silvrettaberge um die Jamspitzen und die Dreiländerspitze sehen. In der Tiefe ist sogar der Turm der Ruine Steinsberg in Ardez erkennbar. Jenseits des Val Tasna ragt der Piz Cotschen empor. Gut zu sehen sind aber auch die weiter unten gelegenen Hütten der **Alp Laret** 06 (2202 m), zu denen der Pfad durch die Wiesenhänge westlich der Kuppe hinabführt. Gehzeit vom Gipfel 1 ½ Stunden.

Von dort gelangen Sie auf der beschilderten Via Engiadina nach links Richtung „Prui" ohne grössere Höhenunterschiede durch die stellenweise steinigen Südhänge des Muot da l'Hom zum Weideboden von Clünas (2135 m) und damit zur Aufstiegsroute. Auf dieser kehren Sie zur Bergstation der Sesselbahn auf **Prui** 01 (2064 m) zurück. Gehzeit ab der Alp Laret knapp 1 Stunde.

Variante: Von der Alp Laret kann man in 1 Stunde auch direkt auf einer Alpstrasse und Abkürzungspfaden nach Ftan absteigen.

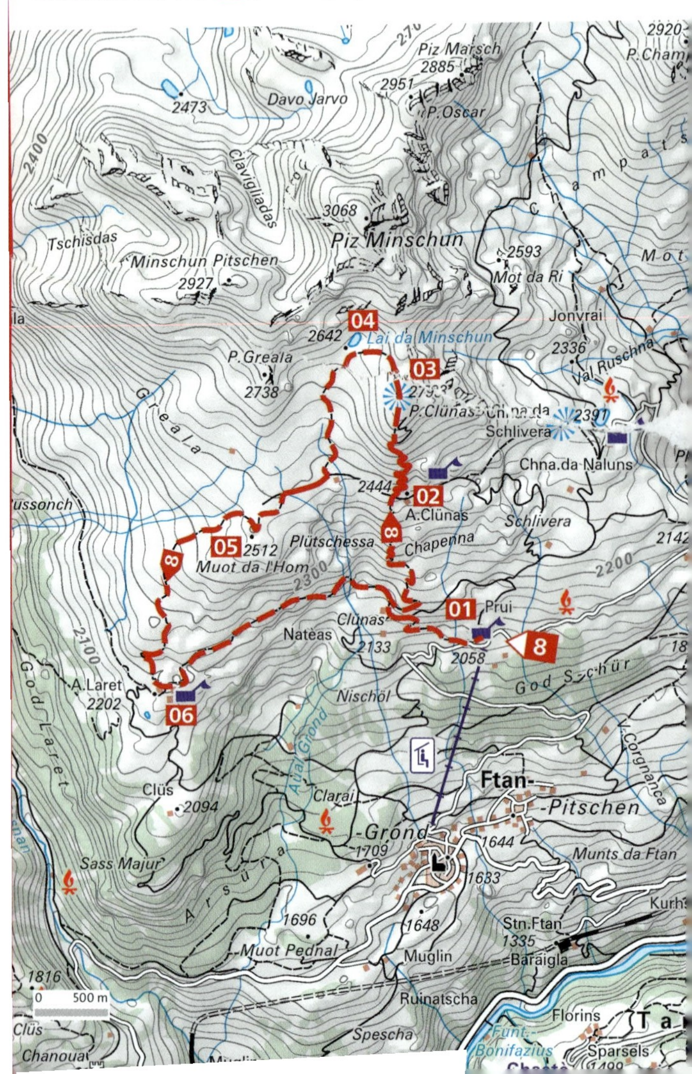

schlossenen) **Bergwerksstollen** 02 (2115 m). Der Gipfelpfad zieht dagegen rechts davon ziemlich steil auf einen Rücken empor. Oberhalb der Waldgrenze wird dort der Blick zu den zerklüfteten Dolomitzinnen um den Piz Pisoc (3173 m), das Val Mingèr und den Piz Tavrü (3168 m) frei. Nach 2 Stunden Aufstiegszeit erreichen Sie die Graskuppe **Mot Madlain** 03 (2434 m). Nun reihen sich auch die mächtige Felsmauer des Piz Madlain (3099 m), der Piz Sesvenna (3204 m) und der berühmte Arvenwald God Tamangur unter den Bergen des Val Müstair ins Panorama. Unter den felsigen Südabbrüchen sind im Talgrund auch ein paar Häuser von S-charl zu sehen.

Abstieg auf derselben Route.

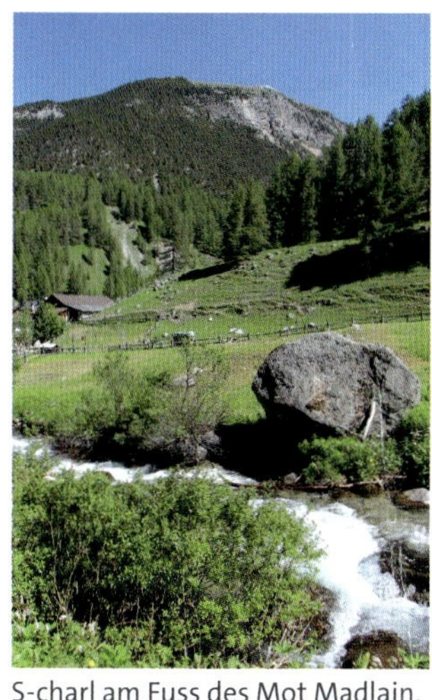

S-charl am Fuss des Mot Madlain.

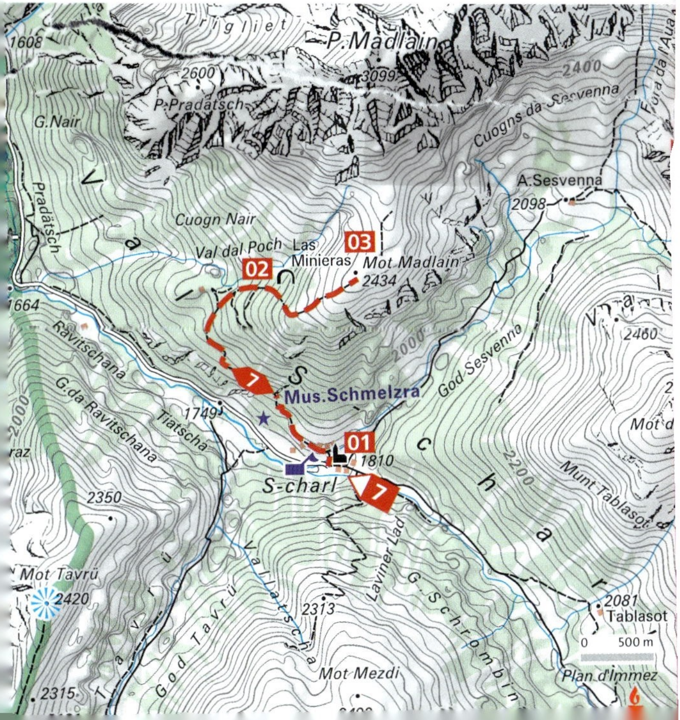

PIZ CLÜNAS • 2793 m – MUOT DA L'HOM

Im Süden der Silvrettagruppe

 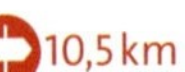 10,5 km  4:30 h 750 hm 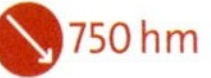 750 hm  24

START | Ftan (1669 m), Talstation der Sesselbahn über Ftan-Grond, Postauto-Haltestelle und Parkplatz; Auffahrt zur Bergstation Prui (2061 m, www.bergbahnen-scuol.ch).
[GPS: UTM Zone 32 x: 595.459 m y: 5.184.370 m]
CHARAKTER | Aussichtsreiche Bergwanderung auf Alpstrassen und stellenweise steilen, erdigen und felsigen Pfaden, die bei Nässe sehr rutschig werden und vor allem am Gipfelgrat Trittsicherheit sowie Schwindelfreiheit erfordern (T3). Die Alp Laret ist im Sommer bewirtet.

Der Piz Clünas, der Hausberg von Ftan, ist nicht sehr schwierig zu erreichen, bietet aber doch ein paar felsige Wegabschnitte und dank seiner Lage am Südrand der Silvrettagruppe ein wirklich sehenswertes Gipfelpanorama. Beim Abstieg sollte man den südwestlich vorgelagerten Muot da l'Hom unbedingt „mitnehmen“ – der kleine Hügel über einer grasigen Hochfläche bietet eine ebenso famose Aussicht und bietet sich auch als kürzeres Alternativziel an.

▶ Von der Bergstation der Sesselbahn auf **Prui** 01 folgen Sie dem Wegweiser der Via Engiadina Richtung „Alp Laret“ [illegible] nach links, zweigen nach 50 m rechts auf einen Fahrweg ab und wandern an einer Hütte vorbei in licht bewaldetes Gelände, wo ein Pfad zu einer weiteren Alpstrasse hinaufführt. Auf dieser gehen Sie etwa 120 m links zu einer Gabelung, von der Sie rechts ansteigen. Wieder auf einem Pfad erreichen Sie die nächste Abzweigung, von der Sie

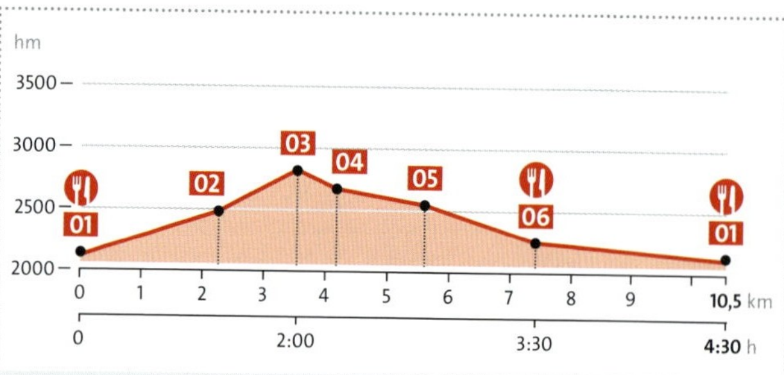

01 Prui, 2061 m; 02 Alp Clünas, 2444 m; 03 Piz Clünas, 2793 m; 04 Lai da Minschun, 2642 m; 05 Muot da l'Hom, 2512 m; 06 Alp Laret, 2202 m

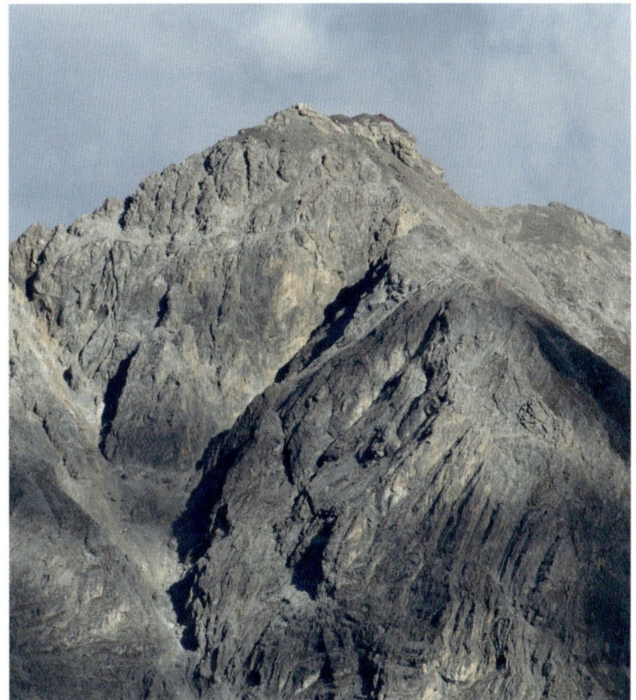

Das rote Gestein auf dem höchsten Punkt (rechts) ist absturzgefährdet.

▶ Vom Parkplatz bei **San Jon** 01 führt der beschilderte Wanderweg zur Chamonna Lischana erst flach ins Val Lischana, das zwischen den Felsflanken des Piz Lischana und des Piz San Jon eingeschnitten ist. Dort geht's in vielen Kehren über 1000 Höhenmeter empor; immerhin ist es im unteren Waldbereich schattig. Der gut gepflegte Weg steigt erst rechts, dann links des Bachs, wo er einige Wasserfälle zeigt, ins Latschen- und Wiesengelände an. Da und dort kann der Schutt aus den Seitengräben zu Vermurungen führen. Weiter oben weitet sich das Hochtal und nach gut 3 Stunden erreichen Sie die 1926 auf einem Felsbalkon erbaute **Chamonna Lischana** 02 (2500 m). Von der Terrasse der bestens geführten Schutzhütte des Schweizer Alpen-Clubs geniesst man einen traumhaften Blick auf Scuol und die gegenüber aufragenden Berge der Silvrettagruppe. Und mit etwas Glück lassen sich in ihrer Umgebung auch Steinböcke beobachten. Der markierte Weiterweg führt im linken Bereich des mit Schutt und oft auch mit Schnee erfüllten Hochtals empor, überwindet ein Felsband und steigt schliesslich durch eine steile Rinne zu einem breiten **Gratsattel** 03 (2975 m) nördlich der Fuorcla da Rims an. Südöstlich davon breitet sich das weite, öde Seenplateau von Rims aus. Der nicht markierte, aber weiterhin mit Steinmännchen gekennzeichnete Gipfelzustieg führt dagegen scharf nach links durch Schutt auf einen Buckel (3044 m), unter dem die letzten Eisreste des Vadret da Triazza dahinschmelzen. Der schroffe Gipfel des Piz Lischana ist noch knapp 1 km entfernt. Es folgt ein schmaler Grat, der beiderseits steil abbricht, dann wird ein Vorgipfel mit rötlichem Gestein rechts auf schmaler Spur durch die steile Flanke umgangen. Dahinter sorgt der Tiefblick zur Chamonna Lischana für Magenkribbeln. Kurz

Rückweg durch die Uinaschlucht

Diese Tour lässt sich zu einer Rundtour „ausbauen". Man zweigt dabei auf dem Gratsattel (2975 m) zwischen der Hütte und dem Piz Lischana rechts ab, wandert auf dem absinkenden Grat etwa 200 m zu einer kleinen Anhöhe über der Fuorcla da Rims und steigt links auf markierten Pfadspuren zur Hochfläche um die Lais da Rims ab. Man durchquert diese unübersichtliche, buckelige und von Gräben durchzogene Karst- und Schuttlandschaft 3 km nach Osten und erblickt dabei einige der namensgebende Dolinenseen. Durch einen Graben erreicht man dann die Wiesen der Alp Sursass (2155 m) und damit jenen beschilderten Weg, der rechts zur nahen Sesvennahütte führt und links in die Uinaschlucht (siehe Tour 3). Der spektakuläre Felsenwerg bildet einen weiteren Höhepunkt der Tour. Von der Alp Uina Dadaint marschiert man schliesslich auf dem Fahrweg nach Sur En (1125 m, Postauto-Haltestelle) ins Inntal hinunter. Mittelschwere Bergwege, bei Nebel und Schneelage gefährlich. Gehzeit von der Hütte 5 ½ Stunden.

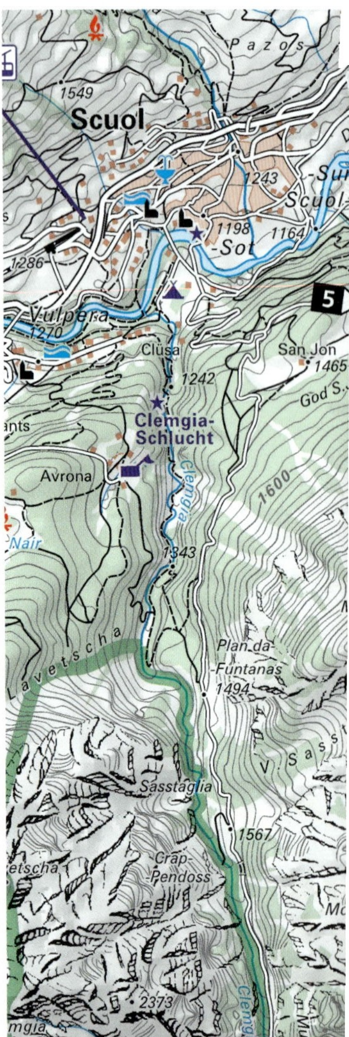

geht's links der Gratschneide weiter, bis man im Zickzack durch die steile, von lockeren Schutt bedeckte Westflanke des **Piz Lischana** 04 (3105 m) ansteigt. Der oberste, aus rotem Radiolit aufgebaute Gipfelbereich ist nach wie vor gesperrt. Daran sollte man sich auch halten – die Aussicht zur gegenüber aufragenden Silvrettagruppe ist auch vom wenige Meter „tiefer gelegten" Steinmännchen sehr schön. Aufstiegszeit 2 ½ Stunden.

Abstieg auf der derselben Route – 1 ¾ Stunden bis zur Hütte, 2 ¼ Stunden weiter nach San Jon.

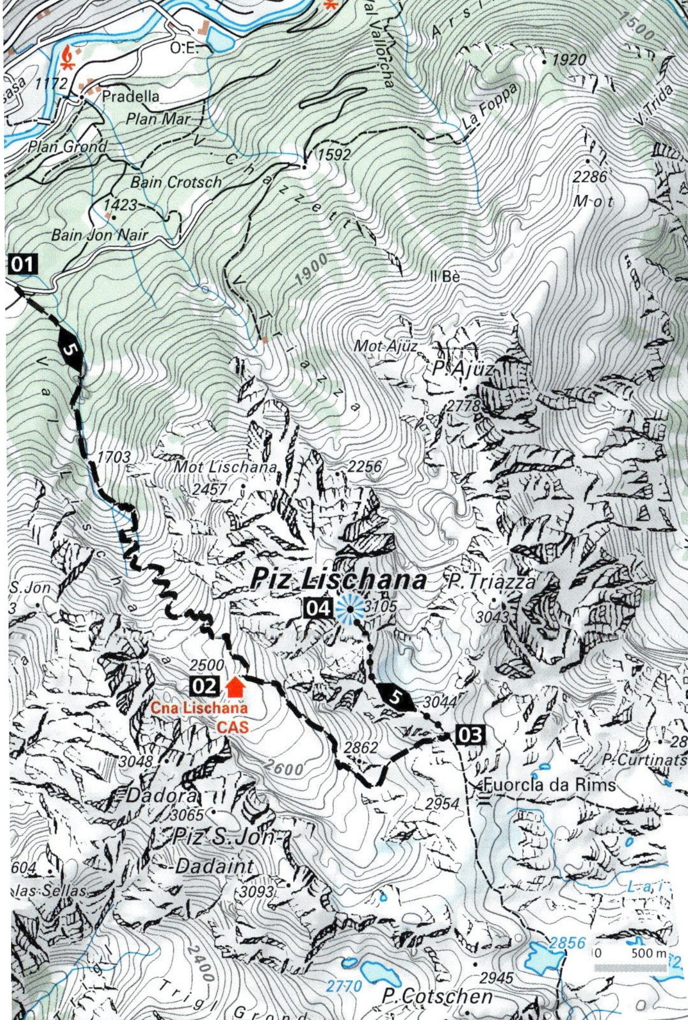

IM WINTER NACH S-CHARL

Zu Fuss oder mit dem Pferdeschlitten in die Einsamkeit

  23 km 6:00 h   560 hm 

START | Gurlaina (1250 m), der südliche Ortsteil von Scuol jenseits des Inns; Bahnstation und Postauto-Haltestelle im oberen Ortsbereich von Scuol (Sportbus ins Ortszentrum), Parkplatz bei den Tennisplätzen in Gurlaina, Zufahrt wie bei Tour 4.
[GPS: UTM Zone 32 x: 599.192 m y: 5.182.711 m]
CHARAKTER | Einfache Winterwanderung auf der geräumten Strasse durch das wilde Val S-Charl (T1), die bei Lawinengefahr jedoch gesperrt sein kann. Spikes für die Wanderschuhe sind sehr von Vorteil, da sich damit auch eisige Stellen problemlos überwinden lassen. Eine Nächtigung in S-charl ist unbedingt zu empfehlen (www.cruschalba.ch, https://gasthaus-mayor.ch – dort finden Sie auch Infos über Pferdeschlittenfahrten nach S-charl).

Zehn Kilometer südlich von Scuol liegt das aus 13 Häusern bestehende Dorf S-charl – hinter dem riesigen, über 3000 Meter hohen Felswall der Engadiner Dolomiten, den das Val S-charl zerschneidet. Die schmale und nicht überall geteerte Strasse, auf der auch das Postauto durch den Canyon der Clemgia fährt, wird immer wieder von Muren zerstört und durch gewaltige Schuttmassen verschüttet. Nach heftigen Unwettern müssen oft ganze Abschnitte neu trassiert werden. Zwischen Dezember und April, wenn S-charl bis auf seine beiden Herbergen verlassen ist, wird die Strecke zwar vom Schnee geräumt, aber für den öffentlichen Autoverkehr gesperrt. Als Nicht-Einheimi-

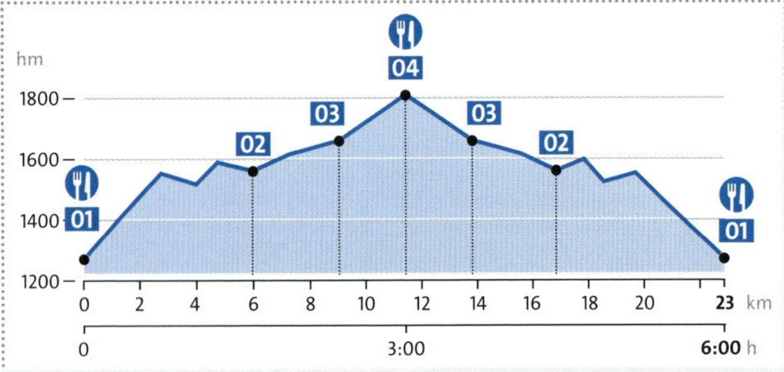

01 Scuol-Gurlaina, 1250 m; 02 Tunnel, 1570 m; 03 Val Mingér, 1654 m; 04 S-charl, 1810 m

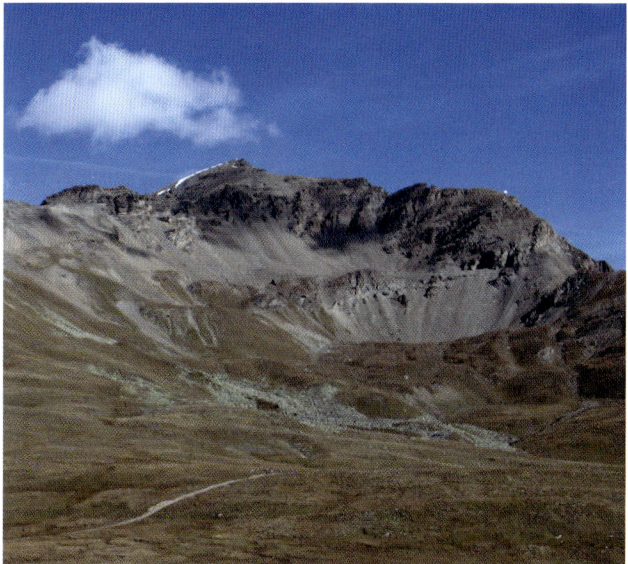

Geübte Bergsteiger können auch den Piz Minschun überschreiten.

Auf den Piz Minschun

Im Norden wird der Piz Clünas vom 3068 m hohen Piz Minschun überragt. Seine Ersteigung ist eine anspruchsvolle Tour für erfahrene Bergsteiger und nur bei guten Wetter- bzw. Schneeverhältnissen (T4). Von Prui wandert man zunächst zur Chamanna da Naluns (2370 m) über dem Skigebiet Motta Naluns. Vom nahen Speichersee geht's auf einem Fahrweg nach Norden zur Liftstation am Mot da Ri, dahinter kurz auf der Piste bergab und dann links – nur auf unmarkierten Pfadspuren – durch eine steile Schuttmulde zu einem grossen Steinmann auf dem felsigen Nordgrat des Berges empor. Auf diesem gelangt man links nach gut 3 Stunden auf den Gipfel, wo ein winziges Holzhüttchen das Gipfelbuch birgt. Natürlich steht auch hier das Panorama der Engadiner Dolomiten mit dem Ortler im Mittelpunkt, sehr eindrucksvoll ist aber auch der Blick nach Norden zum zackigen Fluchthorn, zum Jamtalferner und zum Vadret da Chalaus im Herzen der Silvrettagruppe sowie zum Piz Linard.
Abstieg auf dem felsgespickten Grat nach Süden und nach 200 m rechts über den Südwestrücken. Noch vor dem Sattel vor dem Minschun Pitschen gelangt man links durch sehr steilen Schutt zum Lai da Minschun und weiter über die Alp Clünas zum Ausgangspunkt hinunter. Abstieg ca. 2 ½ Stunden.

ARDEZ – GUARDA – LAVIN

Eine Kulturwanderung von Dorf zu Dorf

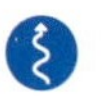  8,4 km  3:00 h  300 hm 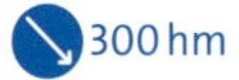 300 hm 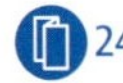 24

START | Ardez (1475 m); Bahnstation und Postauto-Haltstelle, gebührenfreie Parklätze an der westlichen Ortseinfahrt und am oberen Dorfrand nahe der Schule (Zufahrt von der östlichen Ortseinfahrt). Rückfahrt mit der Rhätischen Bahn.
[GPS: UTM Zone 32 x: 591.800 m y: 5.180.866 m]
CHARAKTER | Landschaftlich und kulturell sehr interessante Talwanderung auf Wegen sowie Neben- und Forststrassen (T1).

Die Gehzeit dieser Tour wäre locker in einem halben Tag zu schaffen. Tatsächlich werden Sie dafür aber viel länger brauchen, denn schon in Ardez gibt es so viel zu entdecken, dass die Stunden nur so verfliessen. Das gilt ebenso für das viel besuchte Dorf Guarda in der Mitte der Strecke und selbst für den weniger bekannten Zielort Lavin. Da wie dort sind es vor allem die wunderschönen Engadinerhäuser, die alle Besucher in ihren Bann ziehen, während in Guarda nicht Wenige auf den Spuren des Schellenursli nach den Schauplätzen des weltberühmten Kinderbuches suchen. Aber selbst zwischen den Orten stösst man immer wieder auf kulturelle Besonderheiten – von legendenumwobenen Schalensteinen bei Bos-cha bis zum verschwundenen Dorf Gonda. Und natürlich lenkt auch die gepflegte Kulturlandschhaft zwischen dem im Talgrund rauschenden Inn, den wiesengrünen Vorlagerungen der Silvrettagruppe und den Zacken der Engadiner Dolomiten überall die Blicke auf sich.

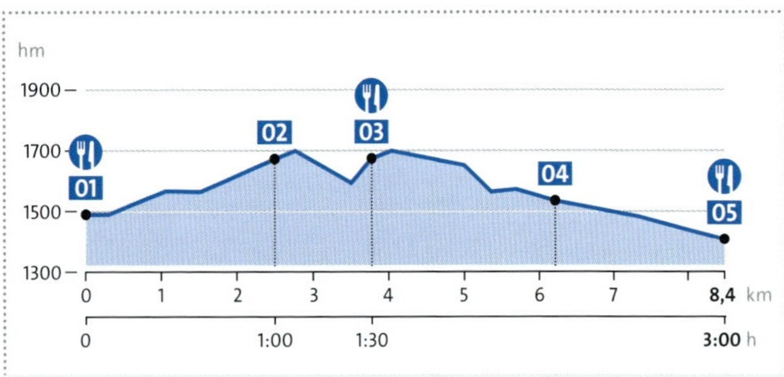

01 Ardez, 1475 m; 02 Bos-cha, 1664 m; 03 Guarda, 1666 m;
04 Ruinas da Gonda, 1510 m; 05 Lavin, 1412 m

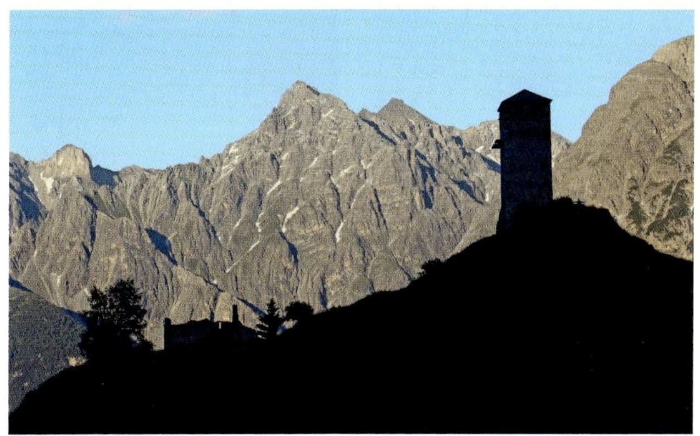

Der Turm der Burgruine Steinsberg in Ardez als Scherenschnitt.

▶ Vom Parkplatz am westlichen Ortsrand von **Ardez** 01 spazieren Sie auf der Dorfstrasse am Hotel-Restaurant Schorta's Alvetern vorbei zu einem kleinen Platz (den Sie vom Bahnhof durch das Ortszentrum nach links ereichen). Von dort gehen Sie bergauf und gleich nach links (Wegweiser „Bos-cha, Guarda". Nach den obersten Häusern beginnt ein geschotterter Fahrweg, der durch steppenartige Hänge (schöner Rückblick auf Ardez und seinen Burgturm) zu einer asphaltierten Strasse ansteigt. Dieser folgen Sie nach rechts und über eine Kurve weiter bergwärts. Nach etwa 500 m zweigen rechts zwei Feldwege ab – gleich danach sind nach einer Gemeindetafel die beiden Plattas dellas Strias (Hexenplatten) rechts am Strassenrand zu sehen. Im Kalkschiefergestein wurden mehr als 100 schalenförmige Vertiefungen ausgerieben – es handelt sich dabei um Schalensteine, wie sie im gesamten Alpenbereich zu finden sind; sie könnten bis in die Jungsteinzeit zurückweisen. Weiter vorne führt die Strasse an einer ausgeschilderten Muglin da Glatsch (Gletschermühle), einer vom eiszeitlichen Schmelzwasser ausgewaschenen Gesteinsmulde, vorbei. Nach knapp 1 Stunde Gehzeit erreichen Sie den Weiler **Bos-cha** 02 (1664 m).

Beim Brunnen verlassen Sie die Strasse nach links, gehen zu einem schönen Engadinerhaus und auf einem beschilderten Feldweg in die Mulde Las Palüds hinunter. Nach der Überquereung eines Bächleins geht's durch die mit Trockensteinmauern terrassierten Hänge hinauf nach **Guarda** 03 (1666 m), wo Sie nach gut 30 Minuten rasten, einkehren und die berühmten Engadinerhäuser bewundern können. Der Bahnhof befindet sich 200 m unterhalb des Ortes; es gibt eine Busverbindung dorthin.

Der zweite Teil der Wanderung beginnt auf der Dorfstrasse von Guarda. Vom Brunnen nach der Ustaria Crusch Alba gehen Sie rechts zum kleinen Platz mit der Postauto-Haltestelle. Vorbei an der reformierten Kirche, dem Volg-Laden und der Tourismus-Infostelle gelangen Sie zu einer Kreuzung im westlichen Ortsbereich. Ein paar

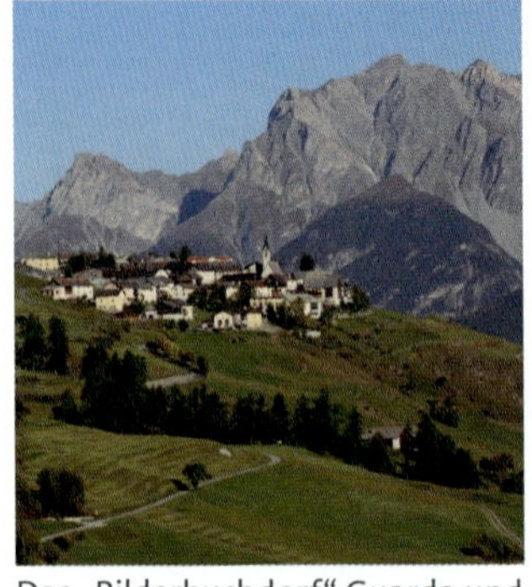

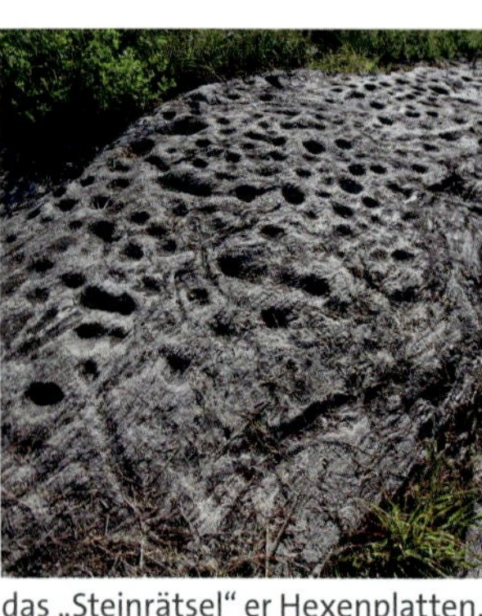

Das „Bilderbuchdorf“ Guarda und das „Steinrätsel“ er Hexenplatten.

Schritte geradeaus weiter finden Sie Infotafeln und Wegweiser. Von dort geht's links Richtung „Resgia, Lavin“ auf einem schmalen Pfad durch die Wiesen im Westen des Dorfes und dann durch einen steilen Waldhang in den Graben der Clozza hinunter. Von einer Abzweigung links (Wegweiser „Lavin, Guarda P“) zu einer nahen Schotterstrasse, auf die Sie scharf nach rechts einschwenken. Sie führt neben einer alten Mühle zu einer Steinbrücke und dann bald wieder durch Wiesenhänge zu den **Ruinas da Gonda** **04** (1510 m). Wo heute nur mehr karge Mauerreste zu sehen sind, bestand einst ein Dorf mit 30 Häusern, die jedoch im 17. Jahrhundert verlassen wurden – vermutlich wegen der von Lawinen gefährdeten Zugangswege. Nach knapp 1½ Stunden spazieren Sie unter den Brücken der Umfahrungsstrasse und der Bahn durch nach **Lavin** **05** (1412 m).

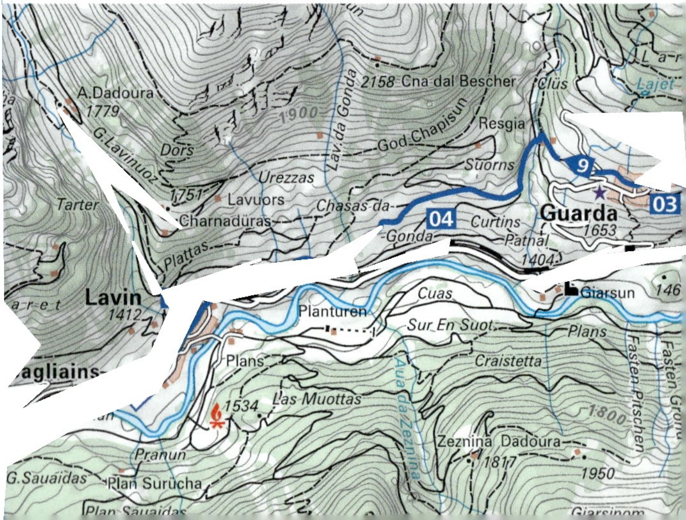

Genuss im Zeichen des Edelweiss

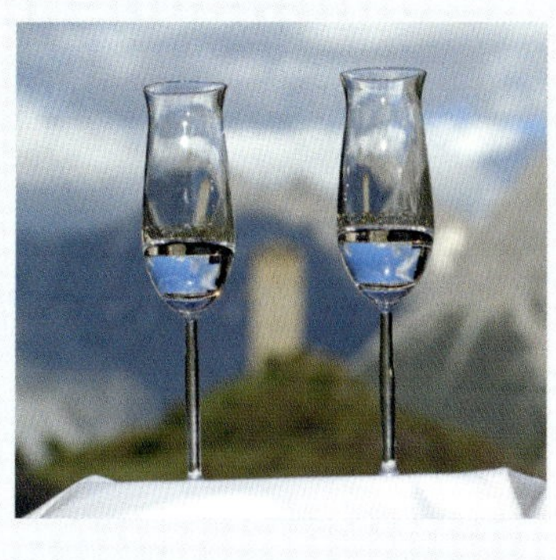

Am westlichen Dorfrand von Ardez heisst die Familie Schorta ihre Gäste im Hotel und Restaurant Alvetern (= Edelweiss) willkommen. In seinen modern-stilvollen, hellen und ruhigen Zimmern fühlt man sich sofort wohl, in der Tee-Lounge und in der Hausbibliothek lässt man sich gerne nieder. Küchenchef Claudio Jost und sein Team zaubern Tag für Tag internationale und Bündner Spezialitäten nach alten, einheimischen Rezepten auf den Tisch – von der köstlichen Bergblütencremesuppe über Bizoccals d'Ardez bis zur lauwarmen Nusstorte aus Lavin. Besonders bekannt ist Schorta's Alvetern für seine Wildgerichte. Und wie wär's zum Abschluss mit einem Edelbrand „Tamangur" – vielleicht bei der Planung für den nächsten Tag auf der Hotelterrasse mit Blick zur Burgruine Steinsberg? Was Ausflugsziele, Wanderungen und Bergtouren rund um Ardez betrifft: Da hat Hausherr Roger Schorta jede Menge gute Tipps parat!

Schorta's Hotel Alvetern
Arfusch 171, CH-7546 Ardez, Tel. +41 8186 22144, www.alvetern.ch

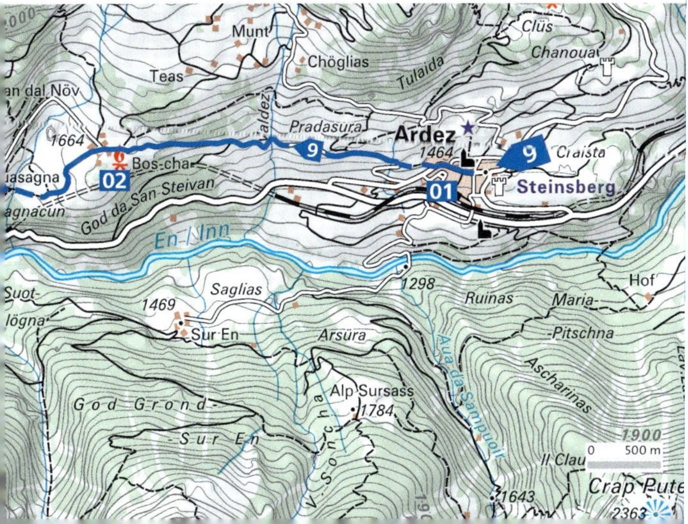

ARDEZ – FONTANA – SCUOL

Die stille Seite des Unterengadins

 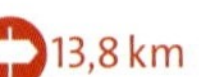 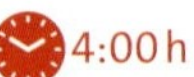 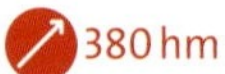  

START | Ardez (1475 m); Bahnstation und Postauto-Haltstelle, gebührenfreie Parklätze an der westlichen Ortseinfahrt und am oberen Dorfrand nahe der Schule (Zufahrt von der östlichen Ortseinfahrt). Rückfahrt von Scuol mit der Rhätischen Bahn. [GPS: UTM Zone 32 x: 591.800 m y: 5.180.866 m]
CHARAKTER | Abwechslungsreiche Wanderung im Talbereich auf Neben- und Forststrassen sowie Pfaden; im ersten Abschnitt ist stellenweise Trittsicherheit notwendig. Einkehren kann man in Ardez, Vulpera und Scuol; in Fontana gibt's einen Laden.

Im Unterengadin rauscht der En/ Inn durch ein Engtal, in das Bahn und Strasse kaum Einblicke gewähren. Einer seiner wildesten Abschnitte ist die Ardezer Schlucht, die von der schwankenden Punt Veidra überspannt wird. Sie führt auf die Südseite des Tals, die abseits des einstigen Kurbads Vulpera und des Schlosses Tarasp im Schatten der bekannten Orte auf der Nordseite blieb. Dort kann man in aller Ruhe dem rauen Charme dieser Landschaft nachspüren.

▶ Vom Parkplatz beim Bahnhof von **Ardez** 01 folgen Sie der Beschilderung „Sur En" und dem Wegweiser „Vallatscha, Tarasp Fontana". Nach dem Bahnübergang und der Brücke über die Kantonsstrasse biegen Sie links zur kleinen katholischen Kirche (Baseglia catolica) ab. Dahinter geht's 70 m auf einer

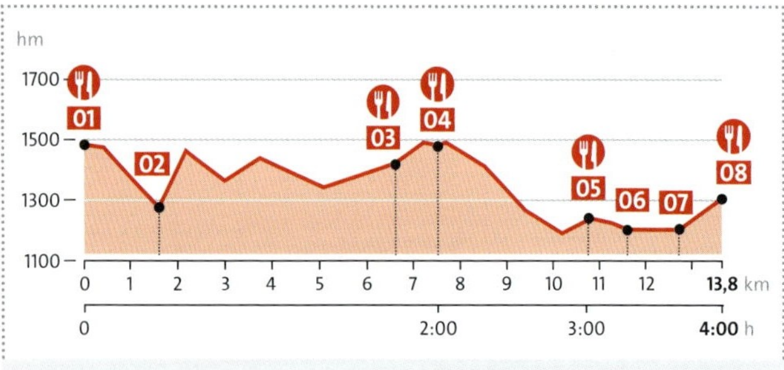

01 Ardez, 1475 m; 02 Punt Veidra, 1260 m; 03 Fontana, 1402 m; 04 Sparsels, 1450 m; 05 Vulpera, 1260 m; 06 Punt Clemgia, 1198 m; 07 Scuol, 1198 m; 08 Bahnstation Scuol-Tarasp, 1286 m

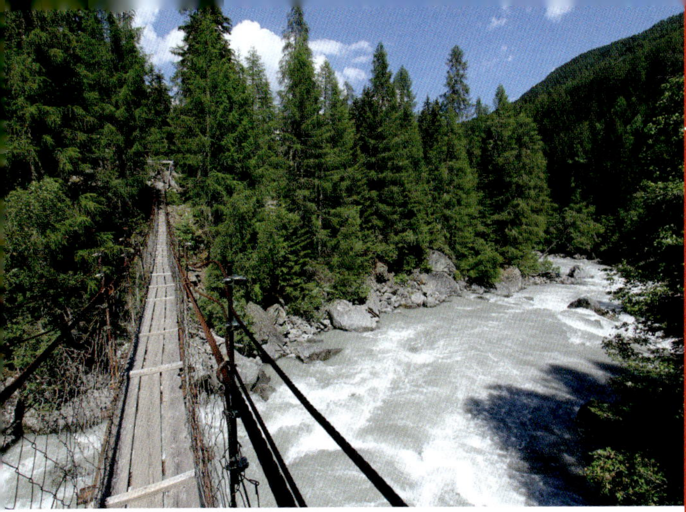

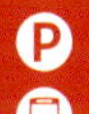
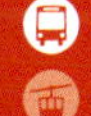
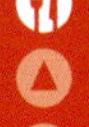
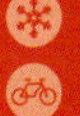
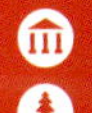

Ein Hauch von Kanada? Die Hängebrücke über den stürmischen Inn.

Schotterstrasse weiter und dann auf einem geradeaus abzweigenden, mit Holzpfosten gekennzeichneten Feldweg durch den Wiesenhang bergab. Nach drei Kehren wandern Sie auf einem Pfad zu einer Geröllhalde und einer Gabelung. Geradeaus Richtung „Vallatscha, Tarasp Fontana" gelangen Sie in eine Waldwildnis mit grossen Felsblöcken. Unterhalb davon überspannt die **Punt Veidra** **02** (1260 m) den schäumenden Inn.

Jenseits schlängelt sich der Pfad durch steile Waldhänge zu einer Wiese emor und führt links zum einsam gelegenen Anwesen Maria Hof (1401 m). Von dort wandern Sie mit Blick zu den Bergen auf der nördlichen Talseite auf einem sanft abfallenden Feldweg zum alten Gehöft Aschèra (1350 m) und auf einer Waldstrasse weiter zu den schönen Engadinerhäusern der Ortschaft Vallatscha (1363 m). Im Osten erblickt man schon das Schloss Tarasp, das auf einem Hügel thront. Die weiterhin nicht geteerte Zufahrtsstrasse führt durch einen Graben in den 1,2 km entfernten Weiler Champosch (1368 m). Von dort gelangt man auf Asphalt ins noch 15 Minuten entfernte Dorf **Fontana** **03** (1406 m) – oder man geht links auf einem Feldweg ins bewaldete Val Zuort, durch das man rechts dorthin ansteigt. Gut 2 Stunden ab Ardez.

Nun spazieren Sie am Lai da Tarasp und an der Postauto-Haltestelle vorbei zur zweiten Strassenabzweigung unterhalb des Schlosshügels, von der Sie rechts in den nahen Nachbarort **Sparsels** **04** (1450 m) ansteigen (Chastè Tarasp/Schloss Tarasp siehe Tour 4). Am vorderen Ortsrand finden Sie einen Parkplatz. Daneben beginnt ein Feldweg mit dem Wegweiser „Vulpera", auf dem Sie am Mot da la Crusch vobeiwandern – der aussichtsreiche, mit einem Kreuz geschmückte Hügel (1474 m) ist einen Abstecher wert. Nach 400 m schwenken Sie links auf einen Fahrweg ein, der durch Wiesen nach Chants (1387 m) hinabführt. Neben den Gebäuden bleiben Sie geradeaus. Vorbei am 1092 erbauten Jugendstil-Hotel Villa Engiadina und einem

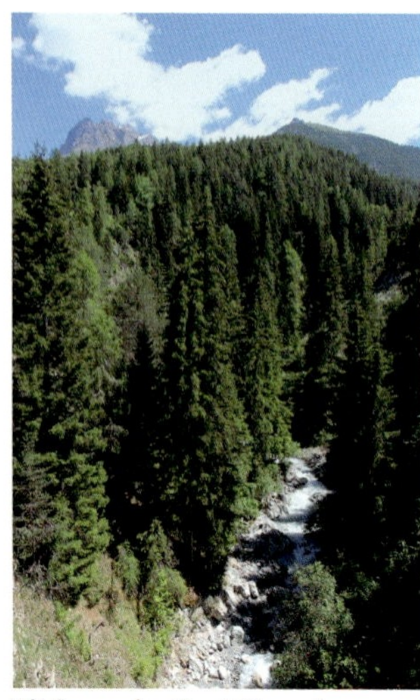

Blick von der Punt Clemgia.

Golfplatz erreichen Sie **Vulpera** 05 (1260 m). 1 Stunde ab Fontana.

Nun spazieren Sie rechts durch diese Hotelsiedlung, vorbei am schönen alten Park vor der Villa Post. Vom östlichen Ortsrand führt links ein breiter Weg Richtung „Gurlaina, Scuol“ zur **Punt Clemgia** 06 (1198 m) hinab.

Jenseits gehen Sie links an den Sportanlagen von Gurlaina vorbei. Zuletzt biegen Sie links Richtung „Posta, Stazuin RhB“ ab und überqueren auf der eindrücklichen Punt da Gurlaina die Innschlucht. Danach gelangen Sie rechts ins nahe Ortszentrum von **Scuol** 07 (1198 m) – links geht's dagegen hinauf zur **Bahnstation Scuol-Tarasp** 08 (1286 m; Postauto-Haltestelle); Sie erreichen sie ab Vulpera in etwa 1 Stunde.

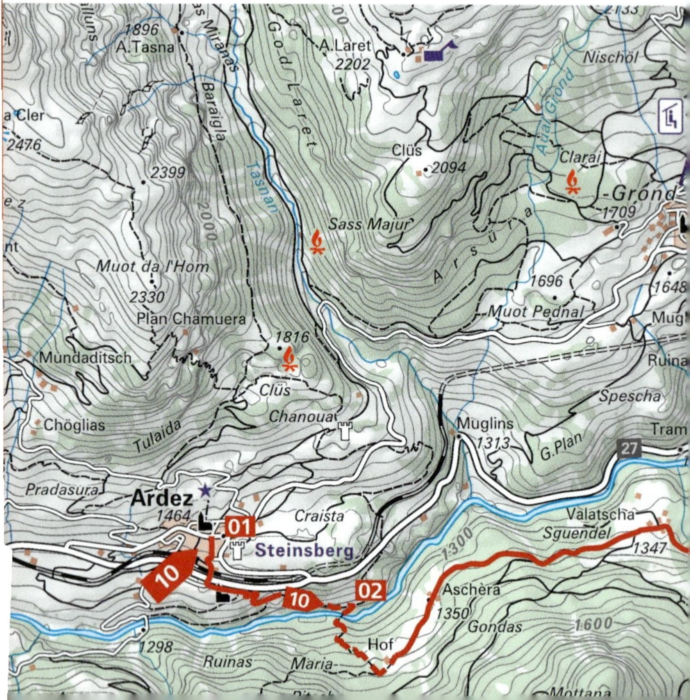

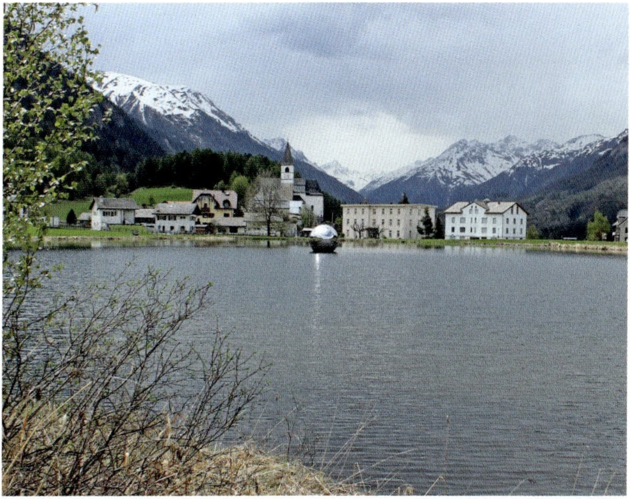

Ein Pfingstgewitter zieht über Fontana und dem Lai da Tarasp auf.

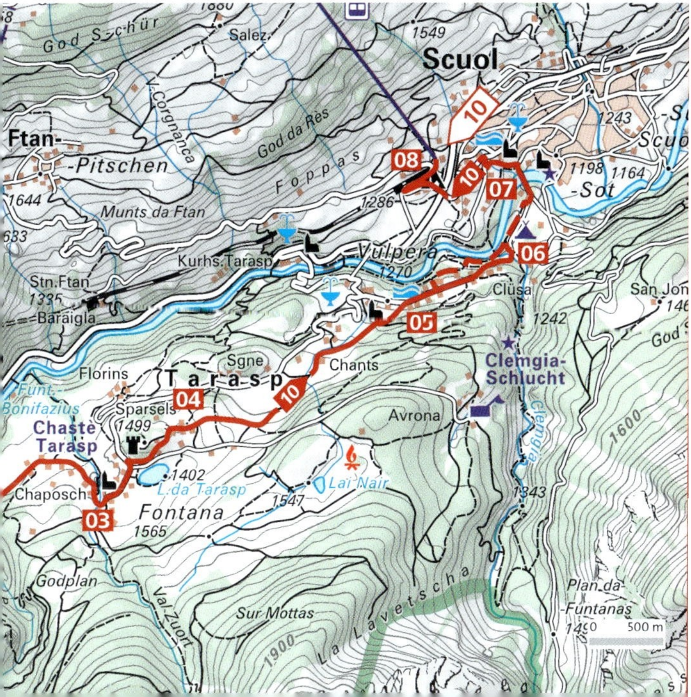

ÜBER DIE FURCLETTA • 2735 m

Ins Herz der Silvrettagruppe

  21,4 km  6:30 h 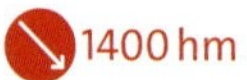 1350 hm 1400 hm  24

START | Ardez (1475 m); Bahnstation und Postauto-Haltstelle, gebührenfreie Parklätze an der westlichen Ortseinfahrt und im oberen Dorfrand nahe der Schule (Zufahrt von der östlichen Ortseinfahrt). Rückfahrt von Guarda mit der Rhätischen Bahn. [GPS: UTM Zone 32 x: 591.800 m y: 5.180.866 m]
CHARAKTER | Anspruchsvolle Bergwanderung im hochalpinen Geröll- und Felsgelände (T3); unterwegs ist man auf Alpstrassen, Pfaden und stellenweise auch nur auf Pfadspuren, die alpine Erfahrung, Trittsicherheit und Schwindelfreiheit erfordern. Einkehrmöglichkeiten: Alp Valmala, Chamonna Tuoi, Alp Suot.

Der längste Weg von Ardez nach Guarda führt zwischen schroffen Dreitausendern in die Silvrettagruppe hinein und über eine hohe Scharte. Kaum zu glauben, dass die Menschen in dieser rauen Landschaft schon sehr früh unterwegs waren. Unter grossen Felsbrocken im hintersten Val Tasna fand man Relikte, die darauf hinweisen, dass dort vor 10.000 Jahren Jäger durchgezogen sind. Und auch die 1832 erbaute Sennhütte auf Urezzas weist in eine kaum komfortable Vergangenheit zurück – mit einem russgeschwärzten Innenraum, einer Milchkeller, einem Raum für die Aufbewahrung der frischen Käselaibe und einer einfachen Schlafstelle. Dagegen erscheint die

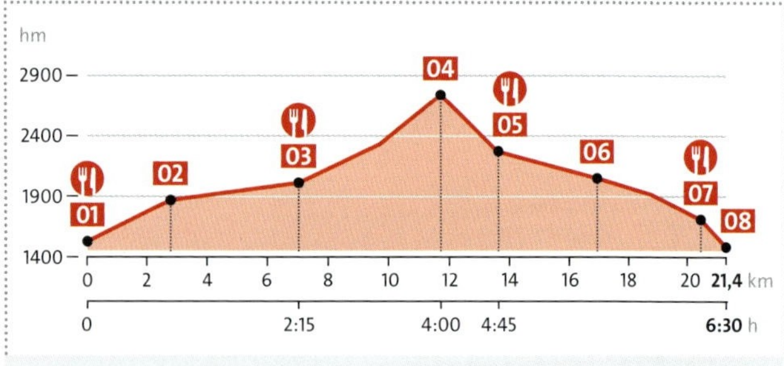

01 Ardez, 1475 m; 02 Plan Chamura, 1830 m; 03 Alp Valmala, 1979 m; 04 Furcletta, 2735 m; 05 Chamanna Tuoi, 2250 m; 06 Alp Suot, 2018 m; 07 Guarda, 1666 m; 08 Bahnstation Guarda, 1430 m

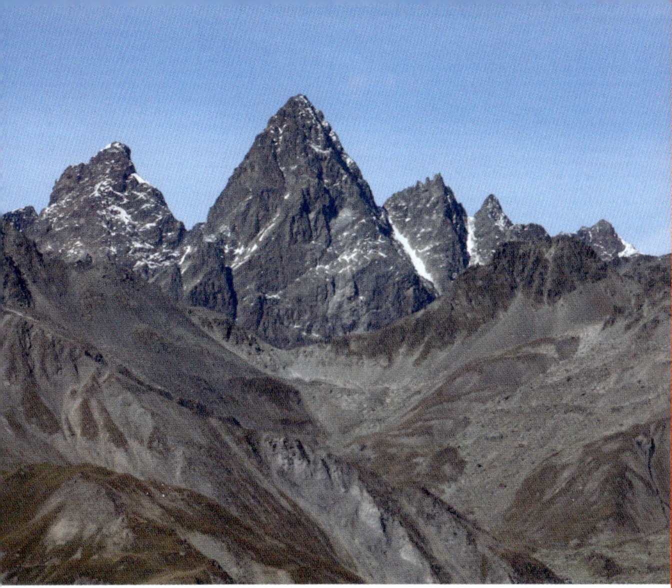

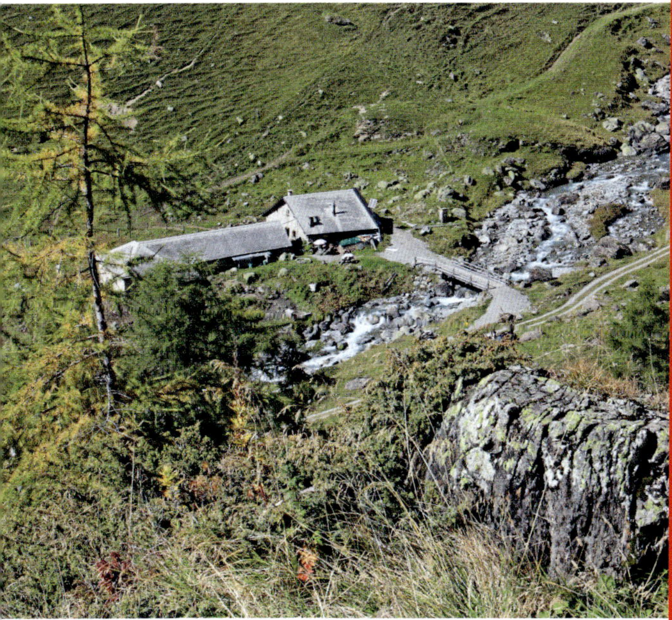

Oben: Piz Buin Pitschen (3256 m) und Piz Buin Grond (3312 m) über der Furcletta. Unten: Die Alp Valmala im einsamen Val Tasna.

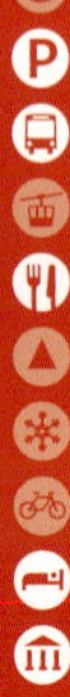

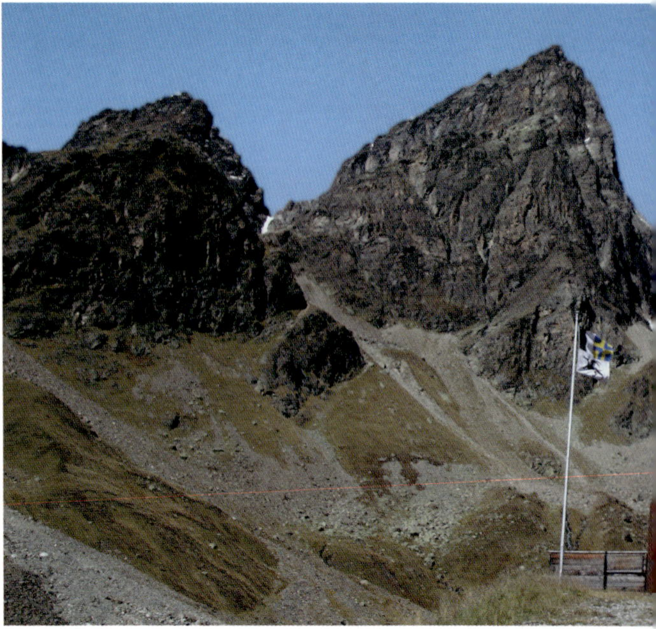

Hüttenromantik im Herzen der Silvrettagruppe – die Chamonna Tuoi

Chamonna Tuoi wie eine Luxusherberge. So empfiehlt sich das bestens geführte Schutzhaus am Fuss des Piz Buin für eine Übernachtung, durch die man diese wunderschöne Tour auf zwei genussvolle Tage aufteilen kann.

▶ Bei der Kirche von **Ardez** 01 finden Sie den Wegweiser Richtung „Alp Valmala, Furcletta", dem Sie zum oberen Ortsrand folgen. Geradeaus geht's auf einem Feldweg zur Kurve einer Alpstrasse, auf der Sie weiter bergaufwandern. Nach etwa 120 m biegen sie links ab. Nach weiteren 600 m, auf 1588 m Seehöhe, treffen Sie auf die beschilderte Via Engiadina. Sie folgen ihr nach rechts – erst noch kurz auf der Strasse und dann auf dem links abzweigenden Weg. Dieser führt auf die Anhöhe Clüs (1740 m) und zur Lichtung am **Plan Chamura** 02 (1830 m, herrlicher Blick zu den Unterengadiner Dolomiten). Von dort zieht der sanft ansteigende Pfad durch Wald- und Weidehänge ins Val Tasna hinein. Im Bereich der Alp Tasna (1896 m) wird der Blick in den Talschluss frei. Im weiteren Wegverlauf müssen einige Lawinenrinnen überquert werden. Nach 2 ¼ Stunden lädt die **Alp Valmala** 03 (1979 m) zu Rast und Stärkung ein.

Nun folgen Sie der Beschilderung „Furcletta, Chamanna Tuoi CAS" weiter ins Tal hinein. Nach ungefähr 500 m treffen Sie auf einen Fahrweg, der links über den Plan d'Agl ins einmündende Val d'Urezzas führt. Dort überschreiten Sie die Aua d'Urezzas, passieren die

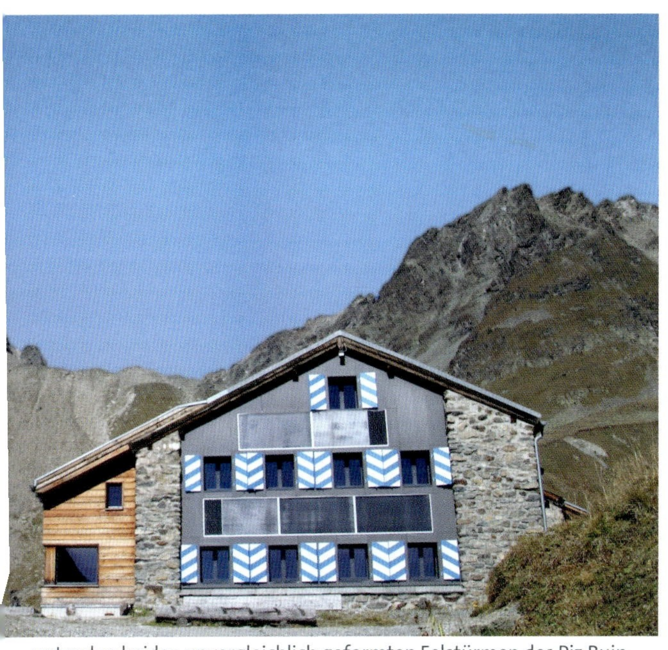

unter den beiden unvergleichlich geformten Felstürmen des Piz Buin.

gleichnamige Sennhütte (2111 m) und wandern auf einem Pfad zu den Wiesen von Marangun d'Urezzas (2280 m) hinauf. Unter dem Piz Urezzas (3064 m) überwinden Sie die letzten 450 Höhenmeter in zunehmender Steilheit. Zuletzt steigen Sie durch einen mit Schutt (und bis in den Sommer mit Schnee) bedeckten Steilhhang in die **Furcletta** 04 (2735 m) an. Die Scharte liegt direkt unter dem Piz Furcletta (2894 m) und bietet Sicht zum Piz Buin (3312 m), der sich als elegante, dunkle Felsspitze zeigt. Auch der Blick zum Piz Filana (3281 m) und zum mächtigen Piz Linard (3410 m) beeindruckt sehr. 2 ¼ Stunden ab der Alp Valmala. Nach Westen, ins Val Tuoi, dachen ebenfalls steile Schutthänge ab – bei Schneelage erfordert der Abstieg besondere Vorsicht. Der Pfad führt an einem kleinen See vorbei und schliesslich über Weidehänge zur gastlichen **Chamonna Tuoi** 05 (2250 m) hinab – nach 45 Minuten ist dieser Traumplatz erreicht.

Nun folgt noch der zweistündige Marsch auf dem Fahrweg durch das landschaftlich so einzigartige Val Tuoi zur **Alp Suot** 06 (2018 m) und weiter hinaus ins Dorf **Guarda** 07 (1666 m). Dabei wird man immer wieder auf den Piz Buin zurückblicken, bis die Unterengadiner Dolomiten jenseits des Inntals alle Aufmerksamkeit auf sich ziehen. Bis zur **Bahnstation** 08 des Ortes (1430 m) muss man dann noch etwa 20 Minuten auf einem Pfad durch steile Südhänge absteigen – es gibt aber auch eine Postauto-Verbindung dorthin.

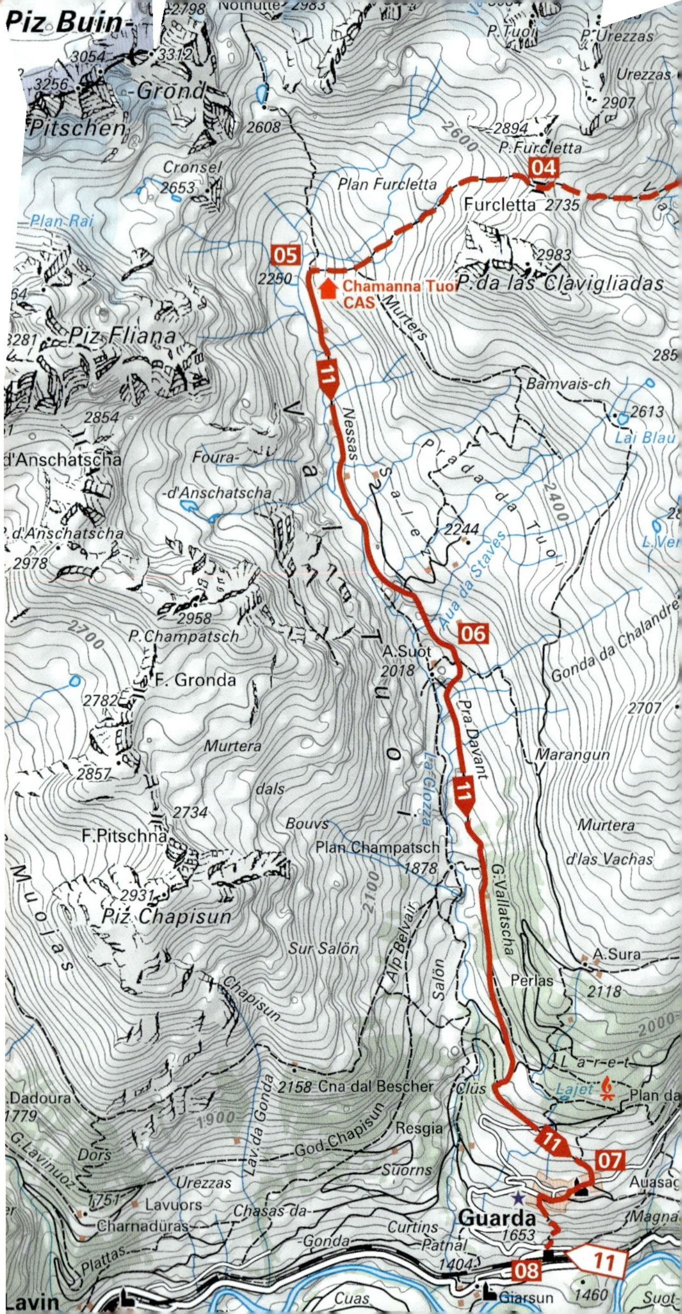

Piz Buin
Grond
Pitschen
Cronsel
Plan Rai
Plan Furcletta
P. Furcletta
Furcletta 2735
Chamanna Tuoi CAS
P. da las Clavigliadas
Piz Fliana
Murters
Nessas
Bamvais-ch
Lai Blau
d'Anschatscha
Foura-d'Anschatscha
P. d'Anschatscha
Prada da Tuoi
Aua da Staves
P. Champatsch
F. Gronda
A. Suot
Pra. Davant
Gonda da Chalandre
Marangun
Murtera dals Bouvs
La Clozza
Murtera d'las Vachas
F. Pitschna
Plan Champatsch
G. Vallatscha
Piz Chapisun
Sur Salön
Alp Belvair
Salön
A. Sura
Perlas
Chapisun
L a r e t
Lajet
Plan da
Cna dal Bescher
Clüs
Resgia
God Chapisun
Suorns
Lav. da Gonda
Dadoura
Dors
G. Lavinuoz
Urezzas
Lavuors
Charnadüras
Chasas da-Gonda
Curtins
Patnal
Plattas
Guarda
Auasag
Magna
Giarsun
Cuas
Suot-
Lavin
Val Tuoi
Muojas
P. Tuoi
P. Urezzas
L. Ver
Nothütte
04
05
06
07
08
11

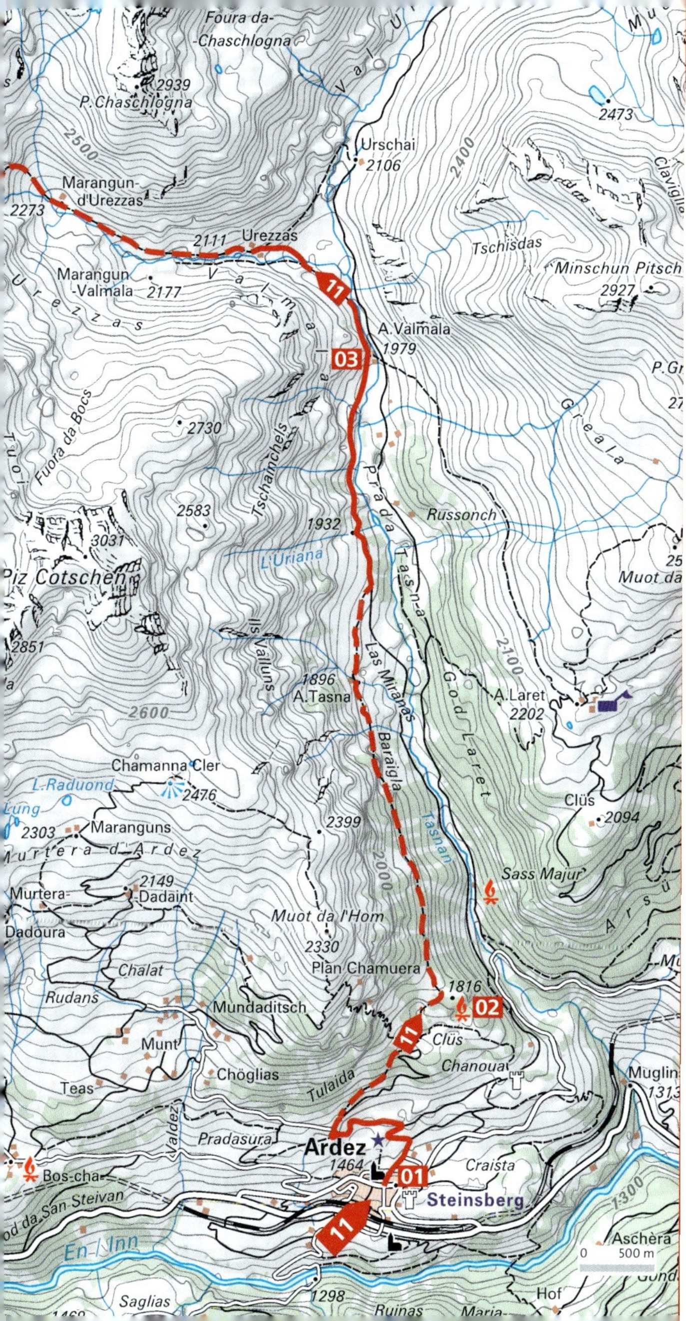
Foura da-Chaschlogna
2939
P. Chaschlogna
2500
Marangun-d'Urezzas
2273
2111
Urezzas
Marangun-Valmala
2177
Urezzas
Val Valmala
Val Urezzas
Urschai
2106
2400
2473
Tschisdas
Minschun Pitsch
2927
11
A. Valmala
1979
03
Greala
Fuora da Bocs
2730
Tschainchels
Prada Tasna
Russonch
2583
1932
3031
Piz Cotschen
L'Uriana
Muot da
Ils Valuns
Las Miranas
God Laret
2100
2851
1896
A. Tasna
A. Laret
2202
2600
Baraigla
Chamanna Cler
L. Raduond
2476
Clüs
2094
2303
Maranguns
2399
Murtera d'Ardez
Tasnan
2000
Sass Majur
2149
Murtera-Dadaint
Dadoura
Muot da l'Hom
2330
Arsü
Chalat
Plan Chamuera
1816
02
Rudans
Mundaditsch
Munt
11
Clüs
Chanoua
Chöglias
Tulaida
Teas
Muglins
1313
Valdez
Pradasura
Ardez
1464
Craista
Bos-cha
01
Steinsberg
od da San Steivan
1300
11
En / Inn
Aschèra
0 500 m
1298
Saglias
Hof
Ruinas

ZU DEN MACUN-SEEN

Wasserwunder im Nationalpark

  17,6 km  7:30 h 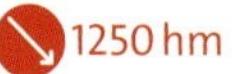 1250 hm 1250 hm  37

START | Lavin (1412 m); Bahnstation und Postauto-Haltestelle im Ort, mit dem Auto über die gedeckte Innbrücke, nach rechts und gleich darauf links zu einem kleinen Parkplatz bei einem Bauernhof. [GPS: UTM Zone 32 x: 585.048 m y: 5.179.888 m]
CHARAKTER | Lange, aber nicht allzu schwierige Bergwanderung auf Schotterstrassen sowie stellenweise steilen und steinigen Pfaden, die Trittsicherheit erfordern (T3), nur bei sicherem Wetter ratsam; unterwegs keine Einkehrmöglichkeit.

Im Jahr 2000 pachtete der Schweizerische Nationalpark das 3,6 Quadratkilometer grosse Macun-Plateau für mindestens 99 Jahre von der Gemeinde Lavin (die heute zu Zernez gehört). Damit stehen die 23 Karseen, die die Eiszeitgletscher dort hinterlassen haben, unter strengstem Schutz. Man darf dort nur die wenigen markierten Pfade begehen, sodass etwa ihr bedeutendstes Gewässer, der 1,5 Hektar grosse und mehr als 8 Meter tiefe Lai Grond, völlig ohne menschliche Beeinträchtigung bleibt. Es lohnt sich aber trotzdem sehr, den langen Weg nach Macun auf sich zu nehmen, denn der Seenkessel zählt zu den schönsten Gebirgsregionen im Engadin.

▶ Die Innbrücke von **Lavin** 01 erreicht man vom Bahnhof in 10 Minuten. Jenseits, im Ortsteil Plans, findet man rechts Infotafeln. Von dort wandern Sie auf der links abzweigenden Strasse (Wegweiser „Alp Zeznina Dadaint, Macun") aufwärts, am genannten Parkplatz vorbei und auf Schotterbelag durch Wald- und Wiesenhänge über dem Inntal aufwärts. Links abzweigend

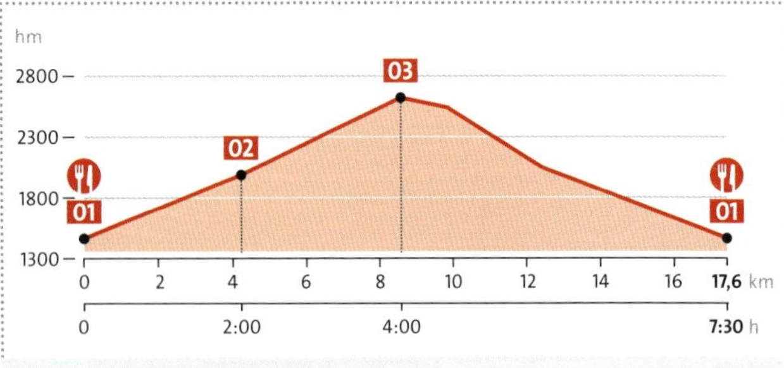

01 Lavin, 1412 m; 02 Alp Zeznina Dadaint, 1958 m; 03 Lai d'Immez, 2616 m

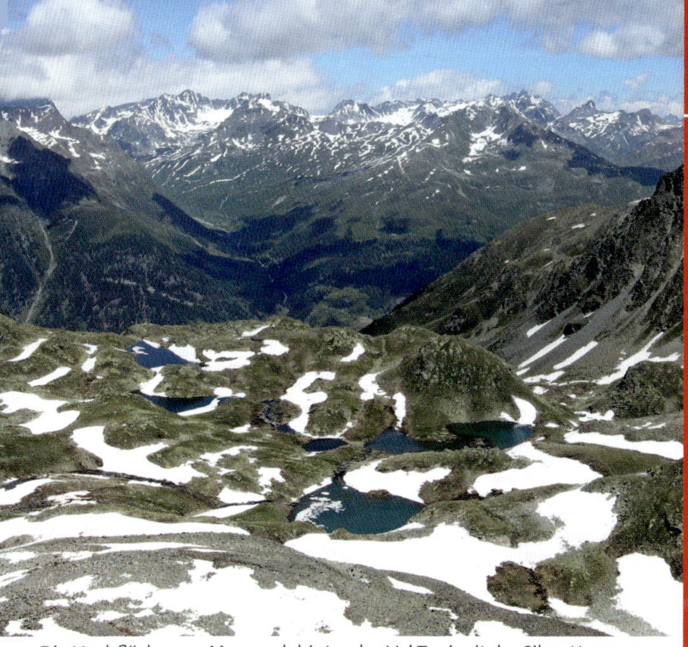

Die Hochfläche von Macun, dahinter das Val Tuoi mit der Silvrettagruppe.

kommen Sie zur Lichtung am Plan Surücha (1577 m). Von dort folgen Sie dem Wanderweg weiter bergauf. Bei der nächsten Abzweigung bleiben Sie geradeaus und steigen bald über dem Graben der Aua da Zeznina an. Nach 2 Stunden Gehzeit erreichen Sie durch wunderschönen Lärchenwald die Hütte der **Alp Zeznina Dadaint** 02 (1958 m) im Talgrund, die schon als Kulisse für einen Heidi-Film diente.

Von dort wandern Sie in 2 Stunden durch freies Gelände zur Seenplatte hinauf. Der Pfad zieht neben dem Bach und dann steiler in Kehren zu einer Abzweigung empor. Rechts weiter und auf schmaler Spur durch die Schutthänge unter dem Piz Macun (2889 m) auf das grasige Hochplatau mit den Macun-Seen (Lais da Macun). Dort führt ein Rundweg rechts zu einer kleinen Lacke, hinauf zum Lai dal Dragun (2628 m), in dem ein Drache hausen soll, und am Lai da la Mezza Glüna vorbei zum **Lai d'Immez** 03 (2616 m). Der von einem eiszeitlichen Gletscher ausgeschliffene Kessel wird von mächtigen Bergen wie dem Piz d'Arpiglias (3026 m), von bizarren Felstürmen und grossen Blockgletschern umrahmt. „Macun" bedeutet im Rätoromanischen soviel wie „Steinbock" – vielleicht lassen sich ja sogar einige der Namensgeber beobachten. Wer mehr von den Seen sehen möchte, muss noch ein Stück rechts Richtung Fuorcla da Barcli ansteigen, wobei auch der Blick zu den Dreitausendern der Silvrettagruppe immer eindrücklicher wird. Ansonsten geht's links in Kürze wieder zur Abzweigung zurück und von dort auf der Aufstiegsroute in etwa 3 Stunden nach **Lavin** 01 hinunter.

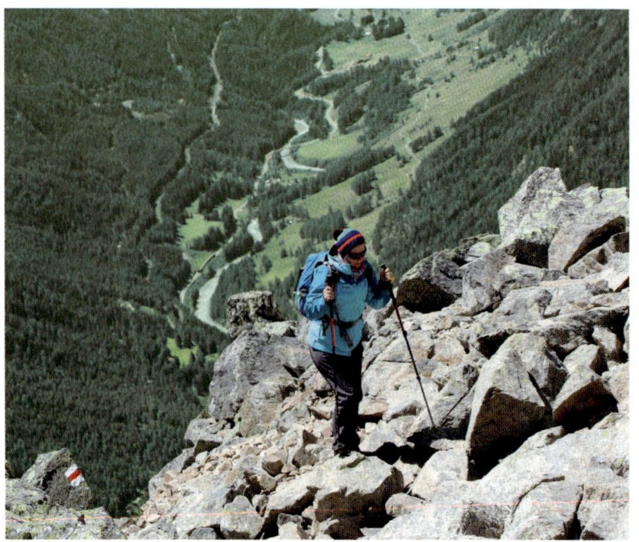

Hoch über dem Inntal wird der schroffe Munt Baselgia erklommen.

Über den Munt Baselgia

Grandios ist der Anblick der Macun-Seen vom 2945 Meter hohen Munt Baselgia, der sich nordöstlich über Zernez erhebt – aber auch der Tiefblick auf den Ort und die Sicht nach Südwesten, über das Inntal bis ins Gebiet um St. Moritz, belohnt den Aufstieg auf jeden Fall. Fast 5 Stunden sind für die Überwindung der 1500 Höhenmeter zu veranschlagen – doch die lassen sich auch halbieren, und zwar mit Hilfe des Macun-Shuttle. Dieses Taxi startet beim Hotel a la Staziun neben dem Bahnhof und entlässt die Wanderer auf etwa 2200 Meter Seehöhe. Dann geht's zu Fuss kurz auf der Forststrasse weiter, bis sich der mittelschwere Bergpfad links zu Lawinenverbauungen emporschlängelt. Von einem Sattel (2681 m), der sich für eine Zwischenrast empfiehlt, steigt man schliesslich über den stellenweise steilen und felsigen Südwestrücken auf den höchsten Punkt, wobei einige Felsblöcke erklommen werden müssen. Das Panorama beim grossen Gipfelsteinmann inkludiert nicht nur die Seenplatte im Norden, sondern auch die jenseits des Inntals aufragenden Berge der Silvrettagruppe und der Albula-Alpen, die Gletscher um den Piz Bernina, Teile des Schweizerischen Nationalparks und den Ortler. Aufstieg 2 ½ Stunden, Abstieg 2 Stunden (weitere 2 Stunden bis Zernez).

Macun-Shuttle, nur nach Anmeldung am Vortag, Tel. +41 79 1032020, www.hotelstaziun.ch/macun-shuttle

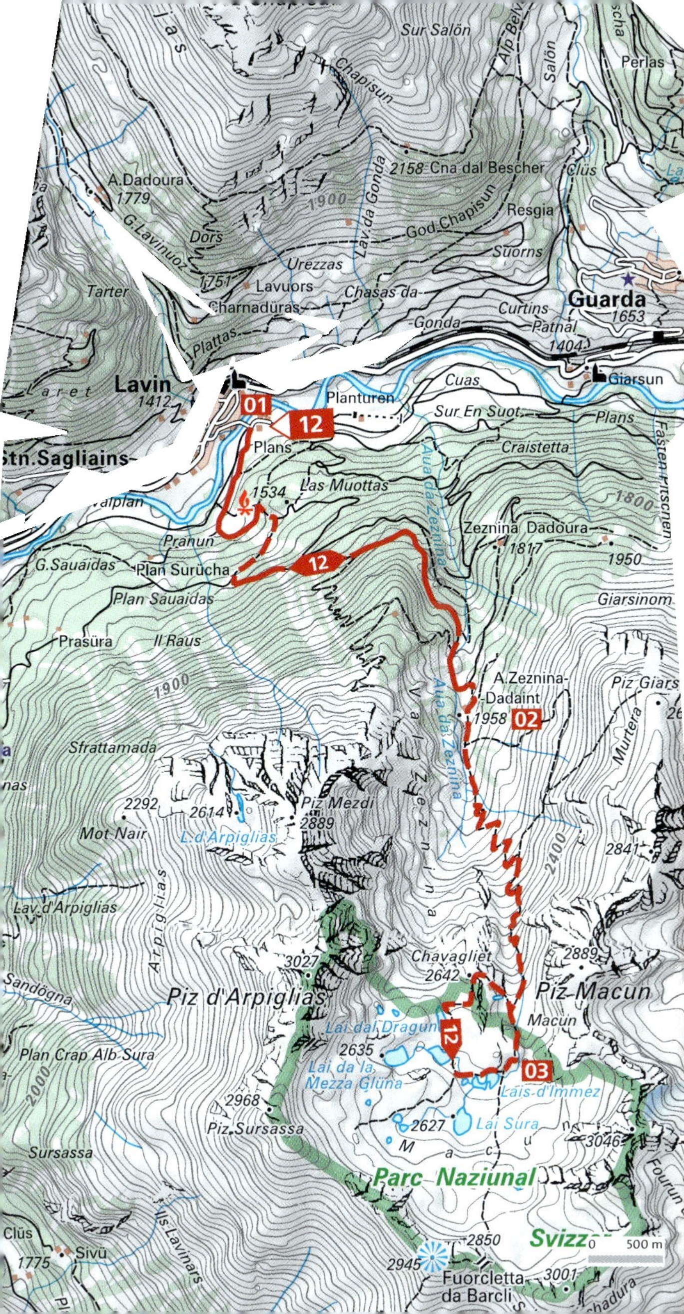
Sur Salön
Chapisun
Alp Belv
Salön
Perlas
2158 Cna dal Bescher
Clüs
A.Dadoura
1779
G.Lavinuoz
1900
Lav.da Gonda
Resgia
God Chapisun
Dors
Suorns
Tarter
1751
Urezzas
Lavuors
Chasas da-
Charnadüras
Curtins
Guarda
1653
Gonda
Patnal
1404
Plattas
Lavin
1412
Laret
Giarsun
Cuas
01
Planturen
12
Sur En Suot
Plans
Stn.Sagliains
Plans
Craistetta
Aua da Zeznina
1534
Las Muottas
1800
Fasten Fitschen
Valplan
Pranun
Zeznina Dadoura
1817
1950
G.Sauaidas
Plan Surücha
12
Plan Sauaidas
Giarsinom
Prasüra
Il Raus
1900
A.Zeznina-
Dadaint
1958
02
Piz Giars
Aua da Zeznina
Val Zeznina
Sfrattamada
2292
2614
Piz Mezdi
2889
Mot Nair
L.d'Arpiglias
2400
2841
Lav.d'Arpiglias
Arpiglias
Chavagliet
2642
2889
3027
Sandögna
Piz d'Arpiglias
Piz Macun
Macun
Lai dal Dragun
12
2635
03
Plan Crap Alb Sura
Lai da la Mezza Glüna
Lais d'Immez
2000
2968
Piz Sursassa
2627
Lai Sura
3046
Sursassa
Macun
Parc Naziunal
Svizz
Fourun
Clüs
Sivü
1775
Ils Lavinars
2850
0
500 m
2945
Fuorcletta
da Barcli
3001

FLÜELA SCHWARZHORN • 3146 m

Ganz grosse Aussicht, relativ kurzer Weg

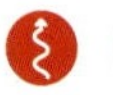 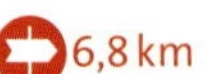 6,8 km 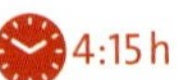 4:15 h  820 hm  820 hm  36

START | Flüelapassstrasse auf Chant Sura (2336 m), 12 km westlich von Susch und 1,4 km vor der Passhöhe; Postauto-Haltestelle Abzweigung Schwarzhorn, kleiner Parkplatz.
[GPS: UTM Zone 32 x: 573.515 m y: 5.177.151 m]
CHARAKTER | Anspruchsvolle Bergtour auf steilen Pfaden im hochalpinen Felsgelände, das alpine Erfahrung voraussetzt (T3); nur bei sicheren Verhältnissen ratsam. Keine Einkehrmöglichkeit.

An schönen Wochenenden werden Sie auf diesem relativ einfach erreichbaren Dreitausender kaum einsam sein – das Flüela Schwarzhorn gilt als einer schönsten Aussichtspunkte Graubündens.

▶ Vom Wegweiser an der **Flüelapassstrasse** 01 wandern Sie auf dem Pfad unter dem Schwarzchopf in Kehren auf eine Anhöhe (2460 m). Von der dahinter gelegenen Gabelung geht's rechts durch die Hänge über dem riesigen Kar unter dem Piz Radönt (3064 m) aufwärts. Vorbei an einer weiteren Abzweigung steigen Sie durch steilen Schutt (und oft auch Schnee) zur **Schwarzhornfurgga** 02 (2879 m) an.
Von diesem Sattel erklimmen Sie rechts den Südostkamm des **Flüela Schwarzhorns** 03 (3146 m) – er zeigt sich anfangs als steiler Felsgrat, wird aber weiter oben zum breiten Schuttrücken. Nach 2 ½ Stunden erreichen Sie das hölzerne Gipfelkreuz. Weite Aussicht zum Flüelapass und zum nahen Wisshorn, bis ins Rätikon und über die Berninagruppe zum Ortler!
Abstieg auf derselben Route.

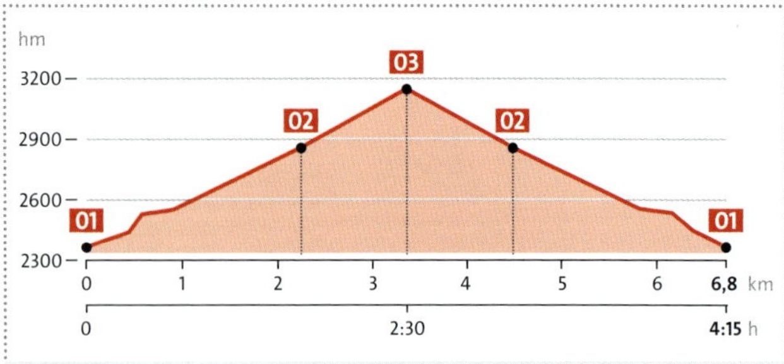

01 Flüelapassstrasse, 2332 m; 02 Schwarzhornfurgga, 2879 m;
03 Flüela Schwarzhorn, 3146 m

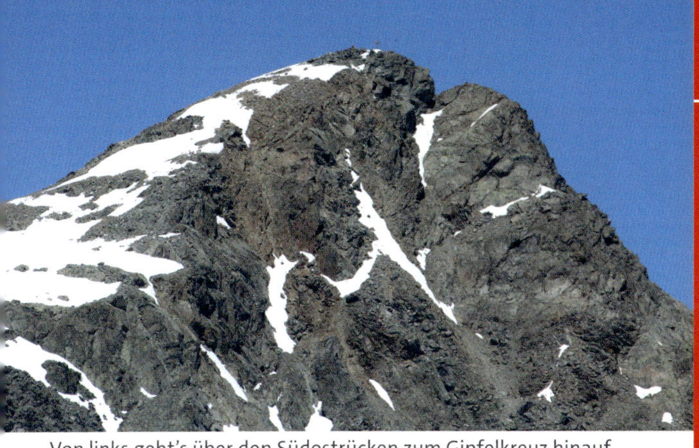

Von links geht's über den Südostrücken zum Gipfelkreuz hinauf.

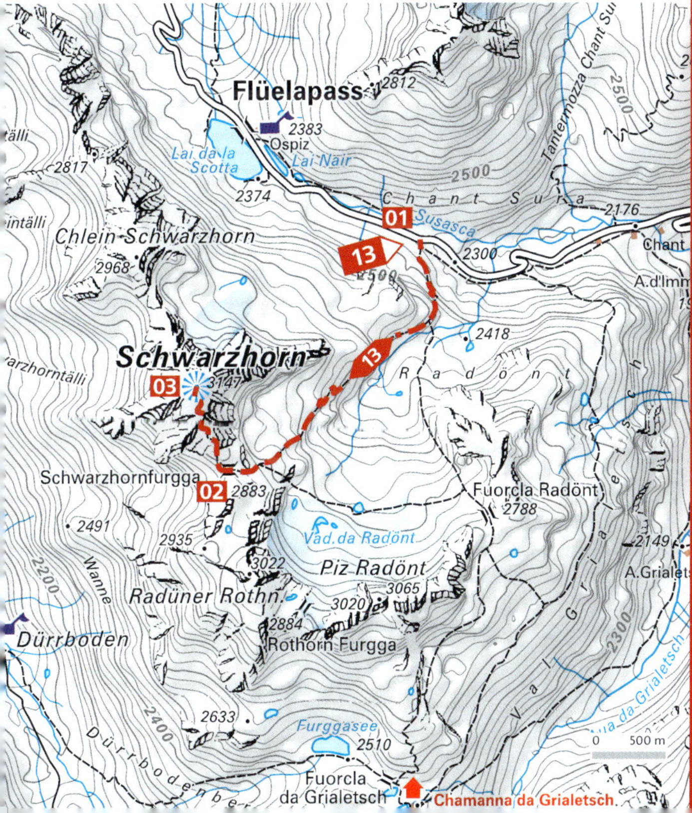

ZUR CHAMANNA DA GRIALETSCH

Eine Hüttenwanderung mit Gletscherblick

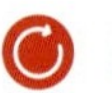  10,4 km 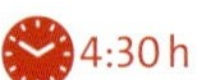 4:30 h  650 hm  650 hm  36

START | Flüelapassstrasse auf Chant Sura (2336 m), 12 km westlich von Susch und 1,4 km vor der Passhöhe; Postauto-Haltestelle Abzweigung Schwarzhorn, kleiner Parkplatz.
[GPS: UTM Zone 32 x: 573.515 m y: 5.177.151 m]
CHARAKTER | Hochalpine Hüttenwanderung auf stellenweise schmalen und steilen Pfaden, die Trittsicherheit, alpine Erfahrung und Orientierungsvermögen erfordern (T3); am besten mit Übernachtung in der Chamanna da Grialetsch.

Es geht auch ohne Internet und Handyempfang – jedenfalls auf der Chamanna da Grialetsch, der 1928 dank einer Spende erbauten Berghütte im hochalpinen Gebiet zwischen dem Unterengadin und Davos. Gestört wird der Frieden hier nur gelegentlich im Herbst und im Frühjahr, wenn die Armee hier Schiessübungen durchführt (Infos: www.vtg.admin.ch/de/aktuell). Abgesehen davon empfiehlt sich die Grialetschhütte jedoch uneingeschränkt als Top-Wanderziel für die ganze Familie.

▶ Vom Parkplatz an der **Flüelapassstrasse** 01 wandern Sie wie bei Tour 13 auf die Anhöhe unter dem Schwarzchopf (2460 m) hinauf. Von der dortigen Gabelung geht's dann links nach der Beschilderung „Fuorcla Radönt, Grialetschhütte SAC" weiter. Nach einem kurzen Abstieg und dem Steg über den Bach wandern Sie über Grashänge, Gletscherschliffe und Geröllhalden am linken Rand des riesigen Radönt-Kars. Unter dem Gipfel des Piz Radönt (3064 m) haben nur einige kleine Gletscherreste

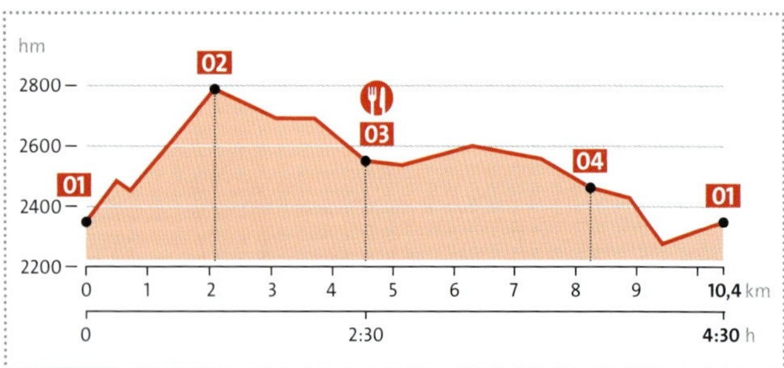

01 Flüelapassstrasse, 2332 m; 02 Fuorcla Radönt, 2788 m;
03 Chamanna da Grialetsch, 2542 m; 04 Munt da Marti, 2450 m

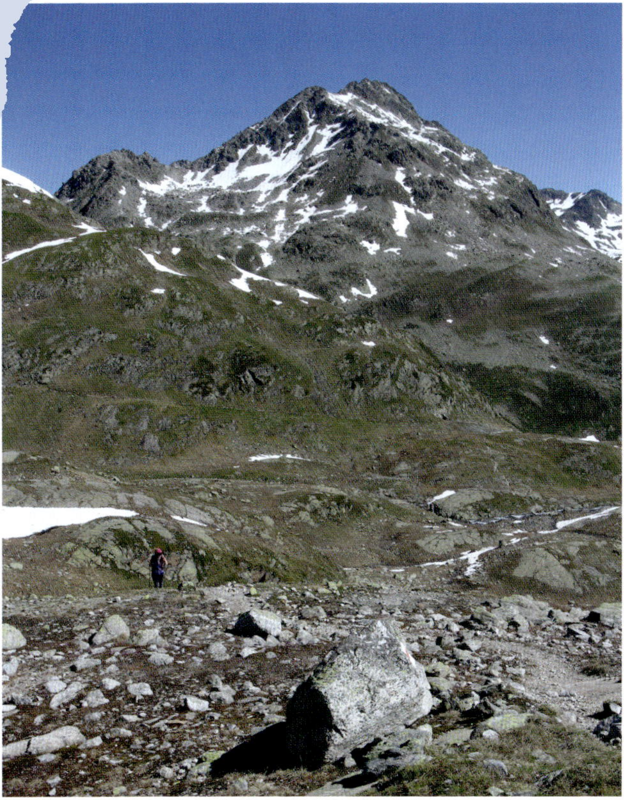

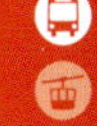
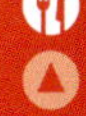

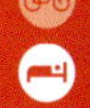

Über dem Radönt-Kar erscheint das 3060 m hohe Flüela Wisshorn.

„überlebt". Über einen letzten Aufschwung erreichen Sie die weite, aussichtsreiche Senke der **Fuorcla Radönt** 02 (2788 m).
Dahinter führt die Route nach rechts und oberhalb eines kleinen Sees nach Süden. Nun wandern Sie etwa 2 km durch die Schutthalden, Felsflanken und Grashänge unter dem Piz Radönt bergab. Über das Val Grialetsch hinweg geniesst man einen schönen Blick zum Kessel des Vadret da Grialetsch, über dem sich der Doppelgipfel des Piz Sarsura (3134 m und 3176 m) sowie der Piz Vadret (3229 m) erheben. Nach einem winzigen Wasserauge erreichen Sie eine Anhöhe, von der Sie steiler zur Fuorcla da Grialetsch (2536 m) absteigen. Dort biegen Sie links ab und kommen – vorbei an zwei kleinen Seen – zur einladenden **Chamanna da Grialetsch** 03 (2542 m). Die aus Stein erbaute Hütte des Schweizer Alpen-Clubs steht am Fuss des Piz Grialetsch (3131 m). Nach 2 ½ Stunden freut man sich über Rast und Stärkung vor dem vergletscherten Talgrund.

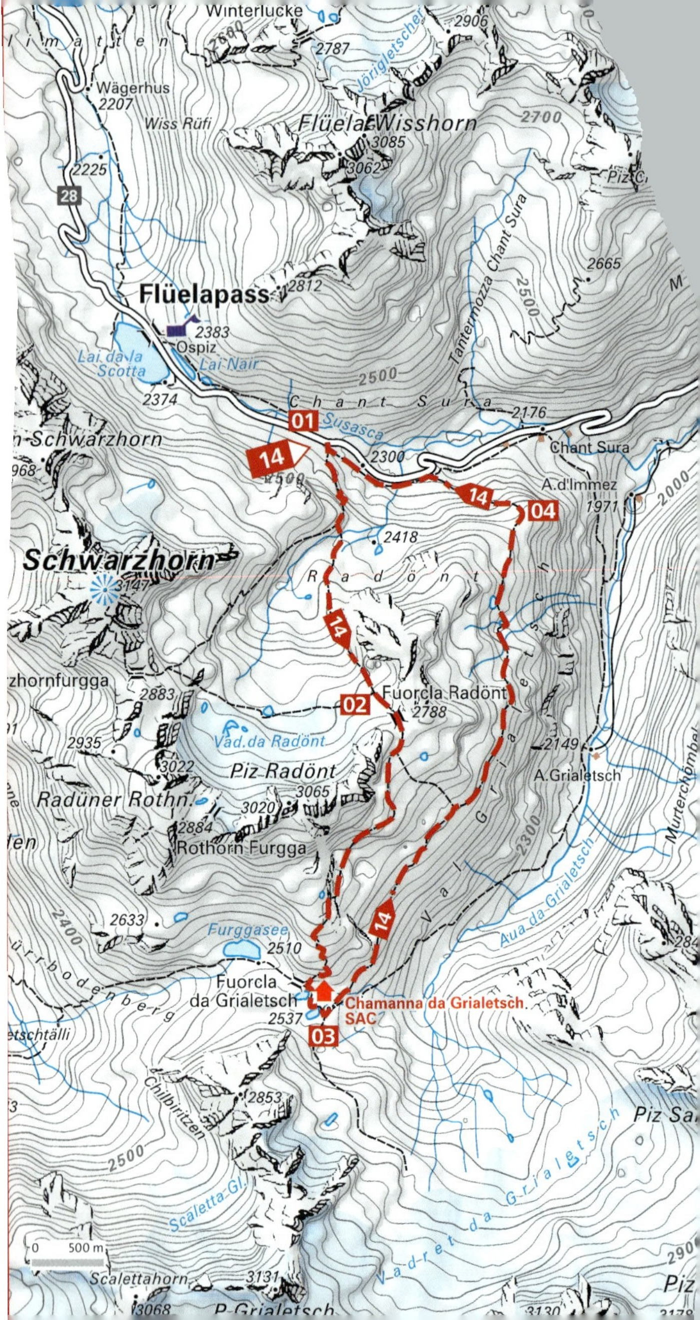

Winterlucke
2906
2787
Jörigletscher
Wägerhus
2207
Wiss Rüfi
Flüela Wisshorn
3085
3062
2700
2225
28
Tantermozza Chant Sura
2665
2500
2812
Flüelapass
2383
Ospiz
Lai da la Scotta
Lai Nair
2374
2500
Chant Sura
2176
01
Susasca
Schwarzhorn
14
2300
Chant Sura
A. d'Immez
1971
14
04
2000
2418
Schwarzhorn
3147
Radönt
14
Fuorcla Radönt
2788
02
2883
2935
Vad. da Radönt
3022
Piz Radönt
3065
Radüner Rothn.
3020
2884
Rothorn Furgga
Val Grialetsch
2149
A. Grialetsch
2300
Aua da Grialetsch
Murterchömbel
2400
2633
Furggasee
2510
14
Fuorcla da Grialetsch
2537
Chamanna da Grialetsch SAC
03
Dürrbodenberg
Chilbiritzen
2853
2500
Scaletta Gl.
Vadret da Grialetsch
Piz Sa
0
500 m
Scalettahorn
3131
3068
P. Grialetsch
3130
2900
Piz

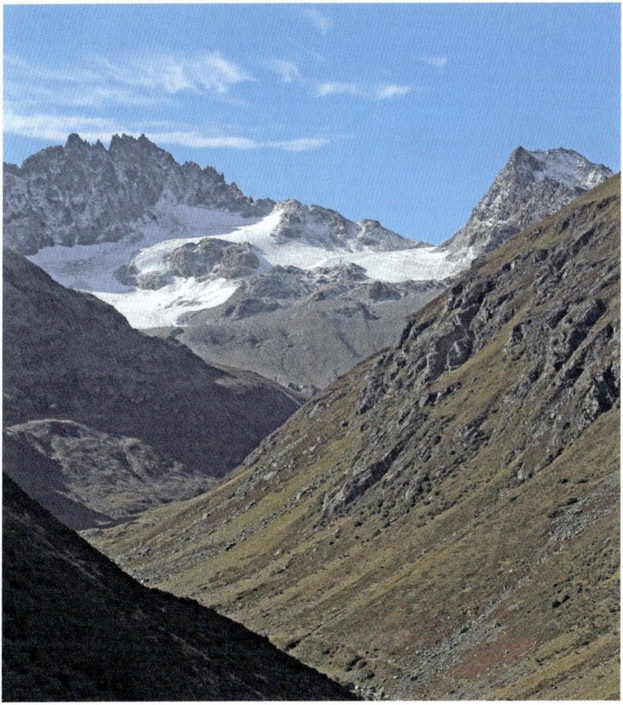

Das Val Grialetsch unter dem Piz Vadret und dem Piz Grialetsch.

Der **Abstieg** erfolgt auf dem Pfad ins Val Grialetsch, von dem Sie jedoch nach 70 m links Richtung „Munt da Marti“ abzweigen. Nach einer Bachquerung steigt der Weg sanft bis auf 2600 m Seehöhe an. Unterhalb der Fuorcla Radönt wandern Sie wieder abwärts und an zwei kleinen Seen vorbei. Bald danach erreichen Sie die Graskuppe **Munt da Marti** 04 (2450 m). Nördlich unterhalb davon steht eine alte Militärhütte, von der Sie links durch steile Hänge (Schneefeld bis in den Sommer hinein!) bis zur **Flüelapassstrasse** 01 absteigen. Links kommen Sie etwas oberhalb der Fahrbahn zum nahen Parkplatz zurück.

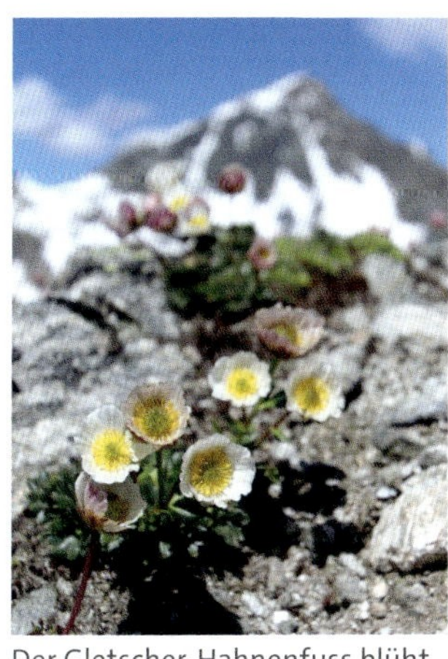

Der Gletscher-Hahnenfuss blüht.

ZUR CHAMANNA CLUOZZA

Wildnis an der Wiege des Nationalparks

  13,4 km  7:30 h  1230 hm  1530 hm  37

START | Parkplatz 3 an der Ofenpassstrasse (1769 m), 10 km östlich von Zernez; Postauto-Haltestelle Vallun Chafuol. Rückfahrt von Zernez mit dem Postauto (Linie 811).
[GPS: UTM Zone 32 x: 589.214 m y: 5.170.260 m]
CHARAKTER | Lange und anstrengende Bergwanderung auf stellenweise steilen und steinigen Pfaden, die auch durch felsige Flanken führen; daher sind Trittsicherheit und Schwindelfreiheit notwendig. Die Wege im Nationalpark dürfen nicht verlassen werden (Wanderregeln und Öffnungszeiten der Wege unter www.nationalpark.ch). Einkehr und Übernachtungsmöglichkeit in der Chamanna Cluozza.

Das Val Cluozza ist eines der schönsten Täler im Schweizerischen Nationalpark. Obwohl man es wegen seiner unzugänglichen Mündungsschlucht nur nach kräftigen Auf- und Abstiegen erreicht, wurde es zu seiner „Keimzelle". Bereits 1909, fünf Jahre vor der Nationalpark-Gründung, pachteten einige Naturforscher das Gebiet von der Gemeinde Zernez, um es vollständig ausser Nutzung zu stellen. Wenig später entstand im Talgrund eine Holzhütte. Erfahrene Bergsteiger nützen sie als „Basislager" für die Tour auf den Piz Quattervals, den einzigen Dreitausender im Nationalparkgebiet, den man erklimmen darf. Doch auch auf der hier vorgeschlagenen Wanderung bleibt eine Übernachtung in dieser entlegenen Urnatur unvergesslich!

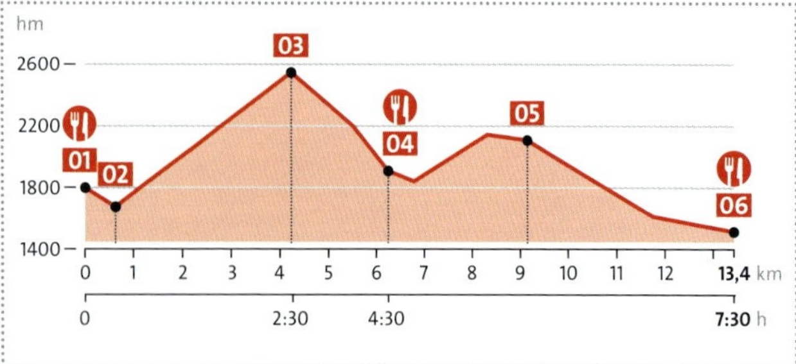

01 Parkplatz 3, 1769 m; 02 Spöl, 1640 m; 03 Fuorcla Murter, 2545 m; 04 Chamanna Cluozza, 1882 m; 05 Murtaröl, 2089 m; 06 Zernez, 1471 m

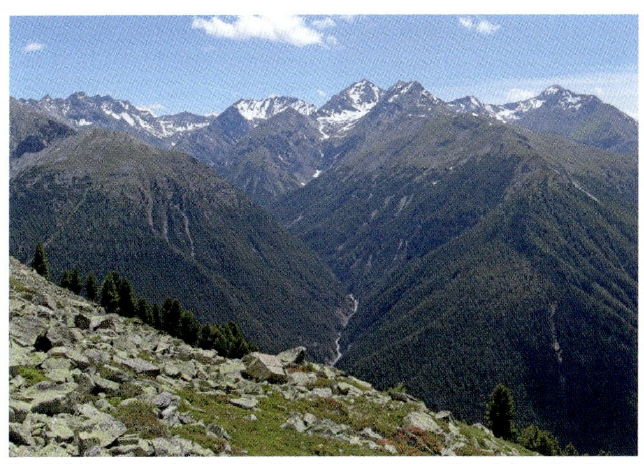

Das Val Cluozza unter dem Piz Quattervals, Murtaröl und dem Piz d'Esan.

▶ Vom **Parkplatz 3** 01 wandern Sie, der Beschilderung „Murter, Chna. Cluotta" folgend, auf einem Waldpfad zum **Spöl** 02 (1640 m) hinunter. Jenseits der Brücke über die Felsschlucht des aufgestauten Flusses gelangen Sie hinauf zur Wiese am Plan Praspöl, wo Sie scharf rechts abbiegen. Dann geht's in unzähligen Kehren durch den steilen Waldhang bergauf. Über 2000 m Seehöhe wird das Gelände frei. Inmitten der Legföhren kann die Sonne ganz ordentlich einheizen, doch dazwischen lädt die grasige Anhöhe des Plan des Poms (2338 m) zum Verschnaufen ein. Zuletzt steigen Sie durch eine etwas weniger steile Grasmulde, in der meist Warnpfiffe der Murmeltiere schrillen, zur breiten **Fuorcla Murter** 03 (2545 m) an. Zum Lohn für die ersten 800 Höhenmeter geniesst man nach 2 ½ Stunden vom dortigen Rastplatz den gewaltigen Ausblick über weite Teile des Nationalparks mit seinen zerfurchten Kalkbergen, über seine ausgedehnten Wälder, hinunter zum milchig-grünen Stausee des Spöl und nach Süden zum Piz Quattervals (3154 m) über dem Val Cluozza. Dorthin steigen Sie nun ab, und zwar wieder im Zickzack über die Wiesenhänge der einstigen Alp Murtèr, in einer mit einem Halteseil gesicherten Felsquerung, die bei Schneelage heikel wird, und schliesslich über eine steile, mit Legföhren bewachsene Geländerippe. Unten im Wald verbirgt sich die kleine **Chamanna Cluozza** 04 (1882 m). Das Blockhaus birgt auch eine Ausstellung über den Nationalpark. Gehzeit 2 Stunden.

Der zweite Abschnitt der Tour, für den man gut 3 Stunden einplanen sollte, beginnt mit dem kurzen Abstieg zur Brücke über das Bachbett der Ova da Cluozza. Dann folgt ein weiterer Aufstieg, diesmal zwar nur über 300 Höhenmeter, aber ebenfalls durch steile Hänge. Man quert dabei Bachläufe, Rinnen und Schluchten, aber auch Legföhrenfelder und bewaldete Abschnitte. Nach dem Vallun Padratscha erreicht man, links abzweigend, die Waldgrenze auf dem Rücken von **Murtaröl** 05 (2089 m).

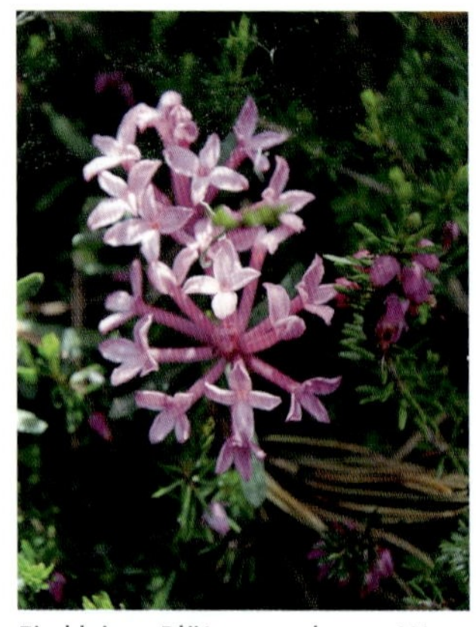

Ein kleines Blütenwunder am Weg.

Nun geht's nur noch bergab – mit einigen Ausblicken nach Zernez und zum Felsdreikant des Piz Linard (3410 m), vorbei an der kleinen, aus Holz erbauten Chamanna Bellavista und an einem Gedenkstein für den Nationalpark-Mitbegründer Paul Sarasin. Zuletzt wandern Sie auf einer Forststrasse ins Tal und schliesslich zwischen Feldern zur gedeckten Holzbrücke über den Spöl (Parkplatz). Nach links gelangen Sie auf dem Gehsteig neben der Ofenpassstrasse ins nahe **Zernez** 06 (1471 m). Die Postauto-Haltestelle finden Sie nach 500 m beim Parkplatz vor den Nationalparkzentrum.

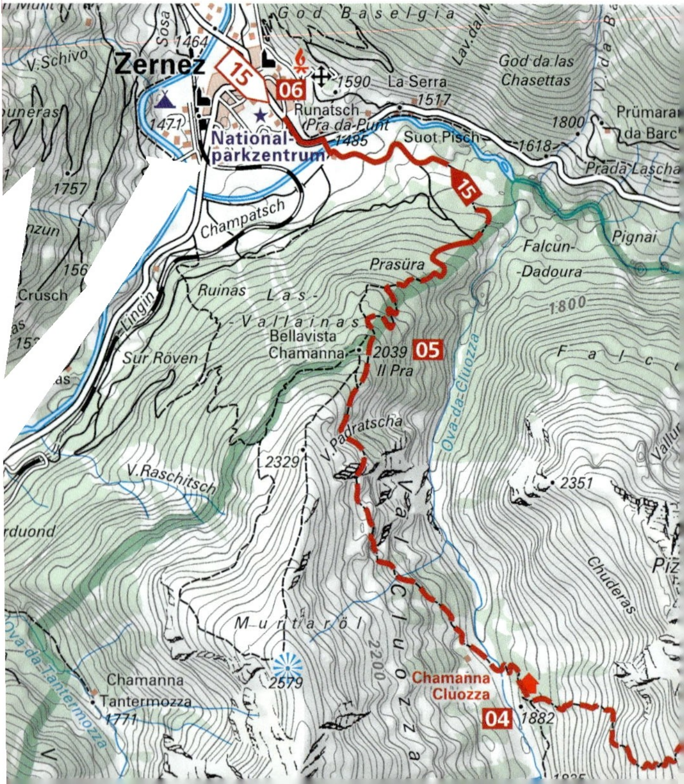

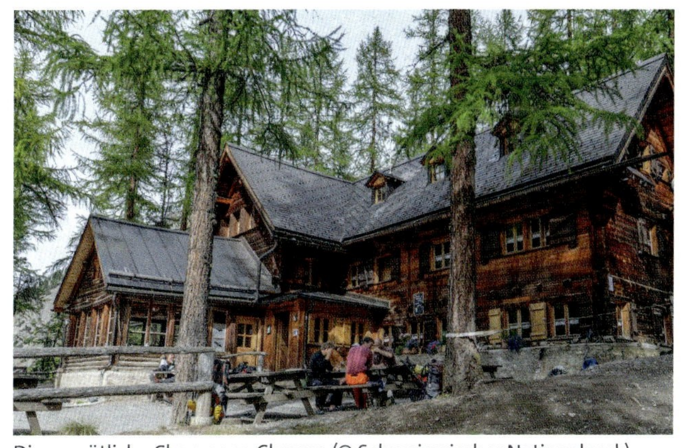

Die gemütliche Chamanna Cluozza (© Schweizerischer Nationalpark).

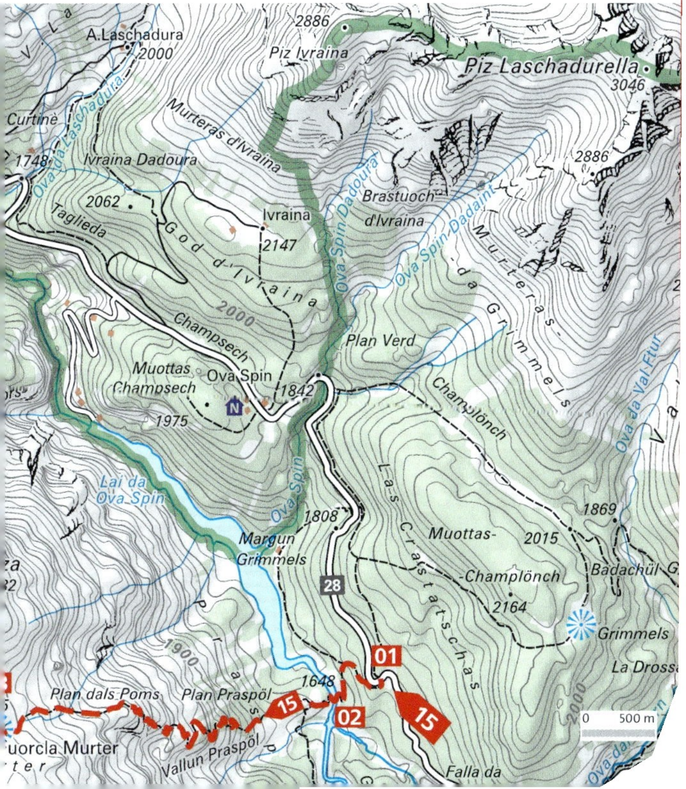

A. Laschadura
2000
2886
Piz Ivraina
Piz Laschadurella
3046
Curtinè
Ova da Laschadura
Murteras d'Ivraina
1748
Ivraina Dadoura
2886
2062
Brastuoch d'Ivraina
Taglieda
Ivraina
2147
Ova Spin Dadoura
Ova Spin Dadaint
God d'Ivraina
Murteras da Grimmels
2000
Champsech
Plan Verd
Muottas Champsech
Ova Spin
1842
1975
Champlönch
Ova da Val Ftur
Lai da Ova Spin
Ova Spin
1808
Las Crastatschas
1869
Margun Grimmels
Muottas-Champlönch
2015
Badachül
28
2164
Grimmels
1900
01
La Drossa
1648
Plan dals Poms
Plan Praspöl
15
02
15
2000
0 500 m
Fuorcla Murter
Vallun Praspöl
Falla da

ZUR ALP GRIMMELS

Eine kurze Familientour im Nationalpark

  6 km  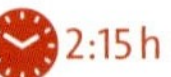 2:15 h  270 hm  270 hm  37

START | Parkplatz 1 an der Ofenpassstrasse (1840 m), 7,5 km östlich von Zernez; Postauto-Haltestelle Champlönch.
[GPS: UTM Zone 32 x: 589.527 m y: 5.168.325 m]
CHARAKTER | Der Aufstieg erfolgt auf breiten Wald- und Alpwegen, der Abstieg auf einem steilen und steinigen Pfad, der Trittsicherheit erfordert (T2). Die Wege im Nationalpark dürfen nicht verlassen werden (Wanderregeln und Öffnungszeiten: www.nationalpark.ch). Unterwegs keine Einkehrmöglichkeit.

Gemsen, Rehe, Hirsche, Steinböcke, Murmeltiere – die Wahrscheinlichkeit, im Schweizerischen Nationalpark Wildtiere zu sehen, ist gross. Sehr eindrücklich sind auch die Kiefernwälder, die in diesem strengen Schutzgebiet seit mehr als 100 Jahren sich selbst überlassen bleiben. Der erste Wegabschnitt führt durch ein stilles Hochtal zu einer aussichtsreichen Alpwiese, der zweite Teil von dort durch steile Waldhänge und zuletzt auf einer neu angelegten Route oberhalb der Ofenpassstrasse wieder zum Ausgangspunkt zurück.

▶ Vom **Parkplatz 1** 01 wandern Sie gemäss dem Wegweiser „Il Fuorn, Alp Grimmels“ auf einem Schotterweg durch einen Waldgraben aufwärts. Nach 450 m geht's rechts über eine Brücke und durch einen sanft ansteigenden Seitengraben ins lang gezogene, da und dort mit Legföhren bewachsene Hochtal von **Champlönch** 02 (1992 m) am Fuss des Piz Sampoir (3023 m). Unterwegs sind Sie dort auf einem alten Saumpfad, der vor dem Bau der Passstrasse die einzige Verbindung ins Val Müstair darstellte. Nach einer alten Viehtränke und einem

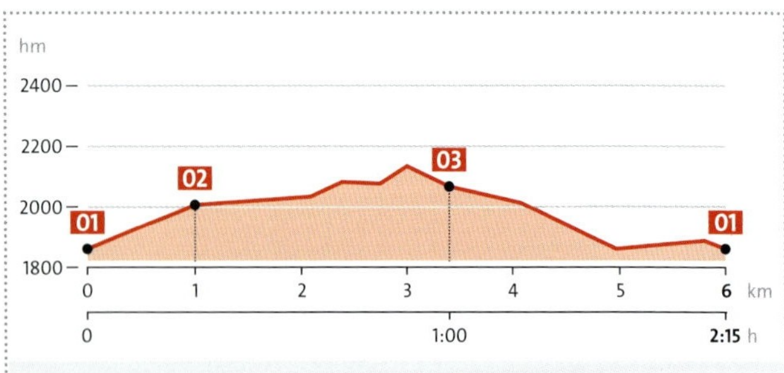

01 Parkplatz 1, 1840 m; 02 Champlönch, 1992 m; 03 Alp Grimmels, 2055 m

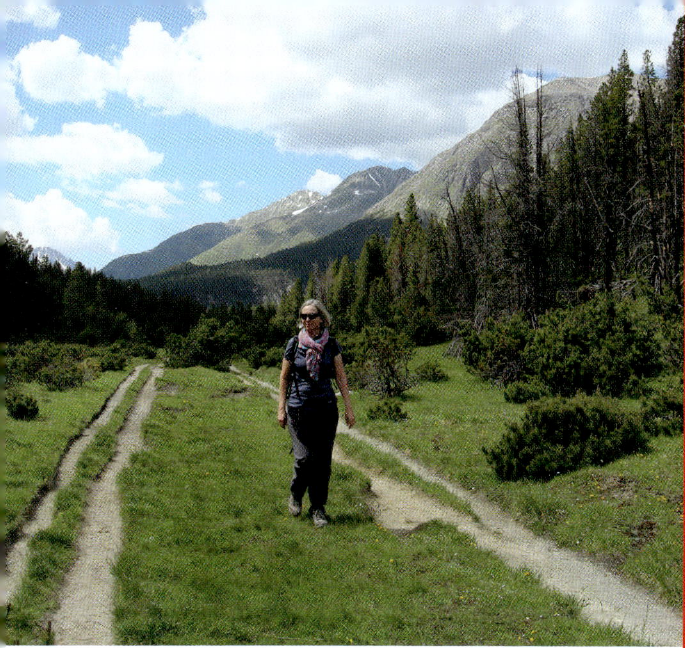

16

Champlönch – ein stilles Hochtal abseits der Ofenpassstrasse.

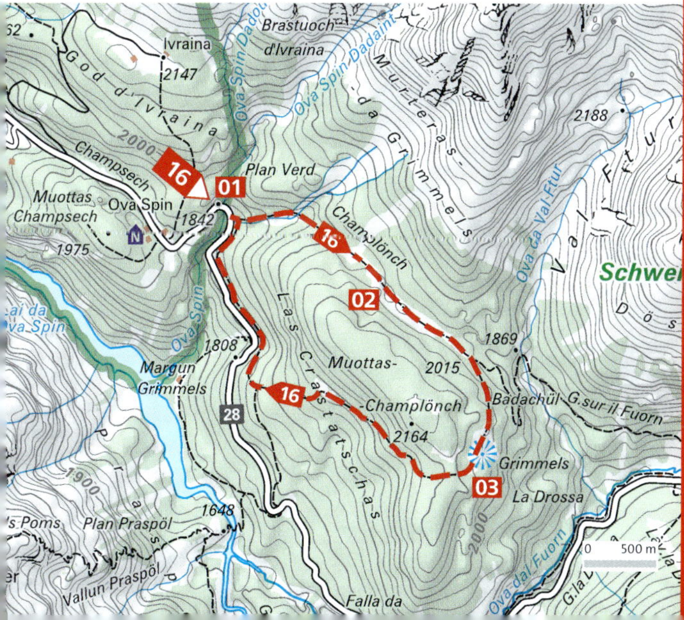

Ivraina
2147
God d'Ivraina
Brastuoch d'Ivraina
Ova Spin Dadaint
Ova Spin Dadora
Murteras da Grimmels
2000
Champsech
16
01
Plan Verd
Muottas Champsech
Ova Spin
1842
1975
Champlönch
16
02
Ova da Val Ftur
Val Ftur
2188
Schwei
Dös
Lai da Ova Spin
Ova Spin
1808
Margun Grimmels
Las Crastatschas
Muottas-Champlönch
2015
1869
16
28
Badachül
G.sur il Fuorn
2164
Grimmels
03
La Drossa
1900
2000
1648
Poms
Plan Praspöl
Vallun Praspöl
Falla da
Ova dal Fuorn
0 500 m

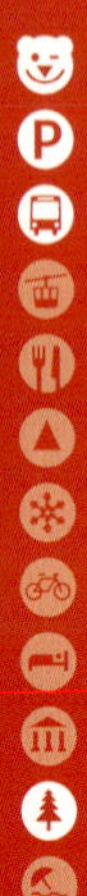

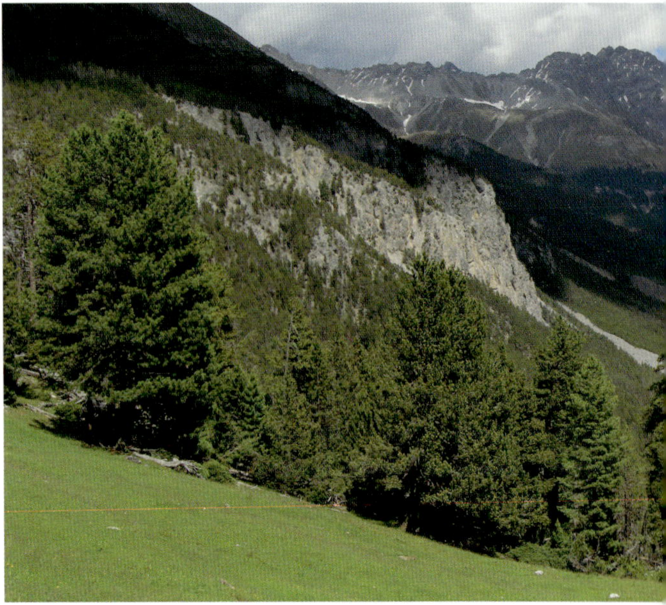

Von der Wiese der einstigen Alp Grimmels schweift der Blick ostwärts

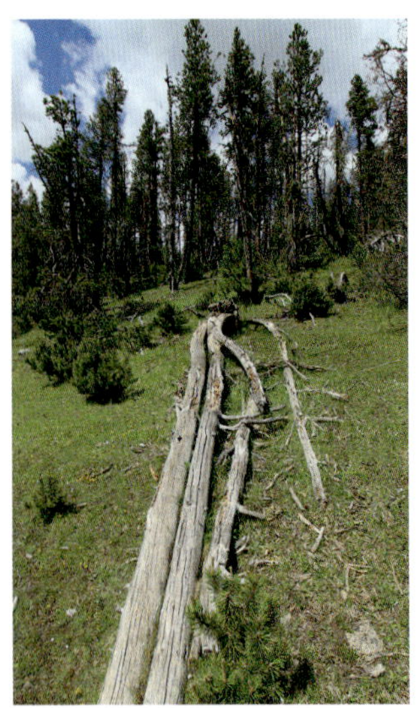

Holz im natürlichen Kreislauf.

sumpfigen Bereich zweigen Sie rechts ab und gelangen nach einem letzten Anstieg zur grossen Wiese der einstigen **Alp Grimmels** 03 (2055 m), auf der viele Murmeltiere leben. Blick bis zum Ofenpass! Gehzeit gut 1 Stunde.

Auf dem schmaleren Pfad Richtung „Vallun Chfuol, Parkplatz" steigen Sie dann zu einem nahen Waldsattel (2110 m) an. Von dort schlängelt sich die schmale, stellenweise etwas rutschige Route durch steiles Gelände abwärts. Bei den beiden nächsten Gabelungen folgen Sie der Beschilderung „Parkplatz, Ova Spin" nach rechts. Oberhalb der Passstrasse müssen Sie noch einmal kurz ansteigen, dann durchquert der Pfad steile Hänge, bis Sie nach etwa 1 ¼ Stunden über Stufen wieder den **Parkplatz 1** 01 erreichen.

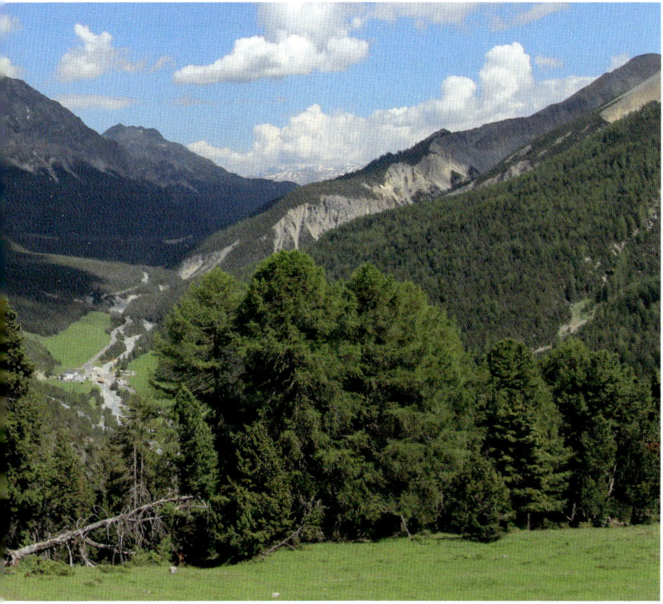

über Il Fuorn und den Ofenpass bis zu den Bergen der Ortlergruppe.

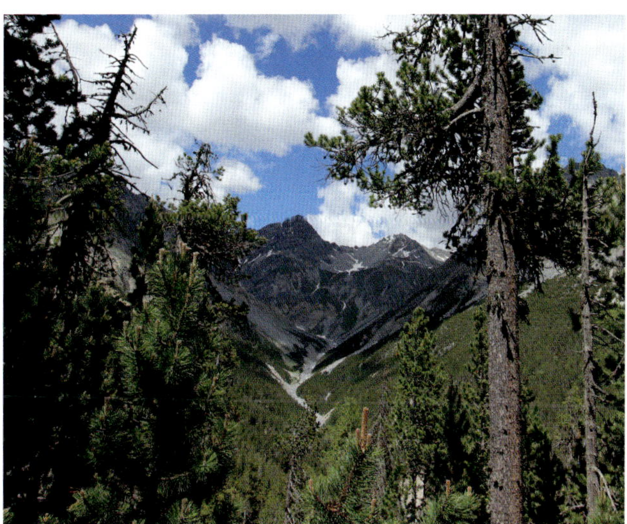

Wilde Berge, wilder Wald – und das völlig unberührte Val Ftur.

MARGUNET • 2328 m

Urnatur und weite Aussicht

  6,7 km 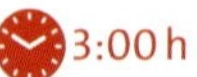 3:00 h  970 hm  970 hm  37

START | Parkplatz 8 an der Ofenpassstrasse (1887 m), 16 km östlich von Zernez; Postauto-Haltestelle Stabelchod.
[GPS: UTM Zone 32 x: 594.023 m y: 5.168.177 m]
CHARAKTER | Landschaftlich sehr schöne Bergwanderung auf stellenweise steilen Pfaden, die nicht verlassen werden dürfen (Wanderregeln und Öffnungszeiten der Wege unter www.nationalpark.ch). Unterwegs keine Einkehrmöglichkeit.

Die Tour zum Aussichtspunkt Margunet ist überaus beliebt – wohl deshalb, weil sie fast alles, was den Schweizerischen Nationalpark ausmacht, auf engem Raum bietet: Schroffe Kalkberge und steile Grasmatten, verwilderte Wälder und gigantische Schuttmengen... Mit etwas Glück und einem mitgebrachten Fernglas lassen sich hier mit hoher Wahrscheinlichkeit auch Wildtiere entdecken.

▶ Vom **Parkplatz 8** 01 gehen Sie auf dem beschilderten Pfad neben der Strasse etwa 500 m Richtung Zernez. Er führt über eine Brücke und zu einer Abzweigung, von der Sie dem Wegweiser „Margunet" nach rechts folgen. Nach der Überquerung der Strasse wandern Sie auf einem breiten Nationalparkweg durch den urchigen Föhrenwald des God da Chamuotschs. Unterwegs informieren Tafeln über naturkundliche Besonderheiten. Vorbei an einem mit Geröll erfüllten Bachbett geht's ins Val dal Botsch hinein. Ein von Lawinen niedergefegter „Geisterwald" lässt die Naturgewalten des Winters erahnen. Weiter hinten strömen

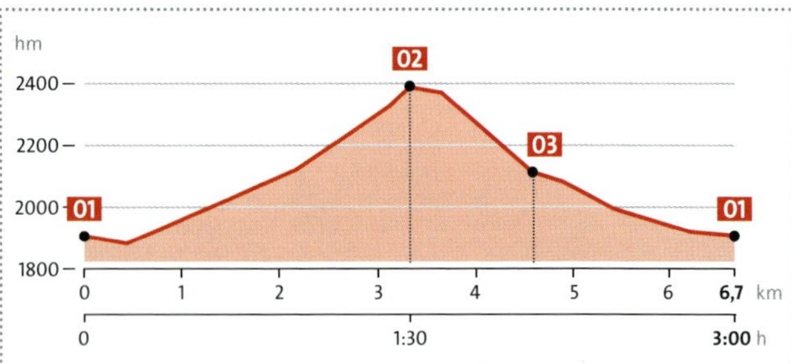

01 Parkplatz 8, 1887 m; 02 Margunet, 2328 m;
03 Val da Stabelchord, 2100 m

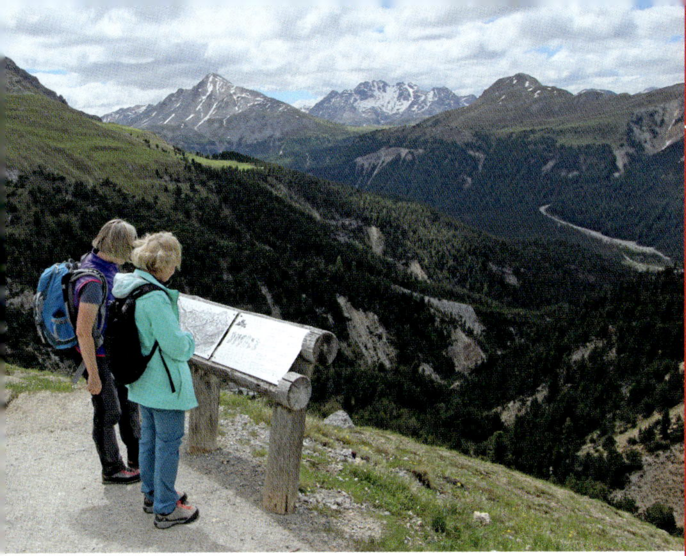

Wissensvermittlung auf Margunet – mit Fernsicht zum Ofenpass.

gewaltige Schuttmassen bis in den Talgrund herab. Das Tal verengt sich und nach einer Brücke auf 2176 m Seehöhe zweigen Sie rechts Richtung „Margunet, Stabelchord“ ab. Der Pfad steigt durch einen Seitengraben und dann über einen breiten, aber etwas luftigen Graskamm an, bis Sie rechts durch einen Hang zum aussichtsreichen Rücken von **Margunet** 02 (2328 m) hinüberqueren. 1½ Stunden.

Jenseits führt der Pfad durch sanfte Grasmulden und dann in weiten Kehren in den Kessel des **Val da Stabelchod** 03 (2100 m) hinab. Der Bach hat weiter unten eine kleine Schlucht geschaffen – dort wurden bis 2007 in einer Höhle Bartgeier ausgesetzt. Nach einer mit Seilen gesicherten Wegpassage und zwei Holzstegen erreichen Sie eine grosse Wiese der einstigen Alp Stabelchod, auf der eine Nationalparkhütte (1958 m) steht. Dort zweigen Sie rechts ab und gelangen auf einem Waldweg in 20 Minuten zum **Parkplatz 8** 01 zurück.

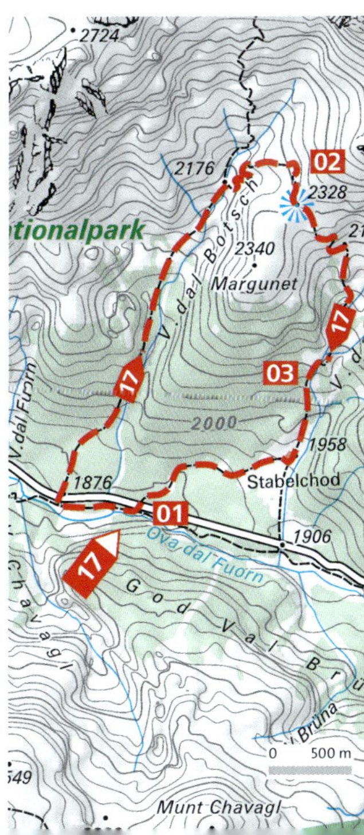

PIZ DAINT • 2968 m

Der schönste Fast-Dreitausender über dem Val Müstair

 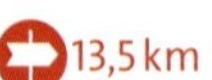 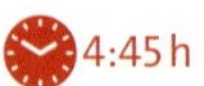 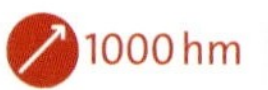 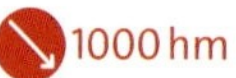 

START | Gasthaus Buffalora (1968 m), 1 km westlich des Pass dal Fuorn/Ofenpasses; Postauto-Haltestelle, Parkplatz 150 m Richtung Passhöhe.
[GPS: UTM Zone 32 x: 596.958 m y: 5.166.859 m]
CHARAKTER | Anspruchsvolle, aber landschaftlich grossartige Bergtour im hochalpinen Gebiet auf markierten Pfaden, die gute Verhältnisse, Trittsicherheit und Schwindelfreiheit voraussetzen (T3); Einkehrmöglichkeit nur am Ausgangspunkt und im Restaurant Süsom Givè auf der Passhöhe.

Das Bergland im Süden des Ofenpasses, das vom Unterengadin über das Tal von Livigno bis zum Ortler reicht, ist eines der interessantesten Gebiete der Alpen. Seine ganze landschaftliche Vielfalt erlebt man bei einer Tour auf den Piz Daint, der zu den besten Aussichtspunkten über dem Val Müstair zählt.

▶ Vom **Gasthaus Buffalora** 01 wandern Sie neben der Strasse Richtung Passhöhe über die Brücke und noch 150 m bis zu einer Abzweigung. Dort folgen Sie dem Wegweiser „Pass dal Fuorn" nach rechts, übersetzen das Schuttbett der Aua da Murtaröl und wandern auf dem links abbiegenden Weg durch Wiesen- und Waldgelände zum **Pass dal Fuorn/Ofenpass** 02 (2149 m) hinauf. 1 Stunde.

Kurz vor dem Restaurant Süsom Givè geht's rechts Richtung „Piz Daint" auf einer ansteigenden Asphaltstrasse zu einem nahen Sen-

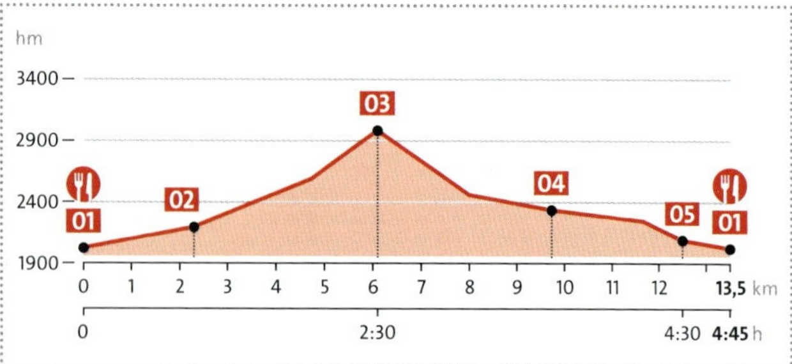

01 Gasthaus Buffalora, 1968 m; 02 Ofenpass, 2149 m; 03 Piz Daint, 2968 m; 04 Döss la las Plattas, 2296 m; 05 Alp Buffalora, 2038 m

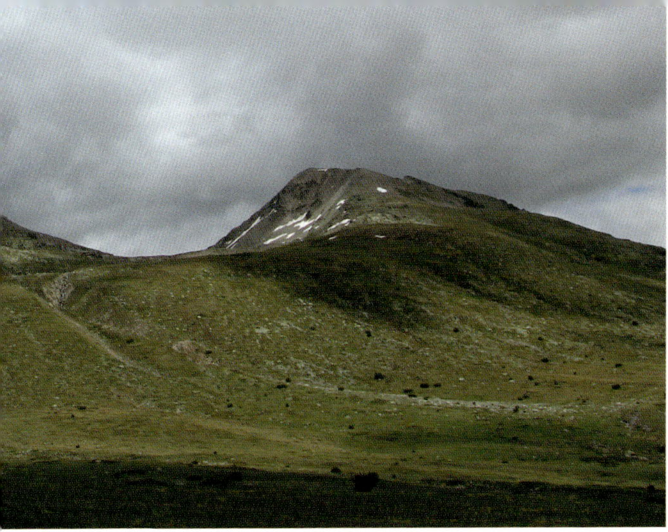

Rechts daneben steht der 2951 m hohe Piz Dora, die „äussere Spitze".

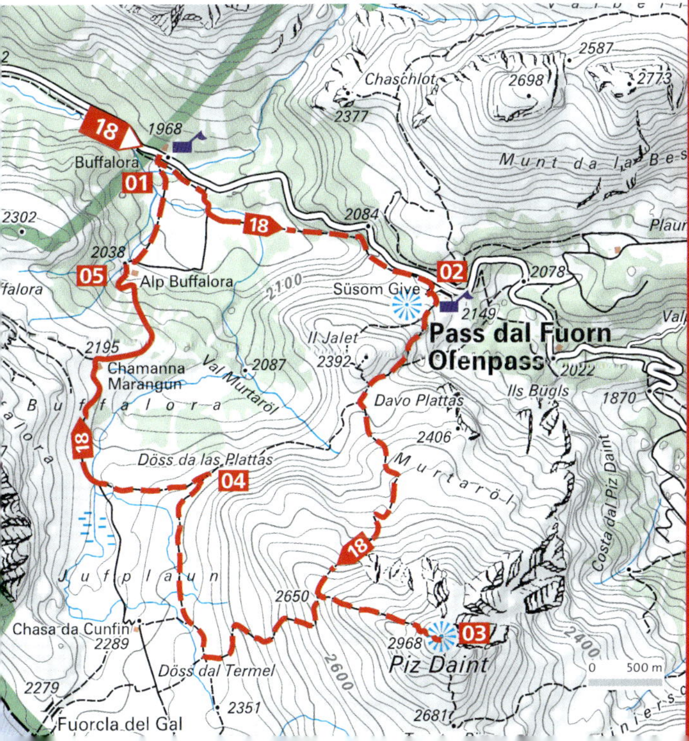

AN DEN UFERN DES ROM

Der Talweg durch das Val Müstair

 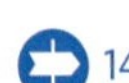 14 km 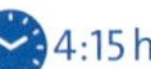 4:15 h  100 hm  600 hm  37

START | Tschierv (1757 m) im oberen Val Müstair, Postauto-Haltestelle Süsom Tschierv (1757 m). Wer mit dem Auto anreist, stellt es am besten in Müstair (1247 m) auf dem grossen Parkplatz gegenüber dem Kloster St. Johann ab und fährt von dort mit dem Postauto (Linie 811) zum Startpunkt. Die Rückfahrt mit dem Postauto ist von allen Talorten möglich.
[GPS: UTM Zone 32 x: 601.633 m y: 5.164.937 m]
CHARAKTER | Naturkundlich und kulturell sehr interessante, hauptsächlich bergabführende Talwanderung auf Neben- und Schotterstrassen, Wegen und schmalen Pfaden (T1); eine Einkehr ist in den Talorten etwas abseits des Weges möglich.

„A la riva dal Rom" heisst der Wanderweg Nr. 801 durch das Val Müstair auf Rätoromanisch. Dies ist eine der interessantesten Talrouten der Schweiz, denn sie folgt dem 24,7 Kilometer langen Seitenbach der Etsch, der von seiner Quelle bis zur italienischen Staatsgrenze weitgehend unberührt geblieben ist. Mit dem Postauto gelangen Sie bequem zum Startpunkt beim Dorf Tschierv (was soviel wie „Hirsch" heisst), um von dort aus gemütlich talabwärts zu wandern – vorbei an Schotterbänken, flachen Auen und einigen Spielplätzen. Man ist dabei streckenweise auf einem 2018 eröffneten Natura Trail® der Naturfreunde unterwegs.

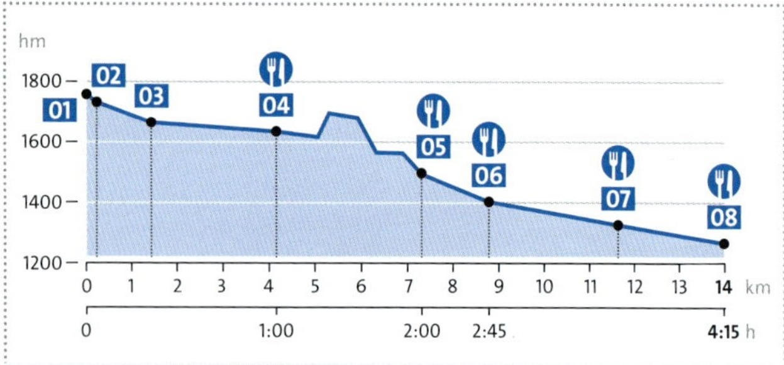

01 Tschierv, 1757 m; 02 Rom-Quelle, 1730 m; 03 Tschierv, 1660 m; 04 Fuldera Daint, 1629 m; 05 Valchava, 1440 m; 06 Sta. Maria Val Müstair, 1342 m; 07 Müstair, 1309 m; 08 Kloster St. Johann, 1247 m

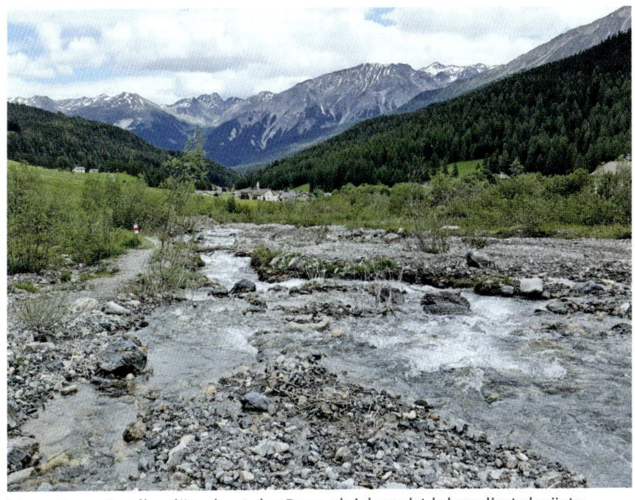

Von seiner Quelle plätschert der Rom gleich recht lebendig talwärts.

▶ Von der Postauto-Haltestelle **Süsom Tschierv** 01 am oberen Ortsrand von Tschierv folgen Sie der Hauptstrasse etwa 200 m talauswärts, bis Sie nach einer Rechtskurve links auf einen beschilderten Wiesenweg abzweigen. Er führt über einige Holzstege zur **Quelle des Rom/Rambachs** 02 (1730 m). Ihr Wasser sprudelt am Waldrand unter Schutthalden und Felsabbrüchen (Sassa) hervor.

Nun folgen Sie dem gleich recht kräftig dahinplätschernden Bach nach rechts durch feuchte Wiesen (Prà dal Vegl) zu einer Asphaltstrasse, auf der Sie links in den Weiler Chasuras (1691 m), den ältesten Ortsteil von Tschierv, gehen. Danach biegen Sie rechts ab und wandern oberhalb des Moorbiotops La Stretta auf die Kirche von **Tschierv** 03 (1660 m) zu.

Kurz vor der Hauptstrasse folgen Sie links dem beschilderten Talweg über die Wiese und neben dem Rom zur nächsten querenden Fahrbahn, auf der Sie rechts zur Kantonsstrasse gelangen. Neben dieser marschieren Sie rechts gut 500 m auf dem Gehsteig an den Häusern von Orasom vorbei und auf einem parallel verlaufenden Weg zur Abzweigung der alten Talstrasse.

Auf dieser wandern Sie rechts Richtung „Fuldera" und schwenken nach 300 m links auf die Via Peter Aebli ein. Dieser Fahrweg führt neben dem renaturierten Rom durch den sumpfigen Palü dals Lais zu einer Kreuzung. Gerade auf einem Pfad zur nahen Kantonsstrasse, neben der Sie eine Unterführung ereichen. Jenseits geht's wieder dem Bach entlang zu einer Schotterstrasse, die rechts in den nahen Ort **Fuldera Daint** 04 (1629 m) führt.

Der Talweg führt jedoch links durch den Lärchenwald Las Spinas weiter, überquert bald den Bach aus dem Val Ruina und erreicht gleich danach einen Fahrweg. Dieser führt links zum Haus L'Aqua, einem der ältesten im Tal.

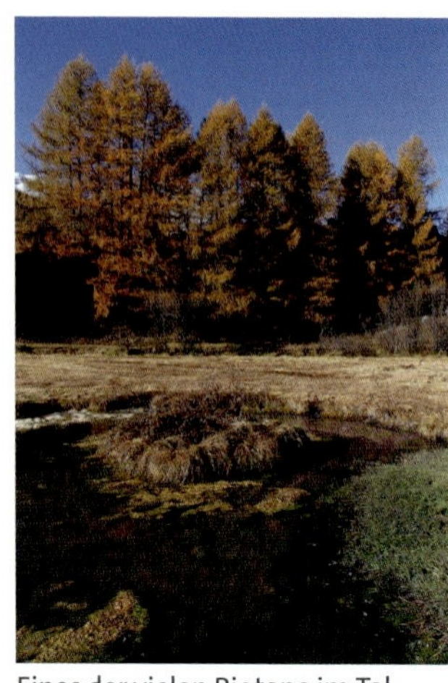
Eines der vielen Biotope im Tal.

Davor führt der Themenweg rechts weiter. Rechts geht's wieder zum Rom, der weiter unten auf einer Brücke überquert wird. Die Beschilderung führt Sie nach Furom an der Zufahrt Richtung Lü (Postauto-Haltestelle) und weiter am Wasser bis zum Bauhof, wo Sie den Rom nochmals überschreiten. Dann folgen dem Waldpfad zur nächsten Strasse, die scharf nach rechts zu einem Rastplatz (mit Mineralbrunnen) bei der Brücke und weiter zur Kantonsstrasse führt. Direkt davor biegen Sie links in den Wald ab (Gatter). Vorbei an einen Sägewerk kommen Sie schliesslich in den oberen Bereich des Ortes **Valchava** 05 (1440 m). Von Fuldera 1 Stunde.

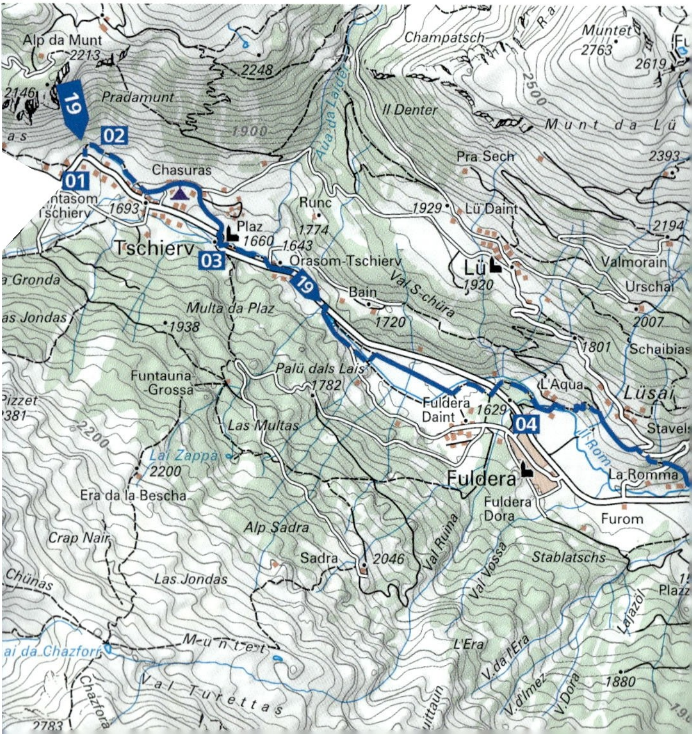

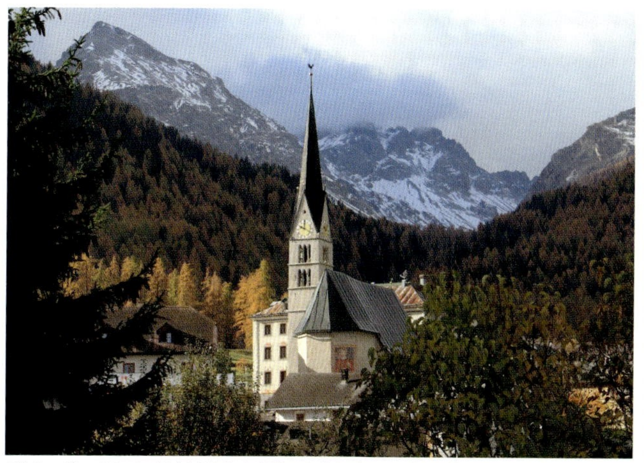

Hinter Sta. Maria Val Müstair öffnet sich das weltentlegene Val Mora.

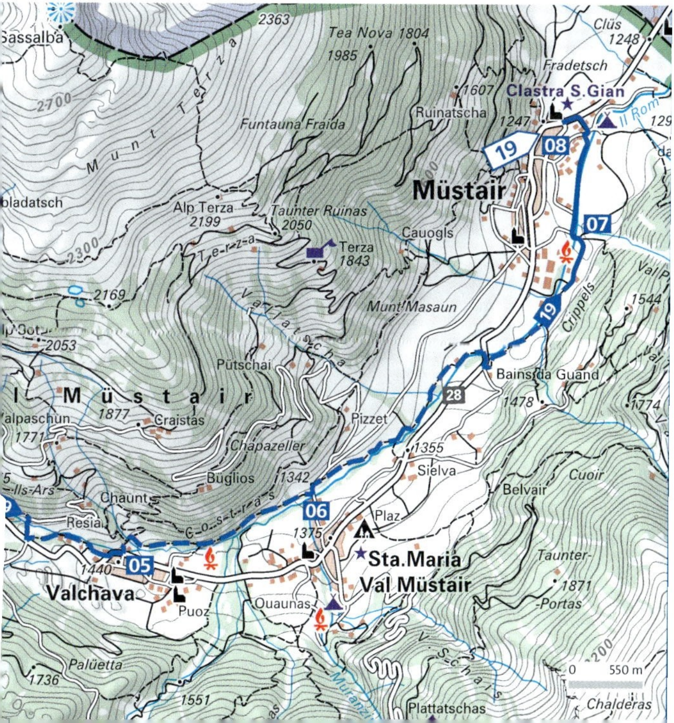

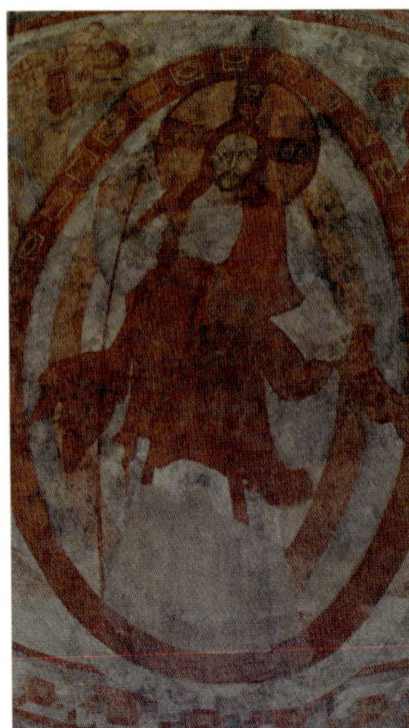
Im Kloster St. Johann blickt Jesus...

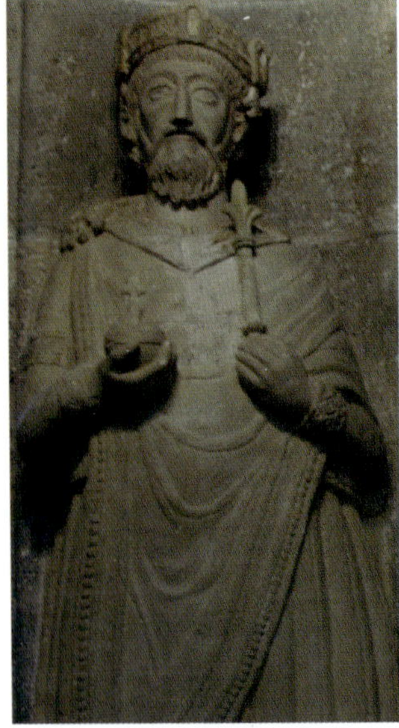
...auf Karl den Grossen herab.

80 m weiter talauswärts führt der Talweg schon wieder links von der Kantonsstrasse über eine Brücke. Nach weiteren 100 m geht's rechts auf einem Pfad zum Bach hinunter (Rastplatz) und an seinem stetig umgestalteten Ufer weiter – vorbei an der Einmündung der Aua da Vau. Nach 1,5 km mündet eine Asphaltstrasse ein, auf der Sie rechts ins 500 m entfernte Ortszentrum von **Sta. Maria Val Müstair** 06 (1342 m) hinaufwandern könnten. 45 Minuten.
Der Talweg folgt der Strasse dagegen 120 m nach links und führt dann wieder rechts zum Rom, der nun durch eine Talenge rauscht. Nach der Überquerung eines Seitenbachs geht's auf einem höher gelegenen Fahrweg zu einer Deponie und zur Kantonsstrasse, auf der Sie rechts über die steinerne Bogenbrücke gehen. Beim Implant da tir Regiunal Val Müstair zweigen Sie scharf nach links ab, passieren die Kraftwerkszentrale Chasseras und folgen dem renaturierten Ufer weiter talauswärts. Auf einem Fahrweg gehen Sie zum Sportplatz und zur nächsten Brücke. Jenseits führt die Strasse in den südlichen Ortsbereich von **Müstair** 07 (1309 m).
Rechts abzweigend wandern Sie dagegen noch einmal 700 m neben dem Rom entlang – dann führt der Fahrweg links zum Hotel-Restorant Chavalatsch. Neben der Hauptstrasse sind es dann nur mehr ein paar Schritte Richtung **Claustra Son Jon/Kloster St. Johann** 08 (1247 m). Der Besuch der katholischen Klosterkirche, die auf die Zeit Karls des Grossen zurückgeht und die grossartige Fresken aus karolingischer und romanischen Zeit birgt (UNESCO-Weltkulturerbe), krönt die lange Wanderung. 1 ½ Stunden ab Sta. Maria Val Müstair.

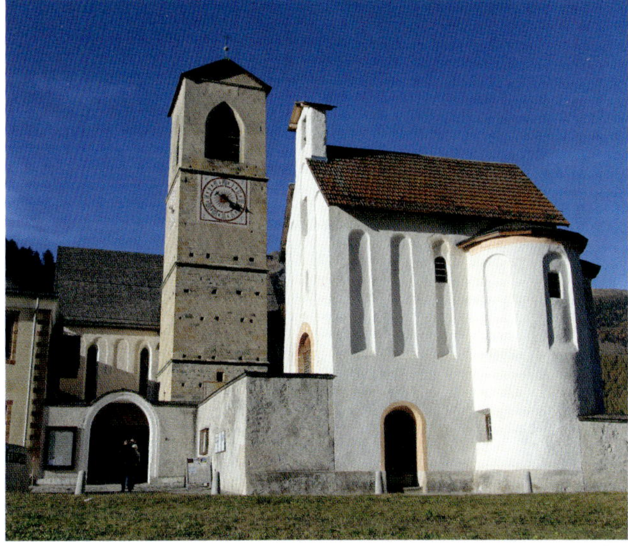

Die Kirche gab dem Tal seinen Namen (rechts die Heiligkreuzkapelle).

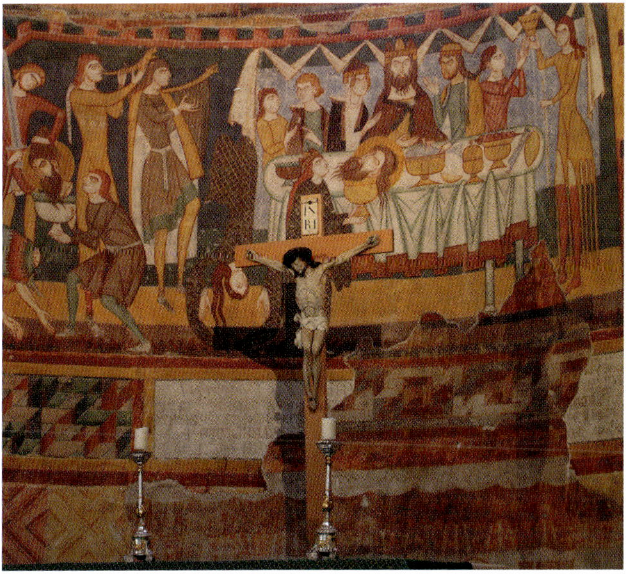

Schaurig – das spätromanische Fresko des Gastmahls des Herodes.

SENDA VAL MÜSTAIR

Der grosse Höhenweg – mit Varianten

  19,2 km 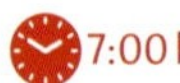 7:00 h  600 hm 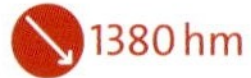 1380 hm  37

START | Pass dal Fuorn/Ofenpass (2149 m); Postauto-Haltestelle und Parkplatz. Rückfahrt von Müstair mit dem Postauto (Linie 811) bis zur Haltestelle Süsom Givè auf der Passhöhe.
[GPS: UTM Zone 32 x: 598.969 m y: 5.165.990 m]
CHARAKTER | Herrliche Höhenwanderung auf Schotterstrassen, breiten Wegen und schmalen, stellenweise steinigen Pfaden (T2); einkehren kann man unterwegs auf der Alp Champatsch, im Restaurant der Pension Hirschen in Lü und im Berggasthaus Terza.

Aus den Kiefernwäldern am Rand des Schweizerischen Nationalparks geht's nach Lü, ein winziges Dorf auf fast 2000 Metern Seehöhe, in dem Geniesser übernachten sollten. Die Abend- und die Morgenstimmung in der aussichtsreich gelegenen 70-Seelen-Siedlung ist besonders schön! Während die offiziell beschilderte Senda Val Müstair weiter ostwärts bald talwärts strebt, sei hier eine Verlängerung des „Höhenflugs" bis zur Alp Terza vorgeschlagen, denn man kann sich an dem grenzenlosen Bergpanorama im Süden kaum sattsehen!

▶ Gegenüber dem Hotel-Restaurant Süsom-Givè auf dem **Pass dal Fuorn/Ofenpass** 01 folgen Sie dem unmarkierten, steinigen Pfad in den Arvenwald, zweigen nach wenigen Schritten rechts ab und durchqueren den Waldhang oberhalb der Strasse. Nach einer Schuttrinne geht's auf einem

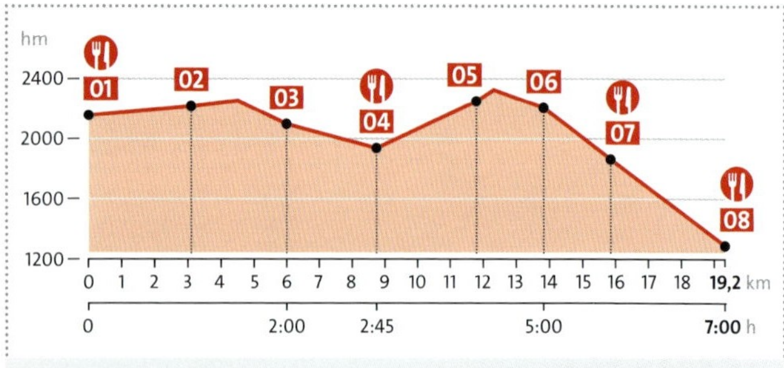

01 Ofenpass, 2149 m; 02 Alp da Munt, 2213 m; 03 Alp Champatsch, 2087 m; 04 Lü, 1920 m; 05 Alp Tabladatsch, 2245 m; 06 Alp Terza, 2199 m; 07 Berggasthaus Terza, 1843 m; 08 Müstair, 1247 m

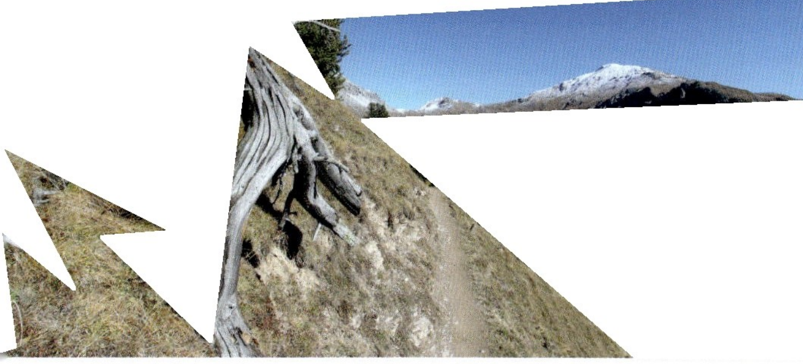

Hoch über dem Val Müstair erhebt sich der Piz Terza.

Fahrweg über die freie Hochebene Plaun da l'Aua (2190 m). Der links wegziehende Pfad Richtung S-charl bleibt unbeachtet. Von der nächsten Abzweigung gehen Sie links ins kleine Skigebiet um die **Alp da Munt** 02 (2213 m), von der Sie dem Fahrweg noch ca. 700 m bis zu seinem Ende bei einer Rastbank folgen. Nach der Beschilderung der Senda Val Müstair wandern Sie geradeaus auf einem schmalen Pfad durch das licht bewaldete Gelände oberhalb des winzigen Lei da Juata weiter. Absteigend erreichen Sie wieder einen Fahrweg, auf dem Sie 2 Stunden nach dem Start die **Alp Champatsch** 03 (2087 m) erreichen.

Die Schotterstrasse führt dann im Bogen um ein Tal herum, unter einem Felsabbruch vorbei und durch Waldhänge zum Haus Lü Daint hinab. Von dort sehen Sie schon das aussichtsreich gelegene Dörfchen **Lü** 04 (1920 m). 45 Minuten ab Alp Champatsch.

Von der Abzweigung nach der kleinen Kirche folgen Sie den Wegweisern „Alp Tabladatsch, Müstair" und steigen auf der Schotterstrasse oberhalb des östlichen Dorfbereichs an. Bei der folgenden Gabelung verlassen Sie die Senda Val Müstair nach links (Beschilderung „Alp Tabladatsch, Alp Terza") und wandern über eine weitere Kehre zu den freien Grashängen der Alp Valmorain (2153 m) hinauf. Auf einem raueren Fahrweg geht's rechts zur Hütte der **Alp Tabladatsch** 05 (2245 m) weiter.

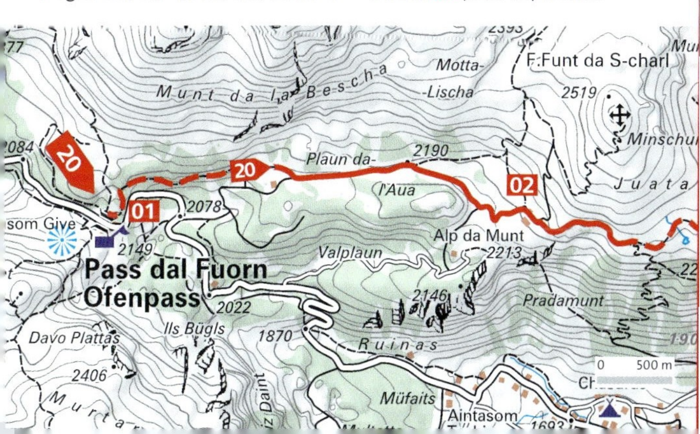

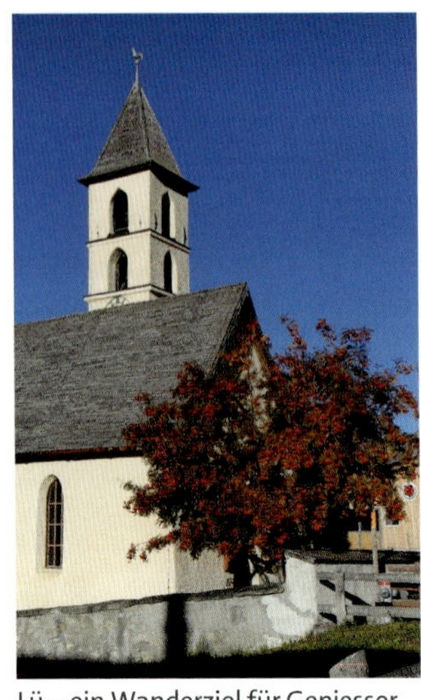

Lü – ein Wanderziel für Geniesser.

Dort beginnt der beschilderte Pfad zur Alp Terza, der über die Wiese zu einer Abzweigung führt und von dort links zum Plaun Muntera (2907 m) ansteigt. Von dieser mit Steinblöcken übersäten Hochfläche unter dem Piz Terza (2909 m) zieht der Pfad durch licht bewaldete Hänge abwärts und hinüber zur kleinen Hütte der **Alp Terza** 06 (2199 m). 2 ¼ Stunden von Lü.

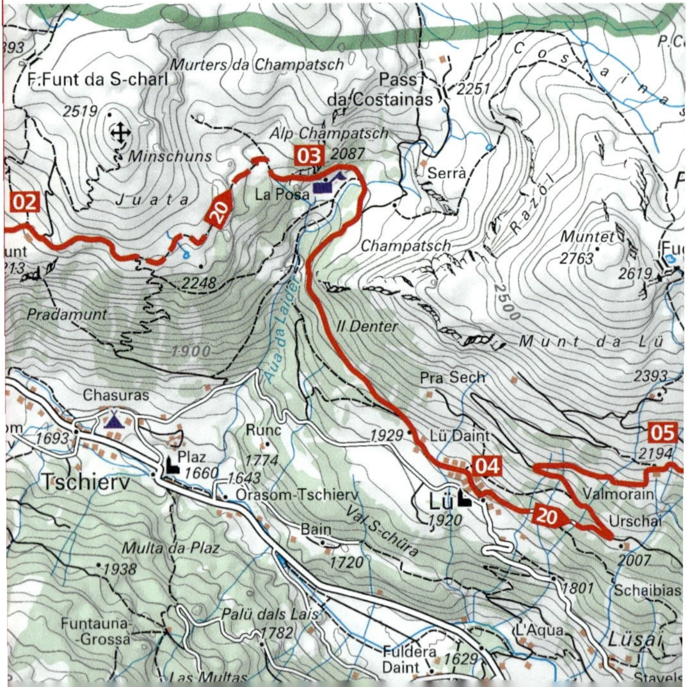

Der zweistündige Abstieg nach Müstair beginnt dann auf einem grasigen Fahrweg, der sich durch duftige Lärchenbestände zu einer Kreuzung hinabwindet. Links geht's weiter zum aussichtsreich am Hang gelegenen **Berggasthaus Terza** 07 (1843 m). Auf seiner Zufahrtsstrasse marschieren Sie zum unteren Rand der Bergwiese (Munt Masaun, 1756 m) hinunter und zweigen dort links auf den Wanderweg Richtung „Müstair" ab. Er führt durch teils bewaldete, teils fast steppenartig trockene Hänge talwärts – weiss der Himmel, warum er auch als „Cremeschnittenweg" beschildert wurde. Vor einem kleinen Anwesen geht's rechts zu einem geteerten Güterweg, der überquert wird. Durch einen steinigen Graben und Wiesen kommen Sie zu einem Sendemasten und ins Oberdorf von **Müstair** 08 (1247 m) mit der spätgotischen St.-Sebastian-Kapelle.

Rechts an der Hauptstrasse finden Sie die Postauto-Haltestelle Somvih, links gelangen Sie ins 1 km lange Ortszentrum mit seinen schönen Engadinerhäusern, mehreren Gasthöfen und dem Kloster St. Johann (Postauto-Haltestelle).

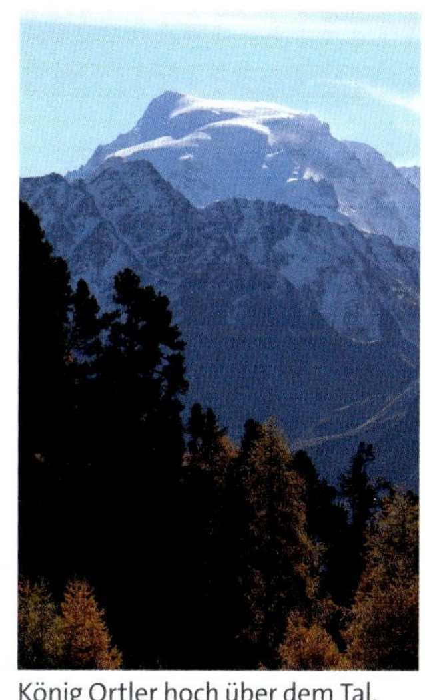

König Ortler hoch über dem Tal.

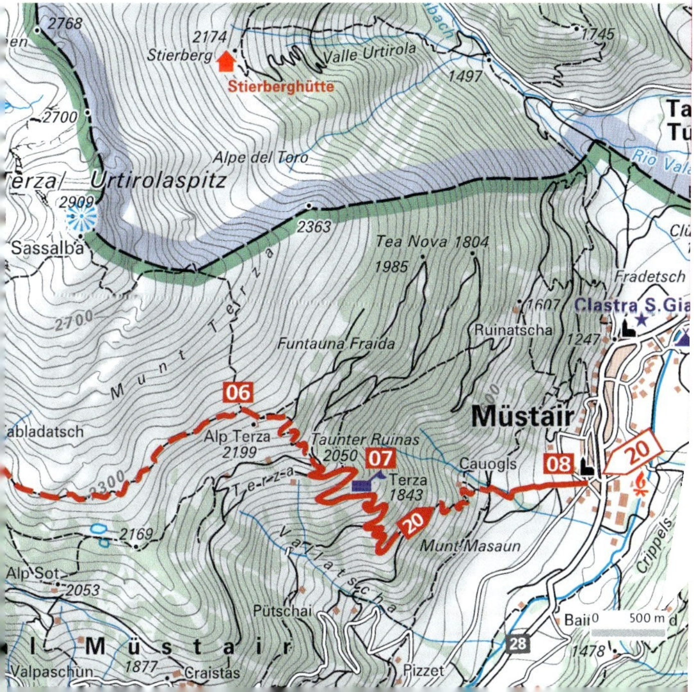

PASS DA COSTAINAS • 2251 m – FUORCLA FUNTANA DA S-CHARL • 2393 m

Zum sagenumwobenen God da Tamangur

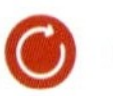  16 km  6:00 h  880 hm  880 hm  37

START | Tschierv (1693 m), Parkplatz beim Sportplatz gegenüber dem Sporthotel Staila (nahe dem Tourismusbüro); Postauto-Haltestelle 100 m taleinwärts.
[GPS: UTM Zone 32 x: 602.642 m y: 5.164.265 m]
CHARAKTER | Sehr abwechslungsreiche Pass- und Alpwanderung auf Schotterstrassen, Wald- und Alpwegen. Einkehrmöglichkeit in der Alp Champatsch; im Sommer ist auch die Alp Astras bewirtschaftet.

Er ist der höchstgelegene zusammenhängende Arvenwald Europas: der God da Tamangur. Sein rätoromanischer Name bedeutet soviel wie „der Wald dort hinten", und tatsächlich verbirgt sich dieses Naturwunder im hintersten Val S-charl, zwischen dem Unterengadin und dem Val Müstair. Noch zu Beginn des 20. Jahrhunderts war dieses 1,5 Kilometer lange und bis 2300 Meter Seehöhe hinaufreichende Waldgebiet wegen der Übernutzung durch die Alpwirtschaft in einem schlechten Zustand. Doch inzwischen hat sich der God da Tamangur wieder erholt und zwischen seinen knorrigen, bis zu 700 Jahren alten Baumriesen gedeiht wieder viel Arvennachwuchs. Möglicherweise auch deshalb, weil dieses Naturwunder in Gedichten und Lie-

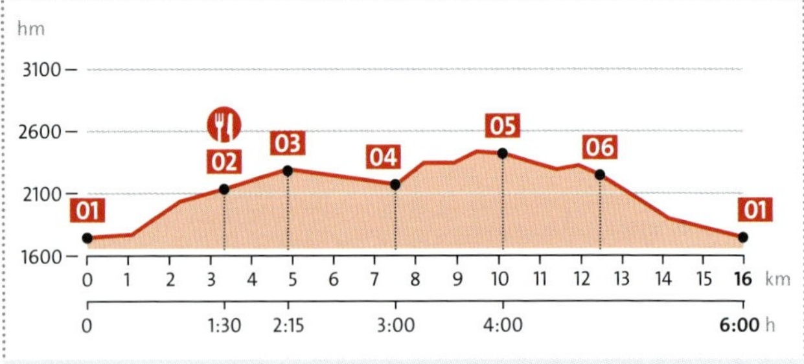

01 Tschierv, 1693 m; 02 Alp Champatsch, 2097 m; 03 Pass da Costainas, 2251 m; 04 Alp Astra, 2135 m; 05 Fuorcla Funtana da S-charl, 2393 m; 06 Alp da Munt, 2213 m

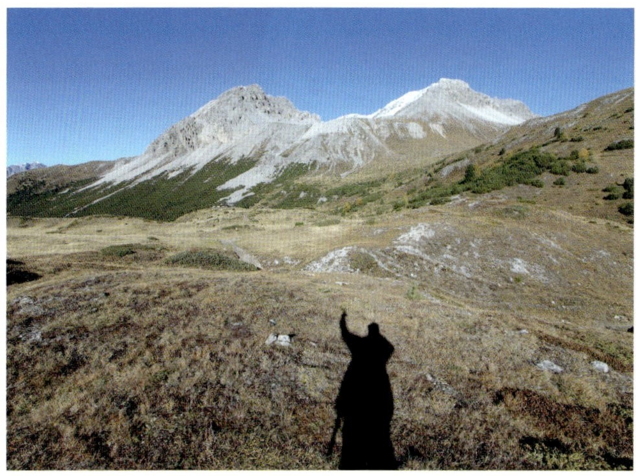

Tiefe Stille und ein seltsames Schattenwesen auf dem Pass da Costainas.

dern zu einem Symbol rätoromanischer Beharrlichkeit aufstieg: „Eu sun e stun nu bandun, eu nu dun loc, poust vaira“ (Ich bin, stehe und bleibe. Ich weiche nicht, du wirst es sehen). Man erreicht den heute als Naturwaldreservat geschützten God da Tamangur am einfachsten vom Dorf S-charl. Noch schöner ist es jedoch, ihn vom Val Müstair über hochgelegene Pässe zu besuchen – dann kommt zum Naturerlebnis noch die Aussicht zu den Engadiner Dolomiten und bis zum Ortler.

▶ Vom Parkplatz beim Sportplatz in **Tschierv** 01 gehen Sie 150 m neben der Hauptstrasse taleinwärts (vorbei an der Postauto-Haltestelle Tschierv Biosfera) und biegen dann rechts auf die Via Muglin ab. Nach weiteren 170 m zweigen Sie nochmals rechts ab, durchqueren den Ortsteil Chasuras mit seinen schönen alten Häusern und wandern dann links auf der Via Schucais Richtung Lü aufwärts. Am Waldrand zweigen Sie links auf eine Forststrasse ab (Wegweiser „Pass da Costainas, Alp da Munt“), die über eine Kurve aufwärts führt. Kurz danach beginnt rechts der beschilderte Pfad zur Alp Champatsch, der durch Hänge mit urigem Lärchen-Zirben-Wald und Schutthalden in einen Graben ansteigt. Nach 1 ½ Stunden kommen Sie zu den Wiesen der **Alp Champatsch** 02 (2097 m) mit der gastlichen Ustaria La Posa.

Von dort folgen Sie der Alpstrasse nach rechts (Richtung Lü), bis Sie nach 500 m auf den scharf links abzweigenden Fahrweg einschwenken (Beschilderung „Pass da Costainas, S-charl“). Auf dieser wandern Sie über die Weide, unter Felsabbrüchen links in einen Graben und schliesslich rechts zu einem kleinen sgaffitoverzierten Haus hinauf. Von dort führt der nun schmalere Weg nach Norden über sanft gewelltes Grasgelände zur Senke des **Pass da Costainas** 03 (2251 m). Rechts davon steht eine Jagdhütte, über der die gewaltigen Kalkgipfel des Piz Starlex (3066 m) und des Lorenzibergs

(3021 m) aufragen. 45 Minuten ab Alp Champatsch.

Nun folgen Sie dem Wegweiser „Alp Astras, S-charl" in das Hochtal nach Norden hinab. Dort entspringt die Clemgia, die Sie bald zwischen Legföhren und den obersten Arven begleiten. Nach 45 Minuten stehen sie vor den beiden Steinhütten der **Alp Astra** 04 (2135 m). Hinter der rechts benachbarten Alp Tamangur Dadaint beginnt das Schutzgebiet des God da Tamangur auf den Hängen des Piz Murtera (2969 m).

Der Rückweg führt jedoch mit der Beschilderung „Fontana da S-charl, Tschierv" nach links. Am Fuss des Piz Vallatscha (3021 m) wandern Sie nun auf einem Pfad über einen Grasrücken zur kleinen Hochfläche Plan Mattun (2303 m) hinauf. Weiter geht's durch eine sanft ansteigende Mulde, wo rechts des Weges die Funtana da S-charl entspringt. Gleich danach mündet der Pfad vom Ofenpass ein. 1 Stunde nach dem Start auf der Alp Astras erreichen Sie die flache **Fuorcla Funtana da S-charl** 05 (2393 m) und das Skigebiet Minschuns, durch das Sie nun südwärts absteigen. Nach wenigen Minuten gehen Sie nach dem Wegweiser „Alp da Munt, Tschierv" links hinunter und auf dem Westhang des Minschuns (2520 m) unter einem Skilift durch bis zur **Alp da Munt** 06 (2213 m).

Von dort folgen Sie der Schotterstrasse nach links. Wo sie nach etwa 700 m endet, zweigen Sie rechts Richtung „Tschierv" ab. Ein grasiger Fahrweg schlängelt sich zu einem Wildzaun, dann geht's auf einem Zickzackpfad durch steile Waldhänge zu einer Forststrasse hinunter. Links kommen sie wieder zur Via Schucais und auf dieser rechts nach **Tschierv** 01 zurück.

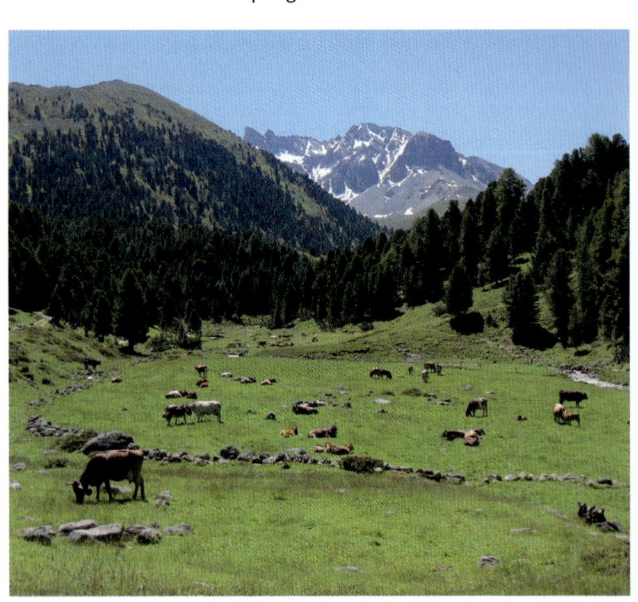

Im hintersten Val S-charl verbergen sich wunderbare Arvenbestände.

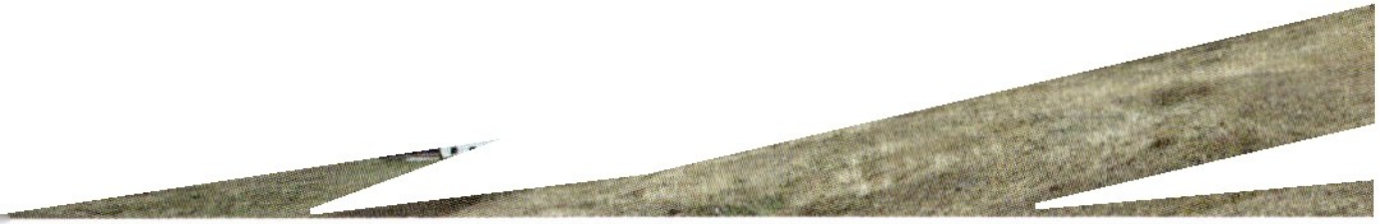

Die Alp da Munt – ein kleines Skigebiet vor unzugänglichen Kalkgipfeln.

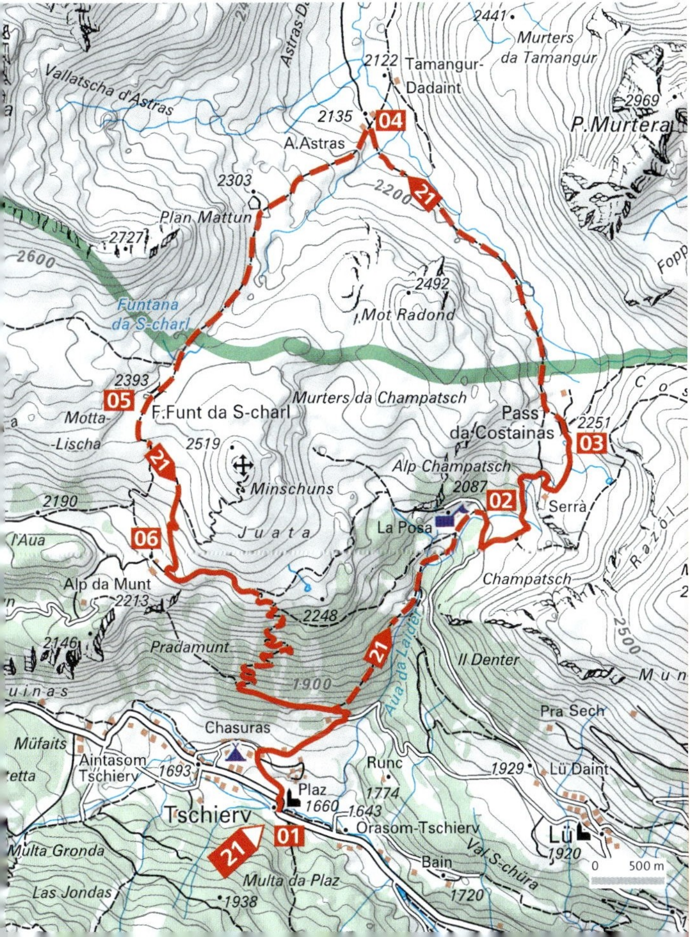

PIZ COTSCHEN (RÖTLSPITZ) • 3025 m

Ein „schneller" Dreitausender über dem Stilfserjoch

 8,9km  3:45 h  680 hm  680 hm  37

START | Pass Umbrail (2501 m); Zufahrt von Sta. Maria Val Müstair; Parkplatz, im Sommer Postauto-Zufahrt von Sta. Maria (Linie 821). [GPS: UTM Zone 32 x: 609.911 m y: 5.155.313 m]
CHARAKTER | Hochalpine Bergtour auf stellenweise steilen und schmalen Pfaden, die Trittsicherheit und Schwindelfreiheit erfordern (T3). Nur bei sicherem Wetter gehen; bei Schneelage und Vereisung besteht Absturzgefahr! Einkehrmöglichkeit im Rifugio Garibaldi auf der italienischen Seite.

Der höchstgelegene schweizerische Pass, der auf einer Strasse erreichbar ist, befindet sich ganz im Osten des Landes: Der 2501 Meter hoch gelegene Umbrailpass zwischen dem Val Müstair und dem Städtchen Bormio in der Lombardei. Diese Strecke hatte schon im Mittelalter grosse Bedeutung für den Warenaustausch zwischen Venedig und Deutschland. Während seine heutige Fahrbahn seit 1901 besteht, wurde das nahe und noch um 256 Meter höhere Stilfser Joch zwischen Bormio und dem westlichen Südtirol aus militärstrategischen Gründen schon im Jahre 1826 mit einer Strasse erschlossen – und zwar direkt vor den wild zerrissenen Gletscherströmen des 3905 Meter hohen Ortlers, der als hochalpines Gegenstück zum Piz Bernina gilt. Gegenüber davon erhebt sich der Schuttgipfel der Dreisprachenspitze, auf dem der rätoromanische, der deutsche und der italienische Kulturraum zusammentreffen. 1915, mit dem Eintritt des Königreichs Italien in den Ersten Weltkrieg, begann dort

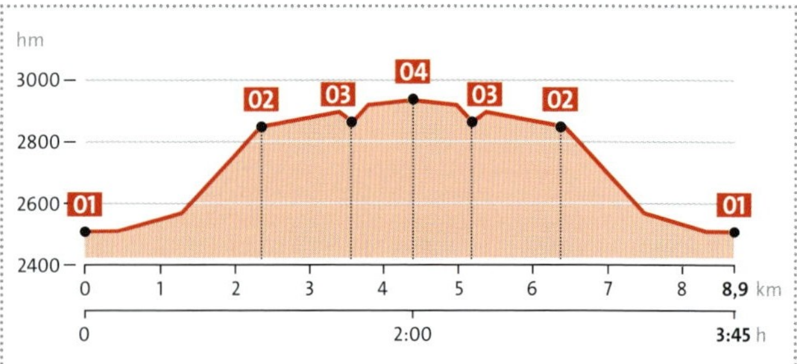

01 Pass Umbrail, 2501 m; 02 Dreisprachenspitze, 2843 m; 03 Sella da Piz Cotschen, 2925 m; 04 Piz Cotschen (Rötlspitz), 3020 m

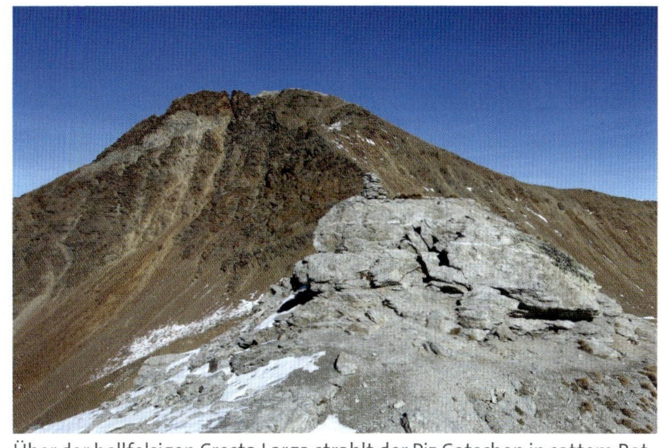

Über der hellfelsigen Cresta Larga strahlt der Piz Cotschen in sattem Rot.

oben eine 600 Kilometer lange, erbittert umkämpfte Gebirgsfront. Ihre höchstgelegene Geschützstellung befand sich auf 3850 Metern Seehöhe am Ortlergletscher. Die Soldaten der neutralen Schweiz positionierten sich auf ihrer Seite der Grenze, um ein Übergreifen der Kämpfe zu verhindern. Auf ihrem Weg gelangt man noch heute auf die Dreisprachenspitze, die mit Schützengräben und Steinfundamenten von Barackenlagern die Erinnerung an das brutale Blutvergiessen wach hält. Die Kluft, die den nördlich darüber aufragenden, 3026 Meter hohen Gipfel spaltet, ist dagegen durch die Erosion entstanden. Schuld daran ist auch das brüchige, aber farbenfrohe Gestein des Piz Cotschen. Sein rätoromanischer Name bedeutet soviel wie „Roter Spitz" – und so nennen ihn auch die Südtiroler den „Rötlspitz".

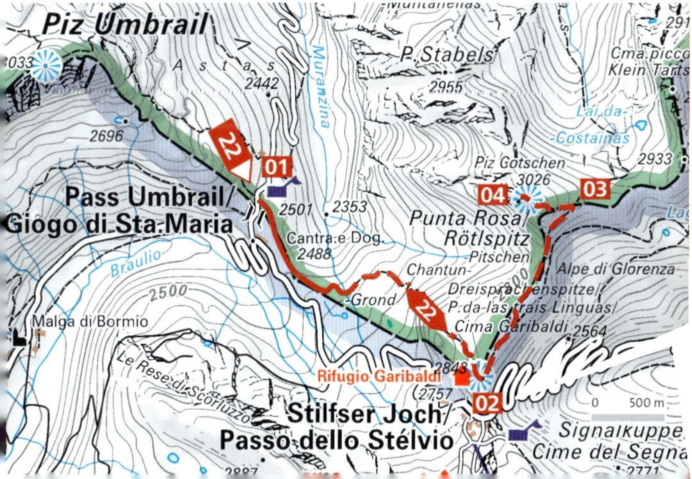

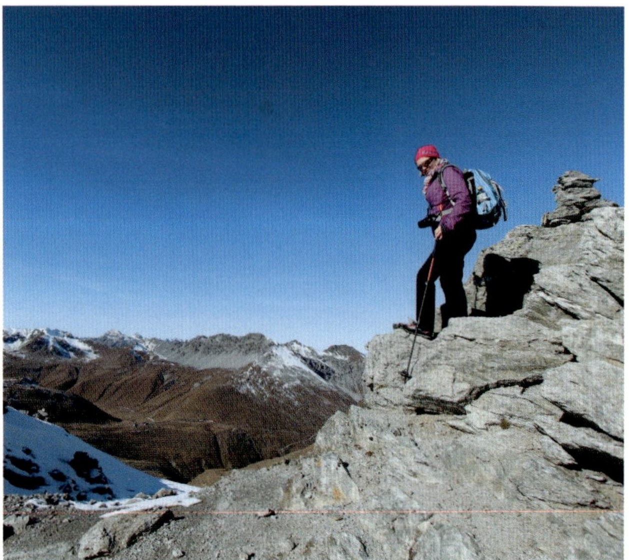

Herbstfarben um den Pass Umbrail und den benachbarten Piz Umbrail.

Piz Umbrail

Auf den Spuren des Ersten Weltkriegs erklimmt man auch den Piz Umbrail, der die westliche Bergkulisse über dem Pass Umbrail bildet. Um drei Meter ragt sein Gipfel über die magische Dreitausendergrenze hinaus. Sein Zustiegspfad (T3) zweigt neben dem Berghaus Astras nach Westen ab; der Wegweiser gibt eine Aufstiegszeit von 1 ½ Stunden an. Zunächst steigt man recht moderat durch Wiesen an, vorbei an alten Schützengräben und den Mauerfundamenten der Schweizer Kommandozentrale. Unter dem aus hellem Dolomit aufgebauten Gipfelbereich durchquert man dann rechts ein deutlich steileres Schuttfeld; eine abschüssige Passage wurde mit Ketten und Stahlseilen entschärft. Zuletzt geht's über einen Schuttrücken auf den Gipfelgrat und rechts zum höchsten Punkt empor. Dort findet man die oberste Tafel des militärhistorischen Themenweges über die schweizerische Grenzbesetzung der Jahre 1914 bis 1918. Ein langer, aber sehr schöner Abstiegspfad führt nach Nordwesten zum Lai da Rims (2396 m) hinunter. Das in einer weiten Grasmulde gelegene Gewässer wurde schon mehrfach als „schönster See Graubündens" gerühmt. Dann zickzackt der Pfad durch sehr steile Hänge ins Val Vau (Haltestelle der Postauto-Linie 831) bergab. Zuletzt gelangt man auf einer Alpstrasse ins Val Müstair, wo man nach 3 ½ Stunden in Valchava ankommt.

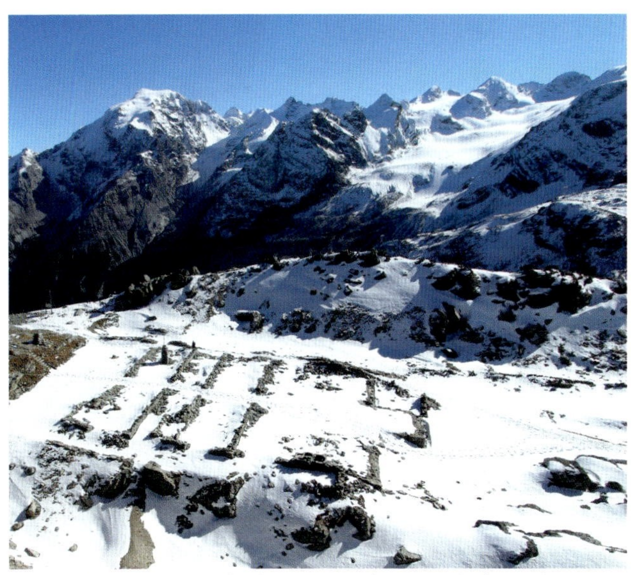

Krieg und Frieden – Lagerfundamente vor der Eispracht des Ortlers.

▶ Am **Pass Umbrail** 01 beginnt gegenüber vom Zollamt ein beschilderter und noch gut erhaltener Miliärweg, der auf der Schweizer Seite des flachen, grasigen Grenzkamms verläuft und ein kurzes Stück neben der Stilfser-Joch-Strasse aufwärts führt. Er übersetzt einige Rinnen, durchquert die Weide Chantum Grond und windet sich dann in vielen Kehren zum Schuttkamm des **Piz da las trais Linguas/Dreisprachenspitze** 02 (2843 m) empor. Dort tut sich ein prachtvoller Blick zum Ortler (3905 m) und seinen vergletscherten Nachbargipfeln auf. Auf der italienischen Seite lädt das eigenwillig gestaltete Rifugio Garibaldi über dem Stilfser Joch zur Einkehr ein.

Nun folgen Sie dem Wegweiser „Sella da Piz Cotschen" nach links über den Rücken. Die hellfelsige Cresta Larga (Breitkamm) kann nun links auf einem schmalen Pfad oder rechts auf dem etwas breiteren Wormissionssteig, dem historischen Vorgänger der Stilfser-Joch-Strasse, umgangen werden. Aus dem so erreichten Sattel (2843 m) gelangen Sie rechts auf dem stellenweise abgerutschten Pfad Nr. 20 durch die ziemlich steile und auch ausgesetzte Felsflanke der Röllspitze zur **Sella da Piz Cotschen** 03 (2925 m) hinauf.

Von dort steigen Sie links auf dem breiten Schuttrücken bis zum Steinmännchen auf dem Vorgipfel des **Piz Cotschen/Rötlspitz** 04 (3020 m) an. Aufstiegstzeit 2 Stunden.

Wer auch den nach Nordwesten vorgeschobenen, um 6 m höheren Hauptgipfel besuchen möchte, muss eine schmale Felsspalte beherzt und vorsichtig umklettern.

Der Abstieg erfolgt auf derselben Route zum **Pass Umbrail** 01.

INS VAL TRUPCHUN

Eine Rundwanderung im südlichsten Nationalparktal

 12,7 km 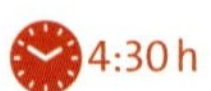 4:30 h  490 hm  490 hm  37

START | Parkplatz Prasüras (1690 m), gut 2 km östlich von S-chanf; von dort im Sommer Zufahrt mit dem Engadin Bus (Linie 7) möglich. [GPS: UTM Zone 32 x: 577.261 m y: 5.163.222 m]
CHARAKTER | Talwanderung auf Schotterstrassen und einem schmalen Pfad, der an einer Stelle Schwindelfreiheit und Trittsicherheit erfordert (T3). Einkehr/Übernachtung in der Parkhütte Varusch (www.varusch.ch – dort auch Infos über Fahrten von Zuoz/S-chanf im Express Parc Naziuel bzw. mit Pferdekutschen).

Das Oberengadin hat nur einen kleinen Anteil am Nationalpark, der das acht Kilometer lange Val Trupchun umfasst. Bekannt ist das unberührte, von wilden Dreitausendern umgebene Tal nicht zuletzt für seinen Wildreichtum. Insbesondere im Herbst muss man während der Wanderung von der Parkhütte Varusch zur Alp Trupchun schon Pech haben, um keine Hirsche, Gemsen, Steinböcke oder zumindest Murmeltiere zu Gesicht zu bekommen. Daher gehört hier ein Fernglas zur Standardausrüstung!

▶ Vom Parkplatz in **Prasüras** 01 folgen Sie dem Wegweiser „Parc Naziunel vers Via sura Val Trupchun, Alp Chaschauna" nach rechts in den Wald. Von der nächsten Gabelung folgen Sie links der der Via Sura, die im sanften Auf und Ab durch die Waldhänge über der Ova da Varusch dahinführt. Nach 2 km geht's links zur Einmündung des **Val da Scrigns** 02 (1735 m) hinab. Über eine Brücke gelangen Sie zur Punt da Val da Scrigns, von der Sie rechts auf einer Forststrasse ansteigen. Nach etwa 600 m geht's

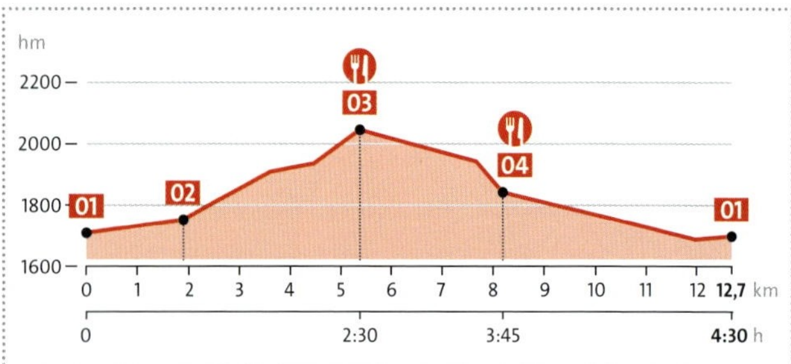

01 Prasüras, 1690 m; 02 Val da Scrigns, 1735 m; 03 Alp Trupchun, 2040 m; 04 Parkhütte Varusch, 1771 m

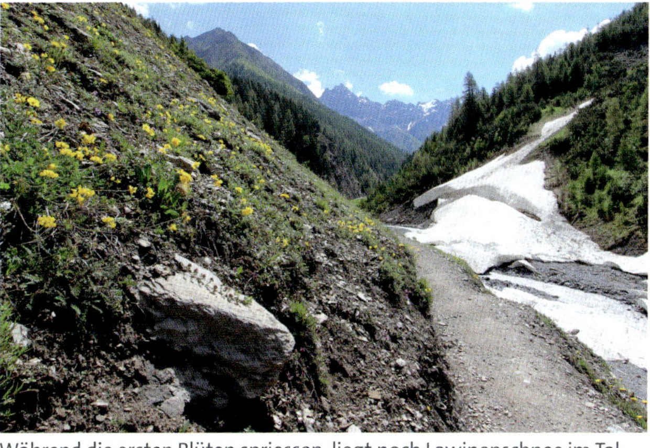

Während die ersten Blüten spriessen, liegt noch Lawinenschnee im Tal.

links wieder auf die beschilderte Via Sura hinab (1805 m), dann wandern Sie durch die teils bewaldeten Hänge über dem Val Trupchun zur Grenze des Nationalparks und an einer Abzweigung zur Alp Purcher vorbei. Nach 3 km erreichen Sie wieder den Talboden (1994 m). Jenseits des Bachs kurz nach rechts und über den Schutt an der Mündung des Val Mela zur Hütte der **Alp Trupchun** 03 (2040 m). Gehzeit 2 ½ Stunden. Hinten im Talschluss schicken der Piz Trupchun (2941 m) und der Piz Chaschauna (3070 m) riesige Schuttmassen in die Tiefe.

Beim **Rückweg** bleiben Sie auf dem Talweg, der steile Hänge über dem Bach quert. Nach einem kurzen Abstieg (Stufen) überschreiten Sie bei

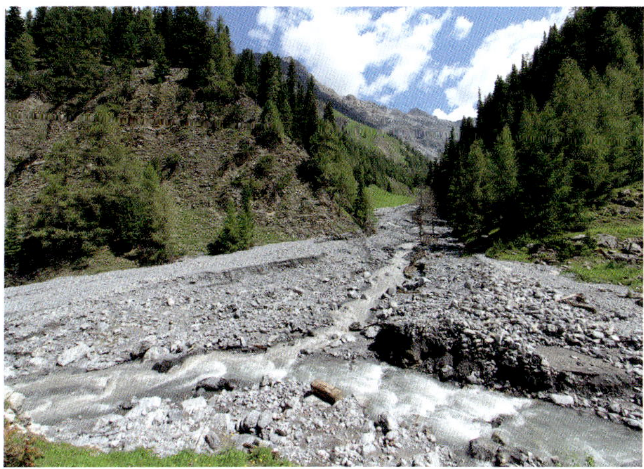

Nahe der Alp Purcher mündet das wilde Val Müschauns ins Val Trupchun.

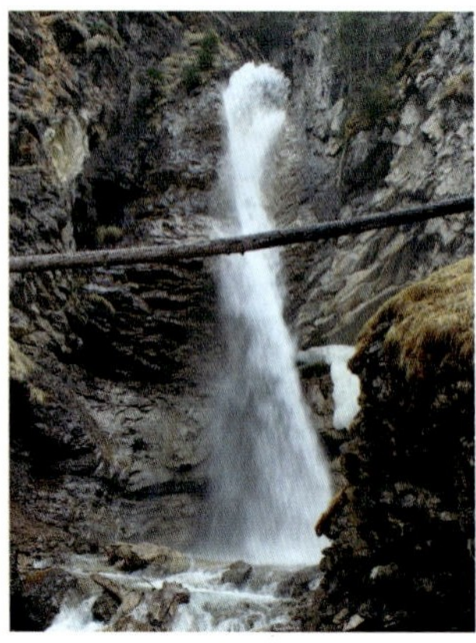

Der Wasserfall der Ova d'Arpiglia.

der Schluchtmündung der Ova da Müschauns eine Brücke und gelangen gleich darauf zur Hütte der Alp Purcher (1858 m). In der gegenüber aufragenden, von tektonischen Urkräften bizarr verformten Felswand tritt natürliches Steinsalz auf, daher sind dort manchmal Steinböcke zu beobachten, die das begehrte Mineral zu atemberaubenden Klettereien verleitet. Wieder zurück auf die rechte Talseite wandern Sie weiter talauswärts, über die Nationalparkgrenze und erreichen nach 1 ¼ Stunden die einladende **Parkhütte Varusch** 04 (1771 m).

Zuletzt geht's auf der Zufahrtsstrasse nach **Prasüras** 01 hinaus.

Sagl d'Arpiglia

Im Südosten des Oberengadiner Ortes Zuoz, jenseits des Inns hinter dem Gewerbegebiet Resgia und dem Golfplatz, verbirgt sich eine kleine Felsschlucht. Dort bildet der Wildbach aus dem Val d'Arpiglia einen sehenswerten, frei über die Wand stürzenden Wasserfall, den Sagl d'Arpiglia. Umrundet wird er vom kurzen Abenteuer- und Erlebnispfad „Senda Celesta", auf dem man auch eine hölzerne „Himmelsleiter" ersteigen muss. Hinter einem Waldsattel (ca. 1900 m) geht's links über eine Brücke und wieder bergab. Doch Vorsicht – der Weg führt durch sehr steiles Gelände und kann nach Regenfällen recht rutschig werden. Gehzeit gut 1 Stunde – eine Verlängerung der Wanderung ist aber bis zur 2100 m hoch gelegenen Alp Arpiglia möglich (ca. 3 Stunden hin und zurück).

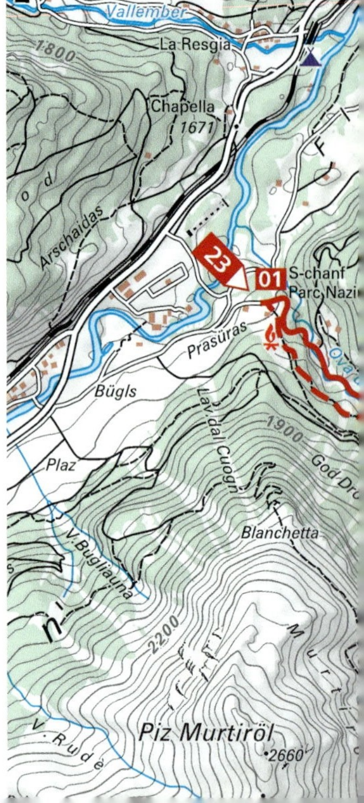

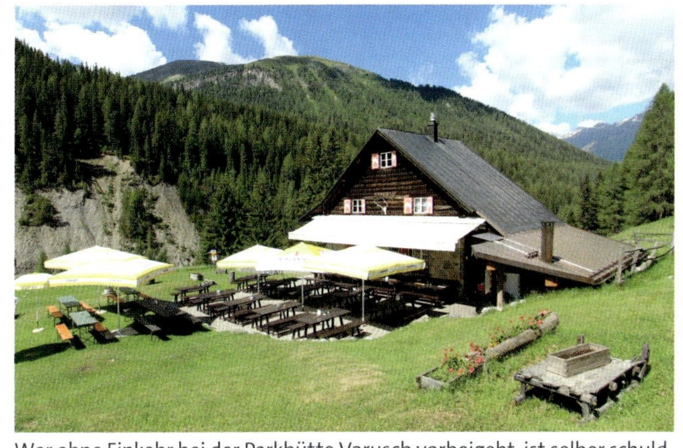

Wer ohne Einkehr bei der Parkhütte Varusch vorbeigeht, ist selber schuld.

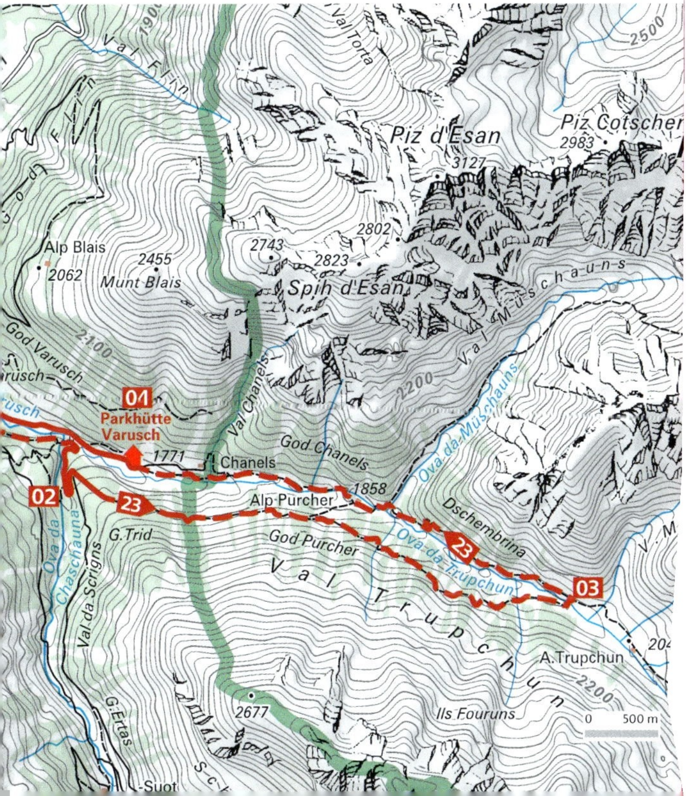

Val Flin
Val Torta
2500
Piz d'Esan
3127
Piz Cotscher
2983
2802
2743
2823
Spih d'Esan
Alp Blais
2062
2455
Munt Blais
Val Müschauns
God Varusch
2100
Val Chanels
2200
04
Parkhütte Varusch
1771
Chanels
God Chanels
Ova da Müschauns
1858
02
23
Alp Purcher
Dschembrina
G. Trid
God Purcher
Ova da Trupchun
03
Ova da Chaschauna
Val da Scrigns
Val Trupchun
A. Trupchun
2200
2677
Ils Fouruns
0 500 m
G. Ertas
Suot

ZUR CHAMANNA D'ES-CHA

Mit Herrn Gantenbein zur Geniesserhütte

  13,6 km 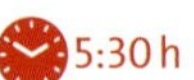 5:30 h  750 hm  750 hm  36

START | Madulain (1684 m); Parkplatz an der Via Principela unterhalb der Bahnstation.
[GPS: UTM Zone 32 x: 571.760 m y: 5.159.516 m]
CHARAKTER | Schöne Hüttenwanderung auf Schotterstrassen und schmalen Bergpfaden (T2). Die Chamanna d'Es-cha ist in den Sommermonaten bewirtet.

Die Tour zur Chamanna d'Es-cha, die auf 2594 Metern Seehöhe über dem Inntal auf den südseitigen Abhängen des 3417 Meter hohen Piz Kesch/Piz d'Es-cha steht, ist nicht nur wegen der herrlichen Aussicht oder ihrer einmaligen Stube mit Stukkaturdecke empfehlenswert. Die Hüttenbewirtschafter verwöhnen ihre Besucher mit regionalen Köstlichkeiten, zaubern köstlichen Cremeschnitten, servieren einheimisches Bier und im Tal gerösteten Kaffee... Da bleibt man sicher gerne länger sitzen, bis man mit Max Frisch sagen kann: „Der Fels, jetzt im Nachmittagslicht, erschien wie Bernstein, der Himmel darüber violett". Vermutlich war der grosse Schriftsteller und passionierte Bergsteiger (1911–1991) wirklich hier heroben, denn immerhin spielt eine Episode seines Romans „Mein Name sei Gantenbein" ja auf dem mächtigen Berg hinter der Hütte.

▶ Von der kleinen Kirche in **Madulain** 01 folgen Sie dem Wegweiser „Alp Es-cha Dadour, Chna. d'Es-cha CAS" auf einem gepflasterten Weg, überschreiten den Bahnübergang und wandern ins Tal der Ova d'Es-cha. Bald geht's auf einem Pfad weiter, über einen Fahr-

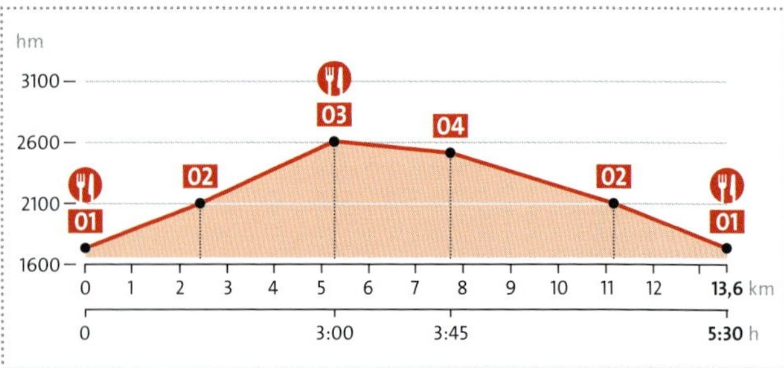

01 Madulain, 1684 m; 02 Alp Es-cha Dadour, 2065 m; 03 Chamanna d'Es-cha, 2593 m; 04 Fuorcla Gualdauna, 2494 m

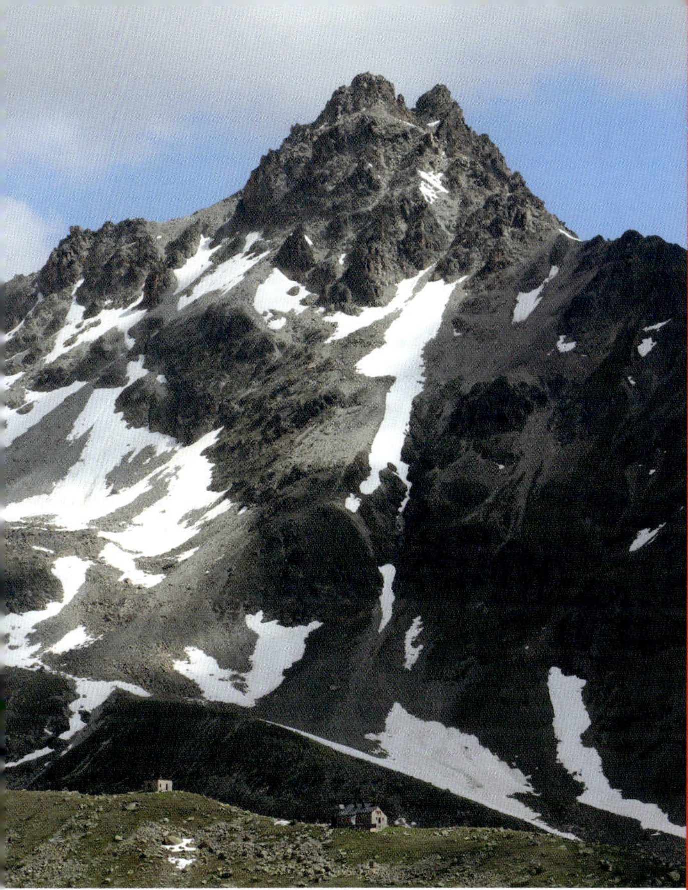

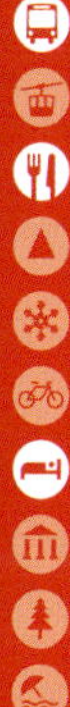

Die kleine Chamanna d'Es-cha unter dem 3162 Meter hohen Piz Val Müra.

weg und vor einer Schlucht rechts zu einer Alpstrasse hinauf. Dieser wandern Sie links in Kehren durch licht bewaldetes Gelände (wo es auch einen Abkürzungsweg gibt) zu den Wiesen über der **Alp Es-cha Dadour** 02 (2065 m).

Nun gehen Sie dem klotzigen Piz d'Es-cha/Piz Kesch (3417 m) mit seiner charakteristischen Felsnadel entgegen, zweigen aber nach etwa 500 m rechts auf den Hüttenzustieg ab. Der Pfad führt hinauf ins grüne Val Müra, auf einem Holzsteg über die munter plätschernde Ova d'Es-cha und in vielen Kehren über den Rücken des Muot Ot zur **Chamanna d'Es-cha** 03 (2593 m) hinauf. Schon unterwegs ist der Blick zum Piz Quattervals und zur vergletscherten Berninagruppe frei geworden, nur der Piz Cotschen verstellt zunächst ein wenig die Sicht zum Piz Kesch/Piz d'Es-cha. Nach ungefähr 3 Stunden Gehzeit lässt sich das Panorama dann so richtig von der Hüttenterrasse genießen.

Mit der Beschilderung „Fuorcla Gualdauna" geht's dann links unter dem Piz Cotschen weiter. Von der folgenden Gabelung wandern Sie links durch die steilen Hänge über dem Val d'Es-cha weiter. An einer Stelle laden unzählige Steinfiguren zum Verweilen ein. Jenseits der Kaskaden der Ova Pischa kann harter Altschnee die Umkehr erzwingen – bei guten Verhältnissen erreicht man aber ohne Probleme nach 45 Minuten die **Fuorcla Gualdauna** 04 (2494 m, Rückblick zum Piz Kesch). Wer kurz nach Süden weitergeht, überblickt auch das Val d'Alvra bis zum Albulapass.

Im Wiesensattel zweigt der beschilderte Pfad zur Alp Es-cha Dadour links ab; er zieht durch eine Mulde und dann rechts zur Alp Es-cha Dadains hinab. Vor der Hütte wird der Bach überquert, dann wandern Sie durch das flache Hochtal zur **Alp Es-cha Dadour** 02 hinaus. Auf der Zugangsroute gelangen Sie schliesslich nach **Madulain** 01 zurück.

Zur Porta d'Es-cha

Der Piz Kesch ist genau 3417,7 Meter hoch und damit der höchste Gipfel der Albula-Alpen. Nicht-Alpinisten hält er sich mit zerklüftetem Gletschereis, steilen Flanken mit teils brüchigem Gestein vom Leib. Klettergewandte Bergwanderer können ihn immerhin aus der Nähe betrachten, und zwar von der Porta d'Es-cha aus. Diese Scharte öffnet sich auf 3008 Metern Seehöhe unter der Felsnadel der Aguoglia d'Es-cha und gibt auch einen eindrucksvollen Blick auf die oberste Mulde des Vadret da Porchabella und zur nördlich darunter gelegenen Keschhütte frei. 1 ½ Stunden nimmt diese alpine Route (T4) von der Chamanna d'Es-cha in Anspruch (T4). Dabei überwindet man einen steilen Rücken, viel Schutt, meist auch ein Schneefeld und einen schmalen Kamin, der an seinem linken Rand mit Ketten gesichert wurde. Abstieg auf derselben Route in 1 Stunde.

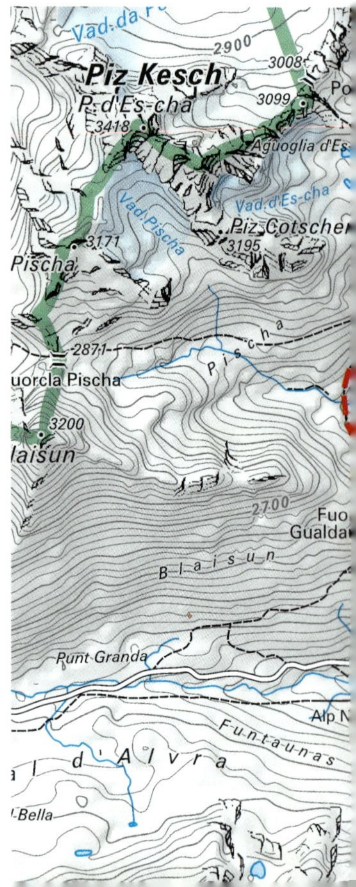

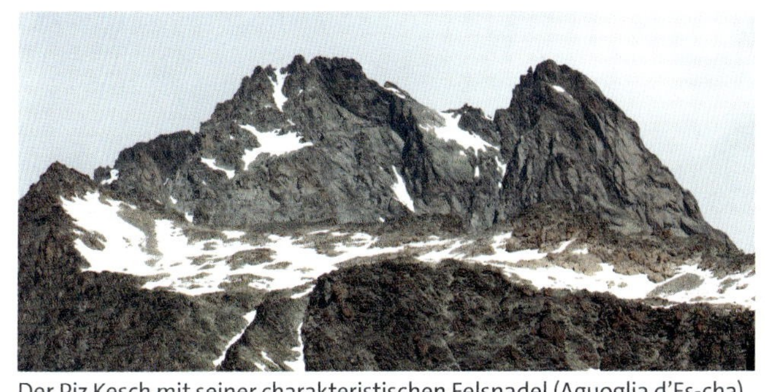

Der Piz Kesch mit seiner charakteristischen Felsnadel (Aguoglia d'Es-cha).

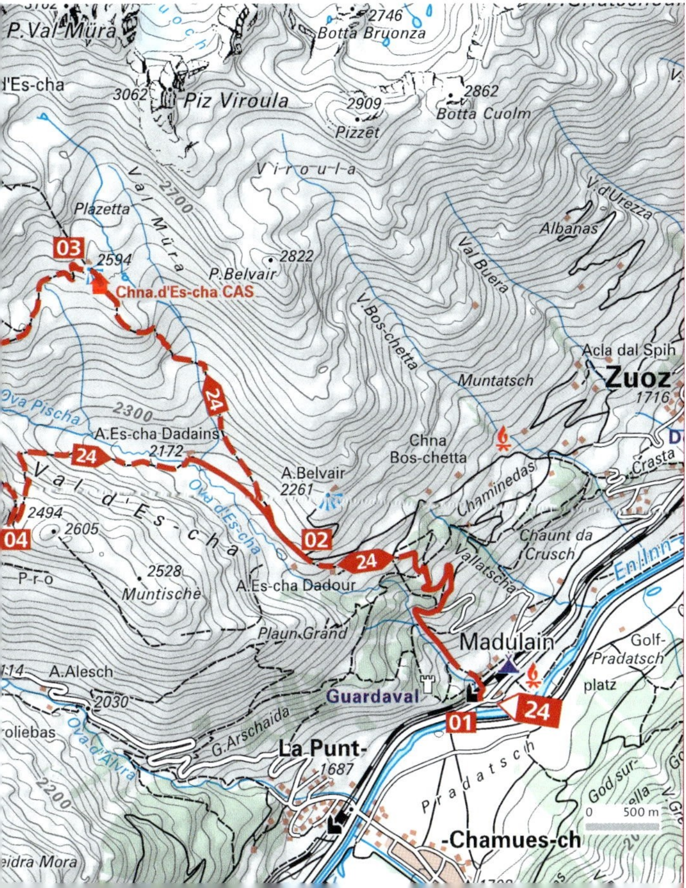

INS GEHEIMNISVOLLE VAL CHAMUERA

Zum grössten Alp-Anwesen des Engadins

  15,2 km 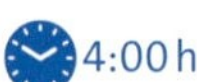 4:00 h  400 hm 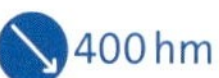 400 hm  36

START | Chamues-ch (1708 m); Parklätze (maximal 12 Stunden) rechts bei der Ortseinfahrt und an der Via Sandro Viletta; Haltestelle des Engadin Bus, Bahnstation im benachbarten La Punt. [GPS: UTM Zone 32 x: 570.986 m y: 5.158.742 m]
CHARAKTER | Lange, aber einfache Talwanderung auf einer Schotterstrasse (T1).

Wer in das wilde Tal vom Dorf Chamues-ch zu den italienischen Grenzbergen hineinwandert, erlebt wilde, ungezügelte Urnatur. Und staunt nach gut 2 ¼ Stunden Gehzeit über eines der seltsamsten Gebäude des Engadins. Der einer Zuckerbäcker-Dynastie entstammende Giachem Orlandi liess im Jahre 1827 in diesem entlegenen Gebiet auf über 2000 Metern Seehöhe die fünfstöckige Acla Serlas erbauen – samt Stall, Heulager und eigener Käserei. Das dazugehörige Alpgebiet ist heute noch der grösste Privatbesitz in ganz Graubünden. Orlandi wollte es eigentlich das ganze Jahr über bewirtschaften – er war jedoch schon im ersten Winter monatelang von der Aussenwelt abgeschnitten. Sechs Jahre lang trotzte er der Natur, doch dann starb einer seiner Knechte an einer Blinddarmentzündung, da ihm wegen der Lawinengefahr kein Arzt zu Hilfe kommen konnte. So wurde Serlas aufgegeben. Alle zwei Jahre findet dort im Juli ein Gottesdienst statt, und nur dann darf man die schöne Arvenstube dieses „Märchenhauses“ besichtigen.

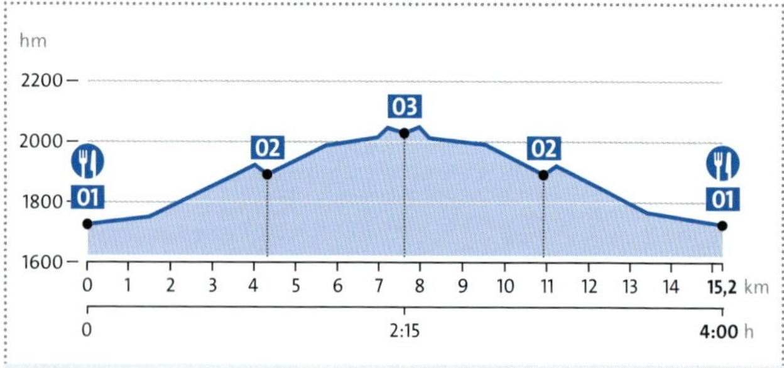

01 Chamues-ch, 1708 m; 02 Funtauna Naira, 1880 m;
03 Acla Serlas, 2023 m

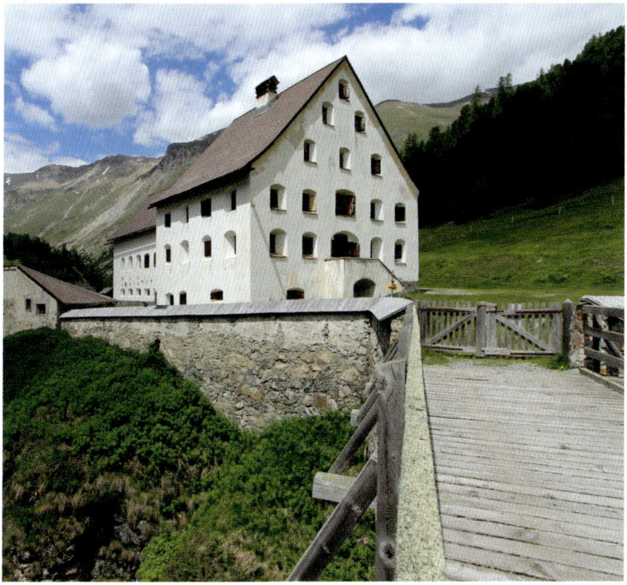

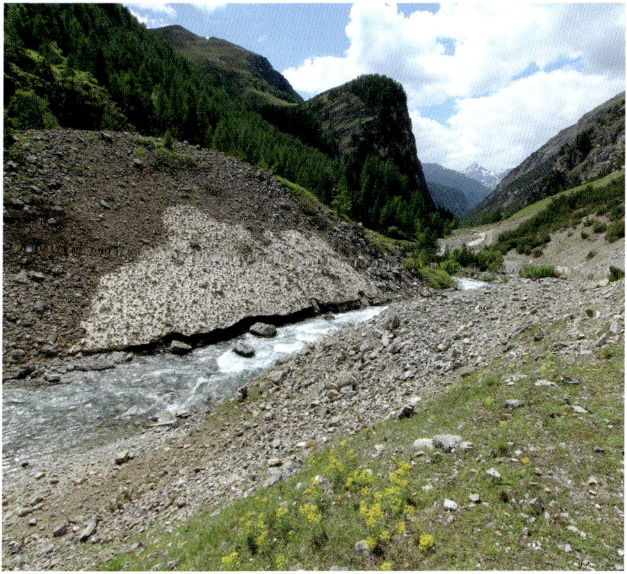

Kaum bekannt, aber sehenswert – Serlas (oben) und das Val Chamuera.

▶ Zu Beginn gehen Sie am besten durch das sehenswerte Dorfzentrum von **Chamues-ch** **01**. Man kann aber auch gleich am Ufer der Ova Chamuera taleinwärts wandern – die Wegweiser „Serlas“ zeigen die Richtung an. Nach einem Parkplatz und einer Abzweigung steigt die gekieste Strasse unter dem Piz Mezzaun (2963 m) kräftig an. Tief unten rumort der Bach; bis weit in den Sommer hinein muss er sich seinen Weg durch Lawinenschnee graben. Nach einem kurzen Abstieg zum Rastplatz bei der **Funtauna Naira** **02** (1880 m) haben Sie etwa die Hälfte der Strecke geschafft.

Unter rauen Bergen geht's dann wieder steiler bergauf, bis sich der Graben etwas erweitert und bald darauf nach Süden umschwenkt. Dort, bei der Acla Veglia, muss ein letzter Aufstieg überwunden werden, während die **Acla Serlas** **03** (2023 m) schon ins Blickfeld

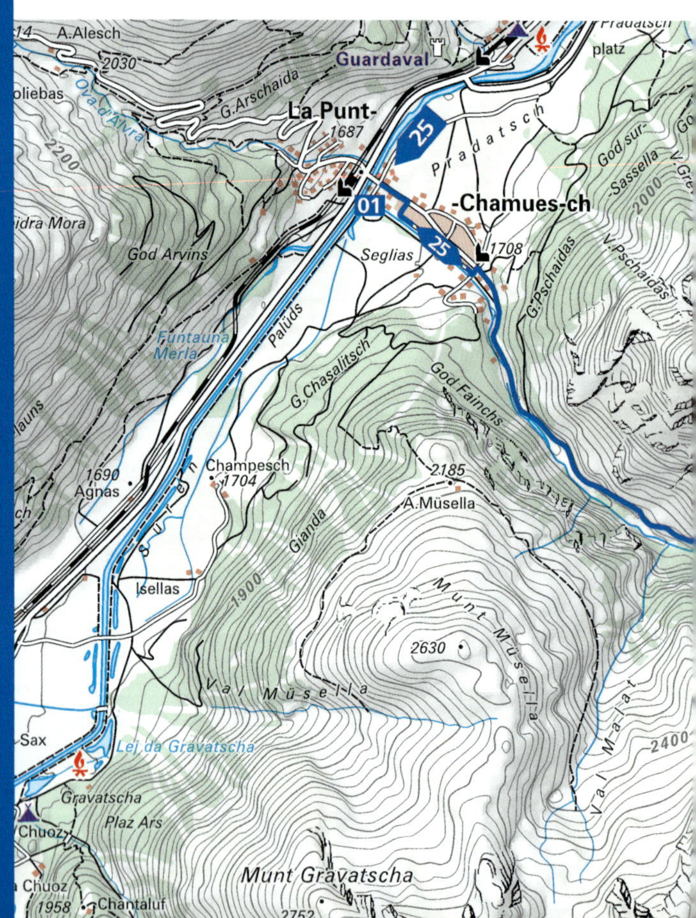

kommt. Das stattliche Maiensäss zeigt sich vor der Kulisse des Piz Prüna (3146 m). Hinter dem Haus überspannt eine hohe Holzbrücke die Schlucht; davor spendet ein Brunnen frisches Wasser. Nun tut eine Rast auf der Wiese gut – aber bitte resepektieren Sie die Privatsphäre um das nicht öffentlich zugängliche Gebäude.

Der **Rückweg** verläuft auf derselben Route und nimmt ungefähr 1 ¾ Stunden in Anspruch.

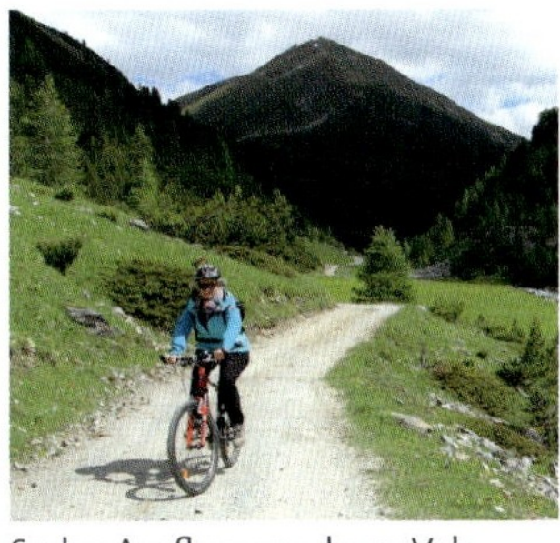

Serlas-Ausflug – auch per Velo.

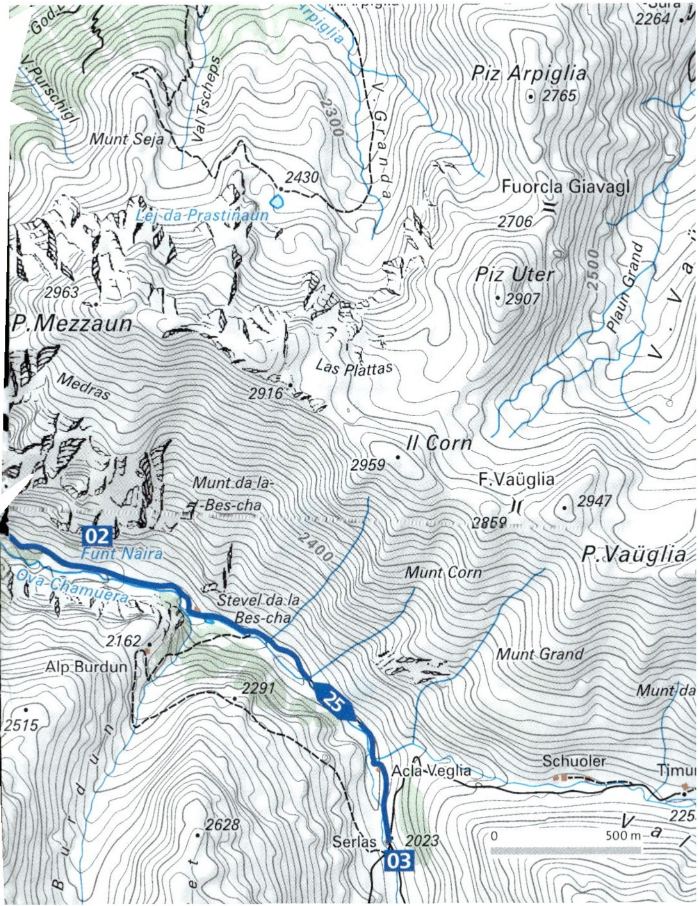

ÜBER DEN PASS D'ALVRA/ALBULAPASS

Unterwegs auf alten Pfaden

  14 km 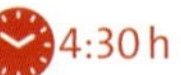 4:30 h  650 hm  550 hm  36

START | La Punt (1687 m); Bahnhof, Parkplatz etwa 500 m vom Zentrum entfernt an der Strasse zum Albulapass. Rückfahrt von Preda mit der Rhätischen Bahn über Bever (umsteigen).
[GPS: UTM Zone 32 x: 570.986 m y: 5.158.742 m]
CHARAKTER | Lange, aber unschwierige Passwanderung auf breiten Wegen und schmalen Pfaden (T2). Einkehrmöglichkeit im Hospiz auf der Passhöhe und in Preda.

Der Weg über den 2312 Meter hoch gelegenen Albulapass war schon vor Jahrhunderten eine wichtige Transportroute. Die 1865 fertiggestellte Passstrasse erfreute sich allerdings nur einer 38 Jahre währenden Blütezeit – dann wurde die spektakulär angelegte Albulabahn (1903) eröffnet. Ihr nahezu sechs Kilometer langer Haupttunnel zwischen Preda und Bever ist der zweithöchste Alpendurchstich der Schweiz. Bis 2020 soll ein neuer Tunnel die alte, in die Jahre gekommene Felsröhre ersetzen. Die Passstrasse, die nur in der schneefreien Zeit befahrbar ist, wird vor allem von Ausflüglern und Touristen frequentiert. Dann hallt oft das Knattern der Motorräder von den Bergen über dem weiten Hochtal, durch das mittlerweile auch eine grosse Stromleitung verläuft. Trotzdem ist die Passüberquerung per pedes ein interessantes Erlebnis, denn man folgt dabei weitgehend dem uralten Saumpfad und überschreitet die Wasserscheide zwischen dem Inn und dem Rhein. Die Rückfahrt mit der Rhätischen Bahn ist dann nicht nur für Kinder das krönende Erlebnis.

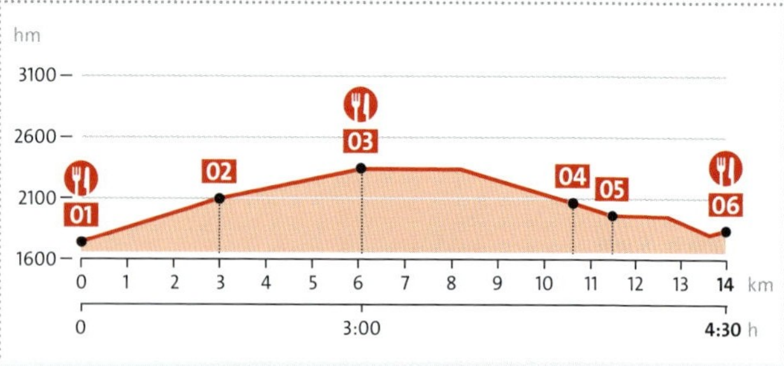

01 La Punt, 1687 m; 02 Alp Proliebas, 2059 m; 03 Albulapass, 2312 m; 04 Crap Alv, 2026 m; 05 Lai da Palpuogna, 1918 m; 06 Preda, 1789 m

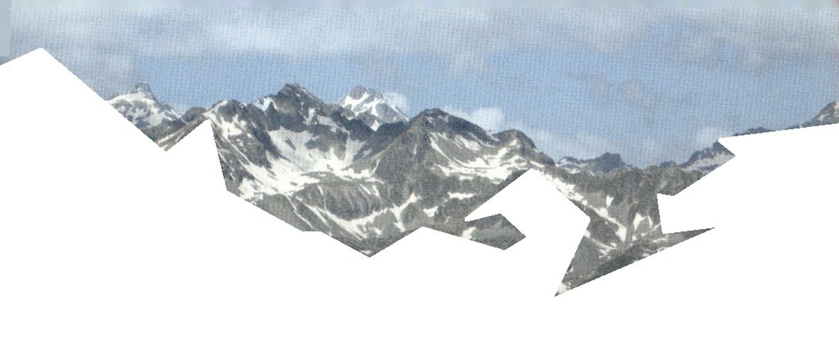

Der Albulapass mit den Bergen um den Piz Ela und den Piz Err.

▶ Von der Brücke im Zentrum von **La Punt** 01 folgen Sie zunächst der Strasse Richtung Albulapass (Via d'Alvra) über den Bahnübergang und zum genannten Parkplatz, wo Sie links auf die beschilderte Strasse Gravules-ch einschwenken (Wegweiser „Pass d'Alvra"). Der ungeteerte Fahrweg führt hinter einer Siedlung vorbei ins Tal der Ova d'Alvra, wo Sie bald auf einem Wanderweg unterwegs sind und rechts abzweigen. Sie passieren kurz die Strasse, überqueren dann den Bach und steigen zur **Alp Proliebas** 02 (2059 m) an.

In der Folge bleibt der Weg, der auch von Mountainbikern als Singletrail genutzt wird, auf den Wiesen der südlichen Talseite. Er tangiert noch einmal kurz die Strasse und führt am Albulasee (2294 m) vorbei. Nach knapp 3 Stunden Gehzeit stehen Sie vor dem Hospiz auf dem **Pass d'Alvra/ Albulapass** 03 (2312 m).

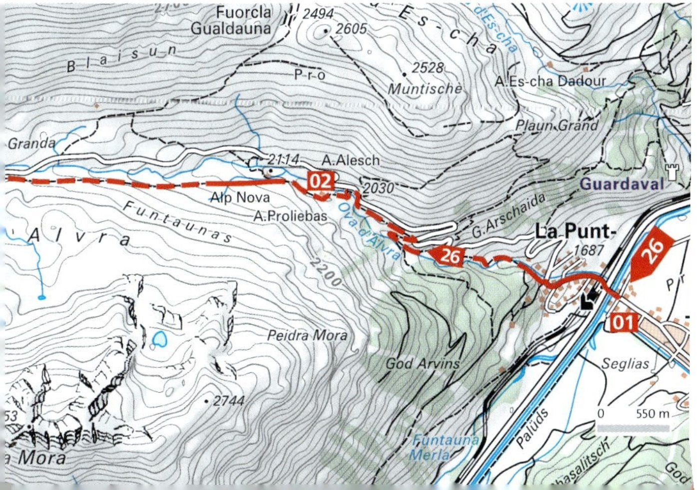

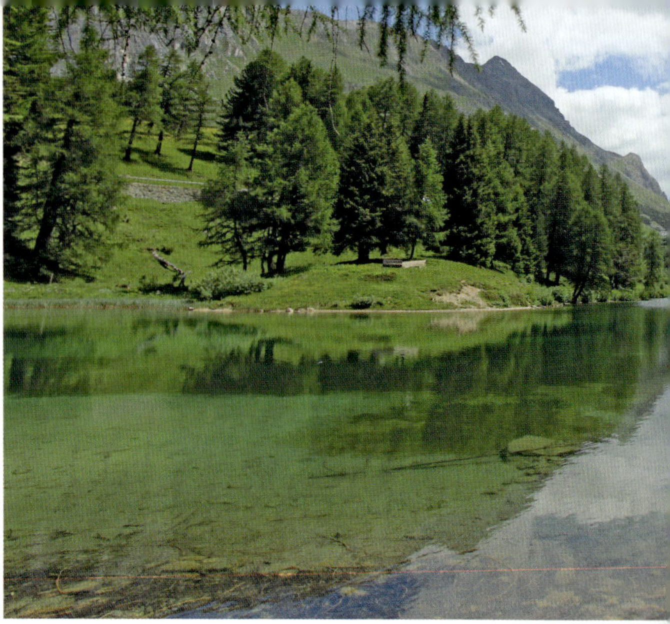

Der 500 Meter lange und bis zu 25 Meter tiefe Lai da Palpuogna ist einer

Laut Wegweiser sind es noch 1 ½ Stunden bis Preda. Ein anfangs breiter Weg führt nun rechts der Strasse nach Westen hinab. Bald geht's auf schmaler Spur durch die Gras- und Schutthänge unter dem felsigen, über 3000 m hohen Berg mit dem seltsamen Namen „Compass". In der Tiefe werden die Miniseen bei der „Forschungsalp" Weissenstein auf **Crap Alv** 04 (2026 m) sichtbar.

Dort überqueren Sie die Fahrbahn und die Brücke über die Alvra und steigen zum wunderbar gelegenen **Lai da Palpuogna** 05 (1918 m) ab.

Unterhalb davon teilt sich der Weg – beide Varianten führen durch steile Hänge mit urtümlichen Bergwald nach **Preda** 06 (1789 m) hinunter. Links finden Sie das Hotel Preda Kulm und rechts die Bahnstation direkt vor dem Portal des Albulatunnels.

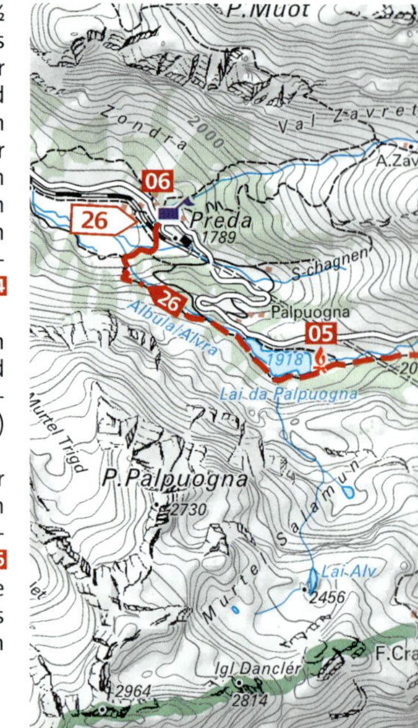

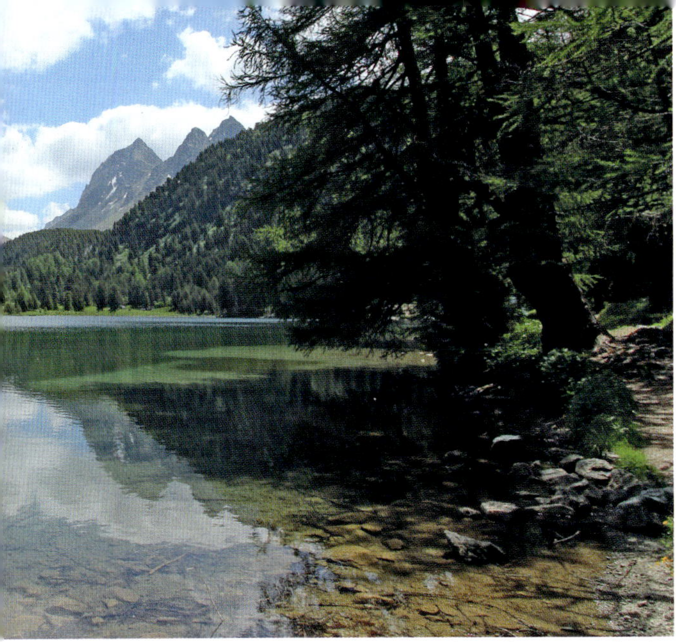

der schönsten Seen der Schweiz und eine Attraktion des Naturparks Ela.

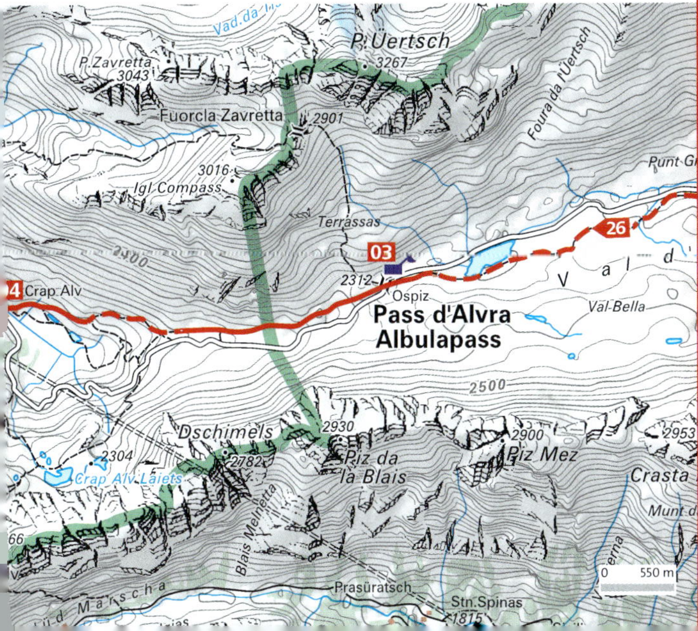

CHO D'VALLETTA • 2493 m

Der „Kopf über dem kleinen Tal" – fast ein Geheimtipp

 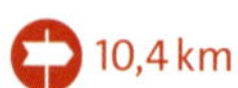 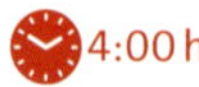 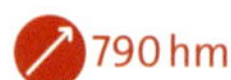 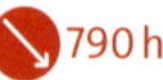 

START | Samedan (1721 m); Bahnstation und Haltestelle des Engadin Bus im Ortszentrum, Parkplatz in Muntarütsch (Chesa da tir) am oberen Ortsrand.
[GPS: UTM Zone 32 x: 566.875 m y: 5.153.878 m]
CHARAKTER | Aussichtsreiche Bergwanderung auf Alpstrassen und guten Pfaden (T2). Die Alp Muntatsch ist im Sommer bewirtet.

Im Gipfelreigen der Oberengadiner Bergwelt zählt der Cho d'Valletta zu den Kleinsten. Und doch bietet diese nicht einmal ganz 2500 Meter hohe Gras- und Felskuppe bei gutem Wetter ein aussergewöhnliches Panorama vom Piz Quattervals (3165 m) oberhalb von S-chanf bis zum Piz de la Margna (3159 m) über dem Malojapass. Dazwischen gleissen die Gletscher der Berninagruppe in der Sonne. Auch die Champagna-Ebene mit dem Flugfeld von Samedan und das Val Bernina liegt den Betrachtern zu Füssen: Eine Traumlandschaft aus der Adlerperspektive!

Von der Bahnstation in **Samedan** 01 gehen Sie auf der Via Retica ins Ortszentrum hinauf – direkt unter dem Kaisersaal des traditionsreichen Hotels Bernina 1865 durch. Nach der Überquerung der Hauptstrasse wandern Sie durch die Siedlung Crusch und – rechts abzweigend – nach Muntarütsch (1778 m). Vor der Chesa da tir (dem Schützenhaus) folgen Sie dem Wegweiser „Alp Muntatsch, Marguns" nach links und wandern auf der Kiesstrasse in weiten Kehren durch die Waldhänge aufwärts. Auf einer Lichtung auf 1950 m Seehöhe tut sich einer erster Blick zu

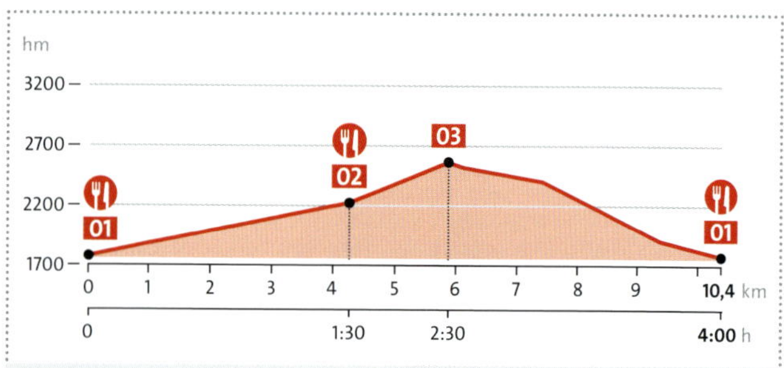

01 Samedan, 1721 m; 02 Alp Muntatsch, 2186 m;
03 Cho d'Valletta, 2493 m

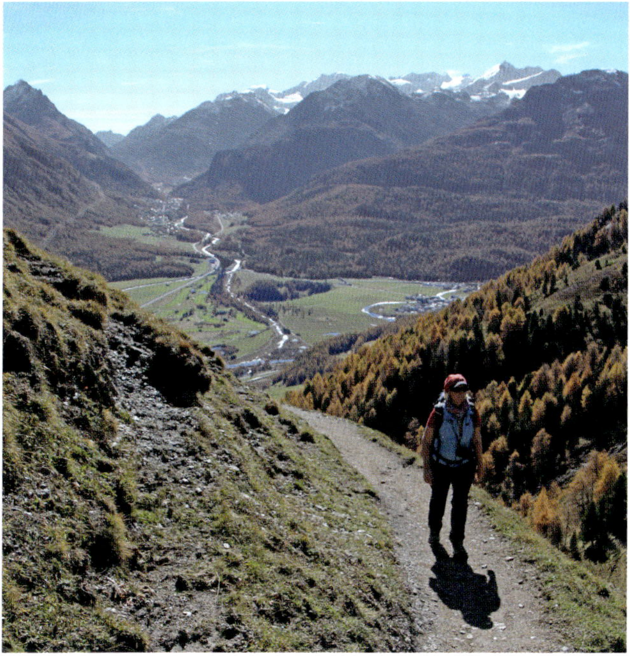

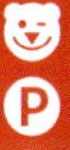
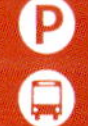

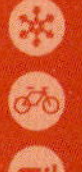

Beim Aufstieg wird der Blick nach Pontresina und zum Piz Bernina frei.

den Gletscherbergen um den Piz Bernina (4049 m) und den Piz Palü (3900 m) sowie Richtung Zuoz auf. Weiter oben überschaut man auch den ganzen Talboden zwischen Samedan und Pontresina. Nach etwa 1½ Stunden erreichen Sie die Waldgrenze und damit die Hütte der **Alp Muntatsch** 02 (2186 m).

Dort zweigen Sie rechts ab (Wegweiser „Cho d'Valletta") und steigen über den Grasrücken oberhalb von Lawinenverbauungen empor. Der Pfad verläuft zu einem winzigen See und links unter dem **Cho d'Valletta** 03 (2493 m) vorbei – der mit einem kleinen Kreuz geschmückte und einer Lawinenmessstation versehene Felsgipfel lässt sich aber einfach ersteigen. Es erwarten Sie das Bergpanorama über fast das ganze Oberengadin und der Blick ins Val Bever! 1 Stunde ab der Alp Muntatsch.

In der Folge führt der Pfad neben den nordseitigen Felsabbrüchen zu einer Wegkreuzung in der Senke von Margunin (2430 m) hinunter. Dort zweigen Sie links ab und steigen zur Alp Munt (2235 m) ab. Dort überqueren Sie den Höhenweg von der Alp Muntatsch nach Marguns und steigen auf einem Zickzackpfad über einen licht bewaldeten Rücken ab. Im God da Muntatsch (1950 m) schwenken Sie links auf einen quer verlaufenden Weg ein, um nach 30 m rechts zur spätgotischen Kirche St. Peter/San Peider hinabzuwandern. Sie steht nur ein kleines Stück oberhalb von **Samedan** 01.

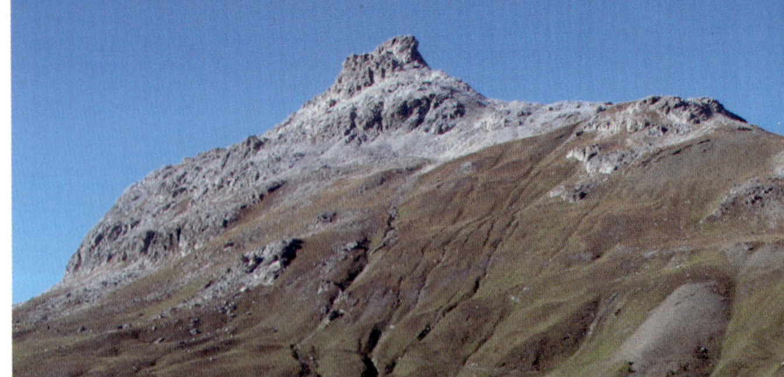

Hoch über Samedan zeigen sich weite Matten und mächtige Berge –

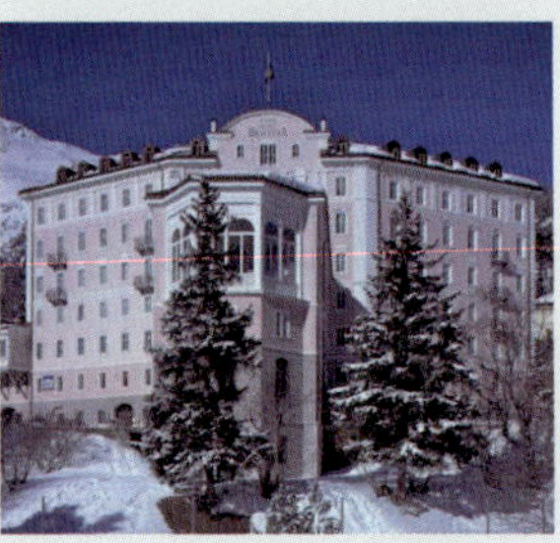

Hotelromantik seit 1865

Wer mit der Rhätischen Bahn nach Samedan reist, sieht es schon von Weitem, und auch vom Cho d'Valletta aus erkennt man das stattliche Bauwerk sofort im Herzen von Samedan. Die Rede ist vom Hotel Bernina 1865, das in genau diesem Jahr erbaut wurde und seither ein Ort von ganz besonderer Klasse ist. Zwischen seinen beiden klassizistischen Flügeln stösst man überall auf ausgewählte Kunstwerke und unglaubliche Geschichten. Wohltuende Erholung garantieren die sehr geräumigen Zimmer, Suiten und Apartments im eleganten alpinen Stil. Der ausgedehnte Spa-Bereich – ein wahres Juwel auf drei Ebenen – lädt zur Entspannung ein. Im Restaurant 1865 wird man von Chefkoch Giuseppe Carboni und seinem Team ganz „a la Italiana" verwöhnt. Rezepte aus Kampanien und Apulien, den Herkunftsregionen der Eigentümerfamilie Mazzitelli, verzaubern jeden Abend. Genauso spektakulär beginnt dann der neue Tag – mit dem Frühstücksbuffet im berühmten Kaisersaal. Seine Atmosphäre und der Ausblick auf den Piz Bernina fesseln alle, besonders dann, wenn die Sonne den Raum in seiner ganzen Schönheit erstrahlen lässt. Gastfreundschaft steht an oberster Stelle im Team von Alessandra de Flammineis, der Tochter der Familie Mazzitelli. Rudolf Wiesner, der einheimische Hotel-Bergführer, empfiehlt sich als Experte für Touren jeglicher Art und aller Schwierigkeitsstufen im gesamten Engadin. Viele gute Tipps erhält man aber auch vom Hotel-Team selbst.

Hotel Bernina 1865, Plazzet 20, CH-7503 Samedan,
Tel. +41 81 852 12 12, www.hotel-bernina.ch

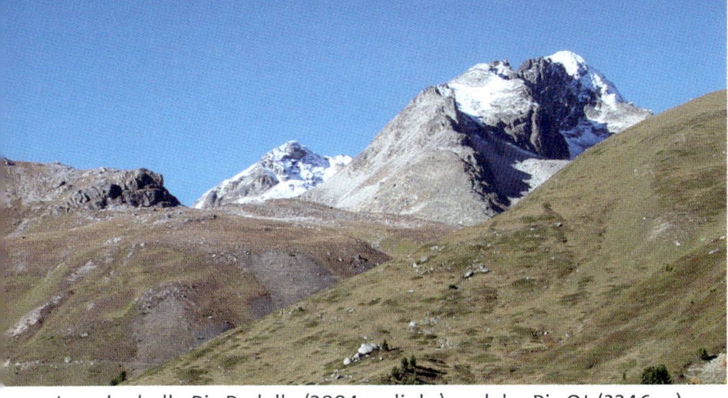

etwa der helle Piz Padella (2884 m, links) und der Piz Ot (3246 m).

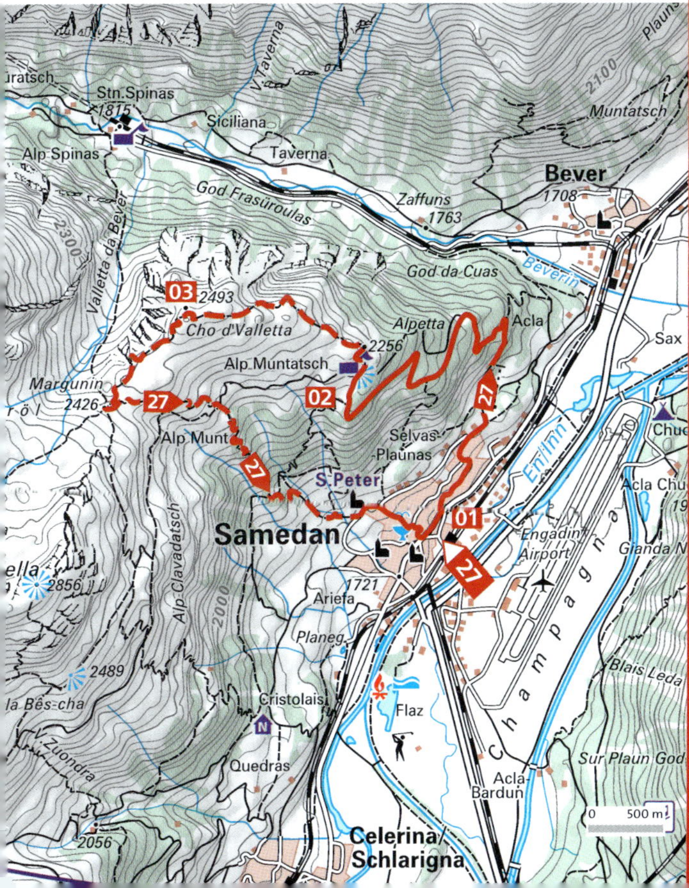

Stn.Spinas
1815
Alp Spinas
Siciliana
Taverna
V. Taverna
God Frasüroulas
Zaffuns
1763
Muntatsch
Bever
1708
Beverin
God da Cuas
Valletta da Bever
03
2493
Cho d'Valletta
Alpetta
2256
Acla
Sax
Alp Muntatsch
Margunin
2426
27
02
Alp Munt
Sêlvas-Plaunas
S.Peter
En/Inn
Samedan
01
Engadin Airport
Gianda
Champagna
1721
Ariefa
Planeg
Alp Clavadatsch
2856
2489
Cristolais
Flaz
Quedras
Zuondra
Acla-Bardun
Blais Leda
Sur Plaun God
2056
Celerina/Schlarigna
0 500 m

MUOTTAS MURAGL – CHAMANNA SEGANTINI – KLIMAWEG

Traumpfade über Pontresina

  6,2 km 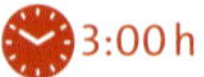 3:00 h 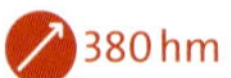 380 hm 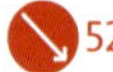 520 hm 36

START | Punt Muragl (1738 m), 2 km nordwestlich von Pontresina/ Puntraschigna; Bahnstation, Haltestelle des Engadin Bus, Parkplatz. Auffahrt mit der Standseilbahn zur Bergstation Muottas Muragl (2453 m, www.engadin.stmoritz.ch); Talfahrt mit der Sesselbahn Languard (www.pontresina.ch); Rückfahrt von Pontresina mit dem Engadin Bus (Linien 1 und 2).
[GPS: UTM Zone 32 x: 569.206 m y: 5.152.390 m]
CHARAKTER | Grossartige Höhenwanderung auf stellenweise schmalen und steinigen Pfaden; der mit Stahlseilen gesicherte Steinbockweg erfordert Trittsicherheit und Schwindelfreiheit (T3); Einkehrmöglichkeiten auf Muottas Muragl, in der Chamanna Segantini und auf der Alp Languard.

Die älteste Bergbahn des Engadins – Eröffnungsjahr 1907 – erschliesst einen 2453 Meter hohen Hügel östlich über Samedan: Muottas Muragl. Man baute den Schrägaufzug nicht ohne Grund auf diese unscheinbare Alphöhe, denn sie verspricht die berühmteste Aussicht weit und breit – über die schimmernde Perlenkette der Oberengadiner Seen zum Malojapass, zm kantigen Piz Güglier/ Piz Julier über St. Moritz und natürich zu den gefrorenen Bergdiamanten um den Piz Bernina mit seinem elegent geschwungenen Biancograt. Und der Schaugenuss steigert sich im Verlauf der hier

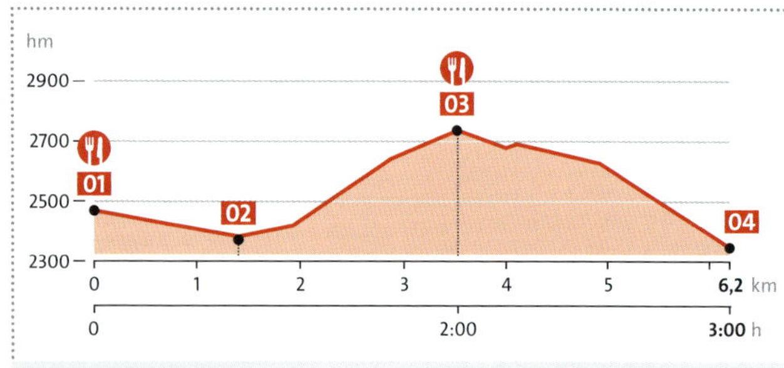

01 Muottas Muragl, 2453 m; 02 Val Muragl, 2364 m; 03 Chamanna Segantini, 2731 m; 04 Alp Languard, 2325 m

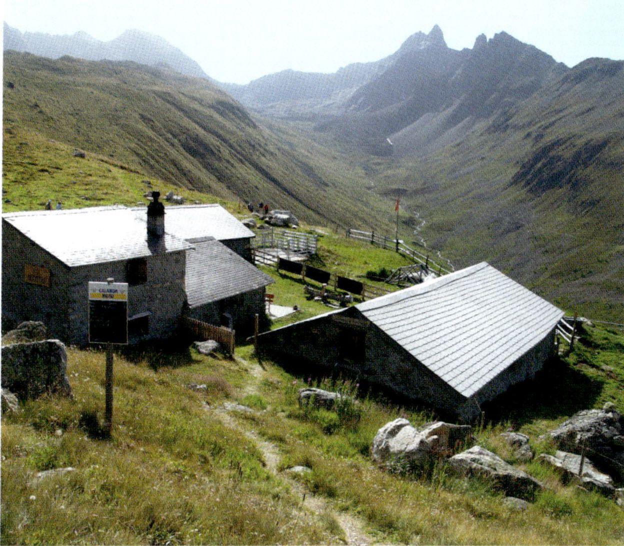

Der Blick von der Tegia da Muottas ins Val Muragl und zum Piz Muragl.

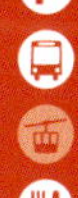
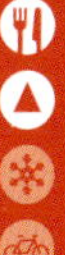
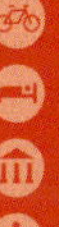
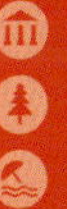

beschriebenen Tour noch weiter – ebenso wie die „alpine Würze“ in Form von steilen, gesicherten Felsstufen auf dem (zu Recht so benannten) Steinbockweg. Zu den unvergesslichen Tal- und Fernblicken kommen aber auch Einblicke in das hier herrschende Klima und die winterliche Lawinengefahr, die die Menschen schon im 19. Jahrhundert zum Bau ausgedehnter Schutzanlagen trieb.

▶ Von **Muottas Muragl** 01 führt der viel begangene Höhenweg zu den Hütten der Tegia da Muottas und durch die Grashänge der Alp Muragl sanft ins **Val Muragl** 02 hinab. Deutlich ist der Blockgletscher unter dem Spitz des Piz Muragl (3157 m) zu erkennen. Von der Margun-Hütte wandern Sie oberhalb der Ova da Muragl weiter taleinwärts. Nach 300 m überqueren Sie den Bach rechts auf einem Holzsteg (2364 m), zweigen links ab und steigen auf einem schönen Plattenweg in Kehren an. Zwischen Schutt und Felsen kommen Sie auf den Rücken des Munt da la Bês-cha/Schafberg, auf dem sich der Maler Giovanni Segantini so

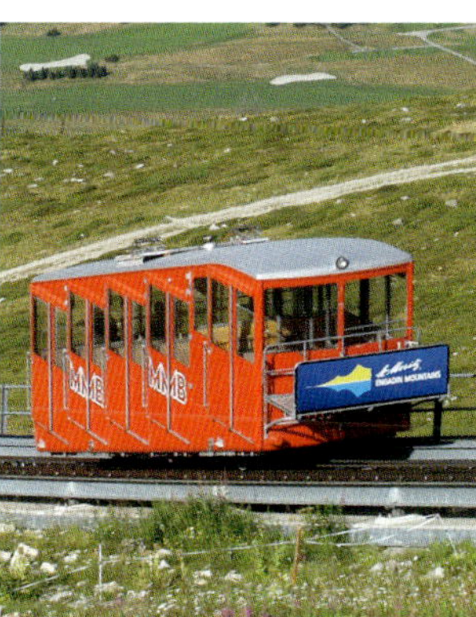

Erspart 716 Aufstiegs-Höhenmeter.

gern aufhielt (und wo er 1899 auch starb). Links auf einem Hügel erreichen Sie nach knapp 2 Stunden die nach ihm benannte **Chamanna Segantini** 03 (2731 m). Vor dem Bergpanorama um das Val Roseg bildet sein originell bemaltes WC-Häuschen einen besonderen Blickfang.

Auf dem beschilderten Steinbockweg gelangen Sie zu einer nahen Abzweigung, von der Sie rechts absteigen. Der Pfad führt durch die steilen, mit Steinmauern und Metallkonstruktionen vor Lawinen gesicherten Südhänge des Munt de la Bes-cha. Von der nächsten beschilderten Gabelung gehen Sie links weiter. Nun durchqueren Sie die ebenso verbauten Hänge unter dem felsigen Doppelgipfel der „Schwestern" (Las Sours); eine abschüssige und auch steinschlaggefährdete Wegpassage ist mit Stahlseilen gesichert. Danach zweigen Sie rechts Richtung „Alp Languard" ab. Vorbei an einer Hütte und vielen weiteren Lawinenschutzbauten geht's zügig bergab, dem Val Languard entgegen. Oberhalb davon erreichen Sie nach gut 1 Stunde die Bergstation der Sesselbahn auf der **Alp Languard** 04 (2325 m).

Wer zu Fuss nach Pontresina absteigen möchte, muss noch eine gute Stunde Gehzeit einplanen.

Zur Chamanna Paradis

Von der Bergstation der Languard-Sesselbahn trennt Sie nur 1 Stunde Gehzeit von der S-chela dal Paradis, der „Leiter ins Paradies". So heisst der Bergzug, auf dem die kleine Chamanna Paradis (2540 m) steht. Sie wird ihrem Namen wirklich gerecht, nicht nur, weil man von ihrer Terrasse aus einen traumhaft schönen Blick zum Morteratschgletscher und zu den Gipfeln der Berninagruppe geniesst. Zu ihrer Beliebtheit trägt sicher auch das freundliche Hütten-Team bei, das seine Gäste mit u. a. mit frisch gebackenen Früchtekuchen verwöhnt. Wer nicht auf dem Zugangsweg in 45 Minuten zurückwandern möchte, kann die Tour zu einer Runde durch das Val Languard oder auch mit einen Abstecher zum Lej Languard erweitern (um etwa 30 Minuten bzw. 1 Stunde länger).

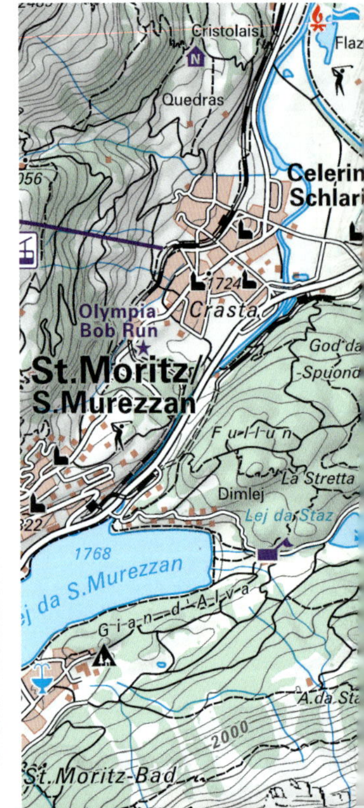

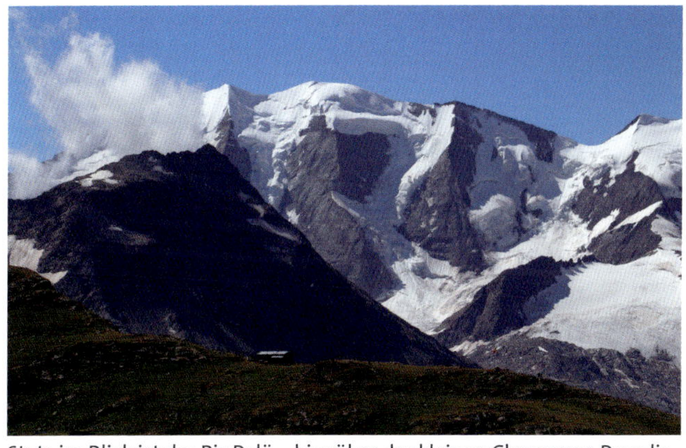

Stets im Blick ist der Piz Palü – hier über der kleinen Chamanna Paradis.

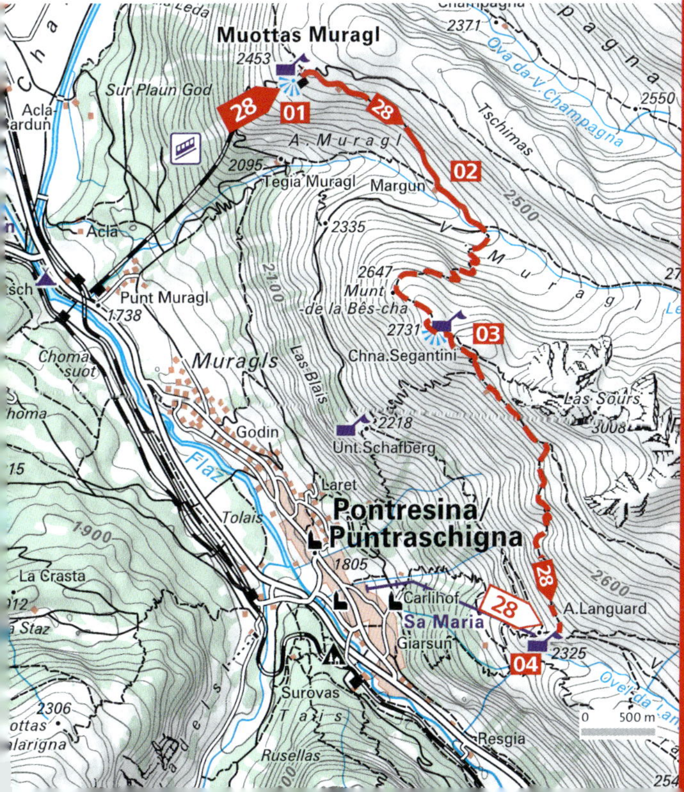

PIZ LANGUARD • 3262 m

Fernsicht vom Felsgipfel

 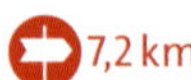 7,2 km  4:45 h 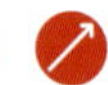 950 hm 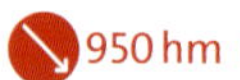 950 hm  36

START | Pontresina/Puntraschigna (1805 m), Talstation der Sesselbahn Languard; Parkplatz, Haltestelle des Engadin Bus. Auffahrt zur Alp Languard (2325 m, www.pontresina.ch). [GPS: UTM Zone 32 x: 570.758 m y: 5.148.659 m]
CHARAKTER | Anspruchsvolle und hochalpine Bergtour auf schmalen, stellenweise felsigen und im Gipfelbereich gesicherten Pfaden, die alpine Erfahrung, Trittsicherheit und Schwindelfreiheit erfordern. Nur bei schnee- und eisfreien Bedingungen und bei sicherem Wetter starten! Die Capanna Georgy/Georgy's Hütte knapp unter dem Gipfel ist im Sommer bewirtet.

Das Panorama von links nach rechts: Der Berninapass mit dem Lago Bianco, Diavolezza und Munt Pers, Piz Palü und Piz Bernina mit Idealsicht auf den Biancograt, die Zunge des Morteratschgletschers, Piz Corvatsch, Piz Güglia/Piz Julier, Piz d'Err und Piz Ot, darunter St. Moritz und sein See, im Vordergrund der Piz Muragl über viel rotem Gestein, Piz Es-cha/Piz Kesch, in der Tiefe das entlegene Val Prüna, darüber der Piz Quattervals und weit dahinter die Silvretta, die Unterengadiner Dolomiten und die schuttreichen Gipfel über Livigno...
Seiten könnte man füllen mit der Aufzählung aller Berge, Täler und Seen, die man an klaren Tagen vom Piz Languard aus sieht. Und all das gibt's dank Lifthilfe nach nur drei Stunden Aufstiegszeit und – bei guten Verhältnissen – ohne grosse Kletteranforderungen. Den Berninablick kann man sogar mit einem

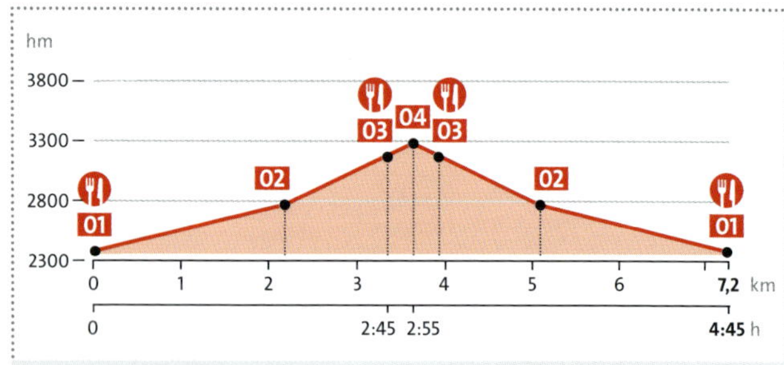

01 Alp Languard, 2325 m; 02 Plaun da l'Esen, 2730 m; 03 Georgy's Hütte, 3202 m; 04 Piz Languard, 3262 m

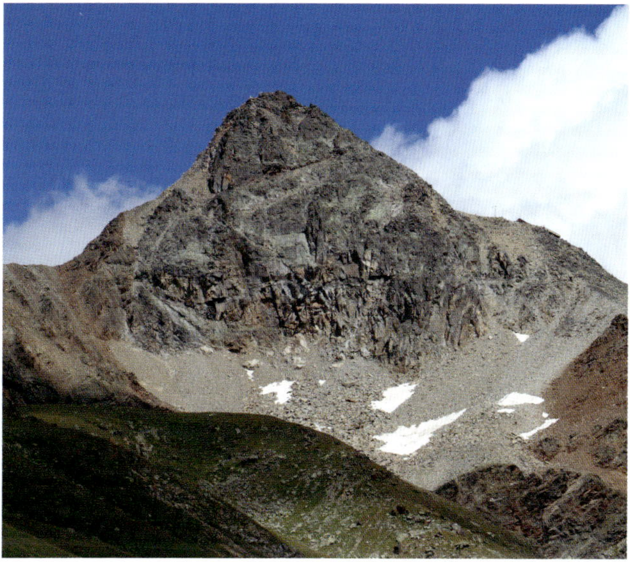

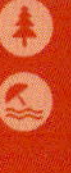

Der Piz Languard mit seiner Schutzhütte (rechts).

Bündnerteller und einem Gläschen Wein geniessen, denn knapp unter dem Gipfel wurde schon in der zweiten Hälfte des 19. Jahrhundert die höchstgelegene Schutzhütte des Engadins erbaut. Benannt hat man sie nach dem deutschen Maler und Zeichner Wilhelm Georgy, der hier heroben etliche seiner Werke schuf. Dieser Adlerhorst lädt nicht nur zur Einkehr ein, sondern auch zu einer Übernachtung, Abendstimmung und Sonnenaufgang ganz nahe dem Himmel inklusive.

▶ Von der Sesselbahn-Bergstation auf der **Alp Languard** 01 sehen Sie den Piz Languard links über den weiten Gras- und Schutthängen, durch die Sie nun auf dem beschilderten Pfad über dem grünen Val Languard ansteigen. Zwei Abzweigungen bleiben unbeachtet, von der dritten wandern Sie links aufwärts. Nach 1 km biegen Sie links ab und wandern – einen Bach querend – zum **Plaun da l'Esen** 02 (Eselsboden, 2730 m) hinauf. Dort kommen Sie an der Einmündung des Steinbockweges vorbei. In der Folge ignorieren Sie einen rechts wegführenden Pfad, bis Sie auf 2920 m Seehöhe endgültig links zum Gipfel abzweigen. Der Pfad windet sich im Zickzack durch den steilen Schutthang auf einen Kamm und rechts zu **Georgy's Hütte** 03 (3202 m) empor. Aufstiegszeit 2 ¾ Stunden. Das kleine Schutzhaus klebt unter dem Gipfelaufbau, der nun mit Hilfe von Sicherungen überwunden wird. Links der Hütte geht's vorsichtig über ausgesetzte Felsstufen und gut zu erkletternde Blöcke (Stahlseile) in 10 Minuten zum dreieckigen Gipfelzeichen auf dem **Piz Languard** 04 (3262 m) hinauf.
Abstieg auf derselben Route.

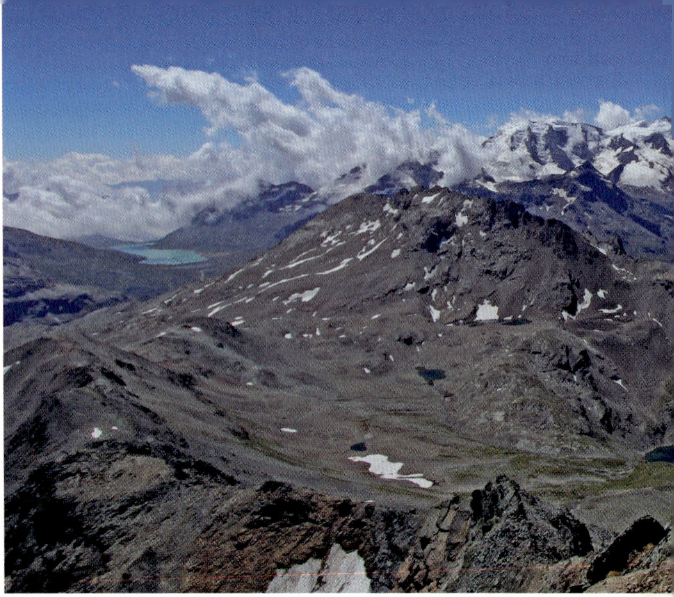

Das Gipfelpanorama vom Passo del Bernina über den Piz Palü und den

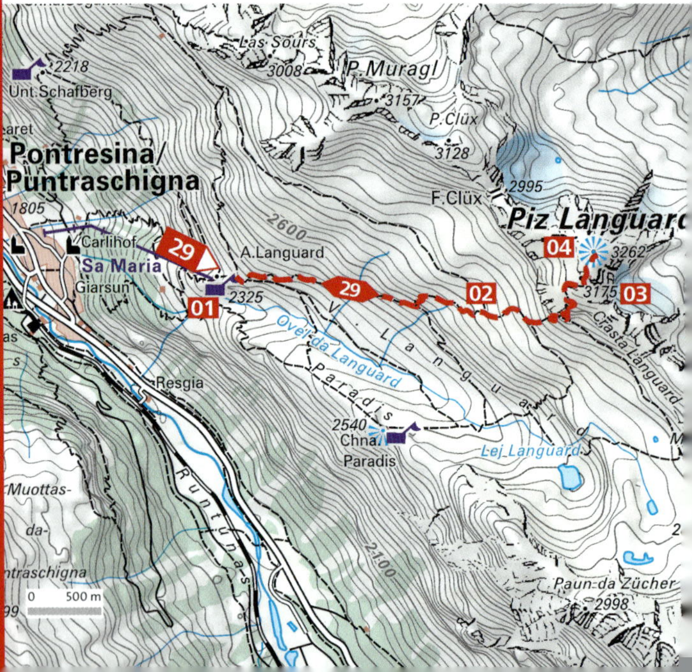

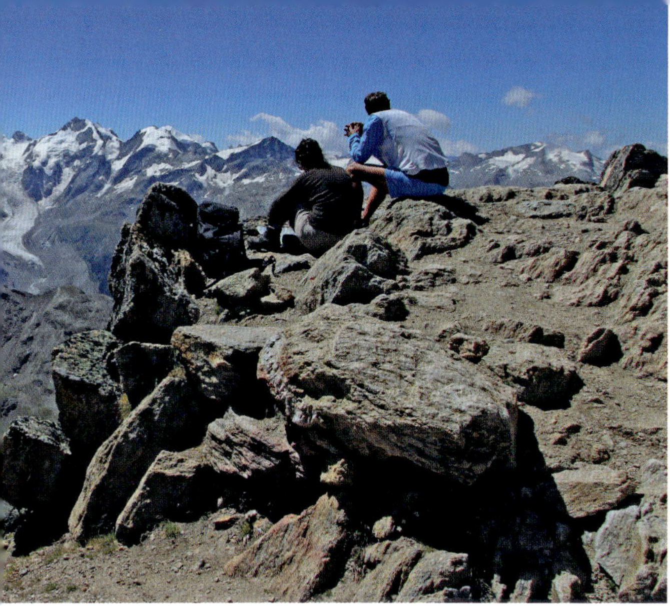

Vadret da Morteratsch bis zum Piz Bernina und zum Piz Corvatsch.

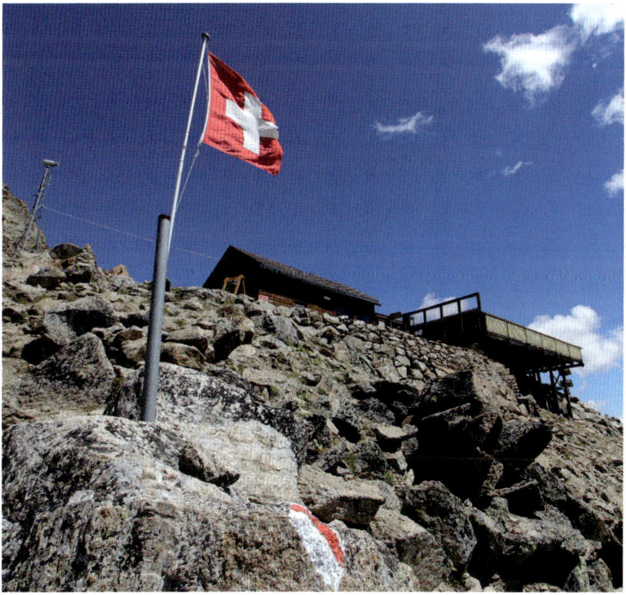

Georgy's Hütte ist das höchstgelegene Schutzhaus in Graubünden.

INS VAL ROSEG

Zum neuen See unter den grossen Bergen

  21,8 km  6:00 h  400 hm 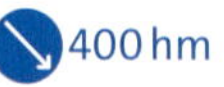 400 hm  47

START | Pontresina/Puntraschigna (1805 m), Bahnstation und Haltestelle des Engadin Bus, gebührenpflichtiger Parkplatz an der Via da la Staziun und bei der Jugendherberge.
[GPS: UTM Zone 32 x: 568.818 m y: 5.148.933 m]
CHARAKTER | Lange, aber flache und einfache Talwanderung – zunächst auf einem guten Weg und im hinteren Talbereich auf einem steinigen Pfad (T1); Einkehr und Unterkunft im Hotel Roseg Gletscher – bis dorthin gelangt man auch mit dem Velo oder im Pferde-Omnibus (Reservation notwendig, Tel. +41 78 9447555, www.engadin-kutschen.ch).

Für die Jägerschaft ist das zehn Kilometer lange Val Roseg ein überaus wildreiches Revier. Für Bergsteiger ist es der längste Zugang zum höchsten Gipfel der Ostalpen und für Glaziologen ein Lehrbeispiel für das „Leben und Sterben" der Alpengletscher. Um 1850 reichte das „ewige Eis" zwischen dem Piz Corvatsch (3451 m), dem Piz Glüschaint (3594 m), dem Piz Roseg (3937 m), dem Piz Bernina (4049 m) und dem Piz Boval (3353 m) noch bis vor die Alp Misaun. Bis 1934 bildeten der Vadret da Tschierva und der Vadret da Roseg eine gemeinsame Gletscherzunge – seither zieht sich jeder für sich immer weiter zurück.
Hinter dem Schutt der Mittelmoräne, der das Tal absperrt, entstand schon in den 1940er-Jahren ein Schmelzwassersee, dem man Jahr für Jahr beim Wachsen zusehen konnte. Bis heute hinterliess das immer schneller schmelzende Eis

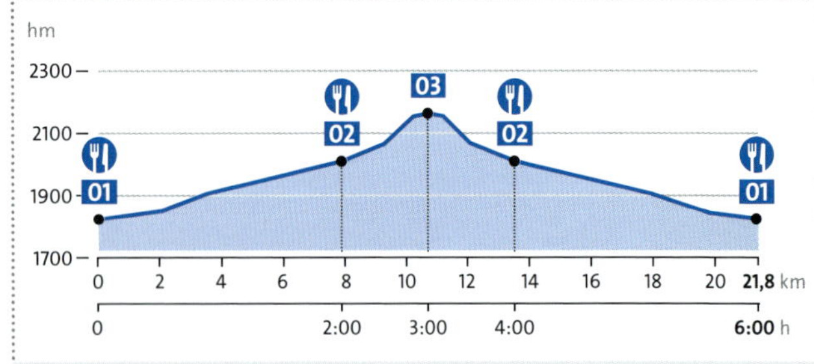

01 Pontresina, 1805 m; 02 Hotel-Restaurant Roseg Gletscher, 1999 m; 03 Lej da Vadret, 2159 m

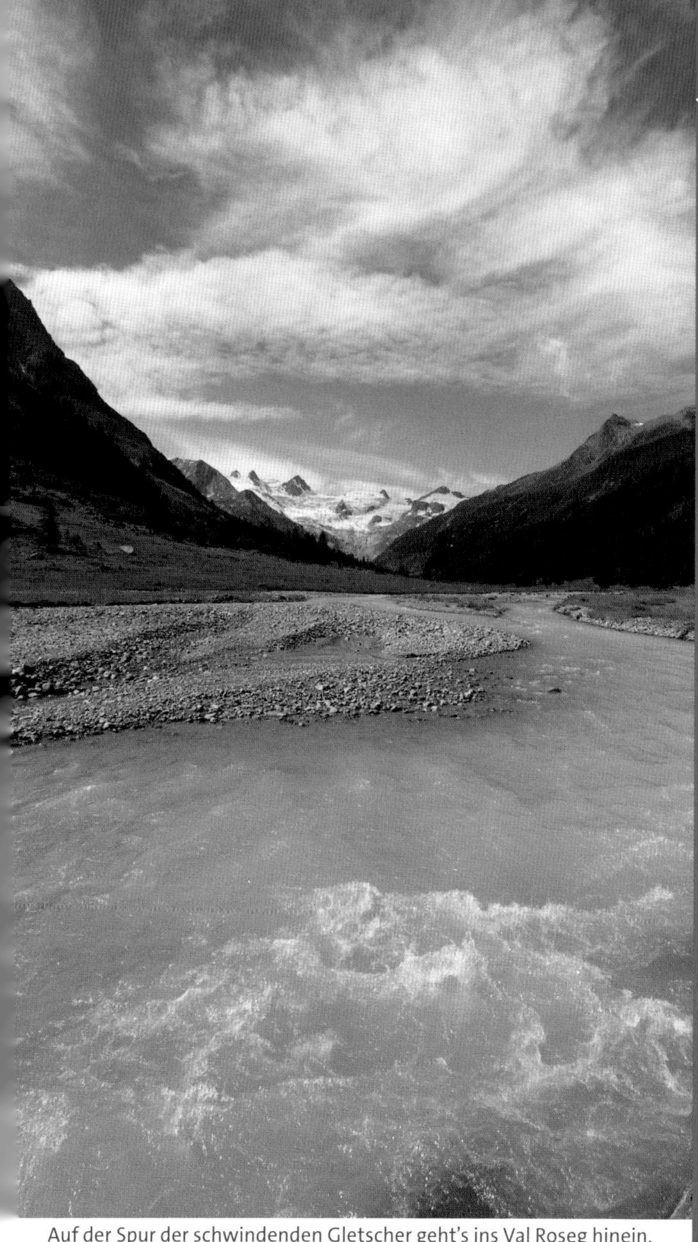

Auf der Spur der schwindenden Gletscher geht's ins Val Roseg hinein.

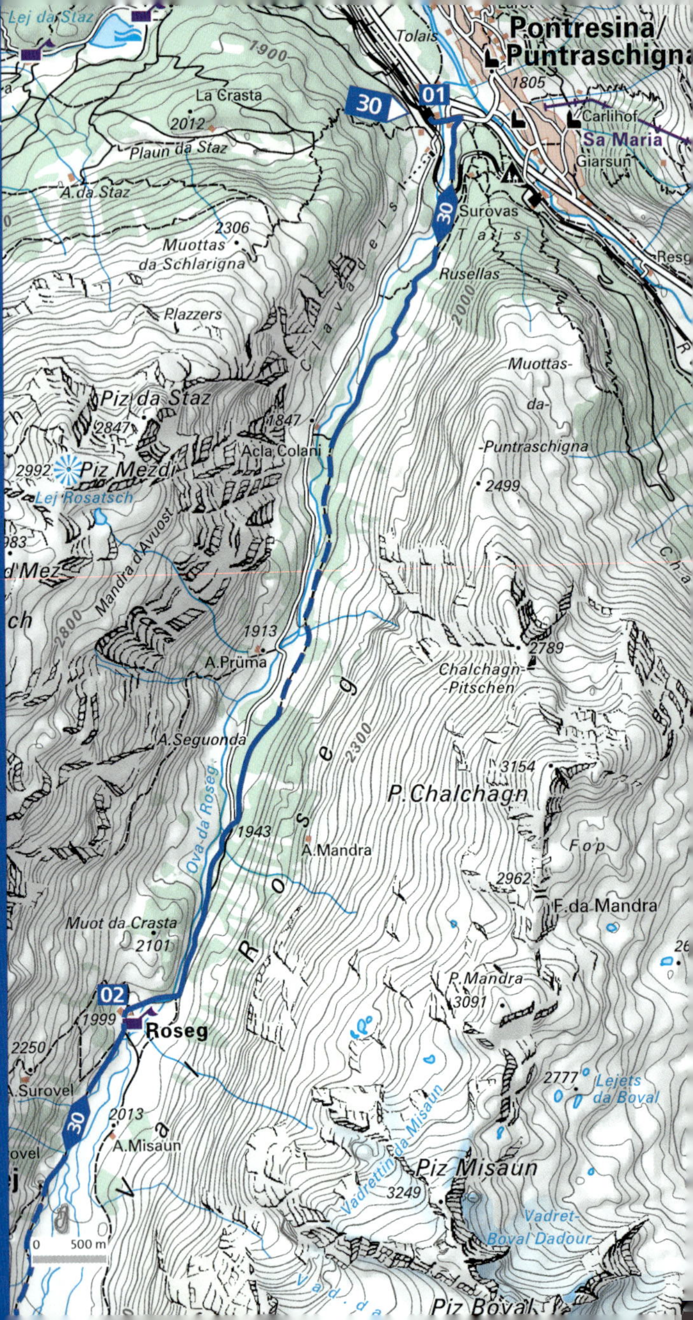

Pontresina/
Puntraschigna
Tolais
01
30
1805
Carlihof
Sa Maria
Giarsun
Surovas
Tais
Rusellas
Resg
Lej da Staz
1900
La Crasta
2012
Plaun da Staz
A. da Staz
2306
Muottas
da Schlarigna
Plazzers
Clavadels
2000
Muottas-
da-
-Puntraschigna
2499
Piz da Staz
2847
1847
Acla Colani
2992
Piz Mezdi
Lej Rosatsch
Mandra d'Avuost
2800
1913
A. Prüma
2789
Chalchagn-
-Pitschen
A. Seguonda
2300
3154
P. Chalchagn
Ova da Roseg
1943
A. Mandra
Fop
2962
F. da Mandra
Muot da Crasta
2101
Roseg
02
1999
Roseg
P. Mandra
3091
2250
A. Surovel
2777
Lejets
da Boval
2013
A. Misaun
Vadrettin da Misaun
Piz Misaun
3249
Vadret-
Boval Dadour
0 500 m
Piz Boval

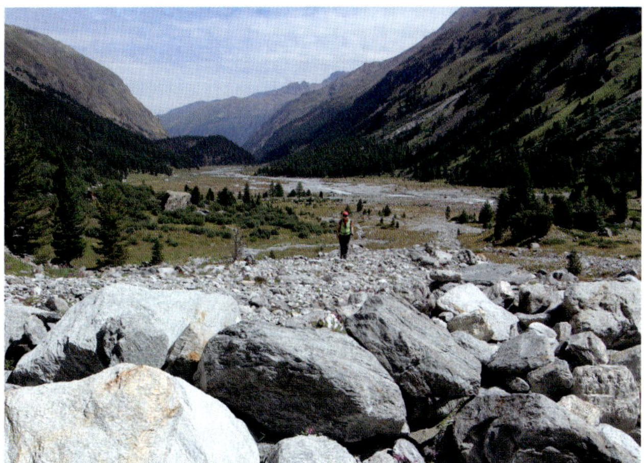

Die Gletscher haben viel Moränenschutt hinterlassen.

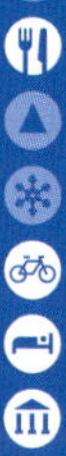

ein zwei Kilometer langes, durch den vom Gletschereis abgeriebenen Steinstaub trübes Gewässer. Im Sommer des Jahres 1954 durchbrach es seinen natürlichen Stauwall; der Flutschwall verursachte grosse Schäden zwischen Pontresina und Samedan. Heute befindet sich der untere Rand des Roseggletschers auf 2800 Metern Seehöhe – 600 Meter über dem Talgrund. All das kann man beobachten, wenn man ins Val Roseg hineinwandert. Da seine Zufahrtsstrasse für den öffentlichen Verkehr gesperrt ist, stört hier kein Motorengeräusch; abkürzen lässt sich der Marsch nur mit dem Bike oder durch eine Kutschenfahrt.

▶ Von der der Bahnstation in **Pontresina/Puntraschigna** 01 gehen Sie auf der Brücke über die Ova da Roseg und noch 100 m zum genannten Parkplatz. Dort beginnt rechts die beschilderte Wanderroute ins Val Roseg, die zu einem Bahnübergang und weiter taleinwärts führt. Sie bleiben stets auf der östlichen Talseite und durchqueren die märchenhaft schönen Lärchen- und Arvenwälder neben dem Bach. Nach etwa 2,5 km führt rechts eine Brücke zur Acla Colani, der einstigen Jagdhütte von Gian Marchet Colani, dem Jakob Christoph Heer in seinem Roman „Der König der Bernina" ein Denkmal setzte. Weiterhin geradeaus kommen Sie zur Wiese der AlpPrüma, die einen schönen Blick zu den weissen Bergen über dem Talgrund freigibt. Durch den God da l'Alp Seguonda gelangen Sie zur Talstrasse, die noch ein Stück weiter und dann rechts über eine Brücke zum **Hotel Restaurant Roseg Gletscher** 02 (1999 m) führt. Gehzeit 2 Stunden.

Von dort wandern Sie auf einem anfangs noch recht breiten Weg am westlichen Rand der breiten Schwemmebene den Gletscherbergen entgegen. Links, über dem mäandrierenden Bach, erscheint der elegante Eisdreikant des Piz Roseg (3937 m); hinter dem grossen, von unzähligen Erosionsrinnen strukturierten Moränen-

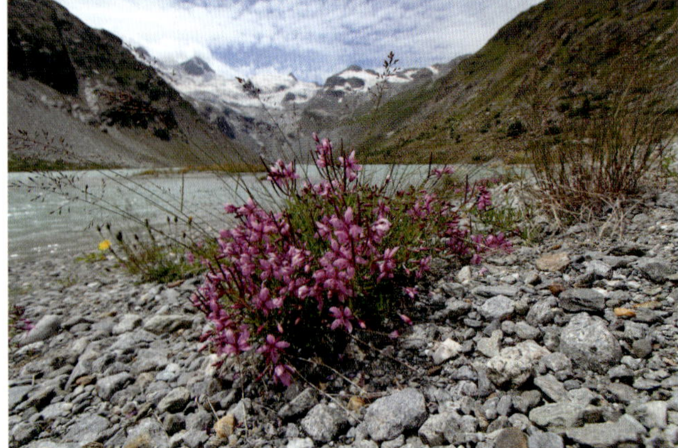

Pionierpflanzen nehmen das Ufer des neu entstandenen Sees in Besitz.

wall verbergen sich die beiden Gletscherzungen des Vadret da Tschierva. Bald ist der Biancograt am Piz Bernina zu sehen, während die Felshörner um den Piz Sella (3517 m) über dem weit zurückgeschmolzenen Vadret da Roseg näher rücken. Nach einer grossen Schuttmure aus dem Abhängen des Piz Corvatsch ist ein alter Moränenwall zu ersteigen – hier im verwachsenen Schuttgelände muss man ein wenig auf die Pfadspuren achten. Gut 1 Stunde nach dem Hotel stehen Sie am Ufer des **Lej da Vadret** 03 (2159 m). Ein guter Platz zum Verweilen in dieser wilden Urnatur ist eine kleine, noch 150 m entfernte Halbinsel, hinter der man zwei winzige Inseln im milchig-trüben Wasser entdeckt. **Rückweg** auf derselben Route.

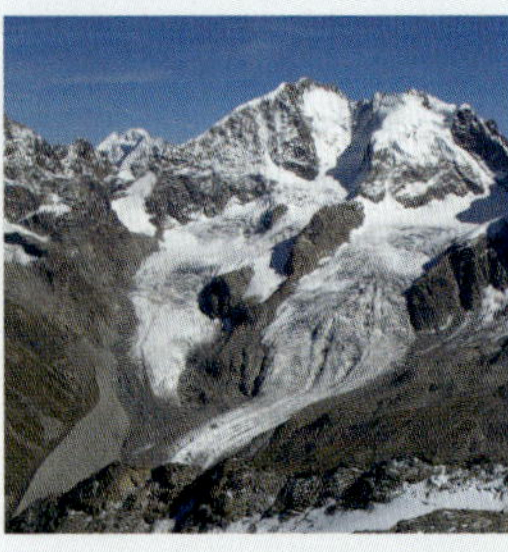

Zur Chamanna da Tschierva

Beim Hotel Roseg Gletscher zweigt der beschilderte Pfad zur Chamanna da Tschierva ab. Dieses traditionsreiche, gut bewirtschaftete und mit einem modernen Holzzubau erweiterte Schutzhaus des Schweizer Alpen-Clubs steht in der Nähe des zerklüfteten Vadret da Tschierva am Fuss des Piz Morteratsch und des Piz Bernina – entsprechend eindrücklich ist auch die Aussicht von der Hüttenterrasse. Die mittelschwere Bergwanderung in diese Welt aus Fels und Eis dauert knapp 2 Stunden. Zuletzt erreicht der Pfad die scharf zugespitzte Seitenmoräne des Gletschers (im Foto links unten) – dort braucht's Trittsicherheit und Schwindelfreiheit. Nach der Rast und Einkehr gelangt man auf derselben Route in knapp 1 ½ Stunden wieder zum Hotel Restaurant Roseg Gletscher zurück.

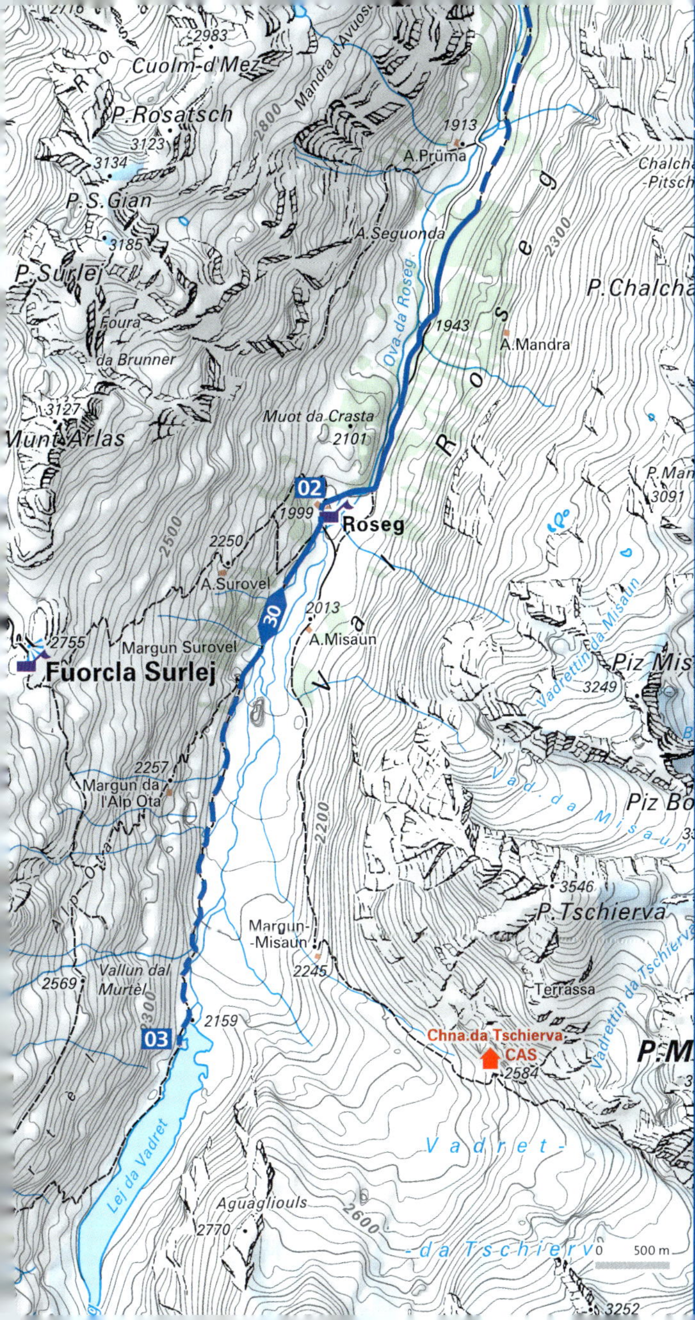

Cuolm-d'Mez
2983
Mandra d'Avuost
P. Rosatsch
3123
3134
2800
1913
A. Prüma
P. S. Gian
Chalcha-Pitsch
3185
A. Seguonda
2300
P. Surlej
Ova da Roseg
P. Chalcha
Foura da Brunner
1943
A. Mandra
3127
Munt Arlas
Muot da Crasta
2101
Val Roseg
P. Man
3091
02
1999
Roseg
2500
2250
A. Surovel
30
2013
A. Misaun
2755
Margun Surovel
Fuorcla Surlej
Vadrettin da Misaun
Piz Mis
3249
2257
Margun da l'Alp Ota
Vad. da Misaun
Piz Bo
2200
3546
P. Tschierva
Margun-Misaun
2245
Vallun dal Murtèl
2569
Terrassa
Vadrettin da Tschierva
2300
2159
03
Chna. da Tschierva CAS
2584
P. M
Lej da Vadret
Vadret da Tschierva
Aguagliouls
2770
2600
0
500 m
3252

ZUR CHAMANNA DA BOVAL

Im Banne des Morteratschgletschers

 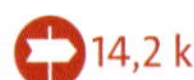 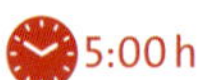 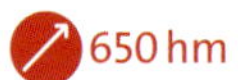  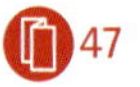

14,2 km | 5:00 h | 650 hm | 650 hm | 47

START | Morteratsch (1896 m), Bahnstation, gebührenpflichtiger Parkplatz (beschilderte Zufahrt von der Kantonstrasse ca. 4 km von Pontresina Richtung Berninapass).
[GPS: UTM Zone 32 x: 572.316 m y: 5.144.644 m]
CHARAKTER | Einzigartig schöne Tal- und Hüttenwanderung auf dem breiten, flachen Weg zur Gletscherzunge und auf schmalen, an einer Felspassage mit Stahlseilen gesicherten Pfaden, die Trittsicherheit und Schwindelfreiheit erfordern (T3), zur im Sommer bewirteten Chamanna da Boval.

Er ist nach der Pasterze am Grossglockner und dem Gepatschferner in Tirol die Nummer drei unter den Ostalpengletschern: Der Vadret da Morteratsch, der von seinem „Nährgebiet" zwischen dem Piz Bernina, dem Piz Argient, dem Piz Zupò und dem Bellavista-Kamm über sechs Kilometer weit herabfliesst – mit einer Geschwindigkeit bis zu 120 Metern pro Jahr. Mit einem Eisvolumen von rund 1,2 Kubikkilometern lässt er diesbezüglich all seine eisige Konkurrenz hinter sich. So zeigt sich der Morteratschgletscher also bis heute als mächtiger Eisstrom, mit labyrinthischem Spaltengewirr und wild zerklüfteteten Brüchen, die erahnen lassen, dass er bis zu 75 Meter dick ist. Noch mächtiger erschien er jedoch um 1850, als er noch bis ins Val Bernina hinausreichte. Heute muss man von dort schon drei Kilometer taleinwärts wandern, um seine Zunge zu erreichen. Das ist jedoch ein grossartiger Spaziergang in hochalpiner Umgebung,

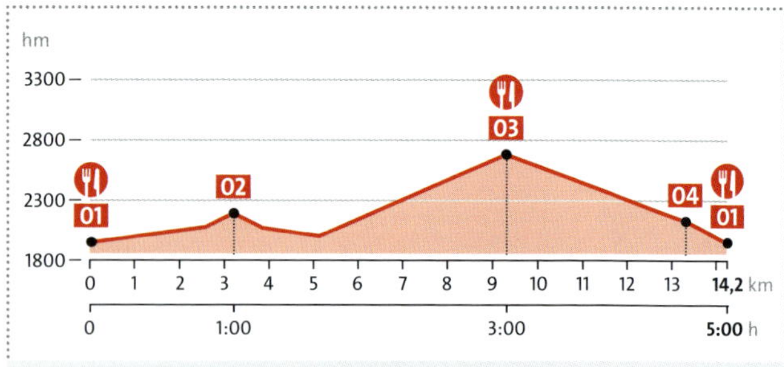

01 Morteratsch, 1896 m; 02 Vadret da Morteratsch, 2150 m;
03 Chamanna da Boval, 2495 m; 04 Chünetta, 2083 m

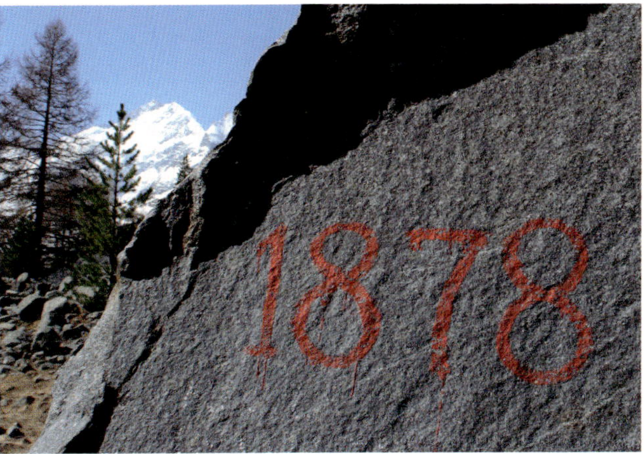

In der „kleinen Eiszeit" des 19. Jahrhunderts endete der Gletscher hier.

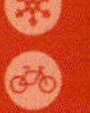
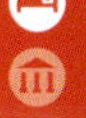

der kaum Mühe abverlangt. Etwas mehr Schweiss fordert dann der längere Abstecher zur Chamanna da Boval, deren Urbau 1877 westlich über dem Gletscher errichtet wurde. Die heutige Schutzhütte des Schweizer Alpenclubs geht auf das Jahr 1913 zurück; es bietet bodenständige Verpflegung, gute Lager zum Übernachten – und eine grandiose Rundschau von der 400 Meter tiefer ausgebreiteten Gletscherzunge bis zum noch um 1554 Meter höheren Piz Bernina mit dem Biancograt, von der direkt über dem Dach glänzenden Eiskappe des Piz Morteratsch bis zum Vadret Pers, der gegenüber vom Piz Palü herabfliesst (sich jedoch seit ein paar Jahren nicht mehr mit dem Morteratschgletscher vereinigt).

▶ Vom Parkplatz in **Morteratsch** 01 folgen Sie der Asphaltstrasse kurz zum Hotel Restaurant Morteratsch. Vor der Bahnstation gehen Sie über den Bahnübergang (Beschilderung „Vadret da Morteratsch, Chna. da Boval"), durch eine Kunstinstallation und an der Abzweigung zur Bovalhütte vorbei. Der breite, kaum ansteigende Weg führt durch den licht bewaldeten Boden neben der schäumenden Ova da Morteratsch taleinwärts. Die vom Gletscher abgeschliffenen Felsen auf der rechten Seite beeindrucken ebenso wie die 16 Stelen, die den Rückgang des „ewigen" Eises dokumentieren. Nach etwa 1 km zweigt rechts ein weiterer Pfad ab – auf diesem steuern Sie nach der Rückkehr vom Gletscher die Bovalhütte an. Zuvor geht's jedoch noch ca. 2 km bis zur Gletscherzunge hinein. Unter den steilen, kahlen Schutthängen der Seitenmoränen erobern die Pflanzen den freigegebenen Schuttboden erstaunlich rasch zurück – bis hinauf ins direkte Gletschervorfeld, das erst seit ein paar Jahren eisfrei ist. Nach nicht einmal 1 Stunde Gehzeit führt eine Holzbrücke über den ungestümen Bach.

Die immer rascher zurückschmelzende Gletscherzunge des **Vadret da Morteratsch** 02 endet inzwischen etwa 150 m über dem Talboden, hinter zwei ausgeaperten

Felsbuckeln (2150 m). Eis befindet sich aber weiter vorne unter dem Moränenschutt der rechten Talseite, dem man nicht zu nahe kommen sollte. Nach einer ausgiebigen Rast in diesen arktischen Gefilden kehren Sie auf dem Talweg in 30 Minuten zur erwähnten Abzweigung zurück. Dort folgen Sie dem Wegweiser „Chünetta" links durch Moränenschutt in felsiges, licht bewaldetes Gelände hinauf, bis Sie links auf den Hüttenzustieg einschwenken. Er führt

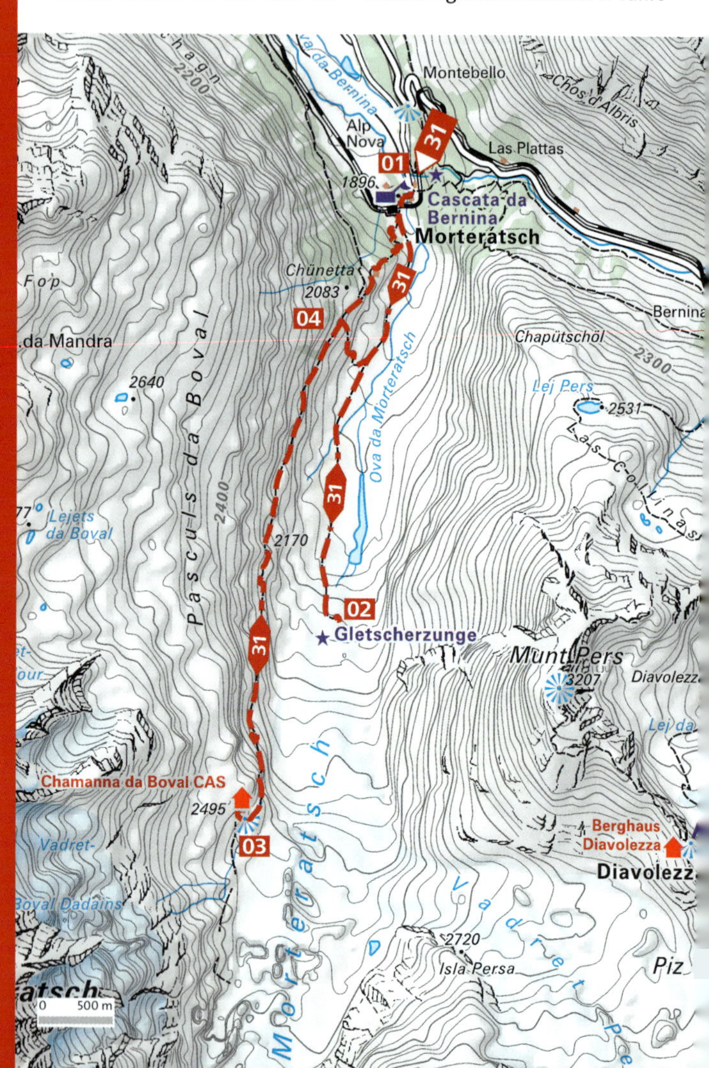

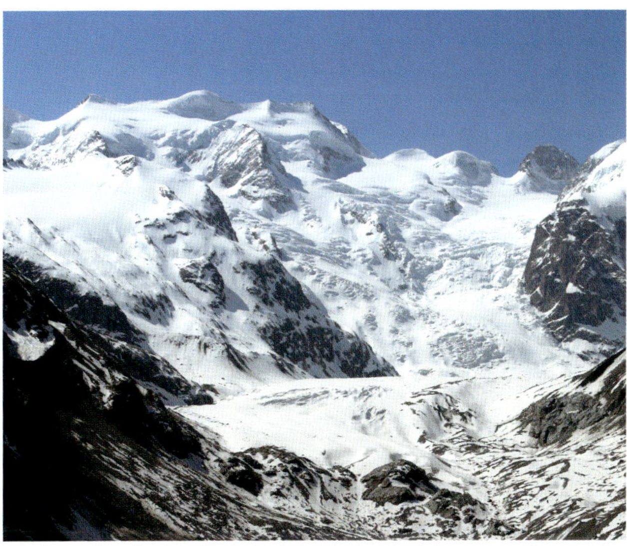

Mittlerweile schmilzt der Vadret da Morteratsch immer rascher dahin.

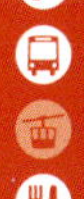
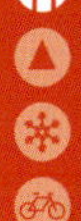

auf den Moränenkamm und dann rechts daneben zu einer Steilstufe (Chamin), durchquert danach die Felsflanken über dem Gletscher und endet nach einem letzten steileren Anstieg auf der Terrasse der **Chamanna da Boval** 03 (2495 m). 2 Stunden vom Talboden.

Der **Abstieg** erfolgt auf dem Hüttenweg. Bei der Einmündung des Zustiegs aus dem Tal bleiben Sie geradeaus (Wegweiser „Chünetta, Morteratsch"). Gleich danach zeigt das Schild „Aussichtspunkt" links auf die 5 Minuten entfernte Kuppe der **Chünetta** 04 (2083 m), die einen schönen Rückblick zu den Gletscherbergen bietet. Der Hüttenweg führt dann über ein paar Stufen zur nächsten Gabelung, von der Sie rechts Richtung „Morteratsch" absteigen. Vorbei an einer kleinen Hütte und über Gletscherschliffe kommen Sie nach knapp 2 Stunden nach **Morteratsch** 01 zurück.

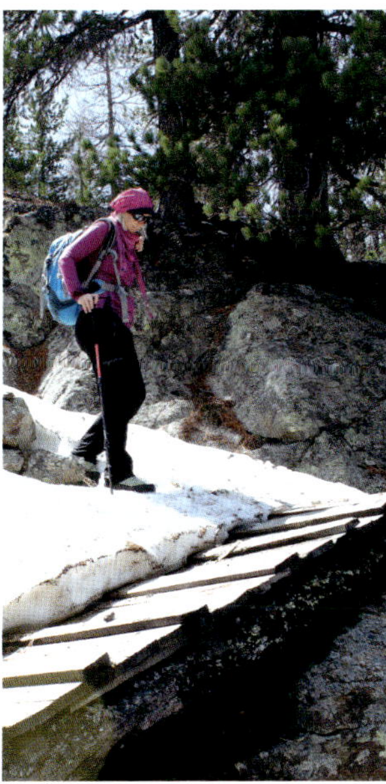

Unterwegs auf dem Hüttenweg.

VOM LAGO BIANCO NACH PONTRESINA

Durch das Val Bernina

  17,2 km  5:00 h  250 hm  700 hm 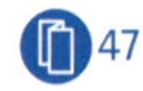 47

START | Bahnstation Ospizio Bernina (2256 m); Postauto-Haltestelle 10 Minuten oberhalb beim Hotel Ospizio Bernina, Parkplatz gegenüber. Rückfahrt von Pontresina mit der Rhätischen Bahn oder per Postauto. Man kann das Auto aber auch auf den Gebührenparkplätzen in der Nähe der Bahnstation Pontresina abstellen und zum Startpunkt fahren.
[GPS: UTM Zone 32 x: 578.474 m y: 5.139.870 m]
CHARAKTER | Lange, aber einfache Bergab-Talwanderung mit einem Anstieg (140 Höhenmeter) auf beiten Wegen und steinigen Pfaden (T 1). Dank der guten Bahn- und Postauto-Verbindung kann man die Tour an drei Stellen abbrechen oder beginnen. Einkehrmöglichkeit am Startpunkt, bei der Talstation der Diavolezza-Seilbahn, im Gasthaus Berninahaus, in Morteratsch und in Pontresina.

Seit 1910 verbindet die höchstgelegene Adhäsionsbahn der Alpen das Oberengadin mit dem 2234 Meter hoch gelegenen, zwischen zwei Dämmen gestauten Lago Bianco unterhalb des Berninapasses und dem Veltliner Städtchen Tirano. Mit bis zu sieben Prozent Neigung gilt die Berninabahn auch als eine der steilsten der Welt. Auf ihrer Nordseite überwindet der Schienenstrang mehr als 500 Höhenmeter, während er südseitig über rekordverdächtige 1793 Höhenmeter ab-

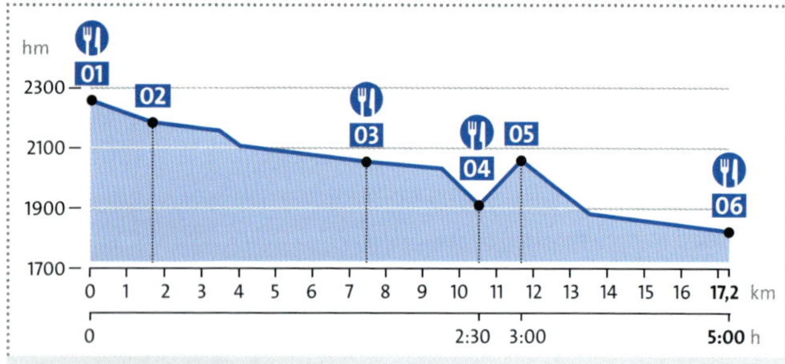

01 Bahnstation Ospizio Bernina, 2256 m; 02 Staudamm, 2180 m; 03 Bernina Suot, 2045 m; 04 Morteratsch, 1896 m; 05 Chünetta, 2050 m; 06 Pontresina, 1805 m

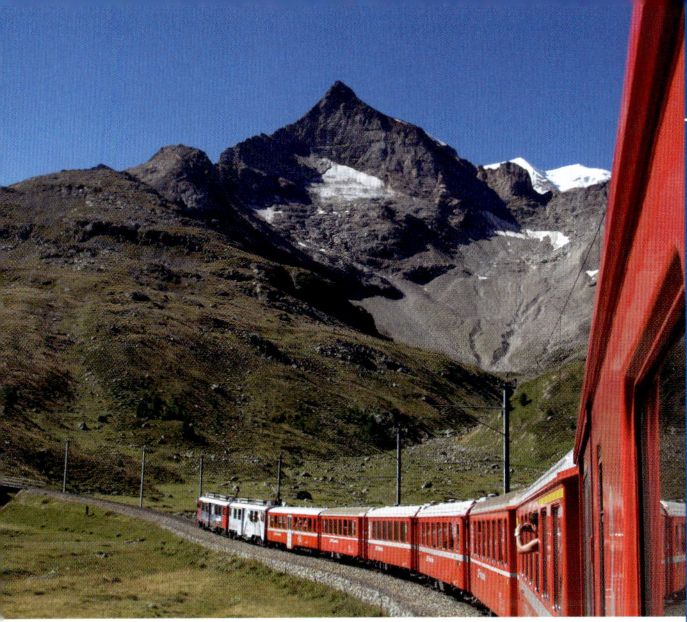

Die höchstgelegene Adhäsionsbahn der Alpen auf der Fahrt zum Pass.

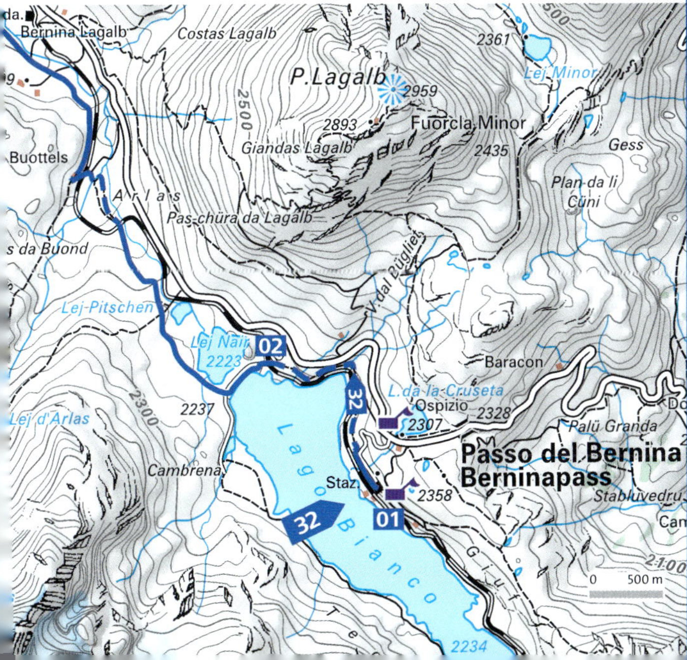

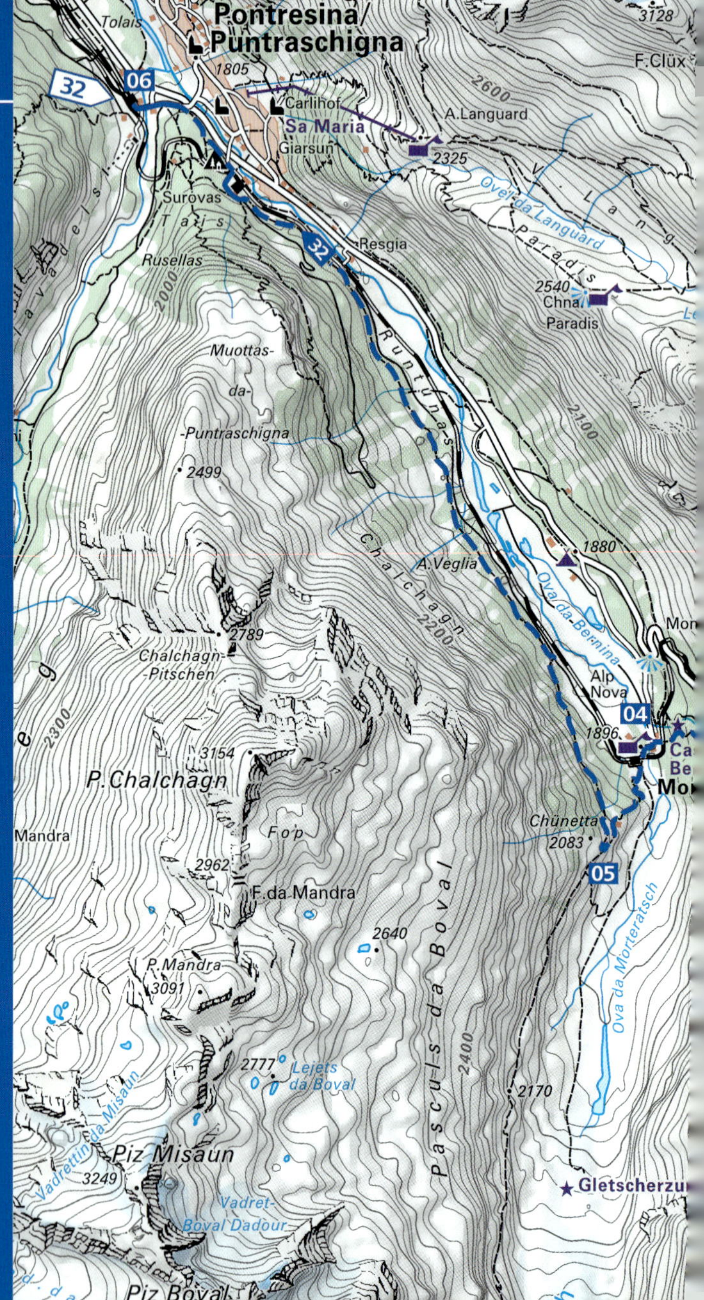

Pontresina/
Puntraschigna
Tolais
1805
Carlihof
Sa Maria
Giarsun
A.Languard
2325
2600
3128
F.Clüx
Surovas
Tais
Rusellas
Resgia
Ovel da Languard
Paradis
2540
Chna
Paradis
Muottas-
da-
-Puntraschigna
2499
Runtunas
2100
Chalchagn
A.Veglia
1880
Ova da Bernina
2200
2789
Chalchagn-
-Pitschen
Alp
Nova
1896
3154
P.Chalchagn
Mandra
Fop
Chünetta
2083
2962
F.da Mandra
2640
Pasculs da Boval
Ova da Morteratsch
P.Mandra
3091
2400
2777
Lejets
da Boval
2170
Vadrettin da Misaun
Piz Misaun
3249
Vadret-
Boval Dadour
Gletscherzu
Piz Boval
2300
2000

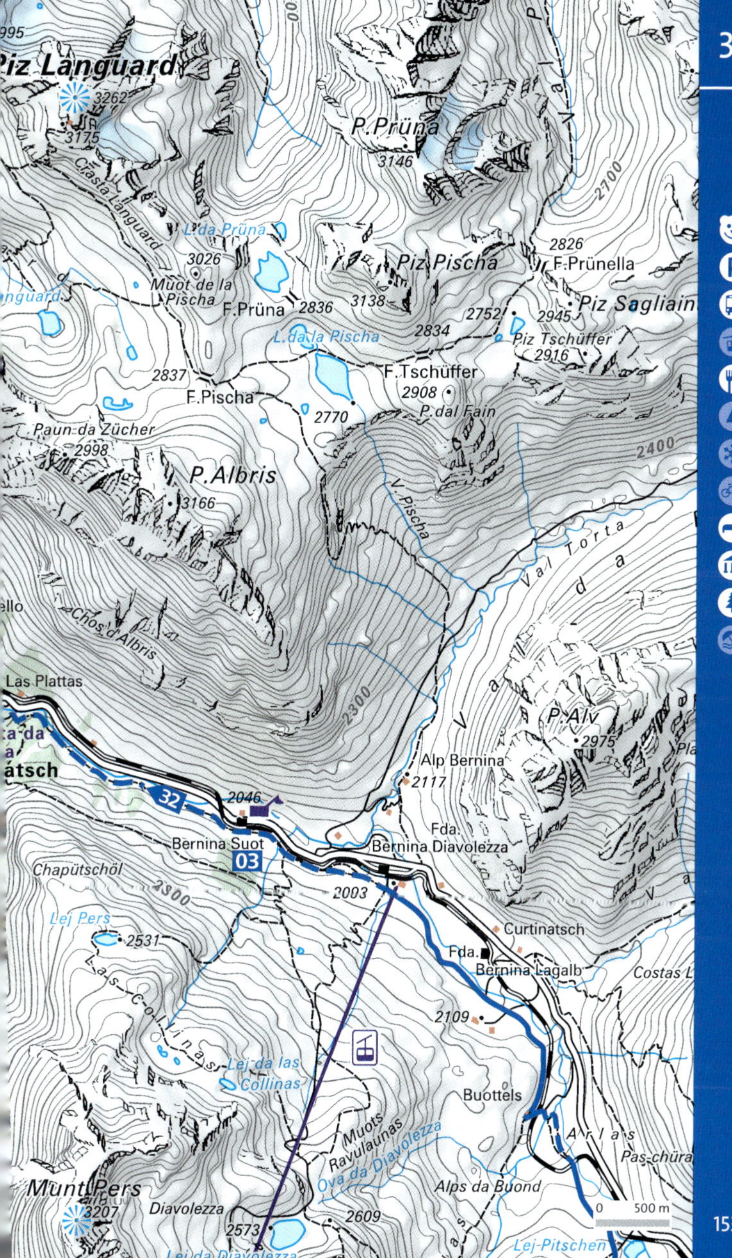
Piz Languard
3262
3175
Crasta Languard
L. da Prüna
3026
Muot de la Pischa
F. Prüna
2836
3138
Piz Pischa
P. Prüna
3146
2826
F. Prünella
Piz Sagliains
2752
2945
Piz Tschüffer
2916
2834
L. da la Pischa
F. Tschüffer
2908
P. dal Fain
2837
F. Pischa
2770
Paun da Zücher
2998
P. Albris
3166
V. Pischa
Val Torta
Chos d'Albris
Las Plattas
P. Alv
2975
Alp Bernina
2117
2046
32
Bernina Suot
03
Fda.
Bernina Diavolezza
2003
Chapütschöl
Lej Pers
2531
Curtinatsch
Fda.
Bernina Lagalb
Costas
Las Collinas
2109
Lej da las Collinas
Buottels
Muots Ravulaunas
Ova da Diavolezza
Arlas
Pas-chüra
Munt Pers
3207
Diavolezza
Alps da Buond
2573
2609
Lej da Diavolezza
Lej Pitschen
0 500 m
2500
2700
2400
2300

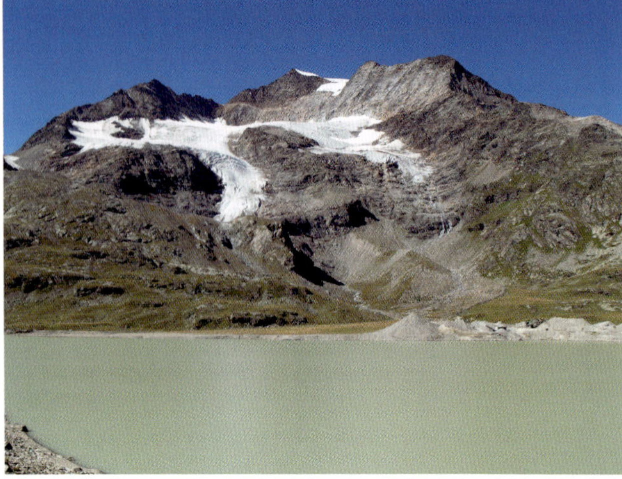

Die Tour beginnt an einem Bahnsteig unter gleissendem Gletschereis.

wärts führt. Eigenwillig sind auch die Methoden, die Strecke im Winter über offen zu halten: Der oft meterhohen weissen Pracht auf den Schienen rückt man mit einer Dampfschneeschleuder zu Leibe; drohende Lawinen bringt man mitunter durch Artilleriebeschuss zum kontrollierten Abgang. 2008 wurde die elektrisch betriebene Bahnstrecke in die Liste des UNESCO-Welterbes aufgenommen – kein Wunder, denn sie ruckelt im Stundentakt durch ein hochalpines Wunderland, wie man es anderswo nur nach stundenlangen Bergtouren zu Gesicht bekommt.

Aus diesem Grund lohnt sich sehr, der Strecke auch per pedes zu folgen. Der Weg von ihrem Scheitelpunkt bis Pontresina ist trotz der Nähe zur Berninapassstrasse sehr schön, er führt durch Alpweiden unter zerklüftetem Gletschereis, vorbei an natürlich entstandenen Seen und an einer kleinen Schlucht. Wer dazwischen einen kurzen Aufstieg nicht scheut, wird zudem mit einem herrlichen Blick auf die gewaltige Bergwelt um den Morteratschgletscher belohnt.

▶ Von der **Bahnstation Ospizio Bernina** 01 spazieren Sie ein paar Meter auf der Zufahrtsstrasse bergauf – dann zweigt links ein Wanderweg ab, der oberhalb der Bahnlinie zum Nordufer des Lago Bianco führt (schöner Blick über den See zum Gletscher des Piz Cambrena, der für die Trübung des Seewassers sorgt). Nach der Überschreitung des **Staudamms** 02 (2180 m) biegen Sie rechts ab.

Dann wandern Sie auf einem rauen Fahrweg, den auch Mountainbiker gern befahren, am Lej Nair (2222 m) und am kleineren Lej Pitschen (2217 m) vorbei.

Im Nahbereich der Berninabahn gelangen Sie durch die weiten Weideflächen von Arlas zur Alp da Buond Sur (2134 m) und zur Alp da Buond Suot (2109 m). Neben der Ova da Bernina wandern Sie zur

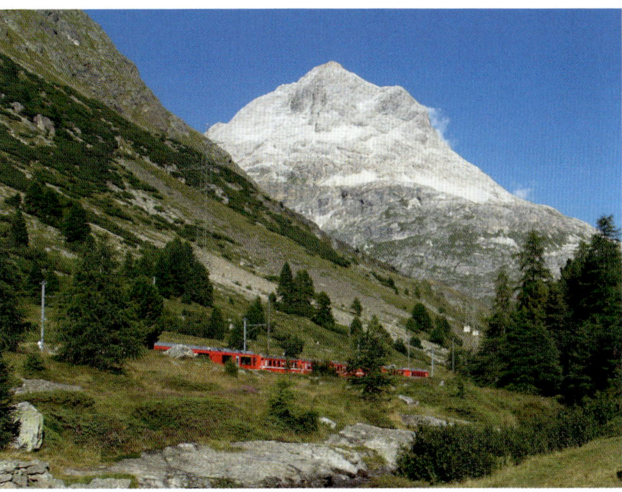

Hell glänzt auch das Gestein des 3166 Meter hohen Piz Albris.

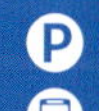
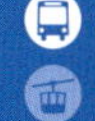

Talstation der Diavolezza-Seilbahn (2093 m, Bahnstation). Der Weg führt links daran vorbei und weiter zur nahen **Bahnstation Bernina Suot** 03 (2045 m) nahe dem Berninahaus.

Auf schmalerer Trasse geht's neben dem Bach weiter. Nach einem Wall aus grossen Steinen erreichen Sie den märchenhaft wirkenden God Chapütschöl. Dort kann man rechts oder links einer kleinen Schlucht absteigen, bis man auf einer Asphaltstrasse links zum Hotel in **Morteratsch** 04 (1896 m) gelangt. 2½ Stunden von der Bahnstation Ospizio Bernina.

Der Talweg führt dann jenseits des Bahnübergangs nach rechts weiter. Viel schöner ist es jedoch, geradeaus durch eine Kunstinstallation Richtung Vadret da Morteratsch zu gehen, nach wenigen Schritten dem originellen Wegweiser zur Bovalhütte nach rechts zu folgen und durch den Waldhang aufzusteigen. Zwischen knorrigen Arven, über Gletscherschliffe und an einer Alphütte vorbei gelangen Sie zu einer Gabelung, von der Sie links Richtung „Chünetta" weitergehen. Nach einigen Stufen zweigt rechts ein Stichweg mit dem Schild „Aussichtspunkt" ab – er führt auf die 5 Minuten entfernte Kuppe der **Chünetta** 05 (2083 m), wo nach gut 30 Aufstiegsminuten ein prachtvoller Blick zur Gletscherzunge des Vadret da Morteratsch und zum Piz Bernina frei wird.

Nach der Rast geht's wieder zurück zur zweiten Abzweigung, von der Sie gemäss dem Wegweiser „Puntraschigna" links durch bewaldete Hänge hinunterwandern. Auf dem Talwanderweg oder der parallel dazu verlaufenden Schotterstrasse marschieren Sie weiter talauswärts, vorbei an einem Kieswerk. Nach der Bahnstation Surovas (1825 m) gelangen Sie rechts über eine Brücke ins Ortszentrum von **Pontresina/Puntraschigna** 06 (1805 m); links führt ein Weg zur Via da la Staziun, der Zufahrt zur Bahnstation.

DIAVOLEZZA – MUNT PERS • 3207 m

Der verlorene Berg der schönen Teufelin

  13,3 km  4:00 h  240 hm 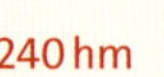 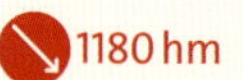 1180 hm  47

START | Talstation der Diavolezza-Seilbahn (2093 m) im Val Bernina, 8 km von Pontresina/Puntraschigna Richtung Berninapass; Bahnstation, Postauto-Haltestelle und grosser Parkplatz; Auffahrt zur Bergstation (2973 m, www.diavolezza.ch).
[GPS: UTM Zone 32 x: 574.160 m y: 5.140.315 m]
CHARAKTER | Kurze, aber hochalpine Bergtour und ein längerer Abstieg auf steinigen Pfaden (T2), nur bei guten Verhältnissen ratsam. Das Berghaus Diavolezza ist während der Seilbahn-Betriebszeiten geöffnet.

Zwei Sterne im Baedecker, der üppige Gebrauch von Adjektiven wie „grandios“ und viele Ausrufezeichen in diversen Reiseführern, denen natürlich auch Massen von Touristen folgen... Aber auf der Diavolezza muss man einfach gewesen sein, allein schon wegen der Sicht auf die schönsten Gletschergipfel der Ostalpen. Bei dem heutigen Rummel kann man sich kaum vorstellen, dass man den Ort einst fürchtete: Der Sage nach war die Diavolezza eine Teufelin, allerdings eine bildhübsche, die gern in den Bergseen badete. Das verdrehte natürlich so manchem Burschen den Kopf, doch wer ihr nachstieg, verschwand auf Nimmerwiedersehen. So erging es auch einem gewissen Aratsch aus Pontresina, und daher erklingt noch heute in Sturmnächten der Klageruf „Mort ais Aratsch“ (Aratsch ist tot) aus der Tiefe des grossen Gletschers. Leicht erklärbar, wenngleich nicht weniger schauerlich, ist auch der Name des Berges, der nordwest-

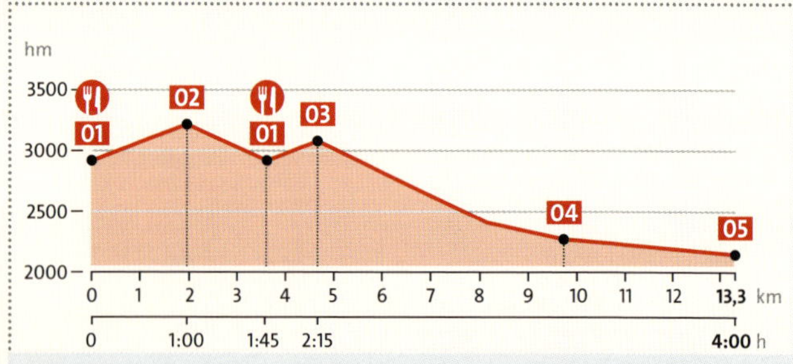

01 Bergstation der Diavolezza-Bergbahn, 2973 m; 02 Munt Pers, 3207 m; 03 Sass Queder, 3065 m; 04 Lej Pitschen, 2224 m; 05 Talstation, 2093 m

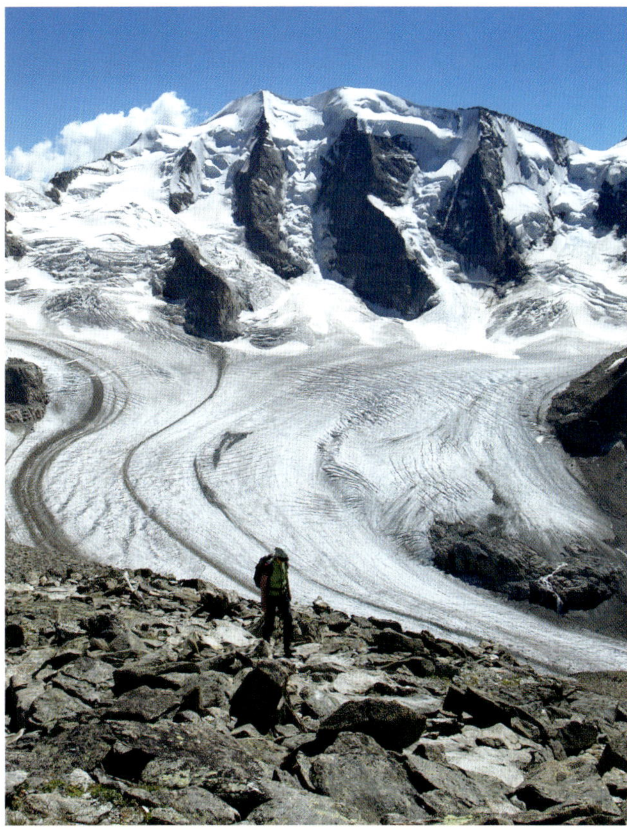

Der Munt Pers ist eine grandiose Aussichtsloge vor dem Piz Palü.

lich der Diavolezza aufragt und ein noch schöneres Berninapanorama verspricht: Für die Einheimischen ist der Munt Pers der „verlorene Berg". Bei gutem Wetter, schnee- und eisfreien Verhältnissen ist der Weg hinauf nicht zu verfehlen, allein schon deshalb, weil man ihn kaum alleine begehen wird. Stille geniesst man viel eher, wenn man zu Fuss ins Val Bernina absteigt – nach einem Stück durchs Skigebiet durch erstaunlich ursprünglich gebliebenes Bergland.

Von der **Bergstation der Diavolezza-Seilbahn** 01 wandern Sie auf dem beschilderten Pfad Richtung „Munt Pers" links neben dem schroffen Südostkamm des Berges in die Schutthänge seiner Südflanke. Dort wandern Sie in Kehren zum Blockgipfel des **Munt Pers** 02 (3207 m) hinauf. Nach knapp 1 Stunde Aufstiegszeit geniessen Sie dort ein überwältigendes Panorama von der Bergwelt um den Berninapass mit seinen Seen über den fernen Ortler und die Ötztaler

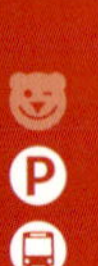

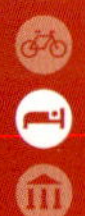

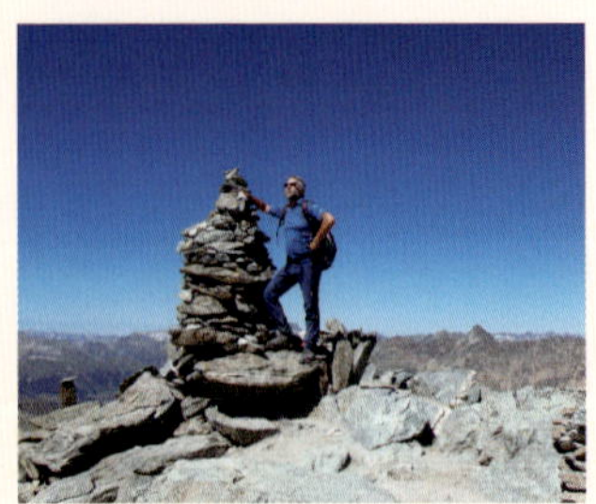

Endlich oben!

Alpen bis zu den Dreitausendern um den Albula- und den Julierpass, zum nahen Piz Languard und durch das Val Bernina hinaus nach Samedan. Den Höhepunkt bildet aber natürlich die Traumsicht zum firnglänzenden Piz Cambrena, zu den Eisbalkonen des Piz Palü und vom Piz Bernina bis zum Piz Morteratsch. Faszinierend ist auch der Tiefblick auf den immer noch riesigen Vadret Pers und auf den Vadret da Morteratsch.

Abstieg auf derselben Route in 45 Minuten zur **Bergstation der Diavolezza-Seilbahn** 01. Danach könnten Sie natürlich in der Gondel talwärts schweben – interessanter ist allerdings der Abstieg auf dem Pfad, der in südöstlicher Richtung auf den nahen **Sass Queder** 03 (3066 m) zusteuert. Nach dem kurzen 70-Höhenmeter-Abstecher auf diesen Geröllkopf darf man einen zweiten Dreitausender ins Tourenbuch eintragen und den Piz Palü aus einer leicht veränderten Perspektive betrachten.

Aus dem Sattel vor dem Berg wandern Sie dann nordwärts durch den Schutt neben den Firnresten des kleinen Diavolezzagletschers und einer Sesselbahn hinab. Über eine Steilstufe und einem felsigen Rücken gelangen Sie zur Abzweigung (2609 m) über dem Lej da Diavolezza. Von dort wandern Sie rechts ins unberührte Val d'Arlas hinunter, biegen über dem Talgrund nochmals rechts ab und erreichen bald darauf den winzigen Lej d'Arlas (2343 m). Der Pfad führt schliesslich zum **Lej Pitschen** 04 (2224 m), dem kleinsten der drei Seen im Val Bernina. Dort biegen Sie links ab und wandern wie bei Tour 32 auf einem rauen Fahrweg zur **Talstation der Diavolezza-Seilbahn** 05 (2093 m) hinab.

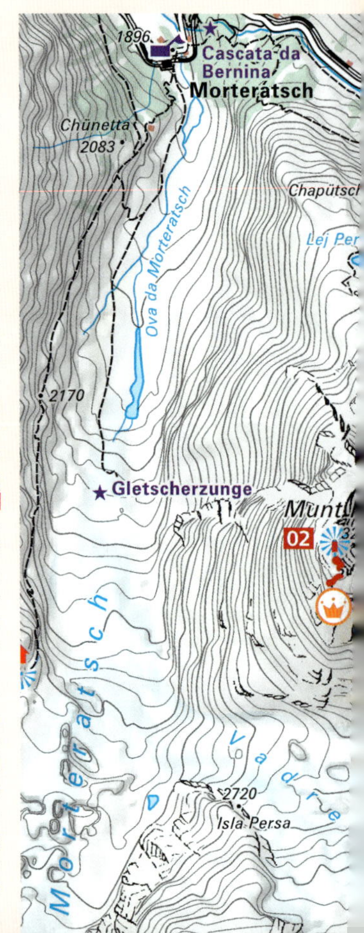

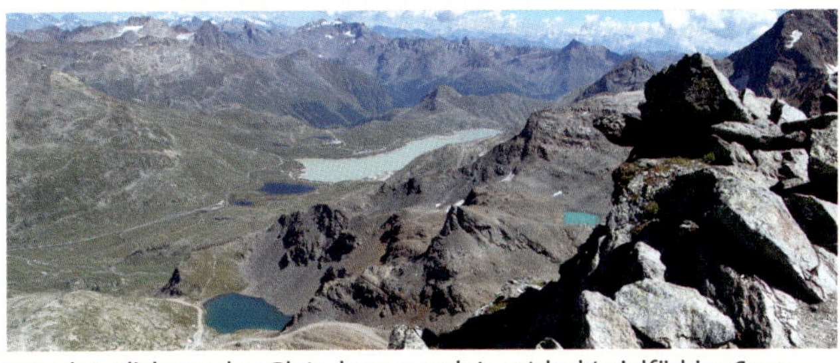

Wer den Blick von den Gletschern wendet, entdeckt vielfärbige Seen.

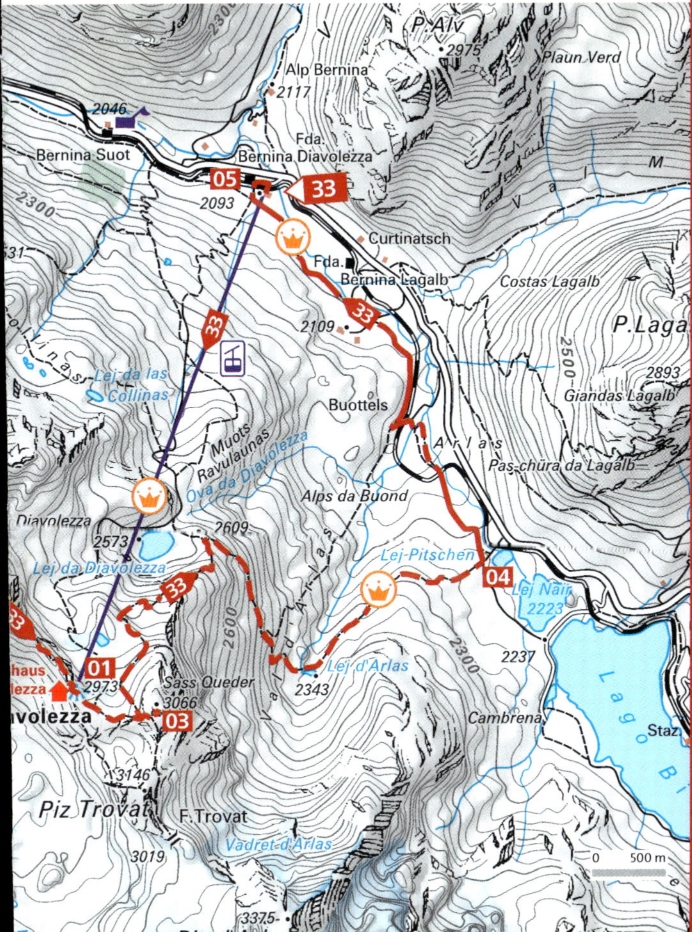

34 VOM LAGO BIANCO NACH POSCHIAVO

Sehnsucht nach dem Süden!

 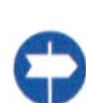 15,2 km 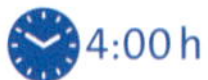 4:00 h 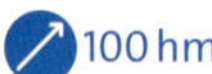 100 hm  1400 hm  47

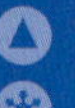

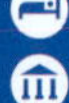

START | Bahnstation Ospizio Bernina (2256 m); Näheres bei Tour 32. Rückfahrt von Poschiavo mit der Rhätischen Bahn (man kann auch in der Nähe der Bahnstation Poschiavo parken und vor der Wanderung zum Startpunkt fahren).
[GPS: UTM Zone 32 x: 578.474 m y: 5.139.870 m]
CHARAKTER | Lange, aber einfache Bergab-Talwanderung mit einem Anstieg (150 Höhenmeter) auf beiten Wegen und teils steinigen Pfaden (T 1); dank der guten Bahn- und Postauto-Verbindung kann man die Tour an drei Stellen abbrechen oder beginnen. Einkehrmöglichkeiten am Start, Sassal Mason, Albergo Belvedere, Restaurant Alp Grüm, in Caviglia und in Poschiavo.

Eine Fahrt mit der Berninabahn ist ein echtes Erlebnis – besonders nach Süden ins Valposchiavo (Puschlav): Vom Gletschergebirge bis zu Weinbergen und Palmen, vom Rätoromanischen ins Italienische! Auch auf dieser Seite der Strecke empfiehlt sich das Begleiten der Schienen per pedes. Wie weit man dabei absteigt, ist ganz variabel, denn der historische Saumweg führt an mehreren Bahnstationen vorbei – und an Einkehrmöglichkeiten, in denen sich kulinarische Erlebnisse mit Fernsicht vom Feinsten verbinden. Trotz des Mega-Abstiegs sollte man aber zuvor unbedingt ein kurzes Stück bergwärts wandern: Sassal Mason ist wirklich einen Besuch wert!

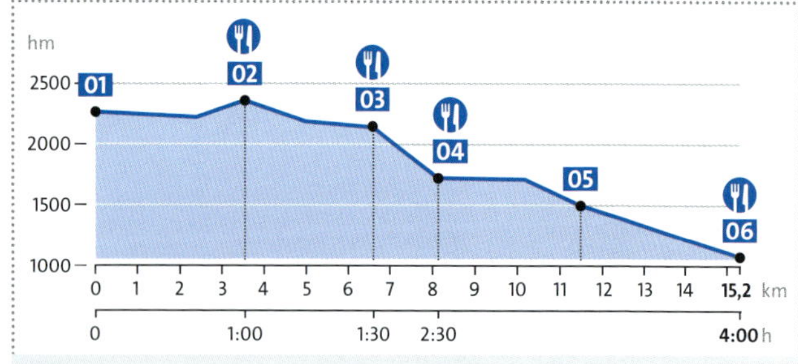

01 Bahnstation Ospizio Bernina, 2256 m; 02 Sassal Mason, 2355 m; 03 Alp Grüm, 2126 m; 04 Rifugio Cavaglia, 1693 m; 05 Cadera, 1460 m; 06 Poschiavo, 1021 m

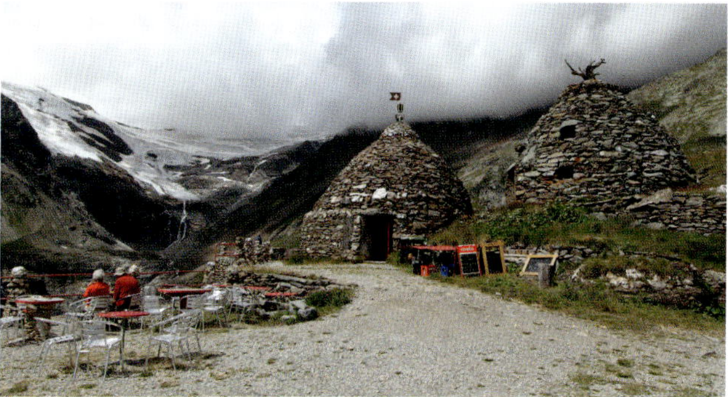
Blick zum Gletscher, Wein aus den Crots – Sassal Mason ist einzigartig.

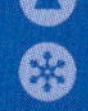

Von der **Bahnstation Ospizio Bernina** 01 folgen Sie dem Wegweiser „Sassal Masone, Alp Grüm" und wandern erst oberhalb, dann unterhalb der Bahnlinie zur südlichen Staumauer des Lago Bianco (2234 m), die man überschreiten kann. Jenseits nach links zu einer nahen Weggabelung: Rechts geht's auf einem rauen Fahrweg zum **Sassal Mason** 02 (2355 m) hinauf. Die beiden 1876 erbauten Crots neben dem gastlichen Rifugio, die wie steinerne Iglus aussehen, dienten einst als Milchkeller und bergen heute eine superbe Weinauswahl. Sie stehlen den Bergen, dem durch den Klimawandel schon recht löchrigen Vadret da Palü und seinen Wasserfällen fast die Show. Auch den einzigartigen Tiefblick auf den 1400 Höhenmeter weiter unten liegenden Lago di Poschiavo wird man nicht mehr vergessen. Gehzeit 1 Stunde.

Der Abstiegspfad zur ebenfalls sichtbaren Alp Grüm führt ein kurzes Stück hinter Sassal Mason links über steinige Grashänge zur Bahnlinie hinunter. Nach dem Übergang geht's unter dem Pru dal Vent (2210 m) zum nicht zu Unrecht so benannten Hotel Ristorante Belvedere hinüber und rechts zur nahen **Alp Grüm** 03 (2126 m) hinunter. Noch so ein Luginsland, dieses Steinschlösschen mit eigener Bahnstation!

Ein Wegweiser gibt die Gehzeit nach Poschiavo mit 2 ½ Stunden an. Der stellenweise steile Waldweg – der alte Saumpfad, auf dem vor dem Bau der Bahnlinie schwer bepackte Pferde zum Pass hinaufzogen – kürzt die Schleifen der Bahnlinie ab, passiert eine Hütte und die Lichtung La Dota. 1 Stunde nach der Alp Grüm können Sie im **Rifugio Cavaglia** 04 im gleichnamigen Weiler (1693 m) wieder eine Rast einlegen. In der Nähe steht

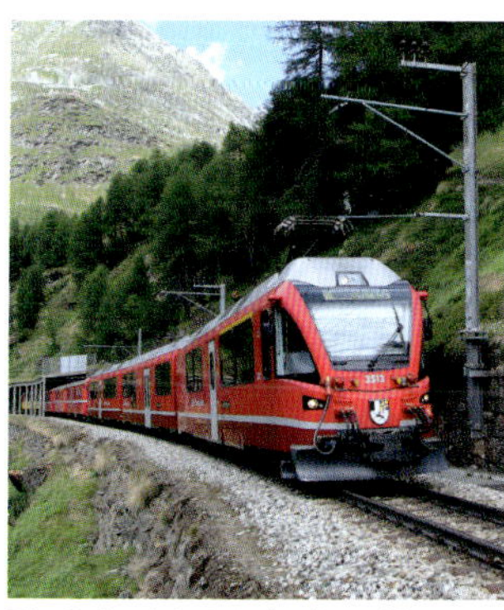
Die Bahn ist stets in der Nähe.

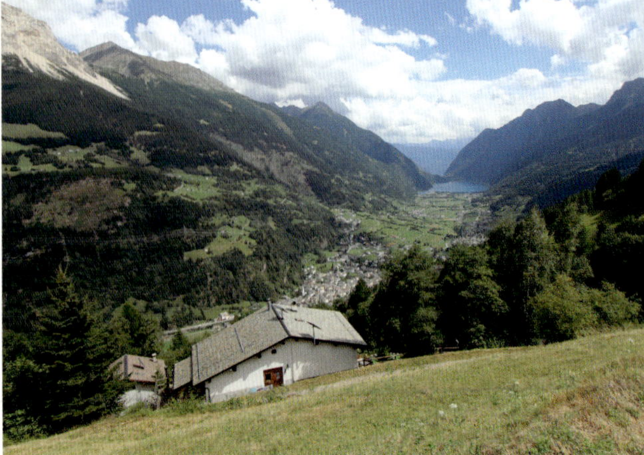

Der Tiefblick in Puschlav ist schön, der Weg dorthin aber noch weit.

Der Gletschergarten Cavaglia

10 Minuten von der Bahnstation Cavaglia findet man ein ganz besonderes Naturwunder: Oberhalb einer Schlucht hat der Gletscher des Piz Palü grosse Löcher im Fels hinterlassen. Das Schmelzwasser des Eises konnte sie mit Hilfe von mitgeschwemmtem Geröll aus dem harten Grundgestein fräsen. Diese „Gletschermühlen" sind zwischen Mai und Oktober über Treppen und Stege frei zugänglich. Während dieser Zeit kann man jeden Dienstag, Donnerstag, Samstag und Sonntag jeweils ab 14 Uhr an Führungen teilnehmen – und manchmal wird sogar Suppe mit Kräutern aus den Gletschertöpfen gekocht.

www.ghiacciai.info

das E-Werk, in dem das Wasser aus dem Lago Bianco zur Stromerzeugung herangezogen wird; 300 m weiter vorne stoppen die Züge der Berninabahn.

Nun folgen Sie der schmalen Asphaltzufahrt bis zur Rechtskurve vor einer kleinen Schlucht. Dort geht's geradeaus auf einer Kiesstrasse neben den Schienen weiter, vorbei an den „Gletschermühlen" (kurzer, empfehlenswerter Abstecher). Nach der Brücke über die Miniklamm und dem dortigen Bahnübergang zweigen Sie rechts auf den Wanderweg nach Poschiavo ab, der die Bahnlinie noch begleitet und dann links nach **Cadera** 05 (1460 m, Bahnstation) hinunterzieht.

Auf Schotterstrassen und Abkürzungswegen erreichen Sie die Wiesen über dem Talboden und die ersten Häuser von **Poschiavo** 06 (1021 m). Von der Hauptstrasse können Sie links ins Stadtzentrum rund um die spätgotische Stiftskirche San Vittore spazieren; rechts kommen Sie zum Bahnhof.

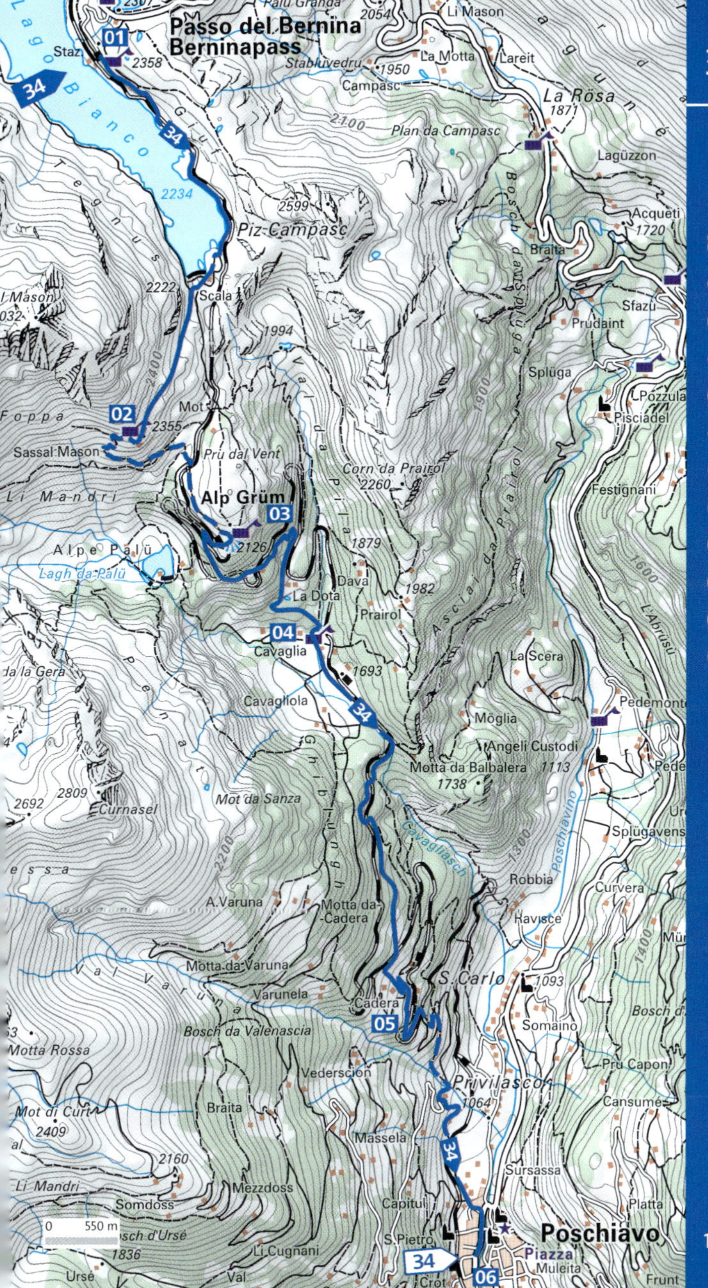

Passo del Bernina
Berninapass
Lago Bianco
Staz.
2307
2328
Palü Granda
2054
Li Mason
01
2358
Stabluvedru
1950
La Motta
Lareit
Campasc
La Rösa
1871
34
2100
Plan da Campasc
Lagüzzon
2234
2599
Piz Campasc
Acqueti
1720
Bralta
2222
Scala
Sfazu
Prudaint
1994
Splüga
Pozzula
Pisciadel
02
2355
Mot
Foppa
Sassal Mason
Prü dal Vent
Corn da Prairol
2260
Festignani
Li Mandri
Alp Grüm
03
2126
Alpe Palü
Lagh da Palü
1879
Dava
1982
La Dota
Prairol
04
Cavaglia
1693
La Scera
Cavagliola
Pedemonte
Möglia
Angeli Custodi
Motta da Balbalera
1113
1738
2692
2809
Curnasel
Mot da Sanza
Cavagliasch
Splügavens
Robbia
Curvera
A.Varuna
Motta da Cadera
Ravisce
Motta da Varuna
Val Varuna
Varunela
S. Carlo
1093
Cadera
05
Somaino
Bosch da Valenascia
Motta Rossa
Vederscion
Prü Capon
Privilasco
1064
Cansume
Mot di Curt
2409
Braita
Massela
2160
Sursassa
Li Mandri
Mezzdoss
Somdoss
Capitul
Platta
0 550 m
Bosch d'Ursé
1836
S. Pietro
Poschiavo
Li Cugnani
Piazza
Muleita
Ursé
Val
Campel
Crot
06
Frunt

VAL DA CAMP – LAGH DA VAL VIOLA

Stürzende Berge, verwunschene Seen

 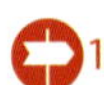 15,5 km  4:30 h 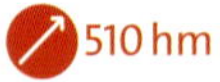  510 hm  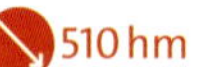 510 hm   47

START | Bar Ristorante Sfazù (1622 m) an der Strasse zwischen Poschiavo und dem Berninapass; Postauto-Haltestelle, Parkplatz. [GPS: UTM Zone 32 x: 582.902 m y: 5.138.045 m]
CHARAKTER | Erlebnisreiche Alp- und Waldwanderung auf Schotterstrassen und Pfaden (T2). Einkehrmöglichkeit: Rifugio Saoseo und Restaurant Alpe Campo – dorthin kann man zwischen Juni und Oktober auch mit einem Kleinbus fahren (Postauauto-Linie 703, Platzreservierung notwendig, Tel. +41 81 8441042, www.postauto.ch/de/ausflugstipps/val-da-camp)

Das Val da Camp ist ein besonderes Schmuckstück im Nordosten des Valposchiavo: Das fünf Kilometer lange und auf drei Seiten von Italien begrenzte Seitental, das zwischen zerschründeten Dreitausendern am Pass da Val Viola beginnt und südlich unter dem Berninapass endet, wurde sogar ins Schweizerische Bundesinventar der Landschafts- und Kulturdenkmäler von nationaler Bedeutung aufgenommen. Berühmt ist es vor allem für seine zauberhaften Seen – das Spektrum reicht dabei vom winzigen Quellteich im Arvenwald über Minigewässer, die im Herbst austrocknen, bis zum 350 Meter langen Hochgebirgs-Wasserspiegel des Lagh da Val Viola.

▶ Von der Abzweigung in **Sfazù** 01 folgen Sie dem Wegweiser „Rifugio Saoseo CAS, Camp" und wandern auf der für den allgemeinen Autoverkehr gesperrten Alpstrasse ins Val da Camp hinauf (die erste Kehre lässt sich rechts auf dem alten,

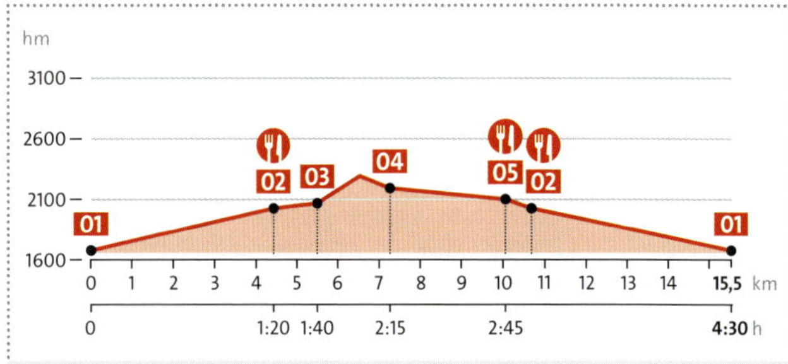

01 Sfazù, 1622 m; 02 Rifugio Saoseo, 1986 m; 03 Lagh da Saoseo, 2118 m; 04 Lagh da Val Viola, 2159 m; 05 Alpe Camp, 2064 m

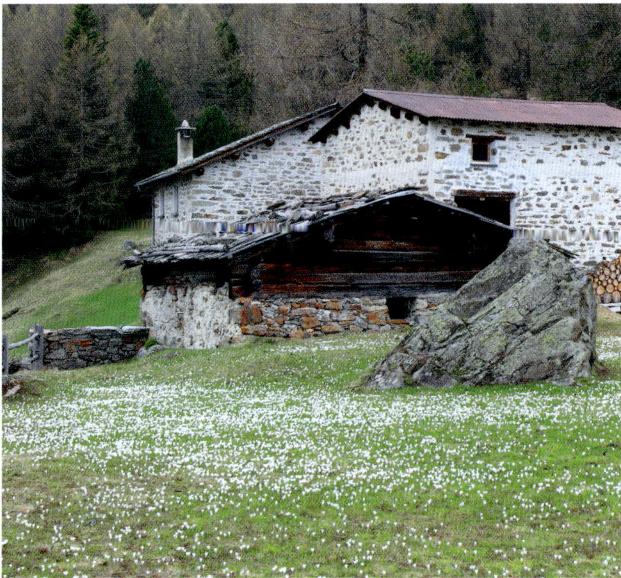

Im Mai schmückt sich das Val da Camp mit Krokusteppichen, während...

steilen und steinigen Alpweg abkürzen). Der Fahrweg führt durch Waldhänge und über blumenreiche Wiesen mit kleinen Anwesen – Buril, Salva, Salina, Plansena, Rügiul – taleinwärts. Bei der Abzweigung auf Mottacalva bleiben Sie links. So erreichen Sie nach 1 ¼ Stunden den Steinbau des **Rifugio Saoseo** 02 (1986 m). Die einladende Hütte wird vom Schweizer Alpenclub geführt.

Gleich hinter dem Gebäude zweigt der beschilderte, anfangs grob gepflasterte Pfad zum Lagh da Saoseo links ab. Durch wunderschöne Lärchen-Arven-Bestände und über einen kleinen Rücken gelangen Sie nach 15 Minuten zum **Lagh da Saoseo** 03 (2029 m) hinab. Das kreisrunde Gewässer, das schon als der schönste See der Schweiz bezeichnet wurde, ist die „Erbschaft" eines nacheiszeitlichen Bergsturzes. Von

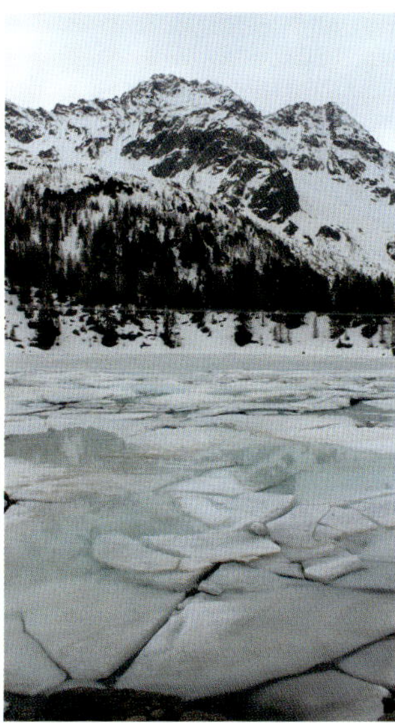

...am Lagh da Saoseo das Eis birst.

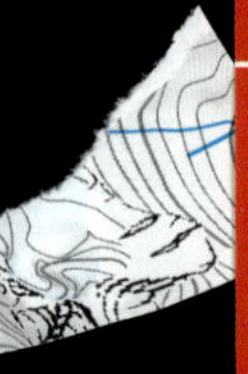

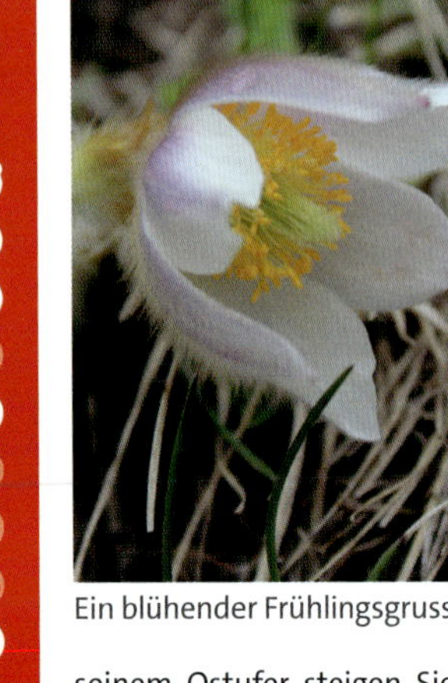

Ein blühender Frühlingsgruss.

seinem Ostufer steigen Sie, dem Wegweiser zum Lagh da Val Viola nach links folgend, durch einen steilen Waldhang an. Rechts des Weges verbergen sich drei winzige Wasseraugen.

Oberhalb davon kommen Sie ins freie Bergsturzgelände unter der hochalpinen Kulisse des Scima da Saoseo (3264 m), des Corno di Dosdè (3232 m) und des Piz Paradisin (3302 m). Nach einem kurzen Abstieg gelangen Sie zum **Lagh da Val Viola** 04 (2159 m), nach dem man den oberen Talbereich benannt hat. Die schönsten Rastplätze befinden sich an seinem Ostufer, von dem man über die Wälder zum Gletscher des Piz Palü hinüberblickt. Gut 30 Minuten vom Lagh da Saoseo.

Im Westen des Sees treffen Sie auf einen breiteren Weg, dem Sie links hinab folgen. Links unten verbergen sich zwei weitere kleine Seen im Wald. Nach 30 Minuten erreichen Sie das **Restaurant Alpe Campo** 05 (2064 m), eine weitere gute Einkehradresse. Auf der Schotterstrasse kommen Sie in 10 Minuten wieder zum **Rifugio Saoseo** 02.

Wer nicht auf der Zugangsroute zurückwandern möchte, kann etwa 300 m weiter südlich, beim Anwesen Rügiul (1960 m), links auf den schmalen Pfad Richtung „Terzana, Aurafreida" ausweichen. Dieser führt zum idyllischen Quellteich Poz da Rügiul und einem weiteren Minisee (1942 m). Von dort geht's auf der Südseite des Val da Camp abwärts.

Aus den Wiesen um das Anwesen Doss steigen Sie rechts zum Bach (1660 m) ab und jenseits wieder nach Buril hinauf – dann kommen Sie auf der Strasse bzw. dem alten Alpweg wieder nach **Sfazù** 01 hinab.

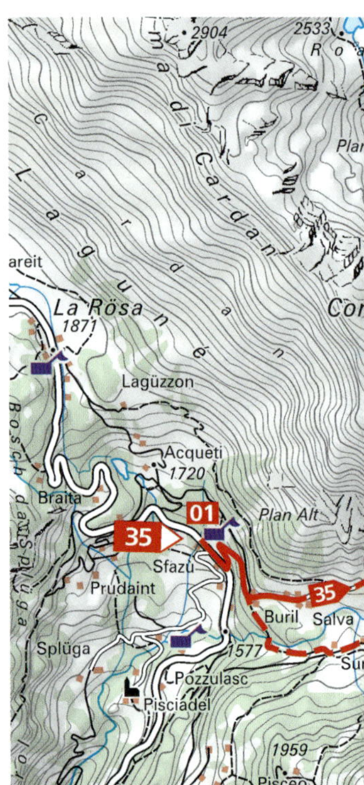

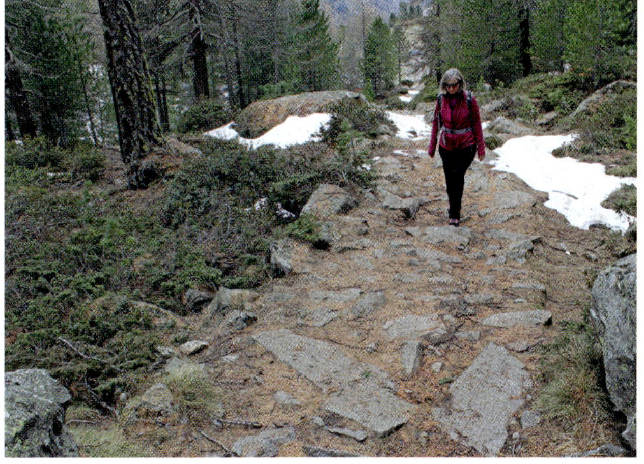

Teile des Weges ins Val da Camp gehen auf die Zeit der Römer zurück.

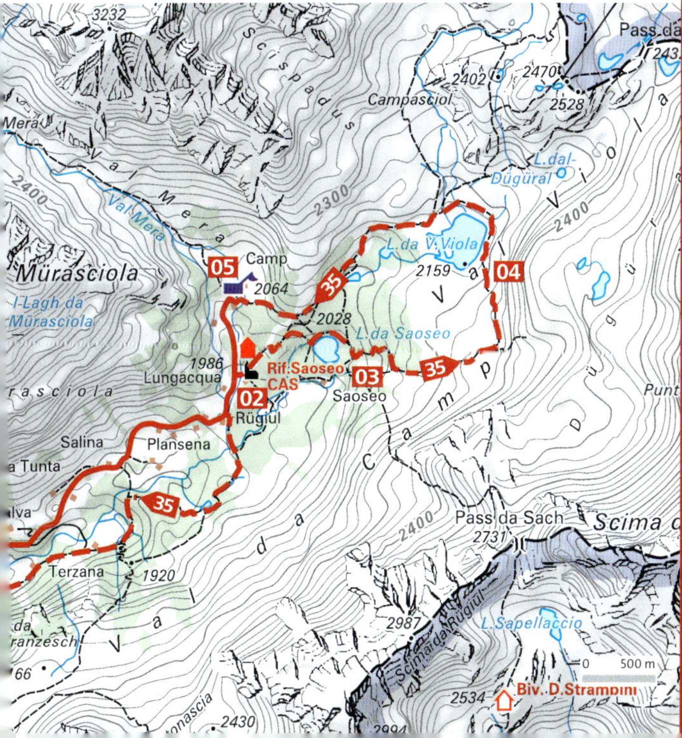

3232
Scispadus
Campasciol
2402
2470
2528
Pass da
243
Mera
Val Mera
L. dal Dügüral
Viola
2400
2300
Camp
05
2064
35
L. da V. Viola
2159
04
Val Dügüra
Mürasciola
I Lagh da Mürasciola
2028
L. da Saoseo
1986
Lungacqua
Rif. Saoseo CAS
03
35
Saoseo
02
Rügiul
Salina
Plansena
a Tunta
35
Val da Camp
Pass da Sach
2731
Scima
Terzana
1920
2400
2987
Scima da Rügiul
L. Sapellaccio
0 500 m
2534
Biv. D. Strampini
2430
2994

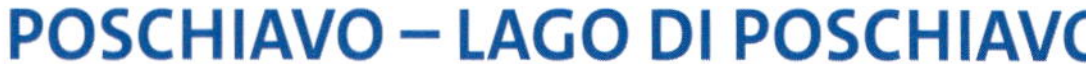

POSCHIAVO – LAGO DI POSCHIAVO

Stadtrundgang und Seespaziergang

  7,9 km 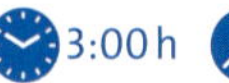 3:00 h 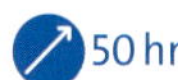 50 hm  100 hm 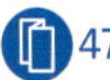 47

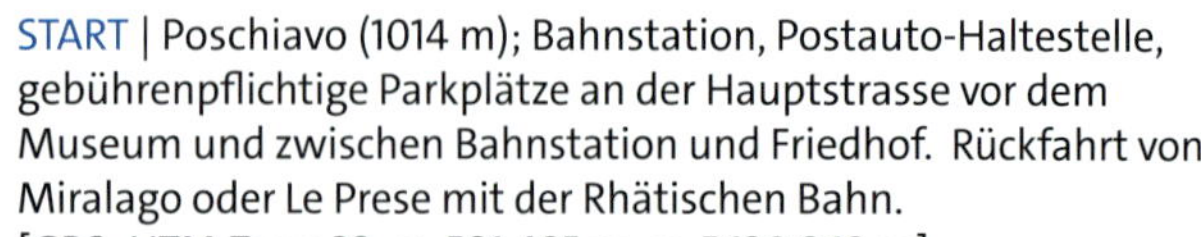

START | Poschiavo (1014 m); Bahnstation, Postauto-Haltestelle, gebührenpflichtige Parkplätze an der Hauptstrasse vor dem Museum und zwischen Bahnstation und Friedhof. Rückfahrt von Miralago oder Le Prese mit der Rhätischen Bahn.
[GPS: UTM Zone 32 x: 581.485 m y: 5.130.843 m]
CHARAKTER | Einfache Talwanderung auf Nebenstrassen, breiten Wegen und Pfaden (T1); man kann die Tour in Le Prese abbrechen bzw. beginnen. Einkehrmöglichkeiten in Poschiavo, Le Prese und Miralago.

15 Kilometer südlich des Berninapasses liegt die kleine Stadt Poschiavo – „post clavem“, wie es die Römer nannten, also hinter der Talenge, die das Puschlav vom Veltlin trennt. Dort stürzten schon in prähistorischer Zeit gewaltige Schuttmassen von den Bergen herab; sie stauten den 2,5 Kilometer langen Lago di Poschiavo (Puschlaversee) auf. Er ist das Ziel eines gemütlichen Spaziergangs von Poschiavo. Sein Ostuferweg lädt zu einer der schönsten „Wasserwanderungen“ der Schweiz ein – man kann die Landschaft aber auch vom Wasser aus betrachten: Seit 2016 fährt mit der „Sassalbo“ das grösste Passagierschiff im Kanton Graubünden über den See (www.sassalbo.ch).

▶ Zunächst empfiehlt sich ein etwa 15 Minuten dauernder Rundgang durch den Borgo von **Poschiavo** 01. Rund um die Plazza da

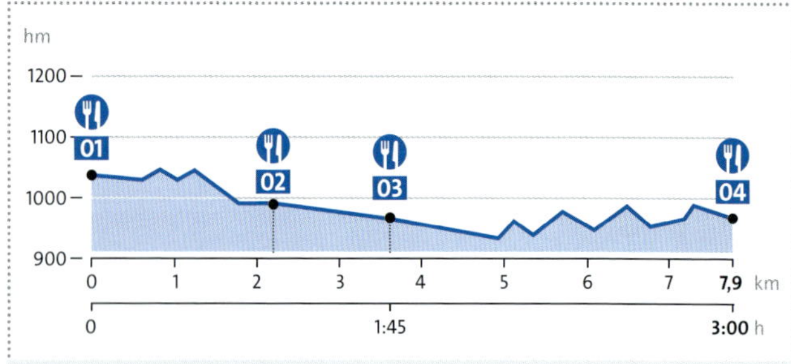

01 Poschiavo, 1014 m; 02 Annunziata, 980 m; 03 Le Prese, 964 m; 04 Miralago, 964 m

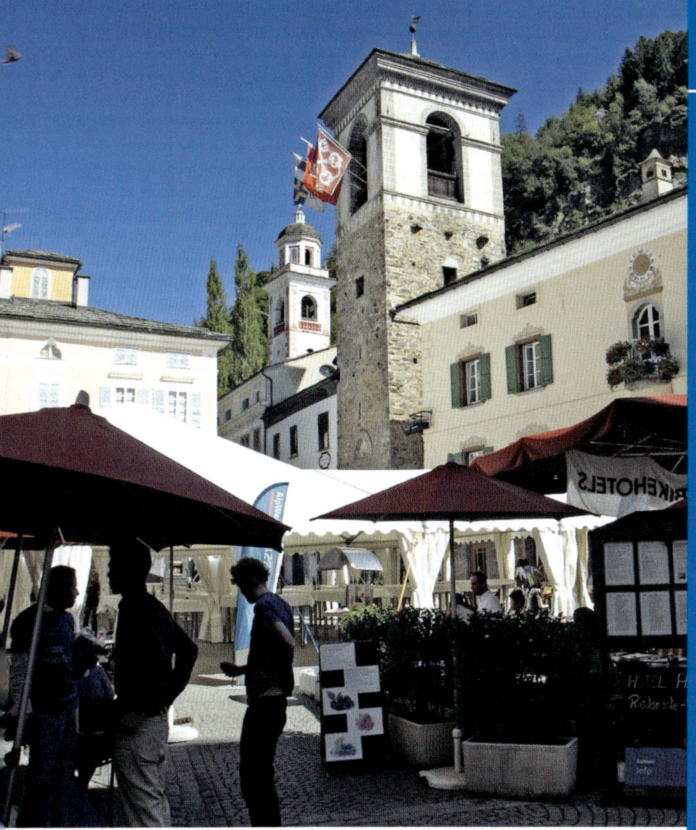

Das liebenswerte Städtchen Poschiavo – Graubünden auf italienisch.

Cumün im Zentrum stehen zahlreiche mit Steinplatten gedeckte Häuser aus der Zeit zwischen dem 16. und dem 19. Jahrhundert; die spätgotische Stiftskirche San Vittore besitzt noch einen romanischen Turm. Sehenswert sind auch das Rathaus, das aus einem Wehrturm hervorging, das alte Frauenkloster mit der barocken Kapelle Santa Maria Presentata, die Casa Tomé und das Oratorium Sant'Anna mit seinem Beinhaus. Auch am südlichen Rand der Altstadt, an der Via di Palaz, findet man eine architektonische Besonderheit: Das sogenannte Spaniolenviertel mit seinen Häusern im farbenfrohen spanischen Stil. Errichten liessen sie Auswanderer, die zu Wohlstand kamen und wieder in ihre Heimat zurückkehrten. An der Kreuzung mit der Via dal Poz finden Sie den Wegweiser Richtung „Li Curt, Le Prese". Diesem folgen Sie zur 300 m entfernten Barockkirche Santa Maria Assunta. Daneben zweigen Sie – dem Wegweiser folgend – links und nach 50 m rechts ab. Nun wandern

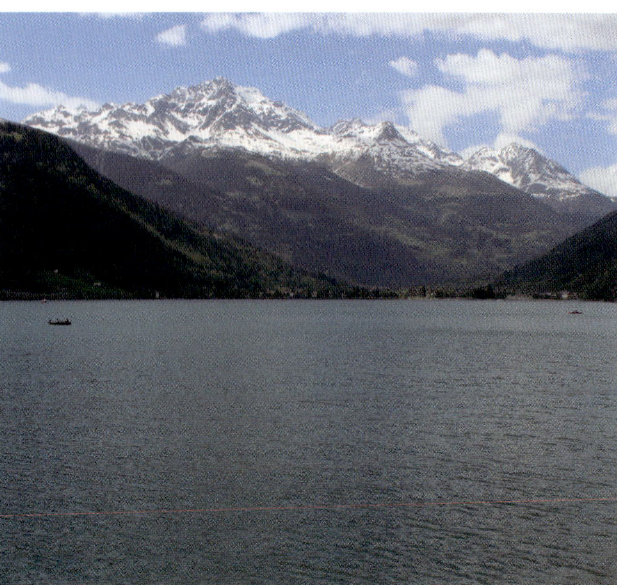

Der Piz Varuna überhöht den Lago di Poschiavo um 2491 Meter.

Sie auf Nebenstrassen nach Süden. Von einer Gabelung nach ungefähr 500 m geht's rechts zum Ufer des Poschiavino hinab. Dort schwenken Sie nahe der Brücke in Li Curt links auf die Strasse Richtung Le Prese ein, folgen ihrem Gehsteig 160 m und spazieren dann rechts ins Dorf **Annunziata** 02 (980 m).

20 m nach seiner Kirche, die an ein Bürgerhaus angebaut wurde, finden Sie rechts einen Mauerdurchgang (Wegweiser). Durch diesen gelangen Sie zum Flussufer, dem ein Dammweg entlangführt. Am südlichen Ortsrand überqueren Sie die Zufahrtsstrasse, dann wandern Sie etwa 1,5 km neben dem dahinplätschernden Poschiavino bis zur nächsten Querstrasse. Diese führt rechts nach **Le Prese** 03 (964 m) am Nordufer des Lago di Poschiavo (Bahnstation, Restaurants). Gehzeit von Poschiavo 1 ¾ Stunden.

Zum Ostufer des Sees gelangen Sie dagegen links auf der Strasse ins 400 m entfernte Dorf Cantone. Dort folgen Sie dem Wegweiser „Miralago" nach rechts, gehen durch ein Tor und treffen bei der Liegewiese am Lago di Poschiavo auf den Seerundweg.

Auf diesem wandern Sie links zu den felsigen Steilhängen über dem Wasser, wo zwei Tunnels durchquert werden. Am Ende dieser genussvollen Uferwanderung kommen Sie an einigen alten Sommerhäusern und einem seltsamen Steintisch vorbei – dann geht's rechts über einen Steg in die kleine Ortschaft **Miralago** 04 (964 m).

Rechts finden Sie die Bahnstation und das zauberhafte Albergo Ristorante Miralago (mit Garten und Grotto). 1 ¼ Stunden von der Brücke vor Le Prese.

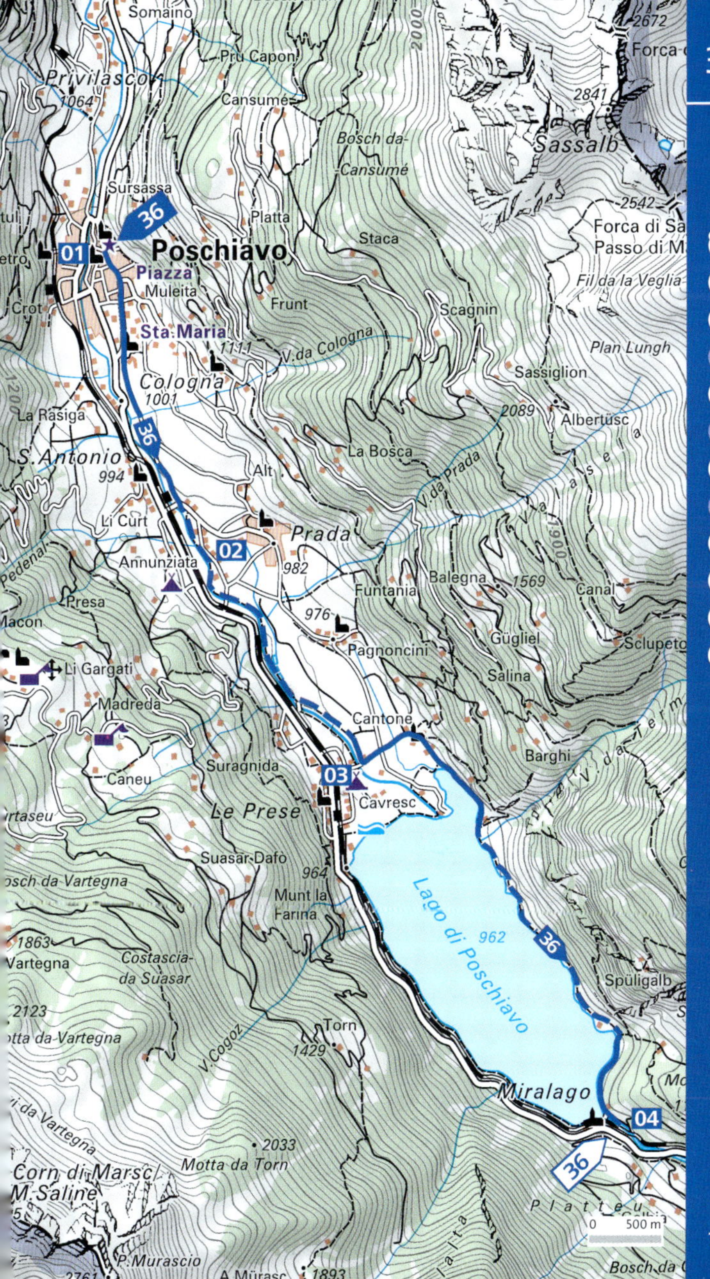
Somaino
Bosch d'Ain
Pru Capon
Privilasco
1064
Cansumé
Bosch da-
Cansumé
Sursassa
36
01
Poschiavo
Platta
Staca
Piazza
Muleita
Frunt
Scagnin
Sta Maria
1111
V. da Cologna
Cologna
1001
Sassiglion
Plan Lungh
La Rasiga
36
2089
Albertüsc
La Bosca
S. Antonio
994
Alt
V. da Prada
Li Curt
Prada
02
982
Annunziata
Funtania
Balegna
1569
Canal
Presa
976
Pagnoncini
Güglièl
Sclupeto
Li Gargati
Salina
Madreda
Cantone
Barghi
Suragnida
03
Cavresc
Caneu
Le Prese
Suasar-Dafo
964
Munt la
Farina
Lago di Poschiavo
962
36
Spüligalb
1863
Vartegna
Costascia-
da Suasar
2123
Torn
1429
V. Cogoz
Miralago
04
36
2033
Motta da Torn
Corn di Marsc
M. Saline
P. Murascio
2761
A. Mürasc
1893
Bosch da
2858
2672
Forca
2841
Sassalb
2542
Forca di Sa
Passo di M
Fil da la Veglia
0 500 m

CORVIGLIA – LEJ SUVRETTA

Zwischen dem schwarzen Berg und der Felsnadel

  13,6 km 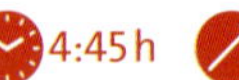 4:45 h 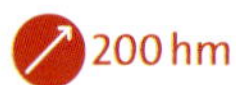 200 hm 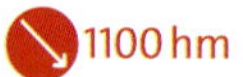 1100 hm  36

START | St. Moritz/S. Murezzan (1822 m), Talstation der Bergbahn Chantarella-Corviglia-Piz Nair im Ortszentrum; Bahnstation, Postauto-Haltestelle; Parkhaus Quadrellas (nahe der Talstation), Parkhaus Serletta nahe der Bahnstation. Mit der Standseilbahn zur Station Chantarella und weiter zur Station Corviglia (2486 m). [GPS: UTM Zone 32 x: 562.843 m y: 5.150.860 m]
CHARAKTER | Alpine Bergwanderung auf Schotterstrassen und Pfaden (T3), nur bei guten Verhältnissen und stabiler Wetterlage ratsam. Einkehrmöglichkeit bei der Station Corviglia, Alp Suvretta, Restaurant El Paradiso, Hotel Salastrains.

Mit der 1913 erbauten Chantarella-Drahtseilbahn begann die Erfolgsgeschichte des Wintersports in St. Moritz. Den nächsten Schub brachten die Olympischen Winterspiele 1928, für die man den Schrägaufzug auf die Corviglia verlängerte. Er erleichtert heute auch Wanderungen rund um den 3056 Meter hohen Piz Nair, den „schwarzen Spitz". Zwischen dem mit einer Seilbahn erschlossenen „Hausberg" des Ferienortes und dem mit einem kleinen Gletscher geschmückten Piz Güglia/Piz Julier liegt der Pass Suvretta, der zwei zauberhafte Alptäler gleichen Namens trennt: die Suvretta da Samedan und die Suvretta da San Murezzan. Letztere gibt die Richtung für den langen Abstieg nach einem schönen Höhenweg vor.

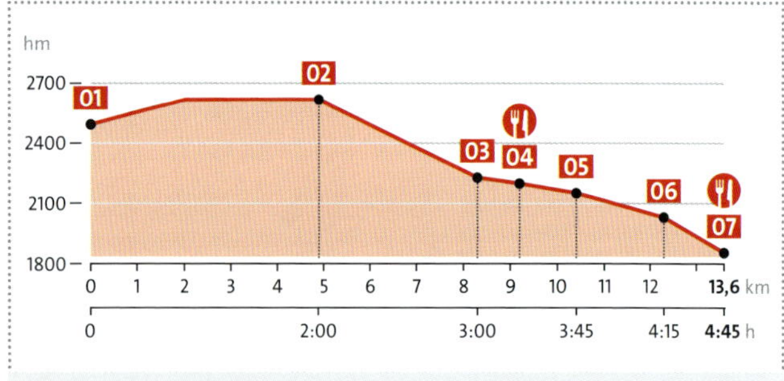

01 Corviglia, 2486 m; 02 Pass Suvretta, 2615 m; 03 Alp Suvretta, 2211 m; 04 Restaurant El Paradiso, 2180 m; 05 Signalbahn, 2130 m; 06 Chantarella, 2005 m; 07 St. Moritz, 1822 m

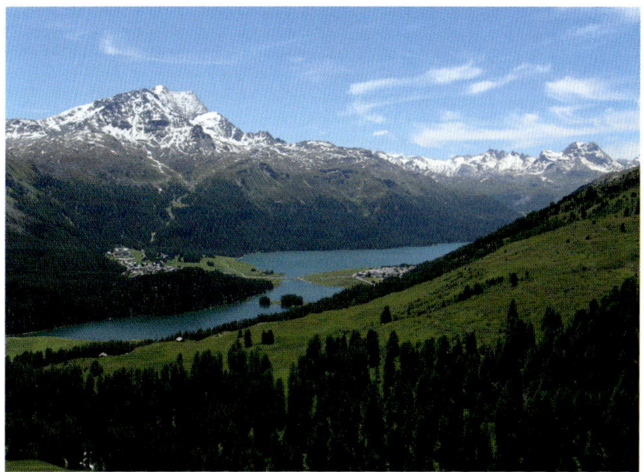
Lej da Champfèr, Lej da Silvaplauna, Piz Corvatsch und Piz da la Margna.

▶ Von der **Station Corviglia** 01 folgen Sie dem Wegweiser „Pass Suvretta" und steigen auf einer Schotterstrasse – zweimal links abzweigend – durch das Skigebiet zu den Liftstationen (2685 m) unter dem Piz Nair Pitschen an. Von dort geht's auf einem flachen bzw. sanft abfallenden, auch bei Mountainbikern sehr beliebten Höhenpfad durch die Gras- und Schutthänge unter dem Piz Nair weiter. Herrlicher Blick zum gegenüber aufragenden Piz Güglia/Piz Julier! Ein wenig oberhalb des Lej Suvretta gelangen Sie schliesslich zum **Pass Suvretta** 02 (2615 m). Gehzeit ca. 2 Stunden.

Dort biegen Sie scharf nach links Richtung „Alp Suvretta, St. Moritz" ab und gehen zum nahen See (2602 m) hinunter. Darüber zeigen sich der Piz Bernina und der Piz Roseg in ihrer vollen Pracht. Der Pfad neben der abfliessenden Ova da Suvretta führt dann an einer kleinen Hirtenhütte (Chamona Suvretta) vorbei und passiert weiter unten einen „lehrbuchmässig"

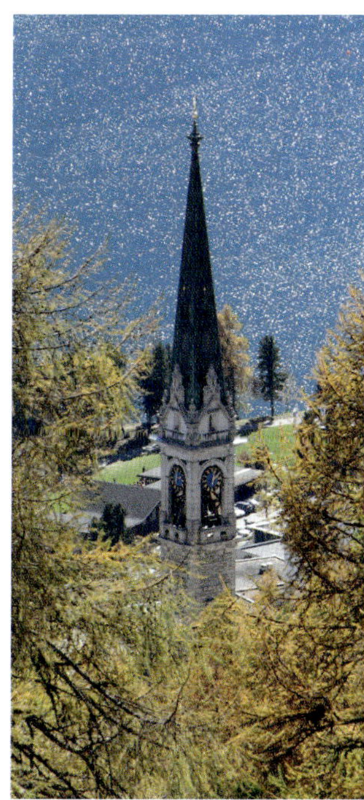
See- und Turmblick auf St. Moritz.

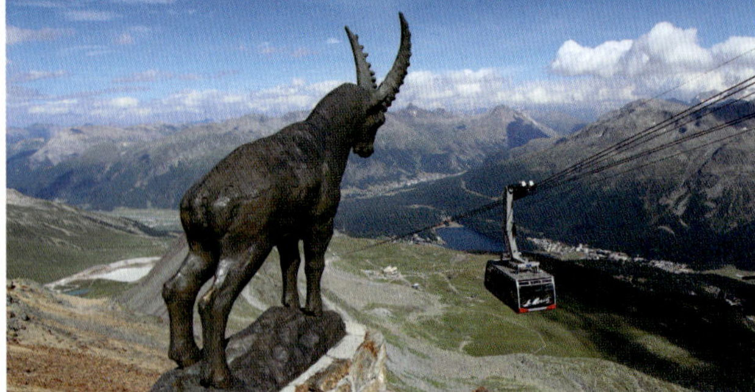

Höher hinauf mit der Seilbahn – St.-Moritz-Panorama vom Piz Nair.

schönen Blockgletscher, der sogar einen kleinen See aufstaut und den Bach zu einem unterirdischen Lauf zwingt. Im Hochtal der Suvretta da San Murezzan gelangen Sie schliesslich zu einer Gabelung, von der Sie links zur **Alp Survretta** 03 (2211 m) einschwenken. Gut 1 Stunde vom Pass Suvretta.

Der folgende Spaziergang auf dem flachen, breiten Weg Richtung „Signalbahn Bergstation, St. Moritz-Dorf" – vorbei am **Resturant El Paradiso** 04 (2180 m) – lässt genug Zeit zum Betrachten der Oberengadiner Seenlandschaft. Knapp vor dem Bergrestaurant Trutz zweigen Sie rechts ab, wandern sanft abwärts und folgen dann dem links wieder etwas ansteigenden Weg. 45 Minuten nach der Alp Suvretta könnte man von der Bergstation der **Signalbahn** 05 (2130 m) in der Gondel nach St. Moritz-Bad hinunterfahren.

Eine Strasse führt zum Hotel Salastrains (2037 m), von der Sie auf Heidi's Blumenweg knapp oberhalb der Fahrbahn zur **Station Chantarella** 06 der Corvigliabahn (2005 m) gelangen – nach 30 Minuten die nächste Möglichkeit für eine Talfahrt. Hinter dem Gebäude schlängelt sich ein schöner Waldweg durch den God sur Chaunt Blais nach **St. Moritz** 07 (1822 m) hinunter (30 Minuten).

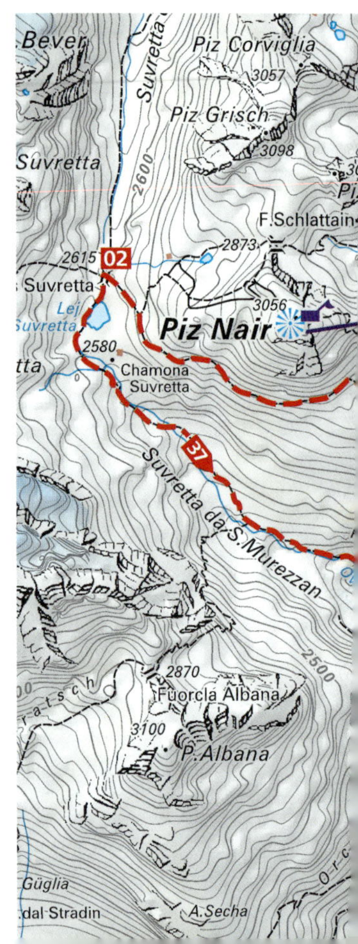

Am Fuss des Berges sperrt ein sehr aktiver Blockgletscher das Tal ab.

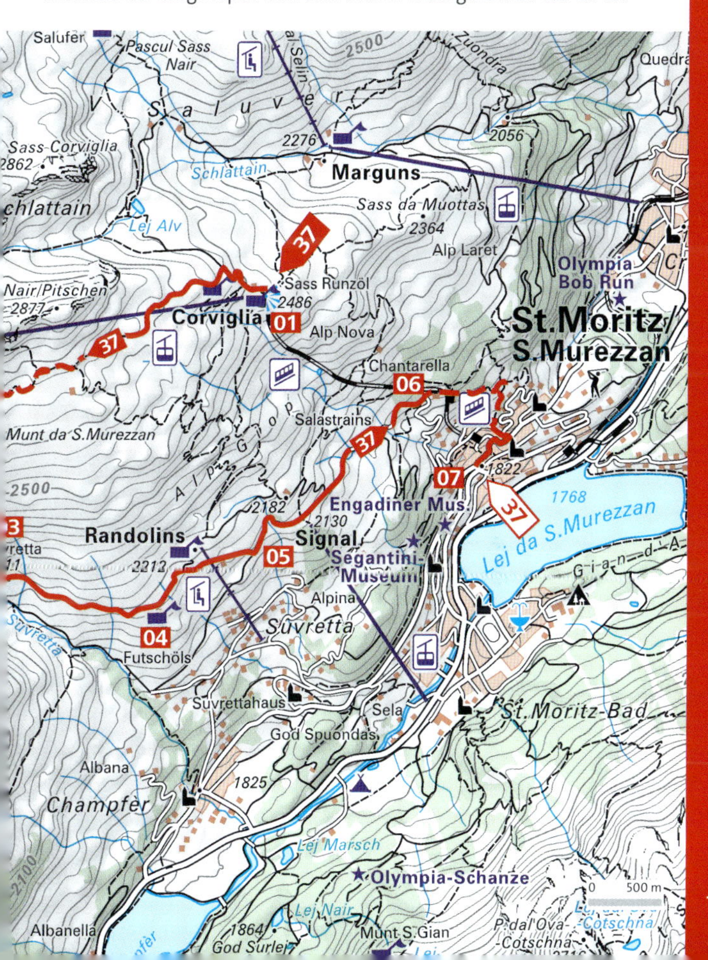

LEJ MARSCH – LEJ NAIR – LEJ DA STAZ

„Wasserwandern“ zwischen Champfèr und St. Moritz

  12,9 km  4:00 h 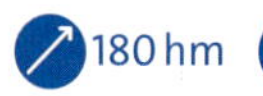 180 hm 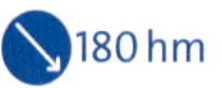 180 hm 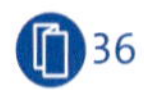 36

START | Champfèr (1825 m), der südwestliche Nachbarort von St. Moritz; Postauto-Haltestelle beim Schulhaus, Parkplatz an der nördlichen Ortszufahrt von der Kantonsstrasse aus Richtung St. Moritz. Man kann natürlich auch in St. Moritz-Bad starten; dort findet man eine Postauto-Haltestelle, ein Parkhaus und mehrere gebührenpflichtige Parkplätze.
[GPS: UTM Zone 32 x: 562.631 m y: 5.147.364 m]
CHARAKTER | Einfache Tal- und Waldwanderung auf ruhigen Nebenstrassen, breiten Wegen und Pfaden (T1).

Ohne Mineralwasser wäre die Tourismusdestination St. Moritz wohl immer noch das kleine Bauerndorf San Murezzan. Der Arzt Paracelsus lobte die eisenhaltigen Quellen, die im Südwesten des Ortes sprudeln, schon im Jahre 1535 als „den besten Sauerbrunnen Europas“. Daran gelabt haben sich die Menschen aber schon fast 3000 Jahre davor – das beweist eine hölzerne Quellfassung aus der Bronzezeit, die 1853 entdeckt wurde. Die noblen Hotels, die man ab der zweiten Hälfte des 19. Jahrhunderts für die Kurgäste aus aller Welt baute, wurden ursprünglich nur im Sommer gebucht. Erst mit einer legendären Wette kam ab 1865 auch der Wintertourismus in Schwung. Wie gut, dass sich der St. Moritzersee, der meist schon vor Weihnachten zufriert, für allerlei sportliche Vergnügungen anbot:

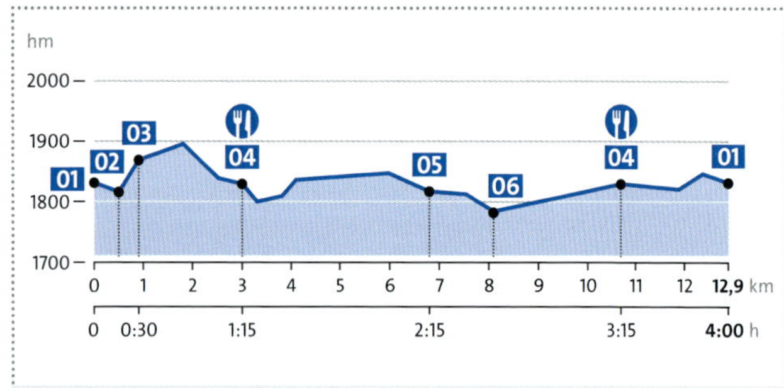

01 Champfèr, 1825 m; 02 Lej Marsch, 1809 m; 03 Lej Nair, 1864 m; 04 St. Moritz-Bad, 1823 m; 05 Lej da Staz, 1810 m; 06 Lej da San Murezzan, 1768 m

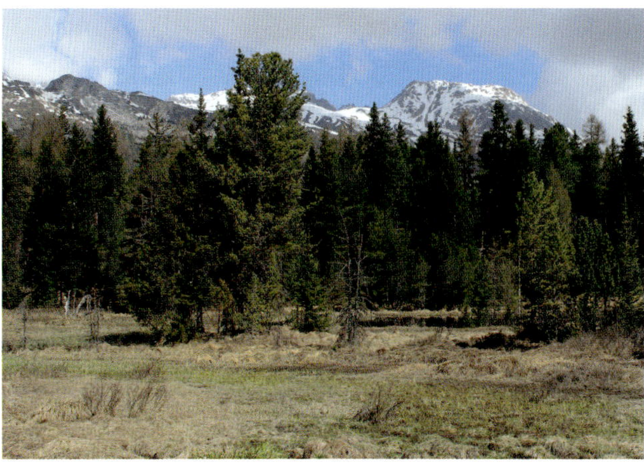

Die unbekannte Seite von St. Moritz – das einsame Moorgebiet.

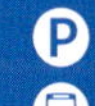
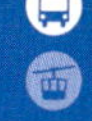

Auf seinem Eis ritterten 1872 zum ersten Mal Schlittschuhläufer um einen Siegespokal; acht Jahre später war sein Eis Schauplatz des ersten Eis-Curling-Turniers auf dem Kontinent, 1907 fand dort das erste Pferderennen statt. St. Moritz wurde zweimal zum Austragungsort von Olympischen Winterspielen. Im Sommer und Herbst geht's am See ruhiger zu. Etliche Wanderwege laden zum gemütlichen Flanieren ein. Dabei kann man der Geschichte des Ortes nachspüren, die ausgedehnten, aber kaum bekannten Moore im Stazerwald durchstreifen und sogar den einen oder anderen Sprung ins Wasser wagen: Im Gegensatz zu den grossen, aber recht kalten Oberengadiner Seen bieten dort einige kleine Moorgewässer angenehme sommerliche Badetemperaturen.

▶ Gegenüber dem Parkplatz vor dem Ort **Champfèr** 01 (250 m von der Postauto-Haltestelle im Zentrum entfernt) führt ein asphaltierter, für den Verkehr gesperrter Fahrweg zur Brücke über die Ova da Survretta und unter der Hauptstrasse durch zum Inn. Auch diesen überqueren Sie. Von der nahen Abzweigung folgen Sie dem Wegweiser „Lej Marsch" nach rechts, 70 m danach gehen Sie links hinauf. So erreichen Sie schon nach 15 Minuten das Ufer des **Lej Marsch** 02 (1809 m). Das 100 m lange, von Wald umgebene und daher vor Wind geschützte Moorgewässer empfiehlt sich trotz seines Namens – „Faulsee" – sehr zum Baden; störend wirkt allerdings eine Hochspannungsleitung. Vom Südufer führt ein breiter Weg mit der Beschilderung „Lej Nair, Surlej" durch den Waldhang bergauf. Auf einem quer verlaufenden Weg kommen Sie rechts nach 15 Minuten zum ebenso romantischen **Lej Nair** 03 (1864 m). Auch dieser ist von duftigem Baumbestand umgeben; ein Rundweg auf Stegen lädt zur Umrundung ein. Wenn Sie dem Weg, der vor dem See links abzweigt, noch 300 m weit folgen, können Sie das Moor beim winzigen Lej Zupo besuchen – dieser See ist jedoch so klein, dass

er im Herbst meist austrocknet.
Vom Lej Nair wandern Sie wieder auf der Zugangsroute zurück, bleiben jedoch bei der ersten Abzweigung geradeaus (Wegweiser „Olympia Schanze Anlauf, St. Moritz-Bad") und steigen sanft durch den God San Gian an. Dort hat man 1927 eine Sprungschanze errichtet. Auf der Lichtung Pascul (1880 m) zweigen Sie links ab. Nun geht's wieder talwärts und nach 400 m rechts zur neugotischen französischen Kirche am Rand von **St. Moritz-Bad** 04 (1723 m) hinab. 45 Minuten vom Lej Nair.
Unterhalb der Kirche folgen Sie der Strasse nach rechts, gehen an einem Spielplatz vorbei und biegen dann rechts ab (Wegweiser „Alp da Staz, Pontresina, Meierei/Acla Dimlej"). Nach 150 m zweigen Sie rechts Richtung „Alp da Staz" ab, wandern zum nahen Umspannwerk und auf der Schotterstrasse in den Wald hinauf. Nach 700 m biegen Sie nach einer Brücke links ab. Nun folgen Sie stets der Beschilderung „Lej da Staz" und spazieren auf der Kiesstrasse durch das Moorgebiet von Mauntschas (1820 m), das zu den grössten seiner Art in den Zentralalpen zählt. Hier hat man einst Torf für die Moorbäder im Heilbad abgebaut; heute steht das renaturierte Gebiet unter strengem Schutz. Am Nordrand des kleinen Hochtals zweigen Sie wieder rechts ab und folgen der Schotterstrasse neben dem Palüd dals Pelets. Danach geht's nach rechts und an der Wiese von Cangiroulas vorbei. Nach kurzem An- und Abstieg kommen Sie schliesslich zum moorschwarzen, ungefähr 4 Hektar grossen **Lej da Staz/Stazersee** 05 (1810 m), wo das gleichnamige Hotel-Restaurant zur Einkehr einlädt. Vom dazugehörigen Badeplatz geniesst man einen herrlichen Blick zu den Oberengadiner Bergen. 1 Stunde von St. Moritz-Bad. Auf der Asphaltstrasse geht's nach links, am Seeufer vorbei und zum Landgasthof Meierei St. Moritz. Von dort wandern Sie links zum 78 Hektar grossen **Lej da San Murezzan/St. Moritzersee** 06 (1768 m). Auf seinem Süduferweg gelangen Sie – mit herrlicher Sicht hinüber nach St. Moritz, über die Corviglia zum Piz Nair (3056 m) und bis zum Piz Güglia/Piz Julier (3380 m) wieder nach **St. Moritz-Bad** 04. 1 Stunde vom Lej da Staz.
Dort fällt die katholische Kirche auf; sie wurde zwischen 1886 und 1889 vor allem für die Gäste der umliegenden Hotels erbaut. Eines davon ist das Hotel Reine Victoria, das Sie auf der Via Sela und der anschliessenden Via Rosatsch (Postauto-Haltestelle bei der Post)

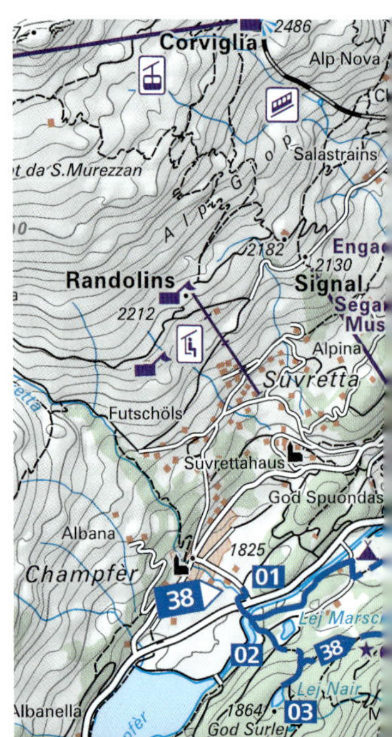

erreichen. Beim nahen Hallenbad Ovavera schwenken Sie rechts auf die Via Mezdi ein und gehen am Olympiastein vorbei. Links befindet sich das Forum Paracelsus. Dort lädt ein Trinkbrunnen zur Degustation des St. Moritzer Sauerwassers ein, das Gebäude birgt auch die bronzezeitliche Fassung der Mauritiusquelle. Danach gehen Sie rechts am Kempinski Grand Hotel des Bains (Casino) vorbei. Bei seinen Tennisplätzen biegen Sie zweimal hintereinander rechts ab und wandern auf einem breiten Kiesweg zur Kantonsstrasse und zum Inn. Bei einem Kiosk wird ein Fahrweg überquert, dann geht's auf einem Waldweg nahe dem Flüsschen zur bereits bekannten Brücke, über die Sie rechts zum Ausgangspunkt bei **Champfèr** 01 gelangen. 45 Minuten ab St. Moritz-Bad.

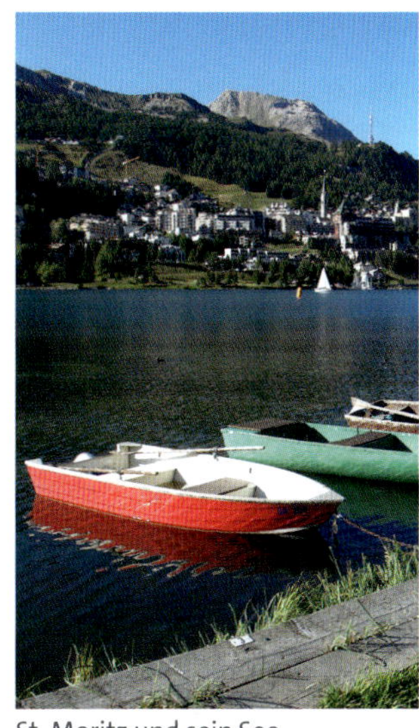
St. Moritz und sein See.

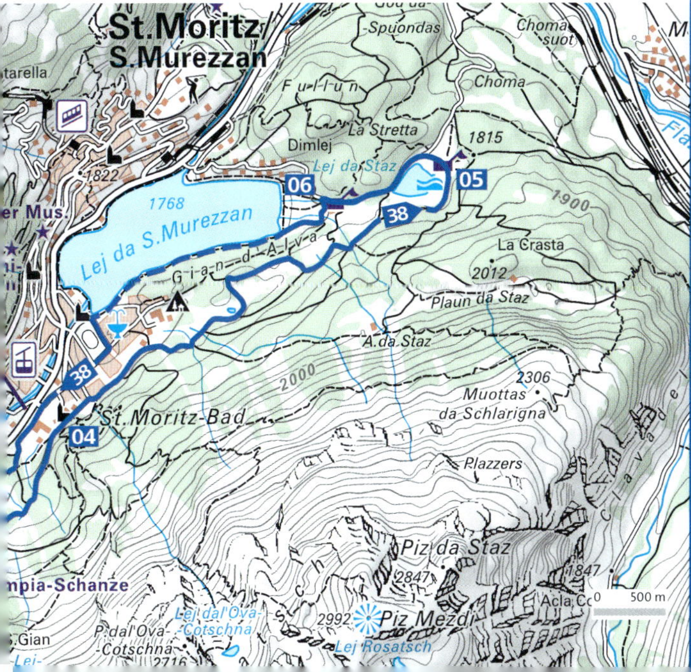

LEJ DA SILVAPLAUNA/SILVAPLANERSEE – LEJ DA SEGL/SILSERSEE

Von See zu See durchs Oberengadin

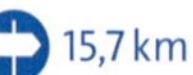
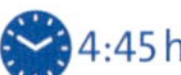
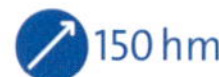

15,7 km | 4:45 h | 150 hm | 150 hm | 46

START | Champfèr (1825 m), Postauto-Haltestelle beim Schulhaus, Parkplatz an der nördlichen Ortszufahrt (aus Richtung St. Moritz) von der Kantonsstrasse. Rückfahrt mit dem Postauto (Linie 631). Zwischen Maloja und Sils kann man mit dem Schiff über den Silsersee fahren (www.sils.ch).
[GPS: UTM Zone 32 x: 562.631 m y: 5.147.364 m]
CHARAKTER | Lange, aber einfache Tal- und Seeuferwanderung, die man an mehreren Stellen abbrechen bzw. beginnen kann; unterwegs ist man auf Nebenstrassen, Waldwegen und Pfaden mit zwei kurzen An- und Abstiegen. Einkehrmöglichkeit in Champèr, Silvaplana, Sils i. E./Segl, Isola und Maloja.

Wie Perlen an einer Schnur – so reihen sich die Oberengadiner Seen aneinander. Auf den Lej da San Murezzan/St. Moritzersee folgen der Lej da Champfèr/Champfèrsee und der Lej Suot, die zusammen eineinhalb Kilometer lang sind und durch eine Halbinsel voneinander getrennt werden. Nach einer weiteren, von einer Brücke überspannten Engstelle beginnt der drei Kilometer lange Lej da Silvaplauna/Silvaplanersee, den die Segler und Kitesurfer besonders

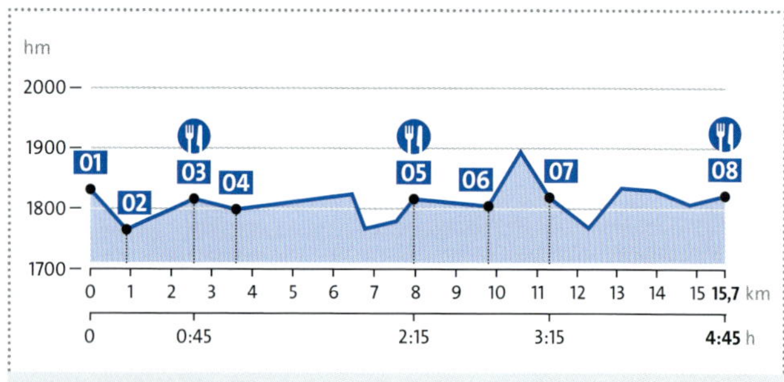

01 Champfèr, 1825 m; 02 Lej da Champfèr, 1756 m; 03 Surlej, 1809 m; 04 Lej da Silvaplauna, 1791 m; 05 Sils i. E, 1809 m; 06 Lej da Segl, 1797 m; 07 Isola, 1812 m; 08 Maloja, 1815 m

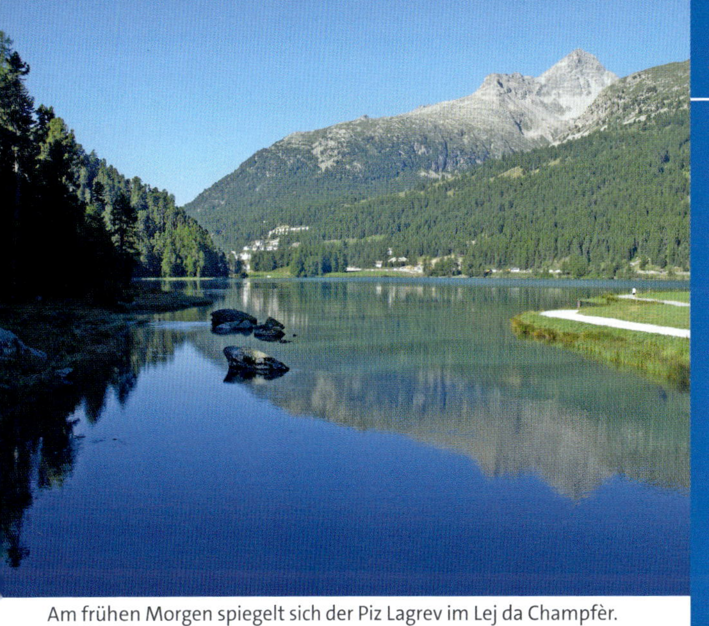

Am frühen Morgen spiegelt sich der Piz Lagrev im Lej da Champfèr.

ins Herz geschlossen haben – dem Malojawind sei Dank. Es folgt die Schwemmebene des Wildbachs Fedacla, hinter der der fünf Kilometer lange und bis zu 70 Meter tiefe Lej da Segl/Silsersee liegt.Beinahe wäre er einem Stausee geopfert worden – erst 1946 gelang es dem Schweizerischen Bund für Naturschutz (heute Pro Natura), dieses landschaftliche Schmuckstück freizukaufen. So kann die „Segl-Maria", das höchstgelegene Kursschiff Europas, noch heute über den Silsersee tuckern, während man an seinen Ufern im Herbst die einzigartigen „Silser Kugeln" findet – bis zu 20 Zentimeter grosse Bälle aus Lärchennadeln, die durch den Wellenschlag entstehen. Und vor der Halbinsel Isola überschreitet man dann die Grenze zum Bergell. Der Passort Maloja gehört schon zu diesem Südtal; das Gebiet war einst die Alp der Bergeller Bauern.

Von der Postauto-Haltestelle in **Champfèr** 01 gehen Sie 250 m neben der Via Gunels zum Parkplatz vor der Ortszufahrt. Gegenüber davon führt ein asphaltierter, für den Verkehr gesperrter Fahrweg zur Brücke über die Ova da Survretta und unter der Hauptstrasse durch zum En/Inn. Rechts neben seinem Ufer wandern Sie zum ca. 500 m entfernten **Lej da Champfèr** 02 (1756 m). Davor geht's links über die Innbrücke und dann rechts auf dem Uferweg bis zu seiner Engstelle an der Penisla dal Piz. Neben dem anschliessenden Lej Suot erreichen Sie die Brücke zwischen Silvaplana/Silvaplauna und seinen östlichen Ortsteil **Surlej** 03 (1809 m). Gehzeit ca. 45 Minuten. Auf der Zufahrtsstrasse (Parkplatz, Haltestelle Engadin Bus) 130 m nach links. Dann rechts auf einem anfangs noch asphaltierten Fahrweg hinter dem Schloss Crap

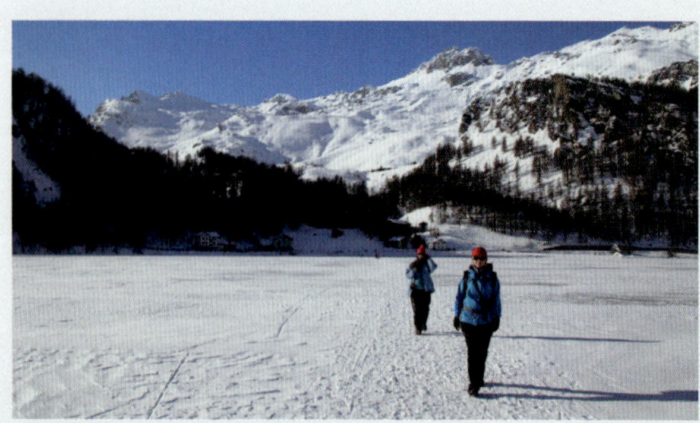

Im Winter übers Wasser

Im Winter werden die Oberengadiner Seen zu einem ganz besonderen Wanderrevier. Neben einem Netz pink signalisierter Winterwege führen auch hervorragend präparierte Trassen über die zugefrorenen und verschneiten Wasseroberflächen. Unvergesslich wird vor allem die Wanderung von der Halbinsel Chastè bei Sils/Segl quer über die Eisfläche nach Maloja bleiben – vor allem beim Rückweg, wenn die untergehende Sonne eine mystische Stimmung zaubert.

Infos über Routen und Begehbarkeit: www.engadin.stmoritz.ch/winter/de/aktivitaeten/bergerlebnis/winterwandern

da Sass vorbei zum **Lej da Silvaplauna/Silvaplanersee** 04 (1791 m, schöner Blick auf Silvaplana, zum Piz Albana (3100 m) und Richtung Sils).
Im südlichen Seebereich steigt der Uferweg kurz durch steile Waldhänge an, quert den Plaun da la Rabgiusa und erreicht kurz darauf das Südufer. Dort ignorieren Sie die ersten beiden Abzweigungen und biegen erst nach etwa 400 m links ab. Auf dem schnurgeraden Weg gelangen Sie über die Ebene zu den ersten Häusern von **Sils i. E./Segl-Maria** 05 (1809 m) und links auf der Dorfstrasse neben der Fedecla ins Dorfzentrum (Postauto-Haltestelle). Von Surlej 1½ Stunden.

Nach dem Niezsche-Haus gehen Sie auf der Brücke über den Bach und rechts auf der Via da Marias am Hotel Alpenrose vorbei. Dahinter biegen Sie links auf den Weg mit der Beschilderung „Isola, Maloja“ ab. Links am Waldrand bleibend gelangen Sie zum **Lej da Segl/Silsersee** 06 (1797 m), dem wohl schönsten aller Oberegandiner Wasserwunder. Der Weg führt an der Bootsanlegestelle vorbei, steigt etwa 50 Höhenmeter an und durchquert dann die Hänge über dem Ufer (God Laret). Zwischen Lärchen und Arven geniesst man immer wieder den Blick übers Wasser zur Insel Chaviolas und ihrem noch kleineren Nachbareiland, zum jenseits aufragenden Piz Lag-

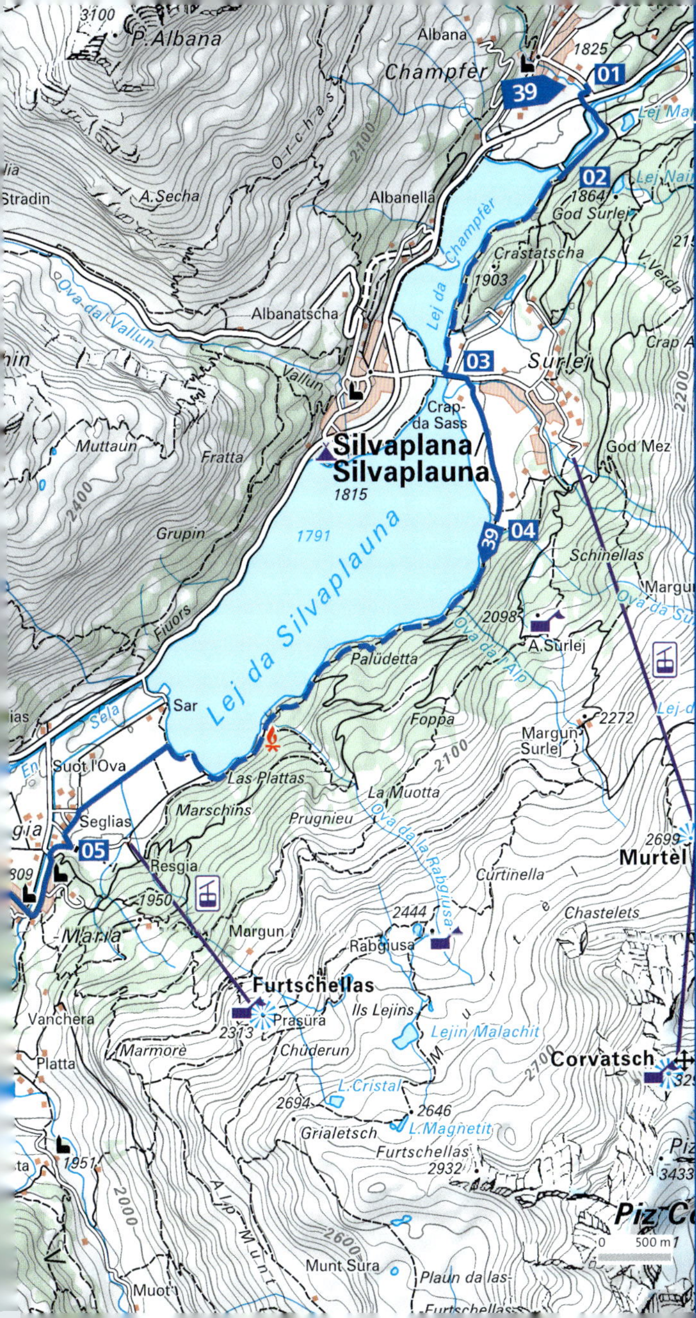

3100
P. Albana
Albana
Champfèr
1825
39
01
Lej Ma
Orchas
2100
02
Lej Nair
Stradin
A.Secha
Albanella
1864
God Surlej
Lej da Champfèr
Crastatscha
V. Verda
1903
Ova dal Vallun
Albanatscha
Crap A
hin
Vallun
03
Surlej
2200
Crap da Sass
God Mez
Muttaun
Fratta
Silvaplana/
Silvaplauna
1815
2400
1791
04
39
Grupin
Schinellas
Marguns
Lej da Silvaplauna
Ova da Surlej
2098
Fiuors
A.Surlej
Ova da l'Alp
Palüdetta
Sar
Sela
Foppa
2272
Lej-d
Margun Surlej
En
Suot l'Ova
2100
Las Plattas
La Muotta
Marschins
Seglias
Prugnieu
Ova da la Rabgiusa
2699
05
Resgia
Curtinella
Murtel
1809
1950
Chastelets
2444
Maria
Margun
Rabgiusa
Furtschellas
Ils Lejins
Vanchera
Prasüra
2313
Lejin Malachit
Marmorè
Chüderun
Platta
2700
Corvatsch
L. Cristal
2694
2646
Grialetsch
L. Magnetit
Furtschellas
1951
2932
Piz
3433
2000
Alp Munt
Piz Co
2600
0 500 m
Munt Sura
Plaun da las
Muot
Furtschellas

rev (3165 m) und zur Halbinsel von **Isola** 07 (1812 m). Nach 1 Stunde erreichen Sie die Häuser der dortigen Alpsiedlung an der Aua da Fedoz.
Auf der gekiesten Zufahrtsstrasse wandern Sie weiterhin dem See entlang. Nach gut 1 km zweigen Sie rechts auf den Wanderweg ab, der durch die bewaldeten Uferhänge zum Campingplatz Maloja zieht. Wieder auf der Strasse (oder auf dem nun links davon verlaufenden Pfad) gelangen Sie zum westlichen Rand des Sees, wo Sie rechts die nahe Schiffsanlegestelle Maloja finden.

Die Beschilderung „Maloja Posta" weist dagegen nach links – auf diesem Fahrweg gelangen Sie in die Siedlung Creista und vorbei an der 1882 errichteten Chiesa Bianca (die „weisse Kirche" birgt heute eine Segantini-Ausstellung) ins Zentrum des Dorfes **Maloja** 08 (1815 m). Zwischen der modernen katholischen Kirche und dem grossen Chalet des Hotel-Restaurants Schweizerhaus erreichen Sie die Hauptstrasse, auf der Sie rechts zur 100 m entfernten Postauto-Haltestelle im Ortszentrum gelangen. Ab Isola 1 ½ Stunden.

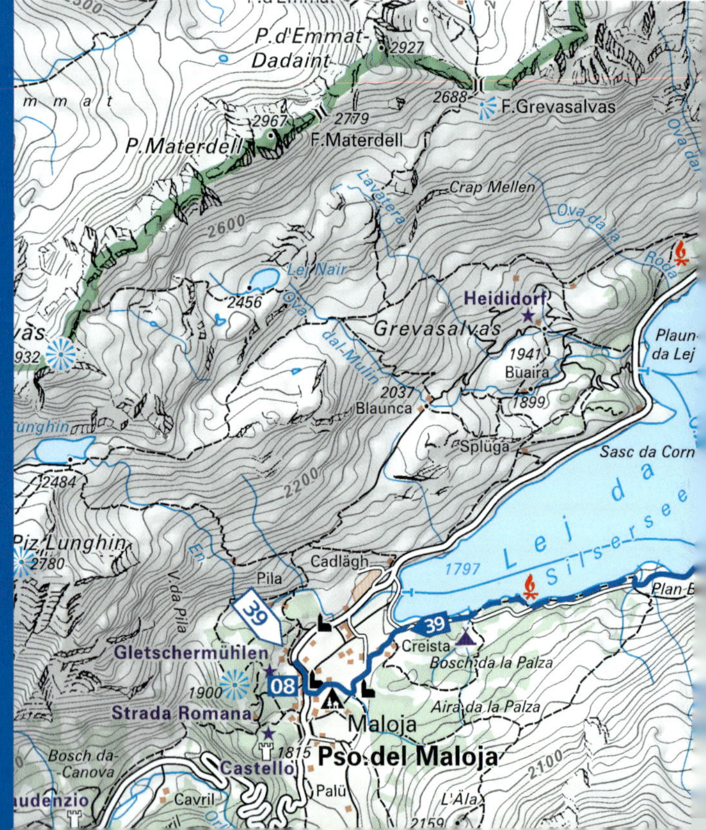

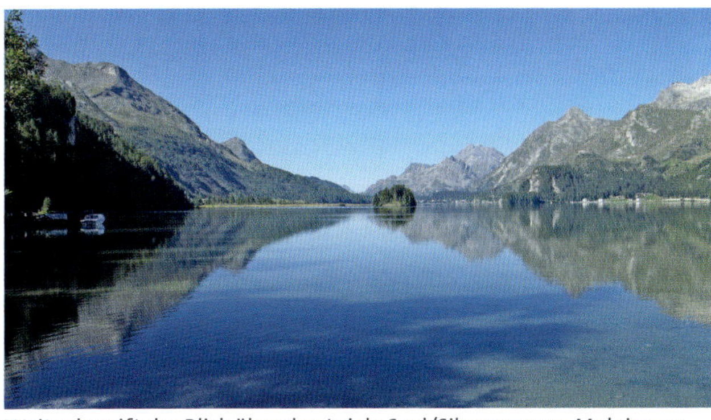

Weit schweift der Blick über den Lej da Segl/Silsersee zum Malojapass.

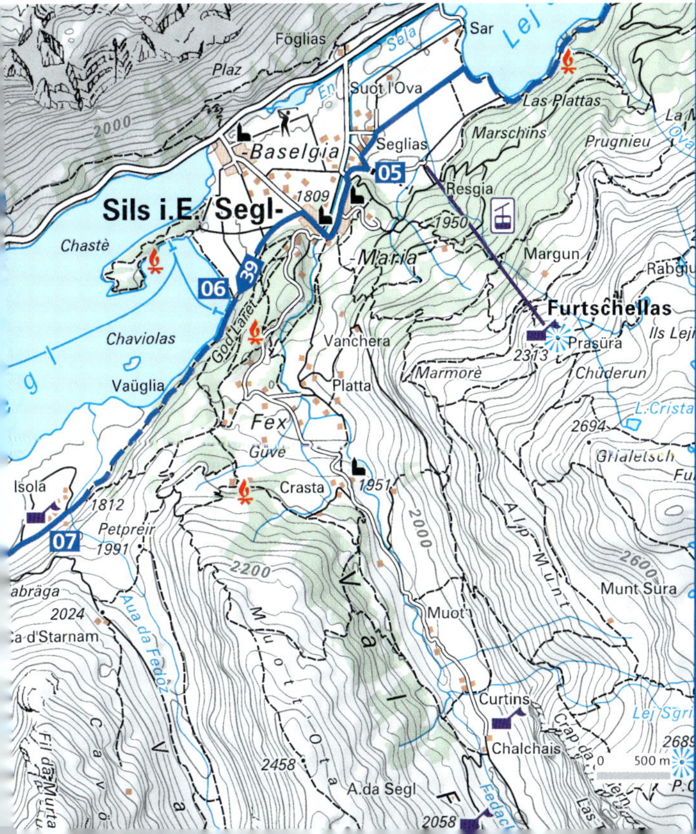

40

PIZ GÜGLIA/PIZ JULIER • 3380 m

Der Aussichtsberg über dem Oberengadin

  7,9 km 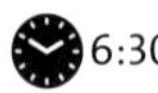 6:30 h  1250 hm  1250 hm  46

START | Chamanna dal Stradin (2161 m) an der Strasse zum Pass dal Güglia/Julierpass, ca. 4,5 km westlich von Silvaplana; Abstellmöglichkeit für einige Autos bei zwei kleinen Hütten. [GPS: UTM Zone 32 x: 557.963 m y: 5.146.604 m]
CHARAKTER | Hochalpine und sehr anspruchsvolle Bergtour auf schmalen Pfaden (und kurz auch weglos) durch abschüssiges Schutt- und Felsgelände, das alpine Erfahrung, Trittsicherheit und Schwindelfreiheit erfordert; einige Passagen sind gut gesichert (T4). Im Bereich der Fuorcla Albana sorgen verschiedene Spuren im Schutt für Verwirrung – achten Sie genau auf die Markierung. Gehen Sie nur bei sicherem Wetter; bei Schneelage oder Vereisung ist die Tour sehr gefährlich! Unterwegs keine Einkehrmöglichkeit.

Mit einer schönen Julia hat das Felswahrzeichen von St. Moritz nichts zu tun – der Name des Piz Güglia bedeutet im rätoromanischen Idiom Puter soviel wie „Nadel". Steil ausgesetzt ist seine Aufstiegsroute über den Ostgrat tatsächlich; sie gilt als die höchstgelegene markierte Route in ganz Graubünden. Obwohl sie fast wie ein Klettersteig mit Ketten und Stahlseilen ausgestattet wurde, setzt sie trotzdem Bergerfahrung voraus. Wenn auch gutes Wetter und die erforderliche Kondition gegeben sind, steht einer Sternstunde auf dem Felsklotz nichts im Wege. Dann wird der Gipfelblick über die Fuorcla Surlej zum Piz Bernina ebenso unvergesslich bleiben

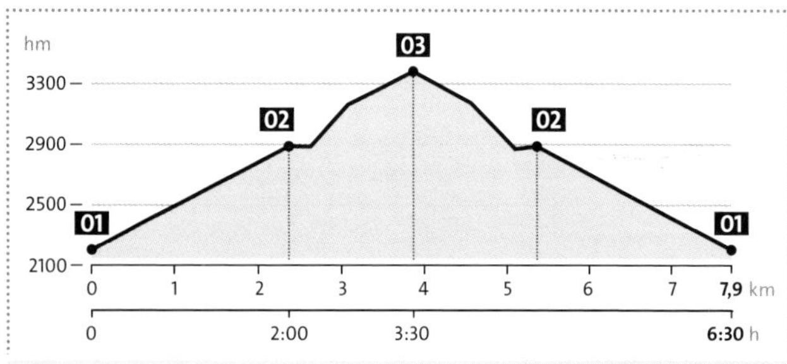

01 Chamanna dal Stradin, 2161 m; 02 Fuorcla Albana, 2869 m;
03 Piz Güglia/Piz Julier, 3380 m

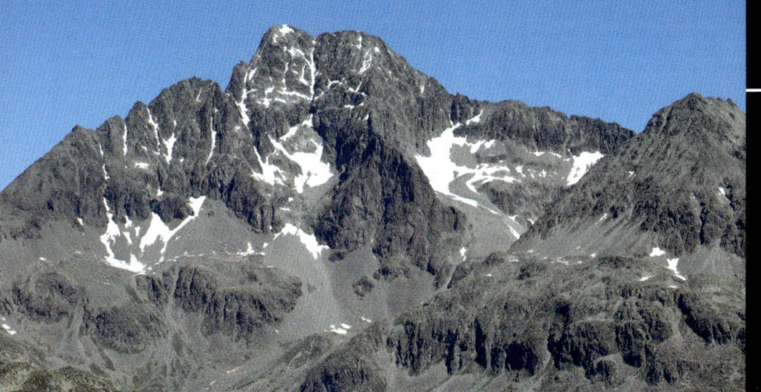

Die Piz-Julier-Südflanke – der Aufstieg erfolgt von rechts über den Grat.

wie die Sicht zu den Bergeller Bergen, zu den Walliser Gipfelriesen und über den St. Moritzersee bis zum Ortler.

▶ Von der **Chamanna dal Stradin** 01 erscheint der Gipfel als breite Felsbastion. Ein blau-weiss signalisierter Pfad führt von einem Wegweiser zwischen Felsblöcken in einen Graben. Neben dem Ovel da Munteratsch, einem kleinen Bach, kommt man ein flaches Schuttkar (Munteratsch Suot, ca. 2600 m) hinauf. Dann geht's wieder durch steilere Hänge links neben einem Blockgletscher aufwärts – bleiben Sie unbedingt auf der markierten Route, das Geröll ist hier sehr instabil. Nach gut 2 Stunden erreichen Sie die **Fuorcla Albana** 02 (2869 m), den felsigen Sattel zwischen dem Piz Albana und dem Piz Julier. Von Norden her mündet der Pfad von der Suvretta da San Murezzan ein; eine winzige (2015 renovierte) Unterstandshütte bietet Schutz.

Nun folgen Sie dem Wegweiser „Piz Julier/Piz Güglia" links über den Schuttrücken zum Ostgrat des Piz Julier hinauf. Die schmale und ausgesetzte Felsschneide bis zum Gipfel ist mehr als 1 km lang, lässt sich jedoch dank der Sicherungen gut überwinden. An einigen Stellen weicht man auf Felsbändern in die Flanken aus. Imposant ist der Tiefblick nach Norden zum Gletschereis des Vadret Güglia. Über einen Vorgipfel gelangen Sie schliesslich auf die geräumige Kuppe des **Piz Güglia/Piz Julier** 03 (3380 m) – der Aufstieg von der Scharte hat knapp 1½ Stunden gedauert.

Abstieg auf derselben Route. Vorsicht unterhalb der Fuorcla Albana, es gab hier schon Unfälle.

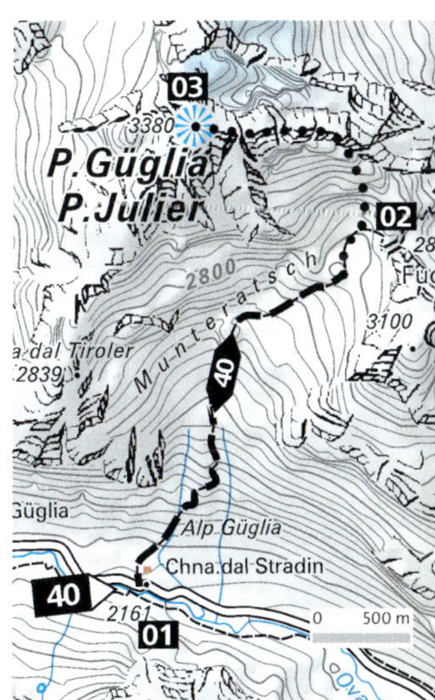

41

ZUR FUORCLA SURLEJ • 2755 m

Einer der berühmtesten Aussichtspunkte der Alpen

 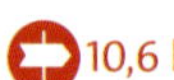 10,6 km 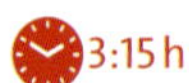 3:15 h 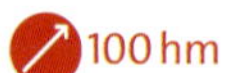 100 hm 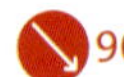 900 hm 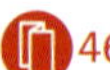 46

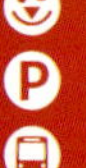

START | Silvaplana, Talstation der Luftseilbahn Corvatsch im Ortssteil Surlej (1860 m); Haltestelle des Engadin Bus, Parkplatz. Auffahrt zur Mittelstation Murtèl (2699 m), www.corvatsch.ch. [GPS: UTM Zone 32 x: 563.285 m y: 5.142.432 m]
CHARAKTER | Kurzer Aufstieg und langer Abstieg auf guten Pfaden (T2). Einkehrmöglichkeit bei der Mittelstation, im Berghaus Fuorcla Surlej und im Restaurant am Lej dals Chöds/Hahnensee.

Der wohl berühmteste Bernina- und Biancogratblick lässt sich auch bei hausgemachter Hüttenkost oder bei einer Tasse Kaffee und einer Nusstorte geniessen – ganz entspannt nach dem Emporschweben in der Seilbahngondel und einem kurzen Alpinspaziergang. Dabei ist man allerdings nur selten allein – das gletscherweisse Naturgemälde, das in jedem Buch, jedem Prospekt und jeder Webseite für das Oberengadin wirbt, wollen eben alle auch einmal in natura sehen. Sehr beliebt, aber doch ruhiger ist die Bergab-Wanderstrecke zum Hahnesee. Dort hat man dann auch genug Zeit für das Bergpanorama auf der Nordseite – so schön sieht man die Oberengadiner Seenplatte nicht alle Tage!

▶ Von der **Seilbahn-Mittelstation Murtèl** 01 führt der breite, beschilderte Weg zur Fuorcla Surlej erst kurz bergab, von einer Gabelung nach rechts durch Schutthänge und über einen Moränenrücken ins weite Kar von Murtèl. Rechts oben ist die Bergstation der Luftseilbahn mit ihrem Sendemasten zu sehen, darunter schmilzt das

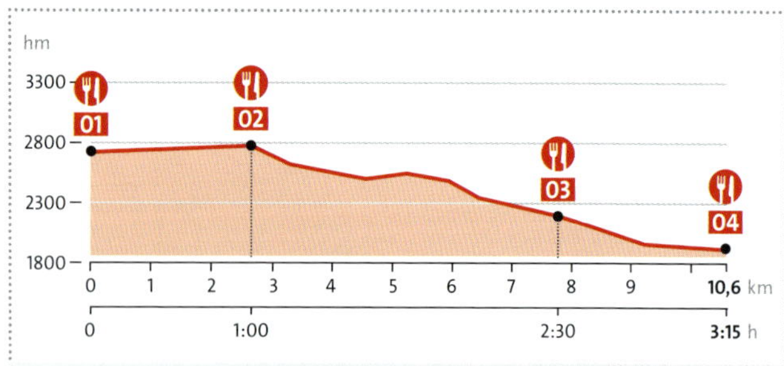

01 Seilbahn-Mittelstation Murtèl, 2699 m; 02 Fuorcla Surlej, 2755 m); 03 Lej dals Chöds, 2153 m; 04 Seilbahn-Talstation, 1860 m

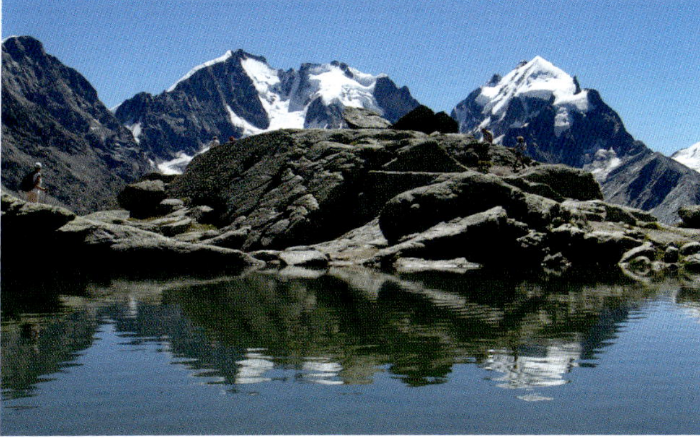

Eis im Spiegel – Piz Bernina (mit dem Biancograt), Piz Scerscen, Piz Roseg.

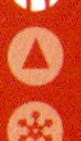
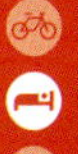

Eis des Vadret dal Corvatsch dahin. Zuletzt geht's rechts über ein paar Kehren hinauf zur **Fuorcla Surlej** 02 (2755 m). In dieser Scharte steht ein gastliches Berghaus. So muss man nach kaum 1 Stunde Gehzeit entscheiden, ob man die zu Recht berühmte Aussicht zum weissen Dreigestirn Piz Bernina – Piz Scerscen – Piz Roseg und in den ebenso wild vergletscherten Talschluss des Val Roseg von der Berghausterrasse betrachten möchte oder vom daneben gelegenen Seelein – das fungiert bei Windstille auch als Bergspiegel.

Abstieg zunächst auf der Anstiegsroute. Von der Abzweigung über dem Murtèl-Kar gehen Sie dann jedoch rechts Richtung „Lej dals Chöds, Surlej" weiter und marschieren an seinem östlichen Rand der weiten Mulde bergab.

Auch bei der folgenden Gabelung bleiben Sie rechts. Über Margun Vegl steigt der Pfad wieder etwas an, unterquert einen Lift und führt dann durch die Westhänge des Piz Surlej (3187 m) zu einer kleinen Anhöhe. Dahinter geht's steiler im Zickzack durch Geröll abwärts, bis Sie mit dem Crap Alv (2291 m) – dem „weissen Felsen" – einen letzten tollen Aussichtsplatz über der Engadiner Seenplatte erreichen. Danach führt der Pfad ins Reich der Arven und zu einer Abzweigung bei einem winzigen Wasserauge hinab. Ein paar Schritte weiter rechts gelangen Sie zum romantisch ge-

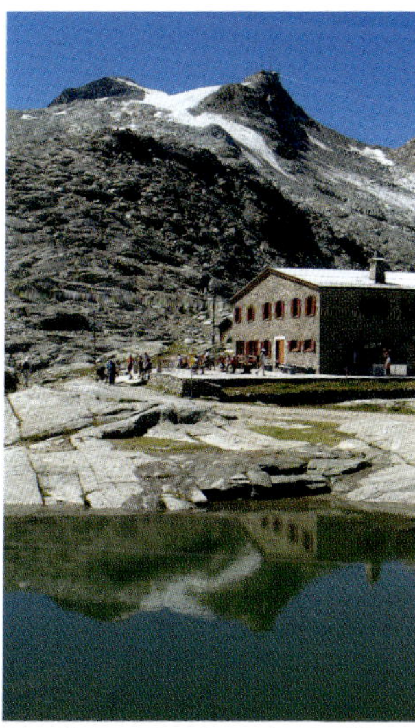

Die Hütte unter dem Piz Murtèl.

legenen **Lej dals Chöds** 03 (2153 m) mit seiner empfehlenswerten Einkehrstation. 1 ½ Stunden von der Fuorcla Surlej.
Der weitere Abstieg nach Surlej führt dagegen nach links. Er zieht an der Kuppe des Crap Nair vorbei und schlängelt sich dann steiler durch das Val Verda in die Wälder unter dem Crap Alv hinab. Bei einer kleinen Lichtung treffen Sie auf einen Fahrweg, dem Sie zu einer Abzweigung folgen.
Links kommen Sie durch den God Mez zur **Seilbahn-Talstation** 04 (1860 m) hinüber; rechts könnte man direkt nach Silvaplana-Surlej absteigen. Jeweils ca. 45 Minuten.

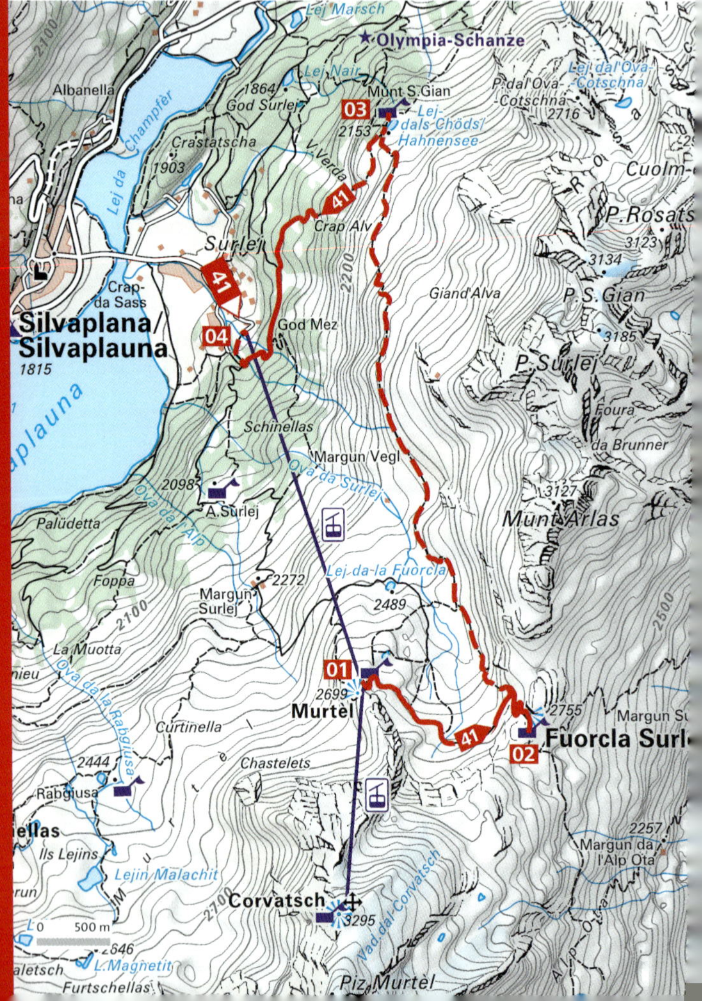

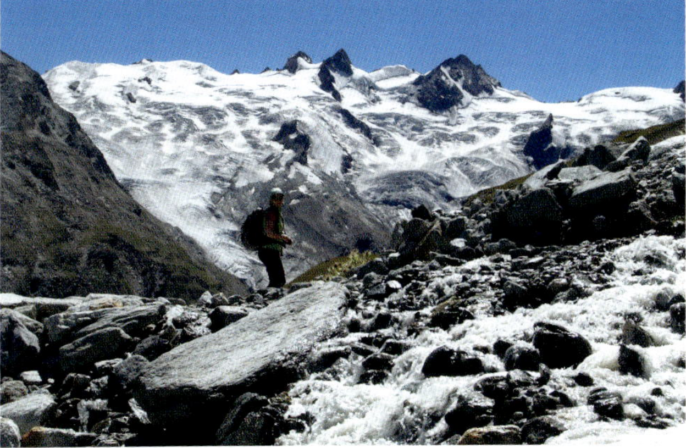

Wildes Wasser und weite Gletscherpracht über dem Val Roseg.

Der grossartige Höhenweg zur Chamanna Coaz

Von der Fuorcla Surlej kann man noch gut 2 Stunden lang in die wilde Gletscherlandschaft hineinwandern. Dabei folgt man zunächst der Beschilderung „Val Roseg" nach Süden hinab, biegt aber schon nach 300 m rechts auf den beschilderten Hüttenzugang zur Chamanna Coaz ab. Dieser Pfad führt durch die weiten Schutt- und Grashänge über dem Val Roseg hinab; bald wird in der Tiefe der lange See, den die abschmelzenden Gletscher hinterlassen haben, sichtbar. Von der folgenden Gabelung geht's rechts weiter. Die Route steigt nun wieder etwas an und überquert im Vallun da Murtèl unter dem Piz Corvatsch einen Gletscherbach, der an heissen Hochsommernachmittagen stark anschwellen kann. Über den flachen Plaun dals Süts gelangen Sie zu einer dritten Abzweigung (2645 m), von der Sie weiter südwärts, flach und sogar wieder sanft absteigend zur gastlichen Chamanna Coaz (2611 m) des Schweizer Alpenclubs gelangen. Die Rast im Angesicht des zerrissenen Vadret da Roseg und mit Blick zum firngekrönten Piz Roseg wird allen Besuchern unvergesslich bleiben.
Für den Rückweg zur Fuorcla Surlej sollte man ebenfalls mindestens 2 Stunden Gehzeit einplanen. Man kann aber auch ins Val Roseg hinunterwandern – dafür empfiehlt sich der Weg von der zweiten Abzweigung über Margun da l'Alp Ota zur Alp Ota Suot, denn der erste Abstiegspfad direkt zum Gletschersee ist steil und unten sehr steinig. Von der Hütte bis zum Hotel Roseg ist man etwa 2 ½ Stunden unterwegs, dazu kommen dann noch der fast 2 Stunden dauernde Talmarsch nach Pontresina (der sich mit der Pferdekutsche abkürzen lässt) und die etwas umständliche Rückreise per Bahn und Engadin Bus.

42

LEJ SGRISCHUS – PIZ CHÜERN • 2689 m

Aussichtspunkte und Naturwunder über dem Val Fex

 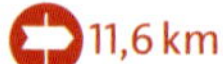 11,6 km 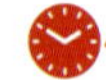 4:30 h 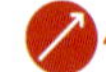 420 hm 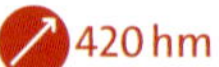 890 hm   46

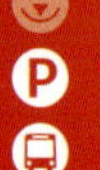

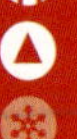
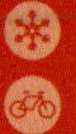
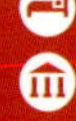

START | Sils i.E./Segl-Maria, Talstation der Luftseilbahn Furtschellas 500 m östlich des Ortes (1809 m); Haltestelle des Bernina Bus, Parkplatz. Auffahrt mit der Gondel zur Bergstation Furtschellas (2313 m), www.corvatsch.ch.
[GPS: UTM Zone 32 x: 560.223 m y: 5.141.270 m]
CHARAKTER | Aussichtsreiche Höhenwanderung auf alpinen, stellenweise steinigen und felsigen Pfaden (T3). Einkehren kann man nur im Restaurant La Chüdera bei der Seilbahnstation und in Sils; auf der Alp Munt ist manchmal Milch erhältlich.

Das Gebiet zwischen den beiden höchstgelegenen Seen des Oberengadins war schon in der Bronzezeit besiedelt. Im Mittelalter befand sich dort ein Bauerngut, eine „Meierei auf den Matten“ (Seglias-Majoria), aus der sich eine kleine Ansiedlung entwickelte. Am nahen Inn entstand wohl schon vor 1536 eine kleine, dem heiligen Laurentius geweihte Kirche (romanisch: Baselgia), die zur Keimzelle des nördlichen Teils des Dorfes Sils im Engadin/Segl wurde. Östlich davon erhebt sich das Massiv des 3451 Meter hohen Piz Corvatsch, auf dessen Abhängen ein Skigebiet entstanden ist. Unberührt blieben dagegen die Alpweiden über dem Val Fex im Süden der Gemeinde, wo sich der Lej Sgrischus, der „abscheuliche See“ verbirgt. Bei einer Wanderung dorthin wird man feststellen, dass dieses bezaubernde Naturwunder inmitten einer hochalpinen Berglandschaft seinen Namen – zumindest bei gutem Wetter – ganz zu Unrecht trägt.

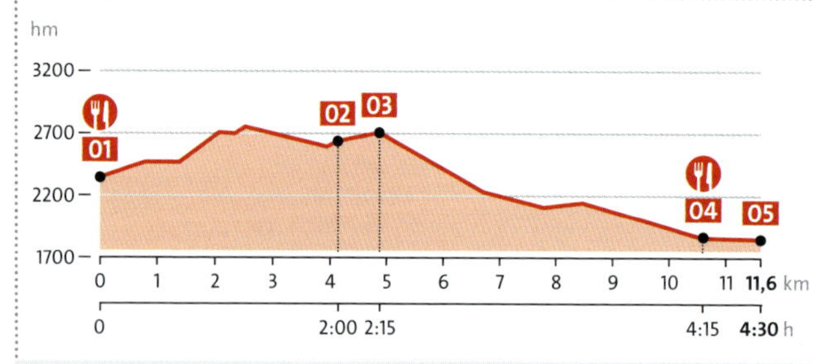

01 Seilbahnstation Furtschellas, 2313 m; 02 Lej Sgrischus, 2618 m; 03 Piz Chüern, 2689 m; 04 Sils i.E./Segl-Maria, 1809 m; 05 Talstation, 1797 m

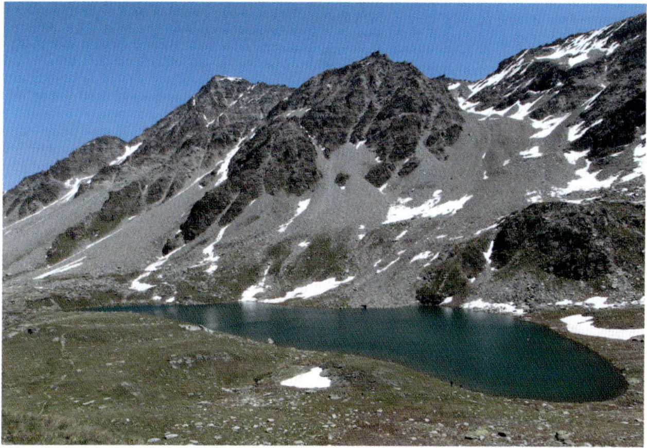

Der Lej Sgrischus – ein verborgenes Gewässer unter dem Piz Corvatsch.

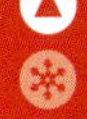
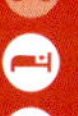

Vor der Restaurant-Terrasse bei der **Seilbahnstation Furtschellas** 01 wandern Sie – stets dem Wegweiser „Alp Munt, Lej Sgrischus" folgend – in Kehren durch das Skigebiet aufwärts und rechts zu einer Liftstation, hinter der sich ein Aussichtspunkt befindet (Blick über die gesamte Oberengadiner Seenplatte). Dann geht's etwas bergab zu einer Abzweigung. Links zeigt der Wegweiser „Grialetsch, Lej Sgrischus" den steilen Anstieg zu den Hängen des Grialetsch empor. Unterhalb davon führt der Pfad nach rechts und über die Hochfläche des Plaun da las Furtschellas unter dem Piz Corvatsch (3451 m). Von der folgenden Gabelung geht's links zum **Lej Sgrischus** 02 (2618 m). Gehzeit knapp 2 Stunden.

Vom Nordufer schlendert man in 15 Minuten über sanft ansteigende Wiesen auf die Kuppe des **Piz Chüern** 03 (2689 m), der nordseitig mit zerklüfteten Felsflanken abbricht. Hier ist die Sicht auf den Piz Corvatsch, zu den Gletschern um den Chapütschin (3386 m) und den Piz Tremoggia über dem Talschluss des Val Fex und hinaus bis zum Silsersee grandios.

Der **Abstieg** verläuft durch die steilere Südabdachung des Berges, über ein paar kleine Felsstufen und Gesteinsplatten, die Trittsicherheit erfordern. Weiter unten, nach der Überquerung der Ova dal Munt, braucht's bei der Traversierung eines Steilhangs über dem Hotel Fex (Fex Curtins) auch Schwindelfreiheit. Von einer Gabelung über dem Tal (2063 m) folgen Sie dem Wegweiser „Marmorè, Segl-Maria" geradeaus weiter, steigen kurz in licht bewaldetes Gelände an und bleiben bei der nächsten Abzweigung links auf dem unteren Pfad. Er führt hoch über dem Tal und unterhalb der Felsabbrüche des Marmorè zu den Hütten von Vanchera (1968 m), wo Sie rechts in den Wald abbiegen. Nach ca. 200 m treffen Sie auf einen quer verlaufenden Weg, auf dem Sie links nach **Sils i.E./Segl-Maria** 04 (1809 m) absteigen. 2 Stunden nach dem Start am Piz Chüern erreichen Sie dort das Nietzsche-Haus und schwenken rechts auf die Via da Marias ein

(Bushaltestelle). Nach 350 m – vor der Brücke über die Fedacla – biegen Sie rechts ab und gelangen in 15 Minuten zur **Talstation** 05 der Furtschellas-Seilbahn (1797 m).

Variante: Von der Abzweigung unter dem Grialetsch kann man auch geradeaus weitergehen (Wegweiser „Lej Sgrischus, Alp Munt"). In diesem Fall gelangt man zur kleinen Hütte der Alp Munt (2439 m). Von dort wandern Sie, bald links abzweigend, neben dem Wildbach Ova dal Munt in eine Mulde mit einem flachen See hinauf. Oberhalb davon erreichen Sie ebenfalls den Lej Sgrischus.

Des Engadins heiterste Herberge

Mails und Briefe aus dem Hotel Seraina entbieten stets „heitere Grüsse" – kein Wunder, denn der rätoromanische Name geht auf das lateinische Wort serenus (= heiter, hell, ruhig) zurück. Heiter, hell und ruhig – das sind die geräumigen Zimmer und Suiten dieses sehr familiär geführten Hauses im Herzen von Sils i.E./Segl-Maria wirklich; ihr modernes Design harmoniert perfekt mit dem Duft von Engadiner Arvenholz. Ein kleiner, feiner Wellnessbereich und ein buntes Kinderspielzimmer ergänzen das Angebot. Im Restaurant werden regionale Spezialitäten serviert; Abendessen und Frühstück geniesst man im mit Arvenholz gestalteten Speisesaal. Die Geschichte des Hotels Seraina reicht 250 Jahre zurück. Die Seniorchefin, „Nona Ladina" Kobler, erzählt gern von ihrem Grossvater Samuele Giovanoli (1877–1941) – der gebürtige Bergeller war Bauer, entdeckte sein Talent als Maler erst mit 54 Jahren und hinterliess ein reiches Werk. Seine Bilder bleiben allen Gästen sicher ebenso in Erinnerung wie der farbenprächtige Blumenschmuck im Hotelgarten und die hausgemachten Marmeladen seiner Enkelin. Apropos Erinnerung: Die köstliche Bündner Nusstorte aus der Hotelbackstube kann man sich sogar nach Hause schicken lassen!

Hotel Seraina, Familie Kobler, CH-7514 Sils i.E./Segl-Maria, Tel. +41 81 8384800, www.hotel-seraina.ch

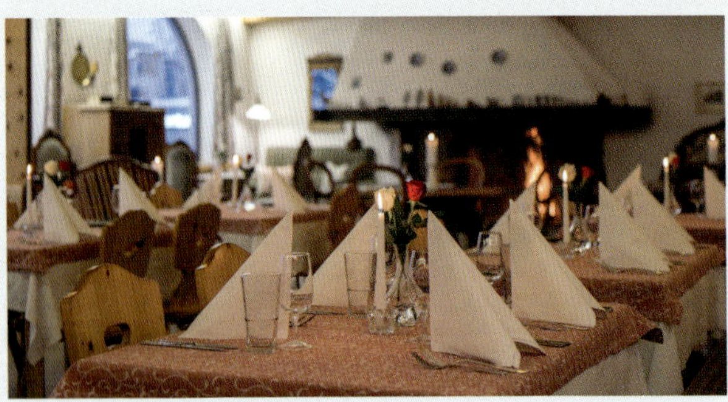

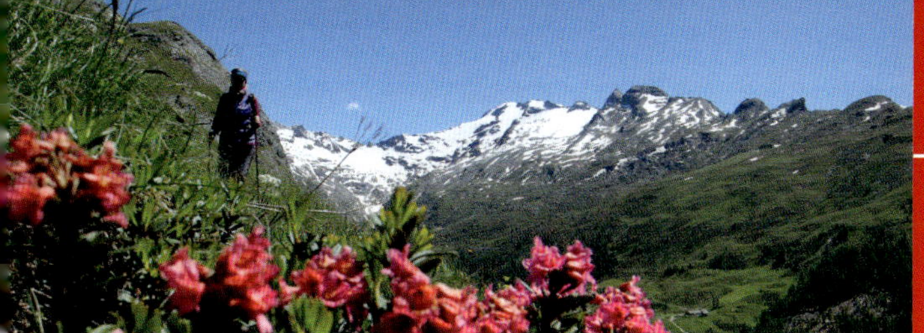

Im Frühsommer werden die Hänge über dem Val Fex zum Alpengarten.

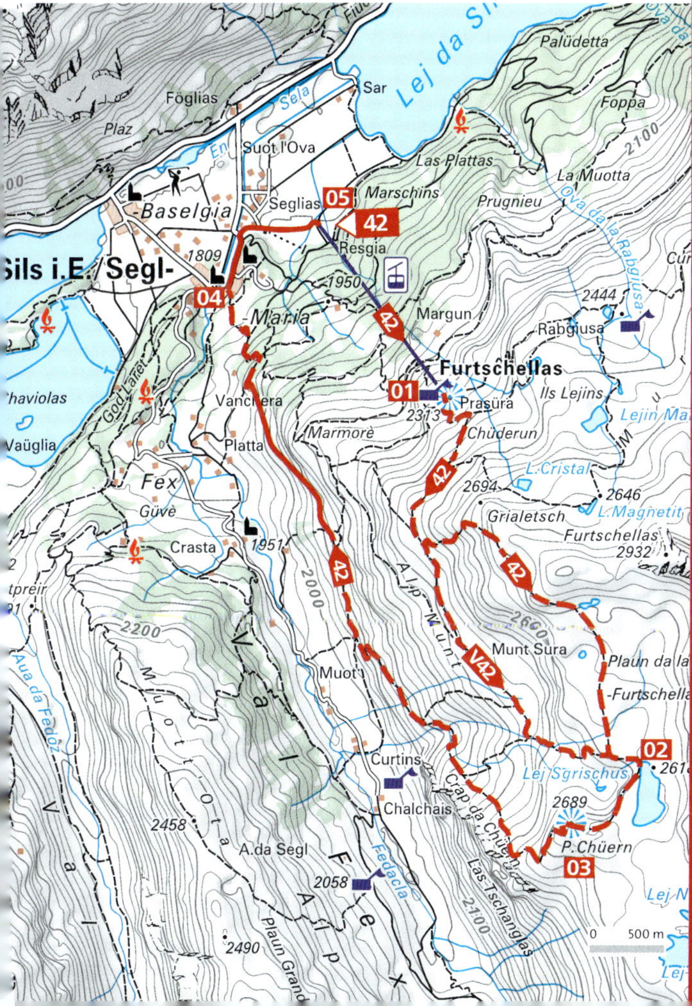

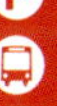
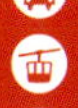

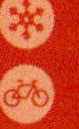
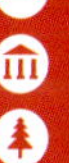

MUOTT'OTA • 2457 m

Eine weitere Panoramawanderung über dem Val Fex

 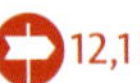 12,1 km 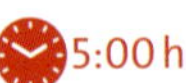 5:00 h  660 hm  660 hm 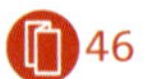 46

START | Sils i.E./Segl-Maria (1809 m); Postauto-Haltestelle, Parkhaus. Rückfahrt vom Hotel Fex eventuell in der Pferdekutsche (Reservation ratsam, Tel. +41 81 8265286, www.claluena-sils.ch oder +41 81 8265673, www.coretti.ch). [GPS: UTM Zone 32 x: 558.686 m y: 5.141.940 m]
CHARAKTER | Grossartige Höhen- und Talwanderung auf guten Pfaden und ruhigen Neben- und Alpstrassen (T2). Einkehr beim Abstieg in der Alp da Segl, im Hotel Fex und in Crasta.

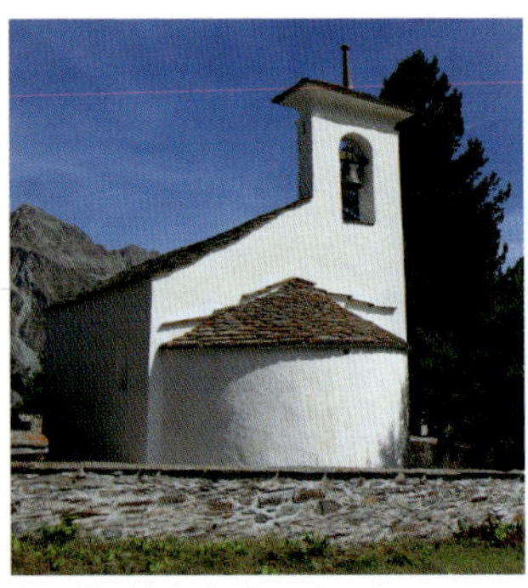

Das Kirchlein in Fex-Crasta.

Die Liste der Künstler und Wissenschafter, die in Sils/Segl zu Gast waren, ist lang; sie reicht von Theodor W. Adorno über David Bowie, Albert Einstein, Rainer Maria Rilke, Arthur Schnitzler, Charlie Chaplin, Marc Chagall, Hermann Hesse, Thomas Mann, Erich Kästner und Max Reinhardt bis Luchino Visconti. Und der Philosoph Friedrich Nietzsche arbeitete mehrere Sommer lang in einem kleinen, heute nach ihm benannten Haus an seinem bekanntesten Werk „Also sprach Zarathustra". Sie alle sind sicher

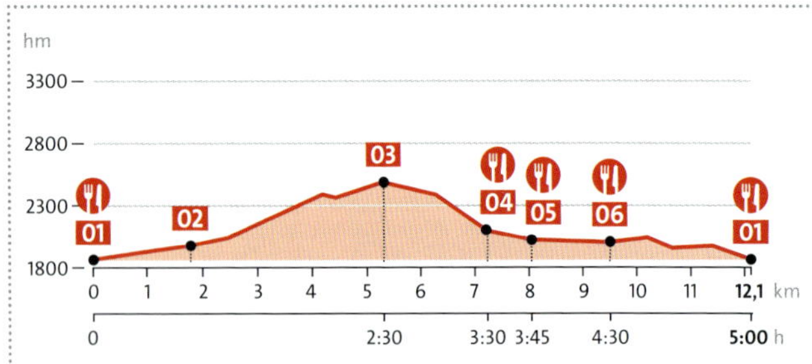

01 Sils i.E./Segl-Maria, 1809 m; 02 Vaüglia, 857 m; 03 Muott'Ota, 2458 m; 04 Alp da Segl, 2051 m; 05 Hotel Fex, 1973 m; 06 Fex-Crasta, 1951 m

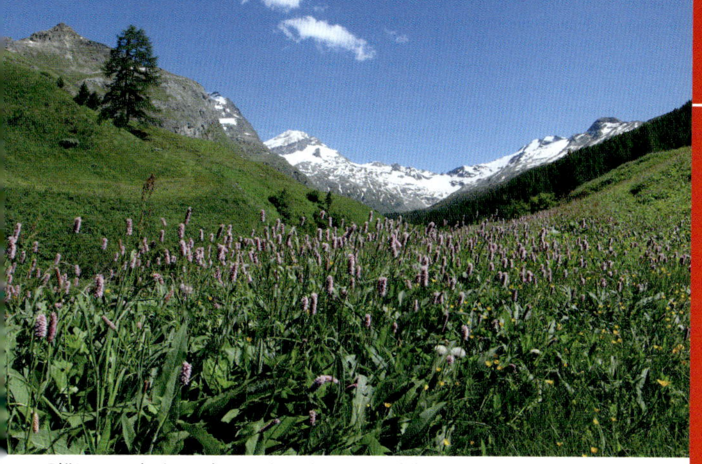

Blütenpracht im Val Fex – im Hintergrund die westlichen Berninaberge.

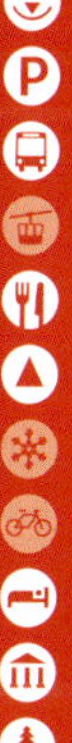

auch ins Val Fex hineingewandert. Hinter seiner Mündungsschlucht fliesst die Fedacla durch ein einsames Hochtal. Dort findet man auf fast 2000 Metern Seehöhe den Weiler Crasta mit seinem Kirchlein aus dem 15. Jahrhundert, das einen schönen Freskenzyklus birgt. Daneben heisst das Hotel Sonne, dem Friedrich Dürrenmatt ein literarisches Denkmal gesetzt hat, seine Gäste willkommen. Weiter drinnen lädt mit dem Hotel Fex ein weiteres Tourismus-Kuriosum zur stilvollen Einkehr: Das Gebäude stand ursprünglich in St. Moritz, wurde im Jahr 1900 jedoch abgebrochen und hierher in die Bergeinsamkeit „übersiedelt". Erreichbar ist dieses kleine, im Frühsommer üppig blühende Paradies auf mehreren Wanderrouten. Die längste davon schlängelt sich zunächst auf den Muott'Ota, den „hohen Hügel" im Westen des Tals. Von dort geniesst man eine unvergleichliche Aussicht vom Silsersee bis zu den Gletschergipfeln über dem Val Fex, auf den beherrschenden Piz da la Margna (3159 m) und ins weltentlegene Val Fedoz an seinem Fuss.

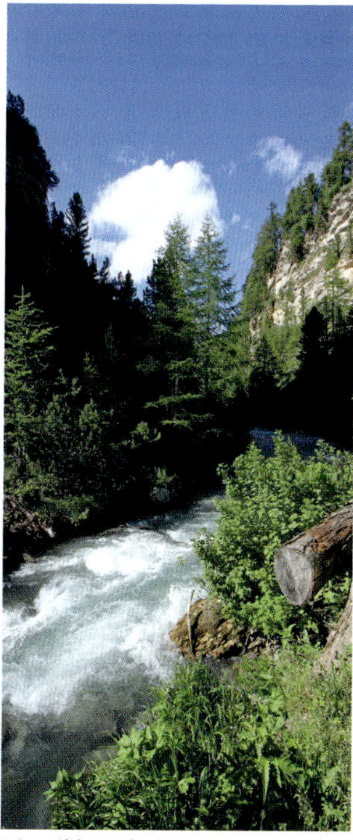

Die wilde Fedacla in ihrer Schlucht.

▶ Gegenüber der Chesa Cumünela im Dorfzentrum von **Sils i.E./Segl-Maria** 01 zeigt der Wegweiser „Schluchtweg, Val Fex" nach Süden. Auf einem breiten, an einer Stelle mit einem Dach vor Steinschlag geschützten Weg gelangen Sie in das felsige Engtal der Fedacla, wo Sie rechts auf den Unteren Schluchtweg abzweigen.
Dieser Pfad führt neben dem rauschenden Bach zu einer Hochwasser-Schutzmauer, die Sie nach rechts überqueren. Nach einem kurzen Anstieg biegen Sie scharf nach rechts Richtung „Laret" ab. Bald wird der Muott'Ota neben dem Piz da la Margna sichtbar. Von der nächsten Gabelung geht's – ohne Wegweiser – scharf nach links weiter. Der Pfad erreicht die asphaltierte Strasse ins Val Fex oberhalb der Wiesenmulde mit dem Weiler **Vaüglia** 02 (1880 m).
Nach der Überquerung der Fahrbahn und einer privaten Hauszufahrt folgen Sie dem Wegweiser „Val Fex, Muott'Ota". Ein schmaler Pfad führt wenige Meter zu einem grasigen Forstweg, dem Sie

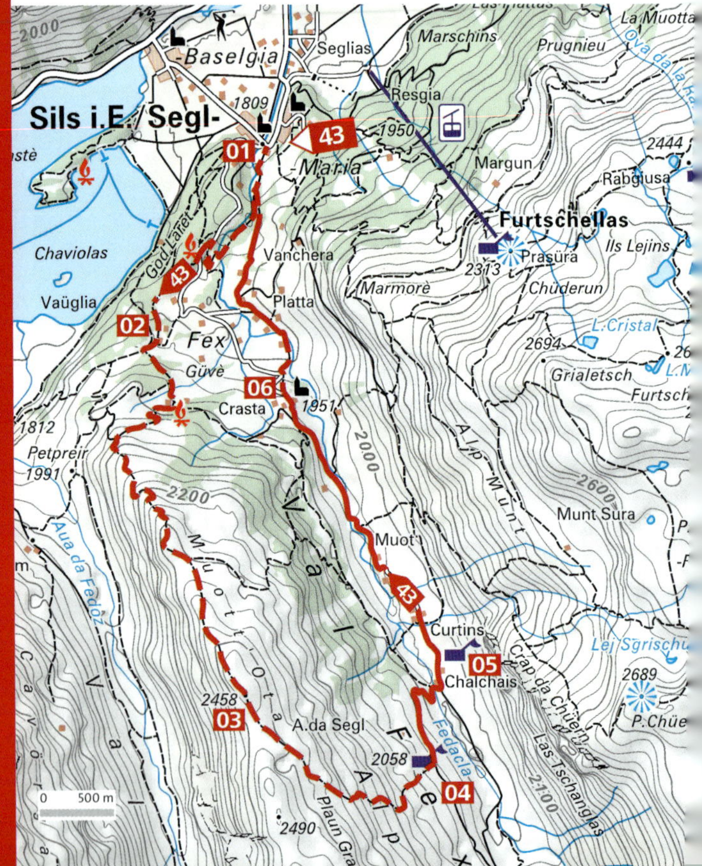

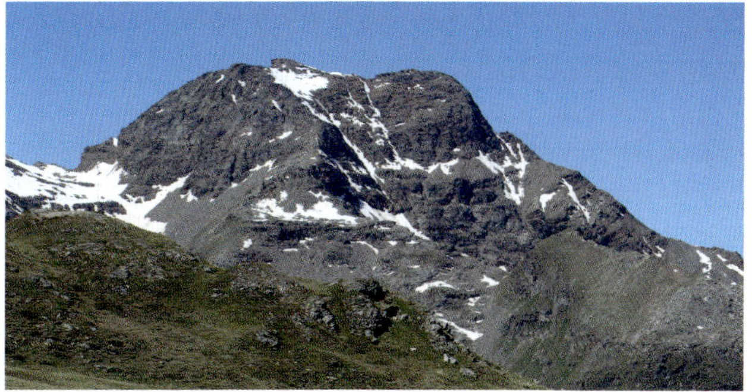

Beim Aufstieg zur Muott'Ota dominiert der Piz da la Margna die Szene.

nach links durch den Lärchenwald folgen. Im sanften Auf und Ab gelangen Sie zum westlichen Rand der Mulde von Vaüglia, wo sie links Richtung „Muott'Ota" abzweigen. Durch einen Waldhang kommen Sie zu den Alpwiesen unter dem felsigen Crap da la Turba (Sender) hinauf. Dort biegen Sie erst rechts und gleich darauf links ab, dann steigen Sie wieder durch Wald zu den Hütten von Güvè an. Der Weg auf den Muott'Ota zieht von dort rechts auf den bewaldeten Rücken zwischen dem Val Fex und dem Val Fedoz.

Dort treffen Sie auf eine weitere Gabelung, von der Sie links ansteigen. In Kehren erreichen Sie durch kuppiges Gelände die Baumgrenze und weiter oben einen breiten Sattel (2329 m), in dem Sie rechts abzweigen. Nun steigt der breite Grasrücken nur noch sanft an. Nach etwa 2 ½ Stunden stehen Sie auf dem höchsten Punkt des **Muott'Ota** 03 (2458 m), von dem auch die Gipfel im Süden (Il Chapütschin, 3385 m, Piz Tremoggia, 3440 m, Piz Fora, 3363 m, Piz Fedoz, 3189 m) gut zu sehen sind.

Abstieg: Der teils recht erdige Pfad zur **Alp da Segl** 04 (2051 m) führt nun links in knapp 1 Stunde durch die weiten Grashänge des Plaun Grand hinunter. Von der einladenden Alphütte geht's auf der Schotterstrasse in 15 Minuten weiter in den Talgrund des Val Fex (1962 m), wo die Fedacla überschritten wird. Dann biegen Sie links zum nahen **Hotel Fex** 05 (1973 m) ab.

In der Folge wandern Sie ca. 45 Minuten auf der geteerten, aber für den öffentlichen Autoverkehr gesperrten Talstrasse hinaus, vorbei an den Alphütten von Curtins, Muot und Vals. Nach einem kurzen Anstieg erreichen Sie dann den zauberhaft gelegenen Weiler **Fex-Crasta** 06 (1951 m).

Von dort folgen Sie der Strasse noch ein paar Schritte abwärts und biegen dann rechts auf einen breiten Wanderweg ab (Beschilderung „Fex-Platta, Schluchtweg, Segl-Maria").

Er führt durch Wiesen zu einer Brücke hinunter, jenseits wandert man auf einem Fahrweg durch Fex Platta (1890 m). Vor der Chesa Pool biegen Sie rechts auf den beschilderten Schluchtweg ab. Über eine kleine Anhöhe gelangen Sie wieder in die wilde Mündungsschlucht der Fedacla hinunter und damit nach **Sils i.E./Segl-Maria** 01. Gut 30 Minuten ab Crasta.

44

ZUM LÄGH DAL LUNGHIN • 2485 m

Wo man den Inn trinken kann

 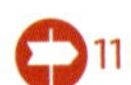 11 km  4:45 h  750 hm  750 hm 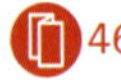 46

START | Maloja, Ortsteil Cadlägh/Capolago (1801 m) am Westufer des Lej da Segl/Silsersees; Postauto-Haltestelle am westlichen Ortsrand, Parkplatz an der Ortseinfahrt gegenüber dem Seeufer. [GPS: UTM Zone 32 x: 554.093 m y: 5.139.780 m]
CHARAKTER | Beeindruckende Bergwanderung auf guten, aber stellenweise steilen, felsigen und ausgesetzten Pfaden, die Trittsicherheit und Schwindelfreiheit erfordern (T3). Unterwegs keine Einkehrmöglichkeit.

517 Kilometer weit fliesst der Inn durch die Schweiz, Österreich und Deutschland, bevor er in der bayerischen Stadt Passau in die Donau mündet. Als En – das Wort soll aus dem Keltischen stammen und soviel wie „Wasser“ bedeuten – entspringt er oberhalb des Malojapasses in einem 400 Meter langen und 100 Meter breiten Gebirgssee, der im Bergeller Dialekt Lägh dal Lunghin heisst. Der Aufstieg in seine Felsmulde zählt zu den aussichtsreichsten Bergwanderungen im Engadin. Nach einem Schluck des dort noch trinkwasserklaren Innwassers lässt sich die „Kinderstube“ eines der längsten Alpenflüsse dann noch ein Stück erkunden. Beim Abstieg neben dem munteren Bächlein kann man sich kaum vorstellen, dass der Inn mit einer mittleren Wassermenge von 738 Kubikmetern pro Sekunde fast so viel Wasser führt wie die Elbe. Immerhin füllt er schon nach seinen ersten drei Kilometern den Lej da Segl/Silsersee, an dessen Westufer Sie zu dieser Tour starten.

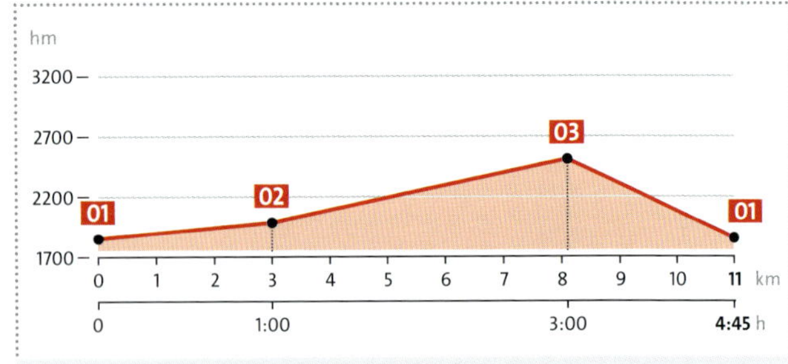

01 Maloja-Cadlägh/Capolago, 1801 m; 02 Grevasalvas, 1940 m; 03 Lägh dal Lunghin, 2485 m

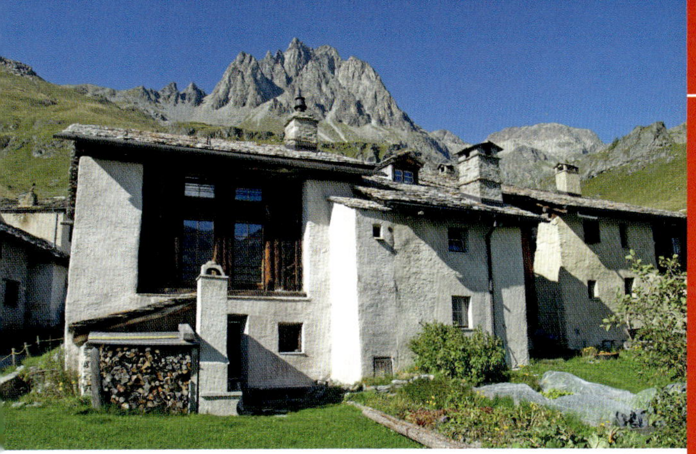

Dieses Anwesen auf Grevasalvas wird im Sommer noch bewirtschaftet.

Vom Parkplatz **Cadlägh/Capolago** 01 folgen Sie der Beschilderung „Splüga, Grevasalvas", indem Sie die Kantonsstrasse überqueren. Zwischen den Leitplanken und dem Seeufer führt ein kaum ausgetretener, aber mit einigen Holzpflöcken markierten Wiesenpfad 400 m Richtung Sils. Kurz nach der Brücke über einen kleinen Wasserlauf gehen Sie links nochmals über die Fahrbahn zu einem weiteren Parkplatz. Ein paar Schritte links darüber steht bei einer Rastbank der nächste Wegweiser Richtung „Splüga, Grevasalvas". Von dort steigt ein Pfad durch die teils bewaldeten Hänge zur Alp Splüga (1880 m) an. Flach geht's weiter zu einem Sattel, hinter dem ein Hochmoor liegt. Nach einem kurzem Abstieg durch einen Graben erreichen Sie die Schotterstrasse (Via Engiadina), die links zu den Alphütten von **Grevasalvas** 02 (1940 m) hinaufzieht. Das einstige Maiensäss der Bauern von Soglio im Bergell liegt in einer Mulde unter den steilen Felsflanken des Piz d'Emmat Dadaint (2928 m) und des Piz Lagrev (3165 m). Gehzeit 1 Stunde.

Dort biegen Sie gemäss dem Wegweiser „Pass Lunghin, Piz Grevasalvas" rechts ab und steigen auf einem steilen Pfad unter überhängenden Felsen zu einem Sattel (2011 m) an. Dort zweigen Sie links Richtung „Pass Lunghin" ab und wandern durch die Grashänge hoch über Grevasalvas aufwärts (Blick zum Piz Corvatsch, zum Piz da la Margna und zu den Bergeller Alpen mit dem Fornogletscher). Die Abzweigungen zur Fuorcla Grevasalvas und zum Lej Nair bleiben unbeachtet. Vom Plateau des Plaun Grand (2322 m) steigen Sie zu einem winzigen See an. Ein paar Meter weiter oben erreichen Sie den Sattel zwischen dem mächtigen Piz Grevasalvas (2931 m) und der Kuppe von Muotta Radonda (2484 m) an. Von dort erblickt man auch den Piz Bernina, den Piz Roseg mit seiner charakteristischen Schneekuppe und die Bergeller Granitgipfel um den Piz Badile. In der Folge durchquert der schmale Pfad die sehr steile Gras-, Fels- und Schuttflanke unter dem Piz Grevasalvas, in der man sich vom Tiefblick auf Maloja nicht ablenken

Wasser für Europa

Westlich über dem Lägh dal Lunghin befindet sich der 2644 Meter hoch gelegene Pass Lunghin. Vom See aus kann man diesen Schuttsattel in etwa 40 Minuten erwandern. Ein Regentropfen, der dort oben landet, hat gleich drei Wahlmöglichkeiten. Er könnte zum Inn und dann mit der Donau ins schwarze Meer fliessen, aber auch über die Maira/Mera durch das Bergell und den Comer See in die Adria oder mit der Gelgia/Julia zum Rhein und damit in die

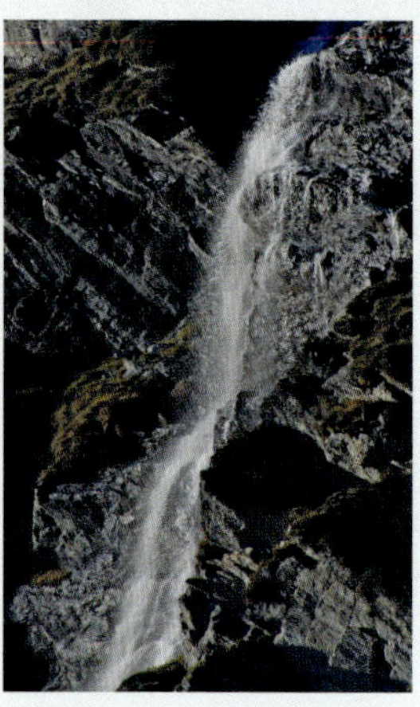

Nordsee. Diese Dreifach-Wasserscheide ist einzigartig auf dem europäischen Festland. Schwindelfreie können dann auch noch den 2780 Meter hohen Piz Lunghin südöstlich des Passes „mitnehmen" – der Felsdreikant ist ein toller Aussichtsgipfel (Aufstieg ca. 20 Minuten).

lassen sollte. 2 Stunden nach dem Start in Grevasalvas stehen Sie am Ufer des stillen **Lägh dal Lunghin** 03 (2485 m).

Nach dem Steg über seinem Abfluss – hier kann man den Inn noch trinken! – führt der Abstiegspfad nach Maloja links über eine Steilstufe hinab. Er überquert den Bach nochmals und schlängelt sich dann in vielen Kehren zum Plan di Zoch (1945 m) hinunter. Dort treffen Sie auf die Via Engiadina, der Sie nach links folgen. Gemäss dem Wegweiser „Cadlägh nach 50 m rechts" biegen Sie bald wieder rechts ab und wandern zum Parkplatz vor **Cadlägh/Capolago** 01 zurück. 1 ¾ Stunden.

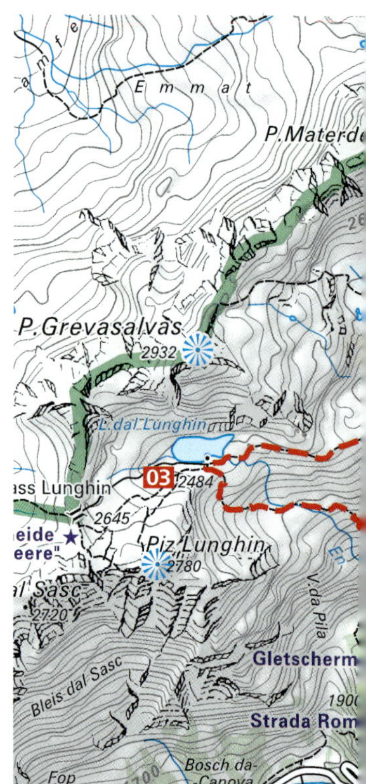

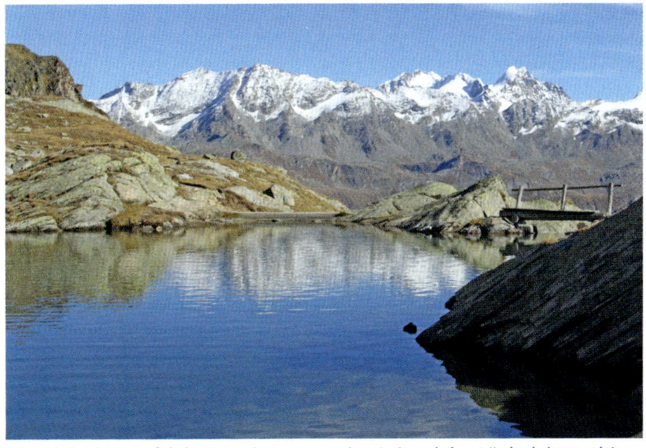

Die Gletschergipfel der Berninagruppe im Spiegel des Lägh dal Lunghin.

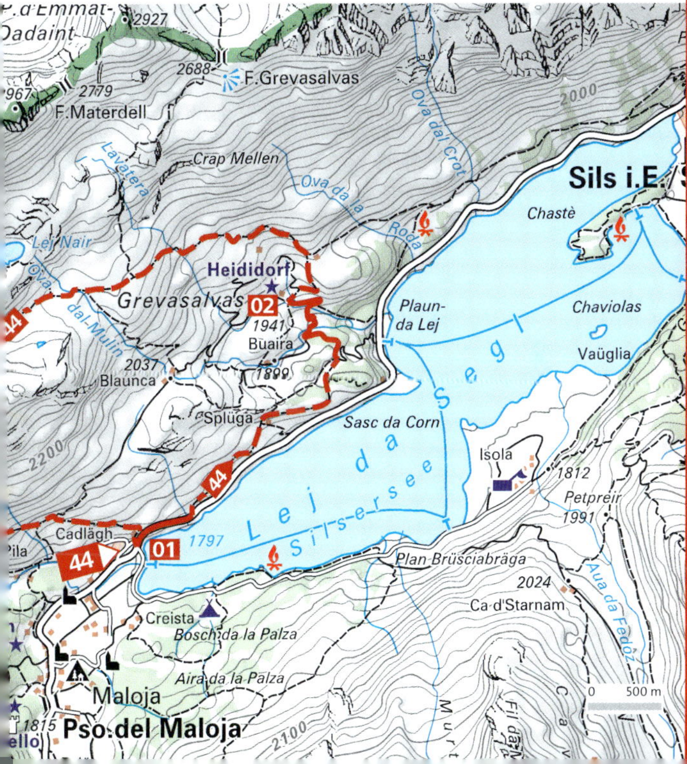

P.d'Emmat-
Dadaint
2927
2688
F.Grevasalvas
2779
F.Materdell
Ova dal Crot
2000
Lavatera
Crap Mellen
Ova da la Roda
Sils i.E.
Chastè
Lej Nair
Ova dal Mulin
Heididorf
Grevasalvas
02
1941
Buaira
Plaun-da Lej
Chaviolas
Vaüglia
2037
Blaunca
1899
Splüga
Sasc da Corn
Lej da Segl
Silsersee
Isola
1812
2200
44
Petpreir
1991
Cadlägh
1797
01
Plan Brüsciabräga
2024
Ca d'Starnam
Aua da Fedoz
Creista
Bosch da la Palza
Aira da la Palza
Maloja
Pso del Maloja
1815
2100
0 500 m

VOM BELVEDERE INS BERGELL

Bergauf in die Eiszeit – bergab auf den Spuren der Römer

 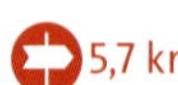 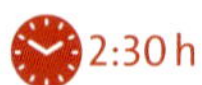 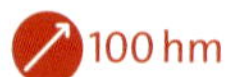 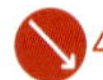 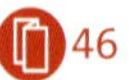

5,7 km | 2:30 h | 100 hm | 450 hm | 46

START | Maloja (1815 m), Posta; Postauto-Haltestelle, Parkplatz gegenüber bei den Tennisplätzen. Rückfahrt von Casaccia mit dem Postauto (Linien 604, 631).
[GPS: UTM Zone 32 x: 553.400 m y: 5.139.221 m]
CHARAKTER | Kulturell und naturkundlich sehr interessante Wanderung mit kurzem Auf- und längerem Abstieg auf guten Pfaden; eine steile und felsige Passage erfordert Trittsicherheit (T2). Einkehrmöglichkeiten nur in Maloja und Casaccia.

Der 1815 Meter hoch gelegene Malojapass ist einer der merkwürdigsten Übergänge der Alpen: Während das Inntal von der Passhöhe bis St. Moritz nur um 40 Meter absinkt, geht's nach Südwesten über eine 270 Meter hohe Steilflanke ins Val Bregaglia/Bergell hinunter. Diesen Höhenunterschied überlistet die 1839 eröffnete Passstrasse mit 22 Kurven. In der Nähe hatten schon die Römer einen Weg angelegt. Ob die 1972 vom Lehrer und Forscher Armon Planta wiederentdeckten, aus dem Fels geschliffenen Rinnen des Weges über den Malögin (den „kleinen Maloja“) wirklich auf die Antike zurückgehen, ist umstritten; benutzt wurde die Trasse allerdings sicher noch im späten Mittelalter. Ihre ausgehauenen Stufen ermöglichten wohl den Zugtieren einen sicheren Tritt – und das war auch nötig, denn stellenweise ist der Weg sehr steil. Im Fels gearbeitet hat hier jedoch auch die Natur – genauer, die Kraft des Schmelzwassers der eiszeitlichen Gletscher. Während ihres Rückzugs entstan-

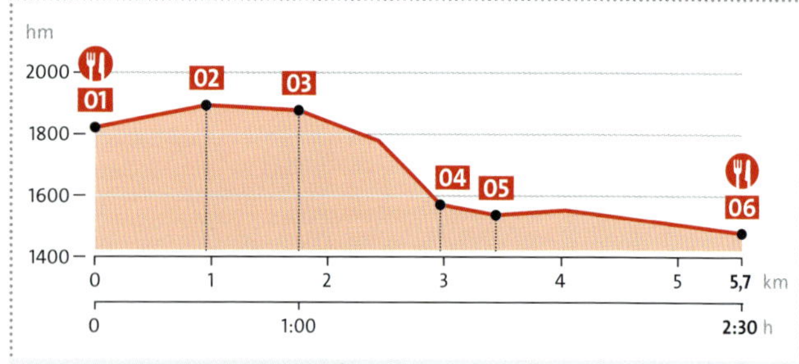

01 Maloja, 1815 m; 02 Gletschermühlen, 1890 m; 03 Torre Belvedere, 1873 m; 04 Plan da la Fola, 1555 m; 05 San Gaudenzio, 1520 m; 06 Casaccia , 1458 m

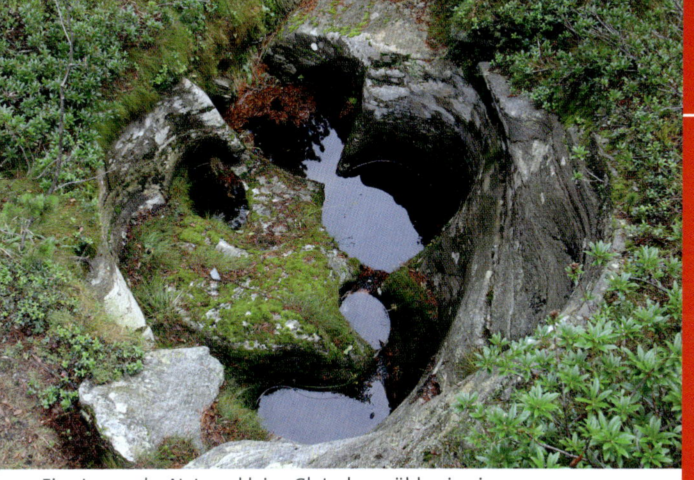

Eine Laune der Natur – kleine Gletschermühlen in einer grossen.

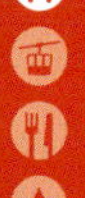

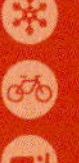

den Wasserstrudel im Eis, die mit dem mitgeführten Gesteinsmaterial grosse Löcher in den Gesteinsuntergrund frästen. So entstanden nördlich der Passhöhe mehr als 30 Gletschermühlen, die bis zu elf Meter tief sind. Dazwischen steht ein steinerner, 24 Meter hoher Turm, von dessen Plattform man die ganze Umgebung überblickt. Der Torre Belvedere entstand 1882 als Teil eines geplanten Märchenschlosses, das aus Geldmangel allerdings nie fertiggestellt wurde.

▶ Von der Posta in **Maloja** 01 folgen Sie der Hauptstrasse ca. 70 m bis vor das Hotel Schweizerhaus und biegen dort rechts ab (Wegweiser „Marmitte dei giganti, Gletschertöpfe, Torre Belvedere"). Der breite Weg – der Beginn der braun beschilderten Via Bregaglia – führt am Atelier Segantini vorbei in den Wald, wo Sie eine Kreuzung erreichen. Nach rechts geht's zu einer weiteren Abzweigung und von dort rechts zu naturbelassenen Hochmooren. Bald danach sehen Sie die ersten **Gletschermühlen** 02 (ca. 1890 m) neben dem Weg. Den Schildern des Grossen Rundwegs (Conte de Renesse) folgend zweigen Sie rechts ab, wandern zu einem Aussichtsplatz hoch über dem Bergell, an weiteren Gletschermühlen vorbei und durch einen felsigen Waldhang wieder zur Kreuzung zurück. Nun steigen Sie rechts kurz zum steinernen **Torre Belvedere** 03 (1861 m) auf. Auch dort finden Sie Gletschertöpfe und Infotafeln über Werke des Malers Giovanni Segantini, die dort entstanden. 1 Stunde.

Nun orientieren Sie sich an der Tafel „Malögin" und wandern durch den steilen, felsigen Südhang unter dem Turm abwärts. Unten in einem Waldgraben folgen Sie der Beschilderung der Via Bragaglia nach rechts. Nun sind Sie auf dem steilen Römerweg unterwegs. Er schlängelt sich weiter unten durch schütteren Wald zum **Plan da la Fola** 04 (1555 m) hinunter (Postauto-Haltestelle Carvil).

Dann geht's gemäss dem Wegweiser „S. Gaudenzio, Casaccia" rechts neben der Kantonsstrasse talauswärts. Oberhalb der Fahrbahn steigen Sie auf einer Holztreppe

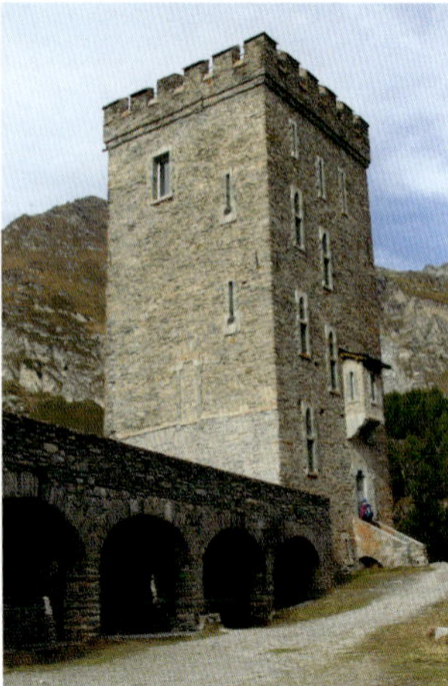
Der Torre Belvedere über Maloja.

neben einer Mauer ab, dann führt der Wiesenpfad zur **Kirchenruine San Gaudenzio** 05 (1520 m). Zwischen Schutzbauten geht's durch die steilen Hänge über der Strasse weiter nach **Casaccia** 06 (1458 m). Das höchstgelegene Dorf des Bergells wird immer wieder von Muren und Bergstürzen heimgesucht; selbst die Kirche aus dem Jahre 1742 steht auf den Grundmauern einer solcherart zerstörten Vorgängerin. Das Hotel Stampa erinnert aber noch heute an die einstige Bedeutung des Ortes zwischen drei Pässen (Maloja, Septimer und Muretto); seine Stüa lädt vor der Rückfahrt mit dem Postauto zur gemütlichen Einkehr ein.

Seltsame Steine in Maloja

Südöstlich von Maloja, neben einer Rastbank am beliebten Spazierweg um das Hochmoor des Palü Ca d'Maté (zwischen dem Friedhof und der Skilift-Talstation), verbergen sich zwei eigenartige, etwa 50 Zentimeter hohe Steine. Der eine weist eine sauber ausgefräste, meist mit Wasser gefüllte Vertiefung auf – er wurde schon als kultischer Schalenstein gedeutet, hat aber vermutlich zum Zerstossen von Getreidekörnern gedient. Das andere Steingbilde zeigt ein kunstvoll eingeritztes, kreuzförmiges Flechtbandornament, die sogenannte „Rose von Maloja". Ähnliche Darstellungen sind aus Irland und von mitteleuropäischen Gebäuden aus karolingischer Zeit bekannt. Das Alter der beiden Gebilde lässt sich natürlich nicht feststellen – ein ungewöhnliches Ausflugsziel sind sie allemal.

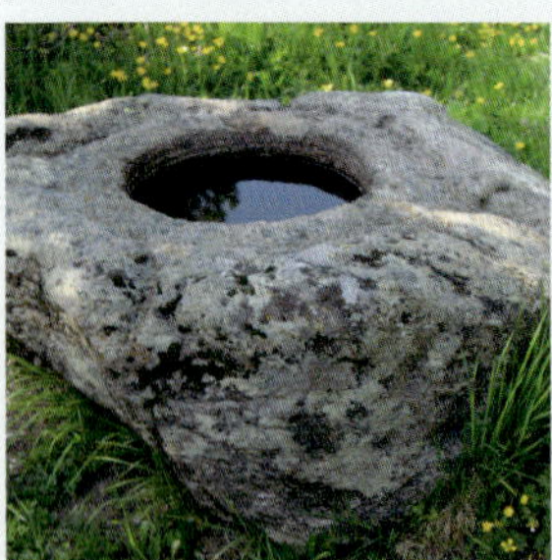

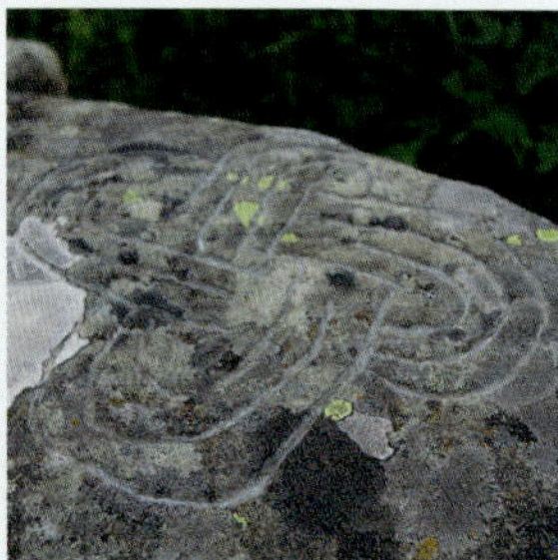

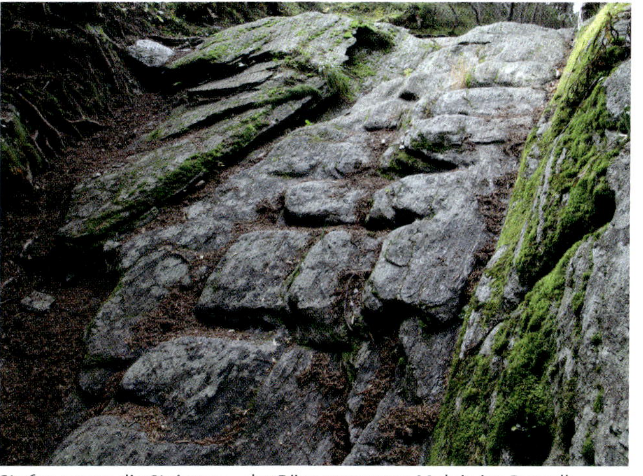

Stufen gegen die Steigung – der Römerweg von Maloja ins Bergell.

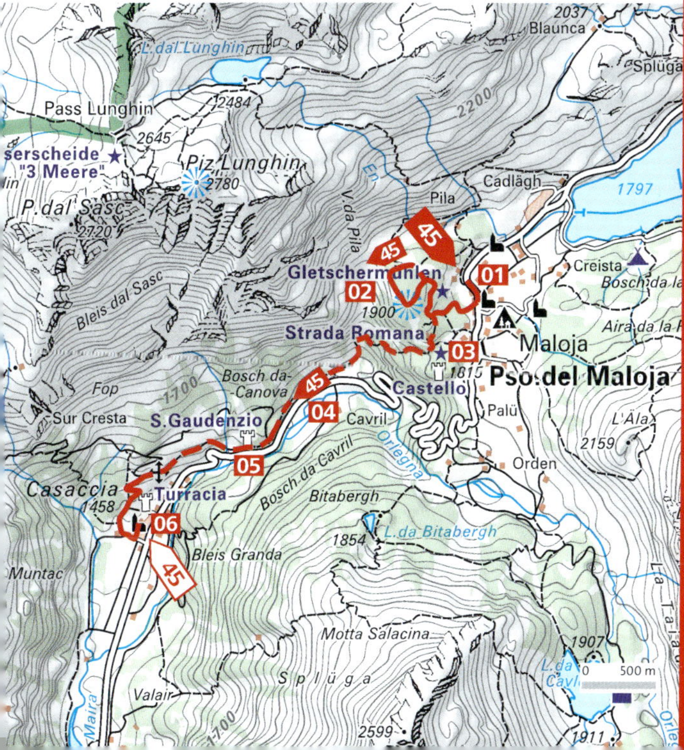

L. dal Lunghin
2037
Blaunca
Splüga
Pass Lunghin
2484
2200
2645
serscheide
"3 Meere"
Piz Lunghin
2780
Cadlägh
1797
P. dal Sasc
2720
V. da Pila
Pila
45
45
Gletschermühlen
01
02
Creista
Bosch da la
1900
Aira da la
Strada Romana
Maloja
03
Bleis dal Sasc
1815
Pso. del Maloja
Bosch da-Canova
45
Castello
Fop
1700
04
Palü
Sur Cresta
S. Gaudenzio
Cavril
L'Ala
2159
05
Bosch da Cavril
Orlegna
Orden
Casaccia
Turracia
1458
Bitabergh
06
L. da Bitabergh
1854
Bleis Granda
45
Muntac
Motta Salacina
1907
L. da Cavl
0 500 m
Splüga
Valair
Maira
1700
2599
1911

MOTTA SALACINA • 2148 m

Gipfelumweg vom Lägh da Bitabergh zum Lägh da Cavloc

 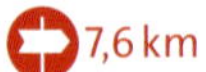 7,6 km 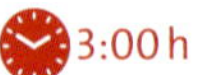 3:00 h 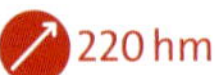 220 hm  220 hm 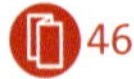 46

START | Maloja, Parkplatz Orden (1790 m) bei der Villa Baldini; Zufahrt vom Pass Richtung Bergell, links Richtung „Salacina" und 300 m zum gebührenpflichtigen Parkplatz (zu Fuss von der Postauto-Haltestelle Cad'Maté in Maloja 15 Minuten).
[GPS: UTM Zone 32 x: 553.545 m y: 5.137.993 m]
CHARAKTER | Bergwanderung auf Schotterstrassen und teils steilen Pfaden (T2). Einkehren kann man im Restaurant am Lägh da Cavloc, Milch und Käse gibt's auf der benachbarten Alp.

2148 Meter – das ist im Oberengadin und im Bergell keine besondere Gipfelhöhe. Doch dank seiner „Balkonlage" bietet die Kuppe Motta Salacina einen grossartigen Ausblick, der die vergleichsweise geringen Aufstiegsmühen reich belohnt. An seinem Fuss verbergen sich zwei kleine Wasserwunder im Wald, der Nachwuchs freut sich über einen Abenteuerweg mit allerlei Stationen – und auch eine Kunstinstallation auf einer Staumauer gibt's unterwegs zu bewundern.

▶ Vom vorderen Rand des **Parkplatzes Orden** 01 folgen Sie dem Wegweiser „Lägh da Bitabergh, Motta Salacina" nach rechts und steigen zur Staumauer im Tal der Orlegna ab. Sie wurde 1972 zum Schutz vor Hochwasser erbaut und 1997 von Gottfried Honegger mit den neun bunten Metallstelen seiner Installation „Culur" geschmückt – als „Dialog zwischen einer gewaltigen Natur, einer nützlichen Technik und dem Geistigen der Kunst". Jenseits zweigen Sie rechts ab und steigen

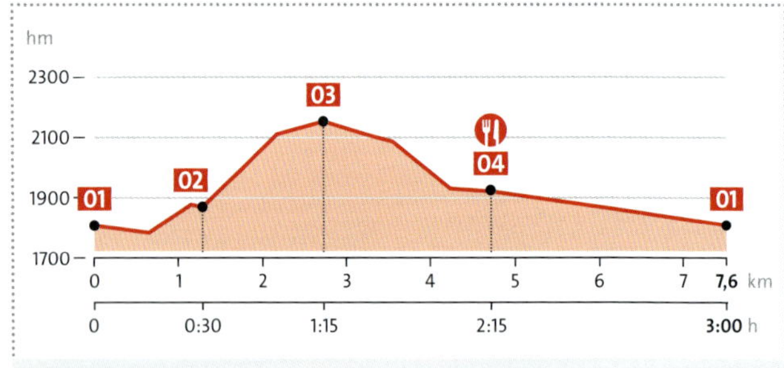

01 Parkplatz Orden, 1790 m; 02 Lägh da Bitabergh, 1854 m; 03 Motta Salacina, 2148 m; 04 Lägh da Cavloc, 1907 m

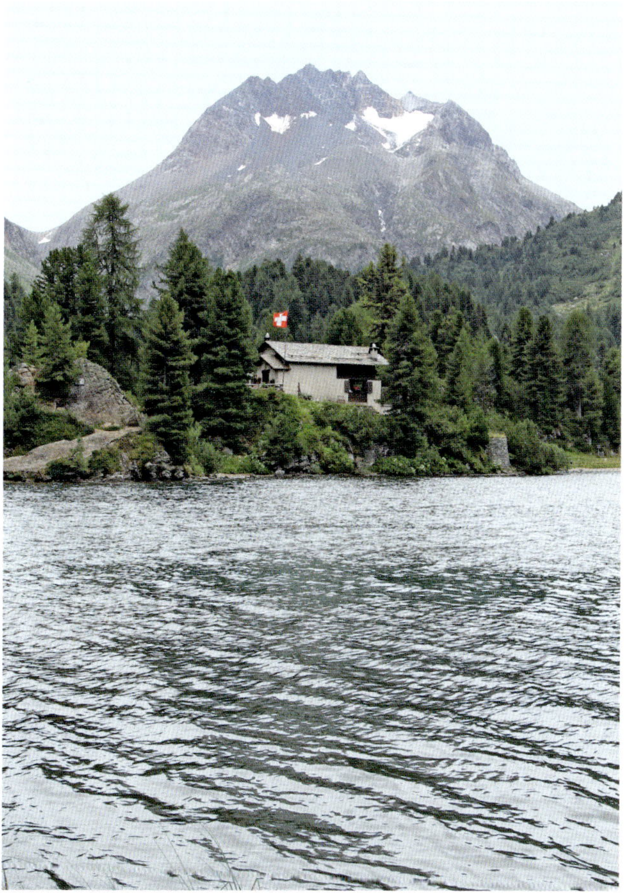

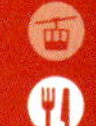

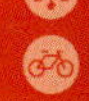
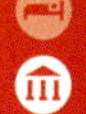
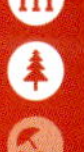

Der Lägh da Cavloc unter dem Monte del Forno.

oberhalb der Schlucht durch den Wald an. Diese Route folgt uralten Schmugglerrouten, daher wurde in ihrem Bereich auch ein „Percorso dei Contrabbandieri“ mit einigen Stationen und Wegvarianten für Kinder ausgebaut. Nach ca. 30 Minuten erreicht man den etwa 100 m langen und ganz vom Wald umgebenen **Lägh da Bitabergh** 02 (1854 m).

Am Südufer biegen Sie rechts ab. Ein steiler Zickzackpfad führt ins freie Alpgelände hinauf, wo Sie links zur kleinen Hochfläche **Motta Salacina** 03 (2148 m) abzweigen. Von seiner unscheinbaren Kuppe erblicken Sie die Oberengadiner Seen genauso wie das Bergell, den gegenüber aufragenden Piz Grevasalvas (2931 m) und den Piz Lunghin (2779 m). 45 Minuten.

Zum Fornogletscher

Der Vadrec del Forno, der zweitgrösste Gletscher Graubündens, verbirgt sich südlich von Maloja in den Bergeller Bergen. Seine noch etwa 5 Kilometer lange Gletscherzunge und die darüber gelegene Schutzhütte des Schweizerischen Alpenclubs sind im Rahmen einer langen, aber nur mittelschweren Rundwanderung (T 3) erreichbar. Zunächst marschiert man vom Parkplatz Orden auf dem Fahrweg zum Lägh da Cavloc und folgt dann dem historischen Weg Richtung Passo del Muretto. Dieser 2562 Meter hoch gelegene Sattel war einst die Schlüsselstelle einer bedeutenden Handelsroute zwischen dem Veltlin und dem Engadin.

Nach etwa 1,5 km gabelt sich das Tal am Plan Canin. Dort biegt man rechts ab und wandert durch das nur sanft ansteigende Val Forno weiter. Nach einer kleinen Steilstufe geht's links über eine Brücke, durch Moränenschutt weiter taleinwärts und schliesslich in Kehren zur Capanna del Forno (2574 m) hinauf. Gehzeit ca. 3 Stunden vom See. Die 1889 aus Stein erbaute Schutzhütte steht auf einer Geländeterrasse hoch über der Gletscherzunge des Vadrec del Forno – mit grossartiger Sicht zu den über 3000 Meter hohen Granitgipfeln über dem Talschluss. Besonders eindrücklich zeigt sich die „Nadel der Kleopatra", ein schlanker Felsturm,

Für den Rückweg empfiehlt sich der neu markierte Panoramaweg, der etwas oberhalb der Hütte links von der Route Richtung Sella del Forno abzweigt. Er führt hoch über dem Tal an kleinen Seen vorbei und ins Val Muretto, durch das man dann links wieder zum Plan Canin absteigt. Vorbei am Lägh da Cavloc kommt man nach 5 Stunden wieder zum Ausgangspunkt zurück.

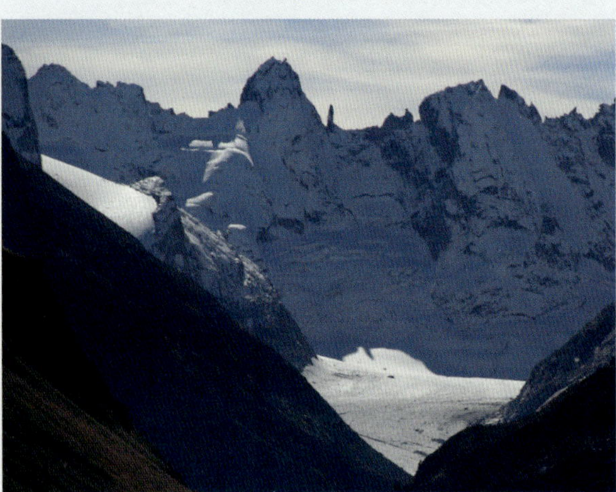

Von dort gelangen Sie im sanften Abstieg zum felsigen Pass dal Caval (2135 m) und durch die Hänge des Piz Salacina (2600 m) zum Südufer des **Lägh da Cavloc** 04 (1907 m). In der nahen Alphütte gibt's meist frische Milch, im Restaurant Cavloccio währschafte Köstlichkeiten. Abstieg 1 Sunde.
Der Rückweg erfolgt auf dem erst sanft an- und abfallenden, dann aber kurz recht steil bergabführenden Schotterfahrweg ins Tal der Orlegna. Rechts kommen Sie über eine Brücke zum selbstverwalteten Bildungs- und Ferienzentrum Salecina (wo sich die zehnte Stele der Kunstinstallation „Culur" befindet). Über flache Wiesen kommen Sie nach 45 Minuten zum **Parkplatz Orden** 01 zurück.

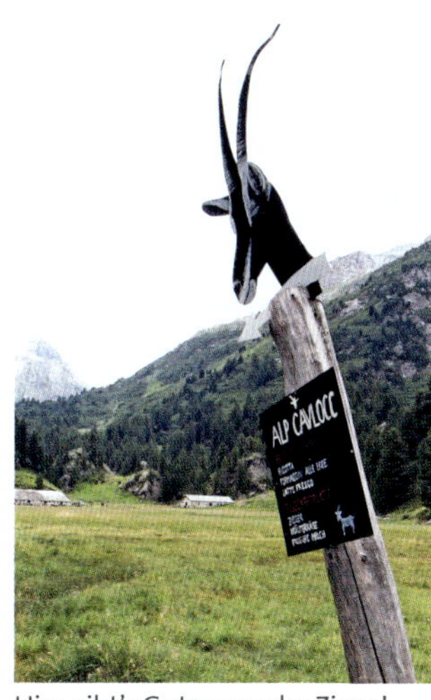

Hier gibt's Gutes von der Ziege!

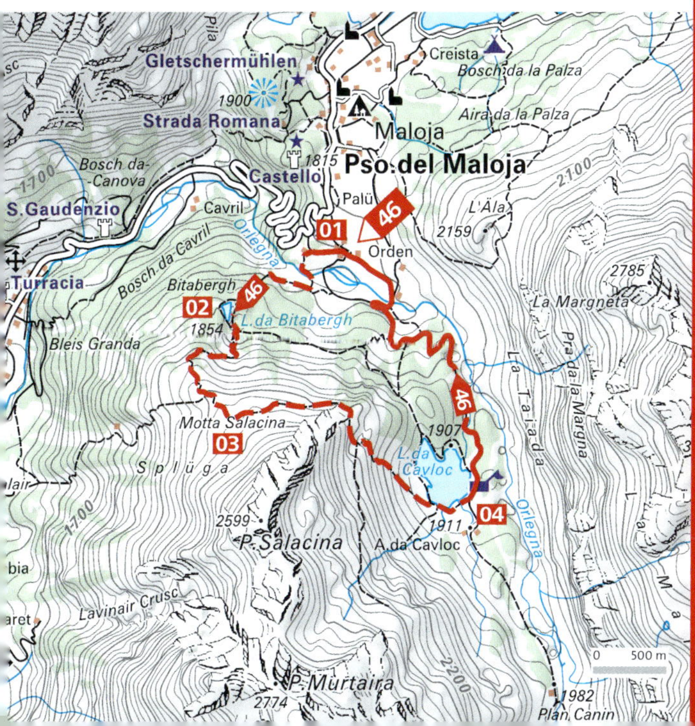

VON CASACCIA NACH SOGLIO

Auf dem Sentiero Panoramico durchs Bergell

  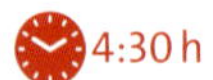 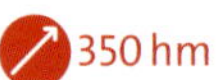 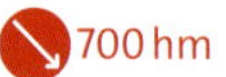 

START | Casaccia (1458 m), Postauto-Haltestelle und Parkplatz am südlichen Ortsrand. Rückfahrt von Soglio mit dem Postauto (Linie 632 bis Promontogno, dort umsteigen zur Linie 604 oder 631). [GPS: UTM Zone 32 x: 551.096 m y: 5.137.657 m]
CHARAKTER | Sehr lohnende Panoramawanderung auf ruhigen Nebenstrassen und guten Pfaden; eine kurze felsige Passage ist mit Ketten gesichert (T3), eine weitere Stelle erfordert Schwindelfreiheit. Unterwegs ist der Ristoro Munt Durbegia während der Wandersaison bewirtet.

Der mit der Nummer 796 markierte Sentiero Panoramico ist wohl der schönste Weg zur „Schwelle zum Paradies", wie Giovanni Segantini das Bergeller Dorf Soglio einmal genannt hat. Die Route folgt erst der Maira durch das Val Bregaglia und durchquert dann seine südseitigen Hänge. Dabei wandert man in Lärchenhainen, im Buchenwald und zuletzt auch unter Kastanienbäumen. Trotzdem wird der Weg seinem Namen gerecht, denn immer wieder tun sich schöne Ausblicke ins Tal und zu den Bergeller Alpen auf. Sind es zuerst die Granitzacken über der Albigna-Staumauer, die die Aufmerksamkeit auf sich ziehen, so zeigen sich im Verlauf der Tour auch die unglaublich bizarren Gipfel der Bondasca- oder Scioragruppe. Immer wieder blickt man hinüber zum 3369 Meter hohen Piz Cengalo, der im Sommer 2017 durch einen riesigen Bergsturz zu trauriger Berühmtheit kam, und zum

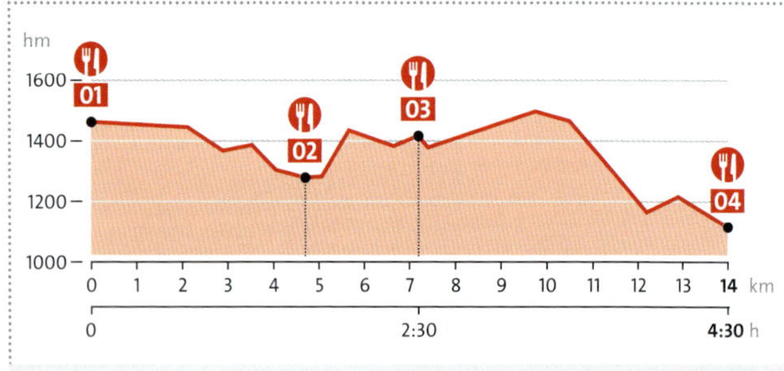

01 Casaccia, 1458 m; 02 Roticcio, 1267 m; 03 Ristoro Munt Durbegia, 1410 m; 04 Soglio, 1097 m

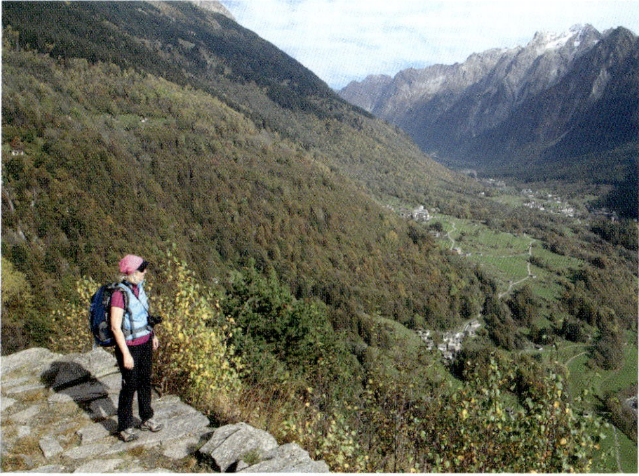

Typisch Panoramica – uralte Plattenwege und ein Blick übers Bergell.

benachbarten Piz Badile (3308 m). Der so treffend nach einer Schaufel benannte Felsklotz ist einer der berühmtesten Berge der Alpen; seine rund 800 Meter hohe Nordostwand steht in einer Reihe mit den Nordwänden des Matterhorns, des Eigers oder der Grossen Zinne. Ein wahrer Traum ist aber auch die Wanderung auf dem alten, mit flachen Steinplatten angelegten Weg, der schliesslich zwischen den Wiesenterrassen des Dorfes Soglio ausläuft.

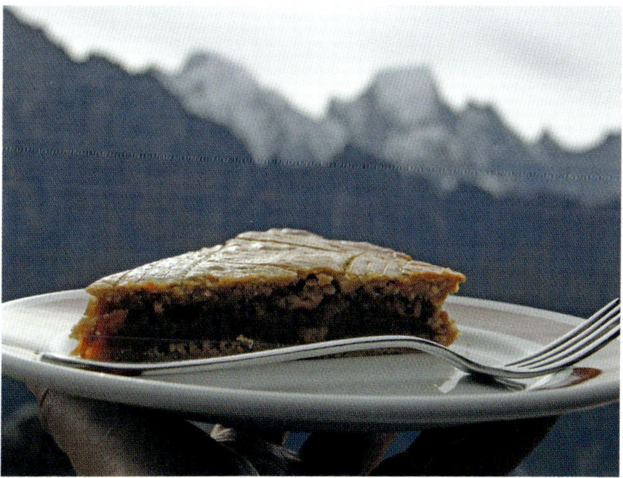

Zur Halbzeit am Munt Durbegia gibt's eine köstliche Stärkung.

▶ Vor dem Hotel Stampa in **Casaccia** 01 zweigt eine gepflasterte Nebenstrasse ab (Beschilderung „Panorama-Hochweg Casaccia – Soglio", ein paar Schritte weiter vorne „Roticcio, Soglio"). Am südlichen Ortsrand gehen Sie geradeaus auf einem Feldweg – dem Sentiero Panoramico – über eine grosse Wiese und dann neben der Orlegna talauswärts. Unterhalb des Ausgleichsbeckens in der Nähe von Löbbia (1435 m) ist das Bachbett meist trocken, dafür sieht man links zur riesigen Albigna-Staumauer und zu den glatten Granitzacken der Bergeller Alpen hinauf. Über die Alpwiesen von Barga d'Ora (1368 m) und Pisnana gelangen Sie in die kleine Siedlung **Roticcio** 02 (1267 m).

In der Folge geht's auf einem Pfad steiler aufwärts. Im Waldhang hoch über dem Dorf Vicosoprano queren Sie die Schuttdeponie eines Militärstollens, danach steigen

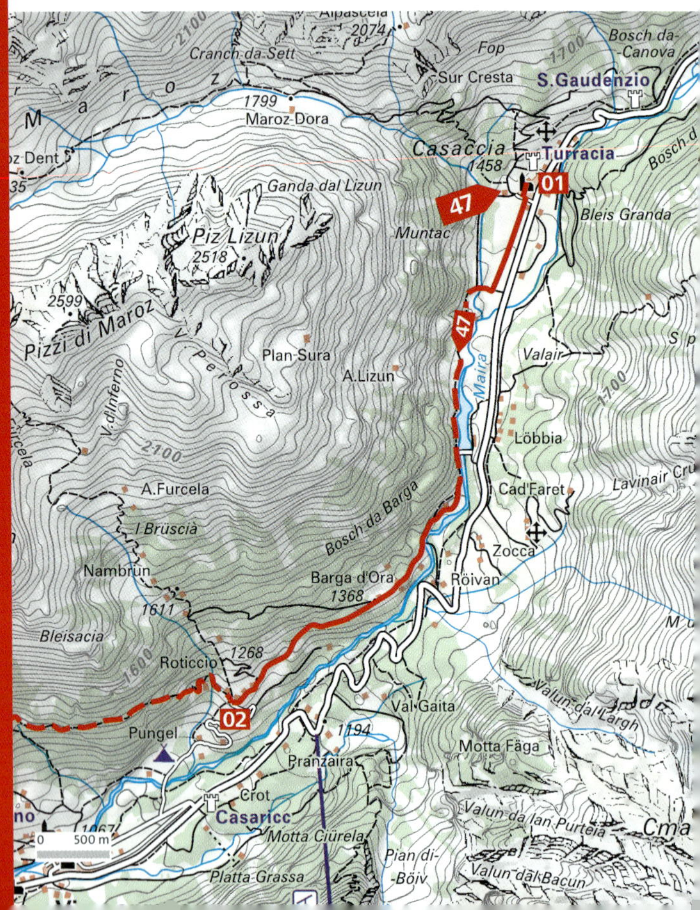

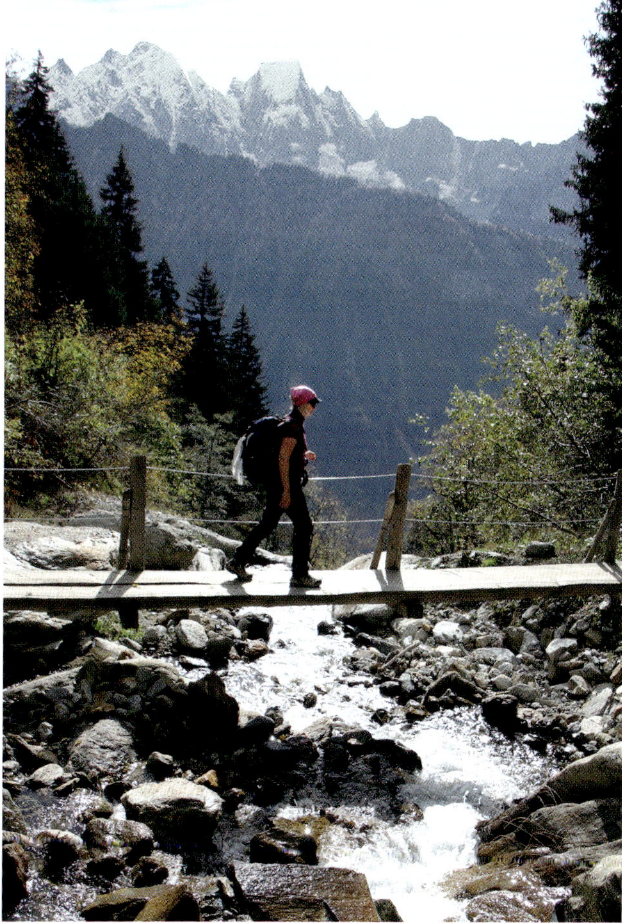

Eine Schlucht gibt die Sicht zum Piz Cengalo und zum Piz Badile frei.

Sie in felsigem Gelände kurz ab (Kette). Der Pfad führt nun durch Laubwald, vorbei an Fundamenten alter Hütten. Von den Wiesen um Brügnet (1350 m) gelangen Sie auf einer sanft ansteigenden Kiesstrasse zum gastlichen **Ristoro Munt Durbegia** 03 (1410 m). Nach 2 ½ Stunden haben Sie hier den höchsten Punkt der Route erreicht – und auch einen Höhepunkt der Aussicht zu den jenseits aufragenden Bergeller Bergriesen.

Auf der Alpstrasse und später wieder auf einem Pfad wandern Sie weiter durch die Waldhänge über dem Tal – vorbei an längst verlassenen Alphütten und kleinen

Wasserfällen. Immer wieder genießt man Ausblicke zu den Talorten, aber auch zu den gegenüber aufragenden Gipfeln. In Parlong (1274 m) treffen Sie auf den „Oberen Plattenweg", der die weitere Route nach Soglio vorgibt. Vorbei an einem aufgegebenen Anwesen und einer weiteren Kaskade passieren Sie einen Aussichtsplatz und eine besonders eindrückliche Passage des Steinplattenweges (Tiefblick zur Burg über der Talenge von Promontogno, Traumsicht ins Val Bondasca). Danach wird der Kirchturm von **Soglio** 04 (1097 m) bald zwischen den Bäumen sichtbar. Dieses einzigartig gelegene Dorf lädt natürlich zu einem Rundgang und einer Rast ein.

Variante: Wer zu Fuss nach Promontogno hinunter möchte, folgt dem Wegweiser vor der Kirche nach links. Der Weg führt zunächst durch Wiesen und Wald zu den Hütten von Naun – noch einmal mit Prachtsicht zu den bizarren Granitbergen jenseits des Tals. Dann geht's auf unzähligen Stufen durch sehr steile, aber bewaldete Felsflanken bergab; Holzgeländer und Ketten sorgen dabei jedoch für Sicherheit.
Schliesslich überschreiten Sie die Maira links auf einer alten Steinbrücke. Jenseits befindet sich die Postauto-Haltestelle von Promontogno rechts im kleinen Park vor dem 1875/76 erbauten Hotel Bregaglia. Gehzeit 45 Minuten.

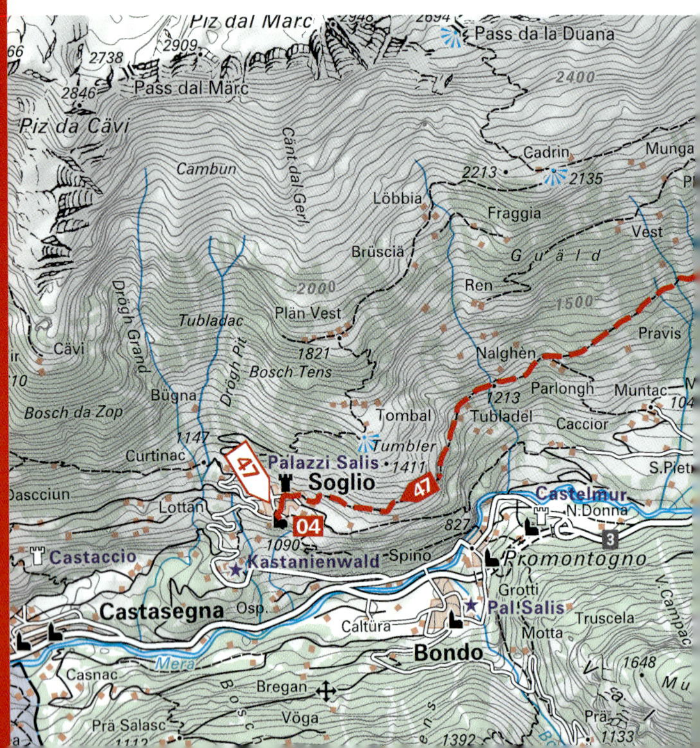

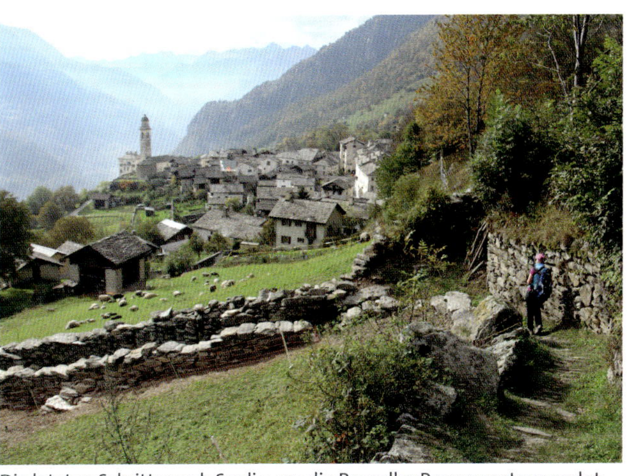

Die letzten Schritte nach Soglio, wo die Bergeller Panoramatour endet.

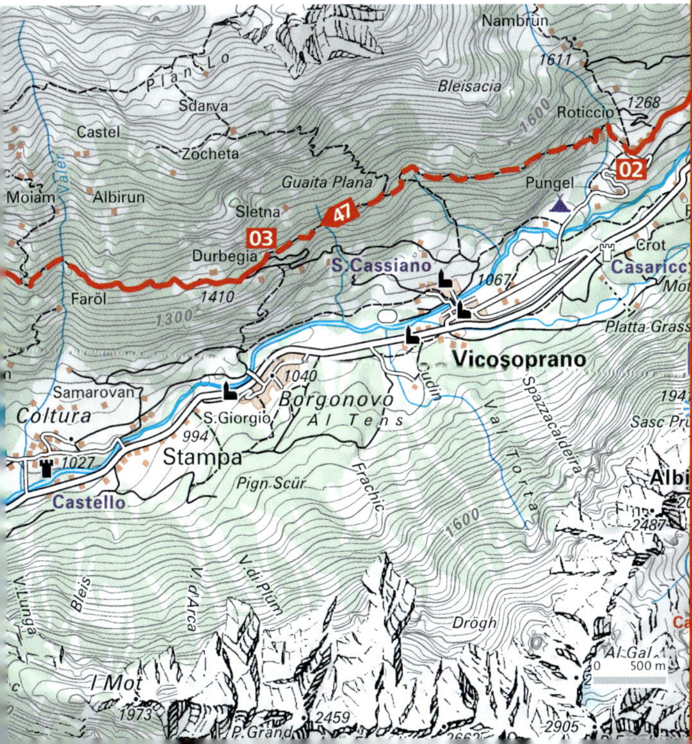

ZUR CAPANNA DA L'ALBIGNA

Ein neuer Rundweg hoch über dem Stausee

 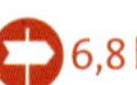  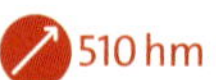  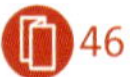

START | Pranzaira (1194 m) zwischen Casaccia und Vicosoprano, Talstation der Seilbahn Albigna; Parkplatz und Postauto-Haltestelle. Auffahrt zur Bergstation (2096 m), auch zurück mit der Seilbahn (letzte Talfahrt um 16.45 Uhr) – da die beiden Gondeln jeweils nur acht Personen transportieren, gibt's mitunter längere Wartezeiten, www.bregaglia.ch/de/seilbahn-und-stausee-albigna.
[GPS: UTM Zone 32 x: 549.669 m y: 5.131.770 m]
CHARAKTER | Hochalpine Hütten- und Bergwanderung auf gut angelegten, aber stellenweise steilen und steinigen Pfaden (T2). Bei Nebel ist die Orientierung oberhalb der Hütte sehr schwierig. Die Capanna da l'Albigna ist während der Seilbahn-Betriebszeiten (Mitte Juni – Mitte Oktober) bewartet.

Der Albigna-Stausee ist eine der grossen Sehenswürdigkeiten im Bergell. Hinter der 115 Meter hohen Gewichtsstaumauer, die 1959 fertiggestellt wurde, verbergen sich vergletscherte Dreitausender und bekannte Kletterwände. Die kleine Capanna da l'Albigna aus dem Jahr 1910 musste dem gigantischen Projekt des Elektrizitätswerks der Stadt Zürch weichen – sie wurde jedoch etwa 200 Höhenmeter weiter oben neu aufgebaut. Dank der Seilbahn zur Staumauer empfiehlt sie sich als Ziel für eine kurze, aber hochalpine und überaus eindrückliche Wanderung. Die Eiszunge des Vadret da l'Albigna ist zwar schon weit hinter das Stauseeufer zurückgeschmolzen, die darüber

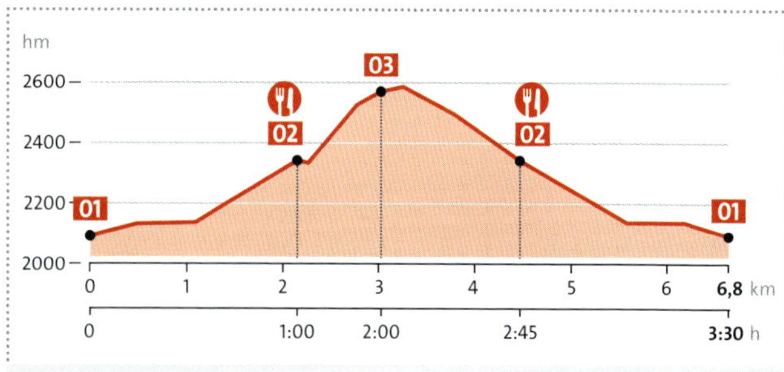

01 Seilbahn-Bergstation, 2096 m; 02 Capanna da l'Albigna, 2333 m; 03 Seen, 2570 m

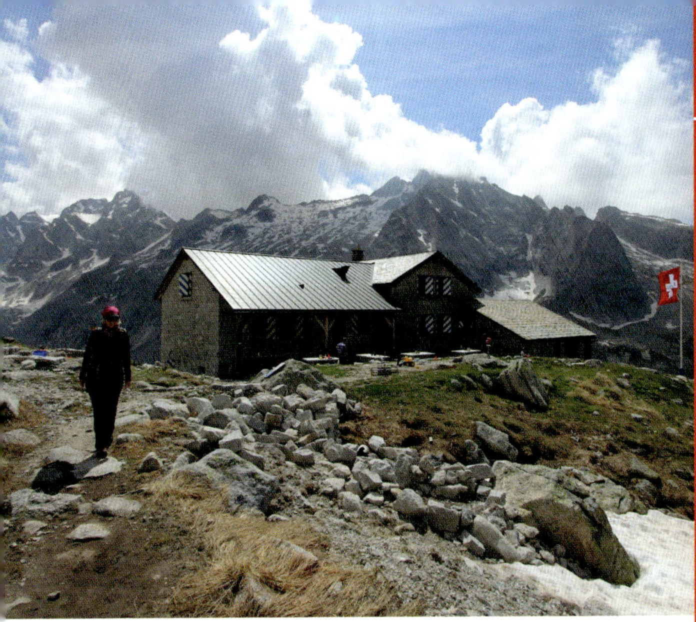

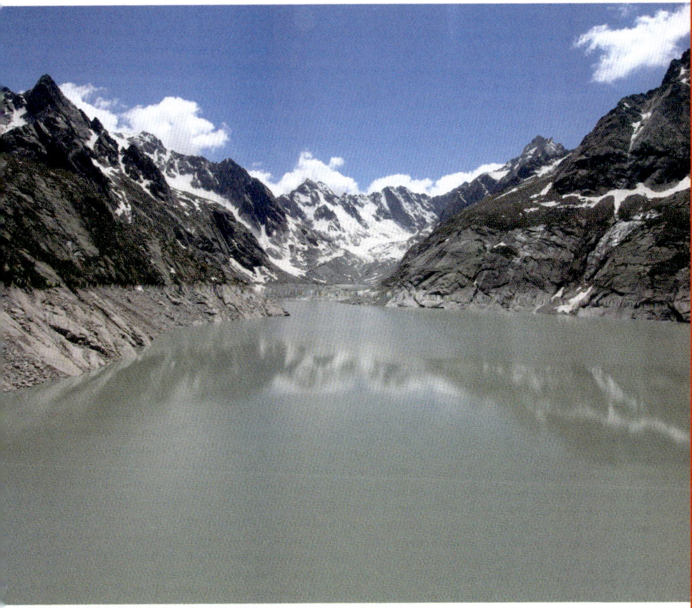

Hütten- und Stauseepanorama auf Albigna.

aufragenden Granitwände bieten aber nach wie vor einen imposanten Anblick. Völlig naturbelassen ist das Kar unter der östlich benachbarten Cima dal Cantun geblieben – man erkundet es am besten von einem neuen Hüttenrundweg aus.

▶ Von der **Seilbahn-Bergstation** 01 führt ein breiter, steiniger Weg zur Werkshütte am westlichen Rand der Staumauer hinauf. Bei der Überschreitung der Mauerkrone geniesst man eine herrliche Sicht über den Stausee zu den vergletscherten Bergen der Scioragruppe

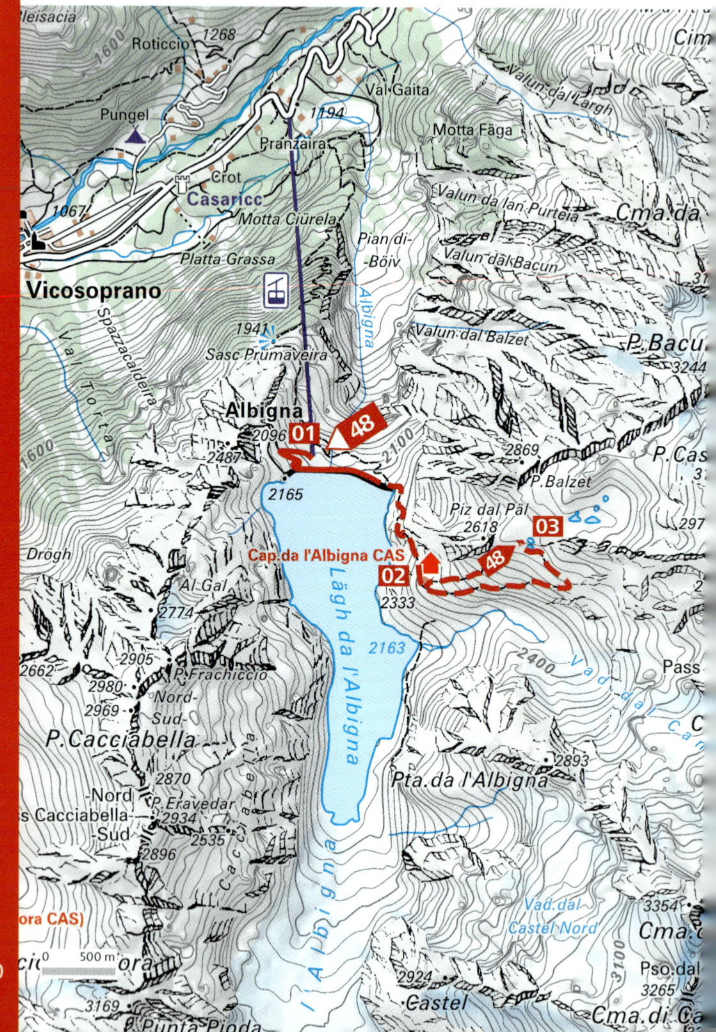

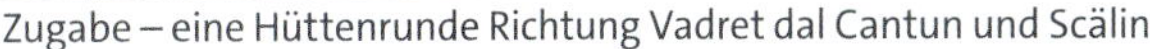

Zugabe – eine Hüttenrunde Richtung Vadret dal Cantun und Scälin.

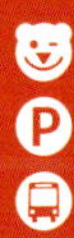
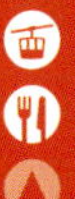

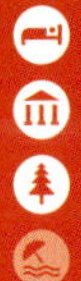

und ins obere Bergell bis zum Malojapass. Dann geht's auf einem schmalen und steinigen, aber gut angelegten Pfad durch die steilen Granitflanken unter dem Piz da Päl (2618 m) aufwärts. Da und dort müssen kleine Felsstufen erstiegen und schräge Gesteinsplatten überschritten werden; an einer Stelle findet man eine kurze Holztreppe. Nach knapp 1 Stunde Gehzeit passiert man einen winzigen See und steht gleich danach vor der **Capanna da l'Albigna** 02 (2333 m). Das einladende Schutzhaus thront auf einer aussichtsreichen Kuppe und ist schon für sich ein wunderbares Wanderziel.

Noch intensivere Landschaftseindrücke vermittelt der Rundwanderweg oberhalb der Hütte. Er folgt zunächst dem blau signalisierten Pfad Richtung „Pass dal Casnil", der durch die felsigen Hänge unter dem Piz dal Päl emporführt. Östlich davon gelangt man zu einigen kleinen, idyllisch gelegenen **Seen** 03 (2570 m), bei denen man manchmal Steinböcke beobachten kann. Dort zweigt man rechts ab, wandert zwischen den beiden untersten Wasseraugen auf eine kleine Anhöhe (2600 m) und steigt dann durch wegloses Grasgelände ab – dem Gletscherkessel unter der Nordwand der Cima dal Cantun (3351 m) und der spitzen Punta da l'Albigna (2823 m) entgegen. Auf etwa 2530 m Seehöhe trifft man auf einen gut ausgetretenen Pfad, auf dem man rechts durch die steilen Hänge oberhalb des Kars zur **Capanna da l'Albigna** 02 zurückkehrt. 1 ¾ Stunden.

Abstieg bis zur **Seilbahn-Bergstation** 01 auf dem Zugangspfad in 45 Minuten.

Variante: Man gelangt natürlich auch zu Fuss zur Staumauer hinauf. Man startet dabei 250 m oberhalb der Seilbahn-Talstation an der Talstrasse. Auf einem Forstweg gelangt man zu einer Brücke über das trockene Bachbett, dann führt der alte Pfad in vielen Kehren über einen steilen Waldrücken empor. Nach der Unterquerung der Seilbahn umgeht man einen spektakulär tiefen Felseinriss. Nach gut 2 ½ Stunden erreicht man auf der alten Kraftwerks-Baustrasse unter den Kletterfelsen der Spazzacaldeira die Seilbahn-Bergstation.

Für den Abstieg auf dieser Route muss man 1 ¾ Stunden einplanen.

VON CASTASEGNA NACH SOGLIO

Kulturwandern unter Kastanienbäumen

 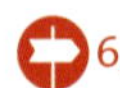 6,6 km  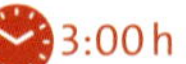 3:00 h 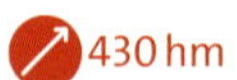 430 hm 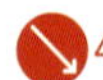 430 hm  46

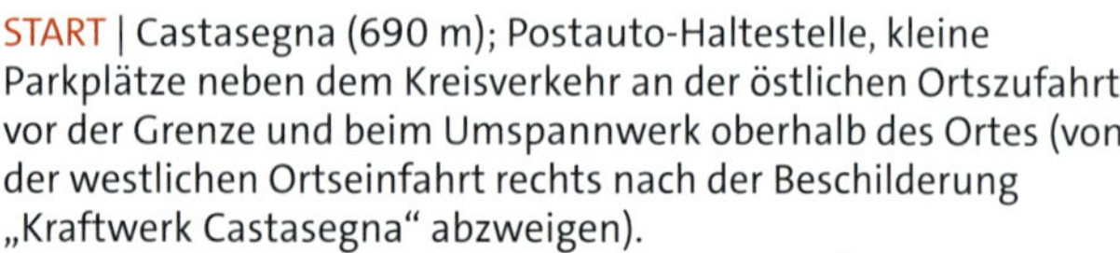

START | Castasegna (690 m); Postauto-Haltestelle, kleine Parkplätze neben dem Kreisverkehr an der östlichen Ortszufahrt vor der Grenze und beim Umspannwerk oberhalb des Ortes (von der westlichen Ortseinfahrt rechts nach der Beschilderung „Kraftwerk Castasegna" abzweigen).
[GPS: UTM Zone 32 x: 539.699 m y: 5.131.303 m]
CHARAKTER | Interessante Rundwanderung auf Nebenstrassen und stellenweise steilen Pfaden (T2). Einkehrmöglichkeiten in Castasegna und Soglio.

In den obersten Bereichen des Bergells liegt Gletschereis, das gut 30 Kilometer und 3000 Höhenmeter weiter unten, im italienischen Alpenstädtchen Chiavenna, inmitten mediterraner Vegetation endet. Palmen wachsen auch schon in Castasegna, dem untersten Dorf des schweizerischen Bergell-Anteils. Bekannter ist der schmucke Ort allerdings für den Brentan, einen der grössten Edelkastanienwälder Europas. Den sollte man unbedingt zu Fuss durchstreifen, was sich gut mit einer Wanderung ins Dorf Soglio verbinden lässt – dort spielen die Marroni ja ebenfalls bis heute eine grosse Rolle.

▶ Vom Parkplatz beim Kreisverkehr neben der Grenze führt eine schmale Asphaltstrasse zur Posta im Zentrum von **Castasegna** 01 hinauf. 100 m weiter links befindet sich die Postauto-Haltestelle. Dazwischen – neben der Villa Garbald, dem einzigen Bau des Architekten Gottfried Semper südlich der Al-

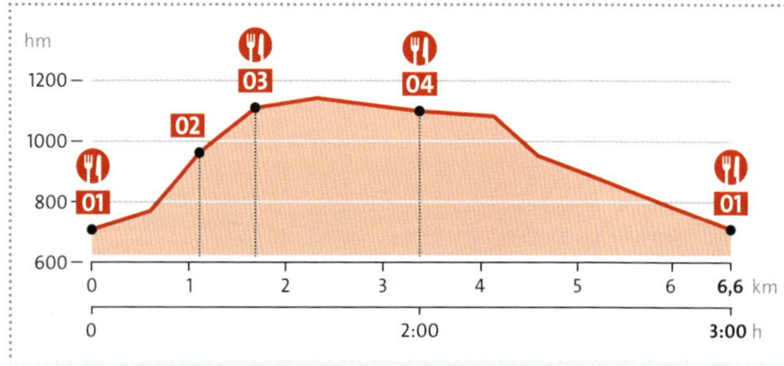

01 Castasegna, 690 m; 02 Alp Caslac, 954 m; 03 Alp Dascciun, 1108 m; 04 Soglio, 1097 m

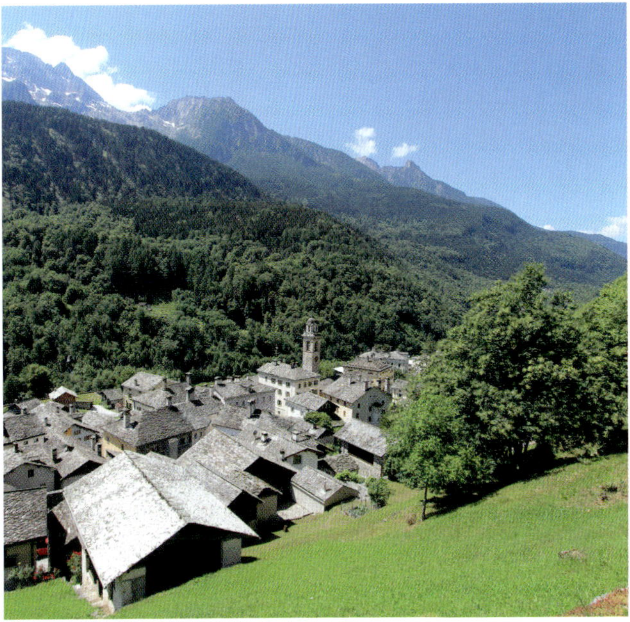

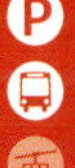
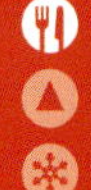

Castasegna – Blick vom Brentan in den italienischen Bergell-Abschnitt.

pen – zweigt eine schmale Seitengasse bergwärts ab (Wegweiser „Brentan, Soglio, Via Bregaglia"). Sie führt in die ab 1957 angelegte Angestelltensiedlung der Bergeller Kraftwerke, wo bunte Info-Stelen den Beginn des Kastanienlehrpfads anzeigen. Er führt neben einigen Cascine (kleinen Hütten, in denen Kastanien getrocknet werden) zum Parkplatz beim Umspannwerk hinauf. 70 m geradeaus weiter durch die Siedlung und links gemäss der Beschilderung „Dascciun, Soglio" zu einem weiteren Parkplatz beim Eingang des Kavernenkraftwerks. Von dort gelangen Sie rechts in den Brentan. Auf dem Fahrweg erreichen Sie unter grossen Kastanienbäumen eine Abzweigung, von der Sie dem Wegweiser „Dascciun" nach links folgen. Ein Pfad führt im Zickzack durch die steilen und stellenweise auch felsigen Waldhänge hinauf zur **Alp Caslac** 02 (954 m), die – um der Jahr 913 urkundlich als „Castellum Castellatium" erwähnt – das Stammhaus der hier lange herrschenden Familie Salis gewesen sein soll. Daher wurde hier am Ende des 19. Jahrhunderts ein „Gedächtnisturm" errichtet.

Weiter oben stehen die Hütten von **Dascciun** 03 (1108 m), bei den Sie eine herrliche Aussicht zu den Bergeller Alpen geniessen. Ein Fahrweg führt nun rechts über einen flachen Wiesen- und Waldbalkon ins noch 30 Minuten entfernte **Soglio** 04 (1097 m). Nach der kleinen Schlucht der Caroggia erreichen Sie die ersten Häuser des bezaubernden Dorfes. Gehzeit insgesamt 2 Stunden.

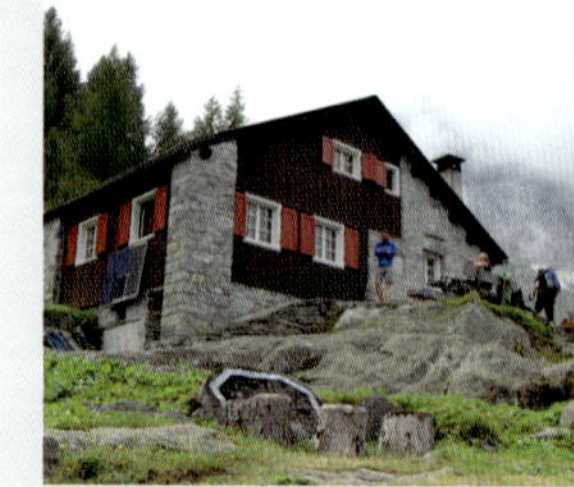

Das Val Bondasca

Am 23. August 2017 verschüttete ein gewaltiger Bergsturz vom Piz Cengalo das Val Bondasca. Seither ist das Gebiet am Fuss des Piz Badile aufgrund der anhaltenden Gefahr weiterer Felsstürze und Muren geperrt. Seine beiden Schutzhütten blieben zwar verschont, ihre Zugangswege sind jedoch völlig zerstört. Die Capanna di Sciora bleibt bis auf weiteres geschlossen. Zur Capanna Sasc Furä gibt es jedoch seit 2019 einen neuen Zugang, der etwa 450 m oberhalb von Bondo bei einem kostenfreien Parkplatz an der Forststrasse beginnt. Er führt nach Cugian (1392 m), wo man links auf den Sentiero Cugian – Lera d'Zura abzweigt. Etwas oberhalb von Luvartigh (1553) beginnt links die alpine, weiss-blau-weiss signalisierte und an einigen Stellen mit Ketten gesicherte Route (T4) zur Hütte. Sie folgt alten Hirtenpfaden ins obere Vallun da la Trubinasca. Dort erreicht man den ebenfalls wieder eröffneten Sentiero zum Passo della Trubinasca, auf dem man links zur Capanna Sasc Furä absteigt. 11,5 km Weglänge, Aufstieg 1397 m, Abstieg 364 m, Gehzeit 5:30 – 6:00 h. Aktuelle Infos unter www.sascfura.ch

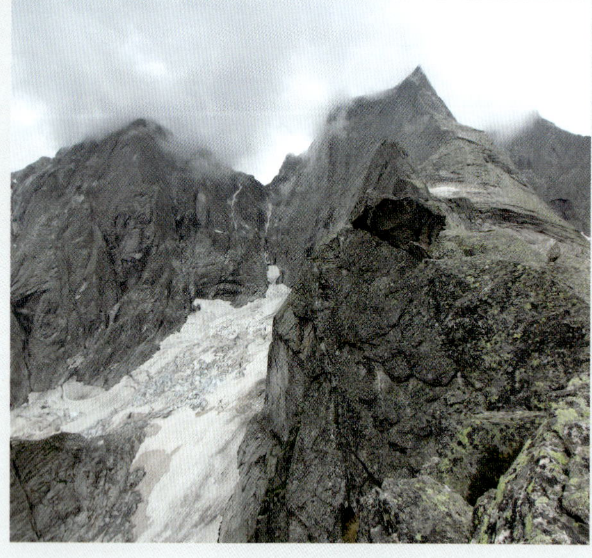

Abstieg vom Parkplatz (Postauto-Haltestelle) am unteren Ortsrand auf der Zufahrtsstrasse, von der nach 200 m – oberhalb einer Hütte – links ein beschilderter Abkürzungspfad (Via Bregaglia) Richtung Casaccia abzweigt. Er passiert die Fahrbahn noch zweimal kurz und erreicht dann die Cascine von Plazza (920 m). Ein paar Schritte weiter unten lohnt sich ein kurzer Abstecher nach links in den grossen Kastanienwald unterhalb von Soglio – zwischen den alten Bäumen erscheinen die Bergeller Granitgipfel besonders eindrucksvoll. Die Via Bregaglia Richtung „Castasegna" folgt jedoch dem rechts abzweigenden Fahrweg in den Wald und zum hohen Wasserfall der Caroggia, der durch einen Tunnel umgangen wird. Danach wandern Sie wieder in den Brentan und auf der Zugangsroute nach **Castasegna** 01 hinunter. Gehzeit ca. 1 Stunde.

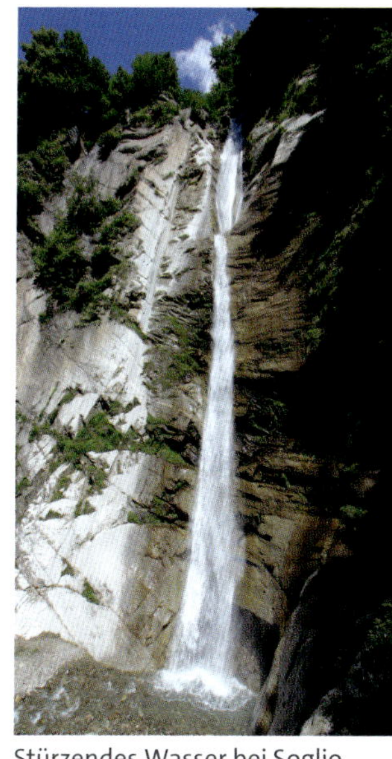

Stürzendes Wasser bei Soglio.

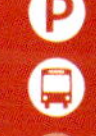

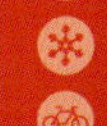

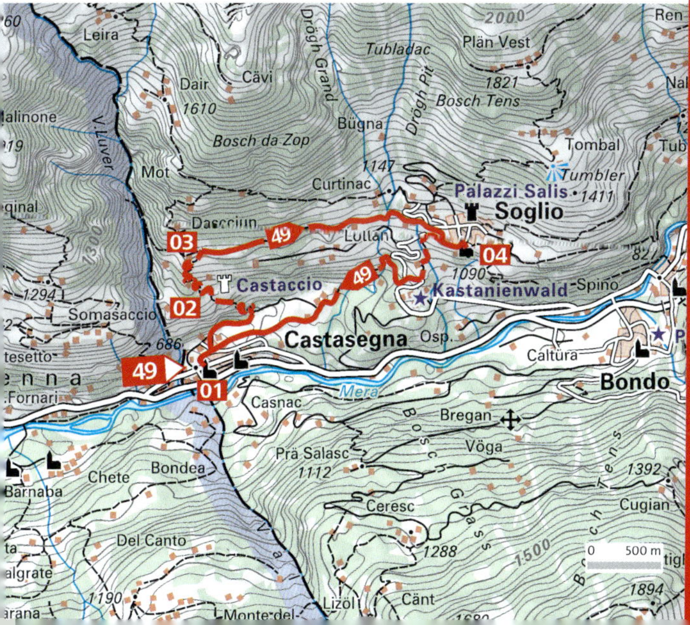

DIE VIA ENGIADINA

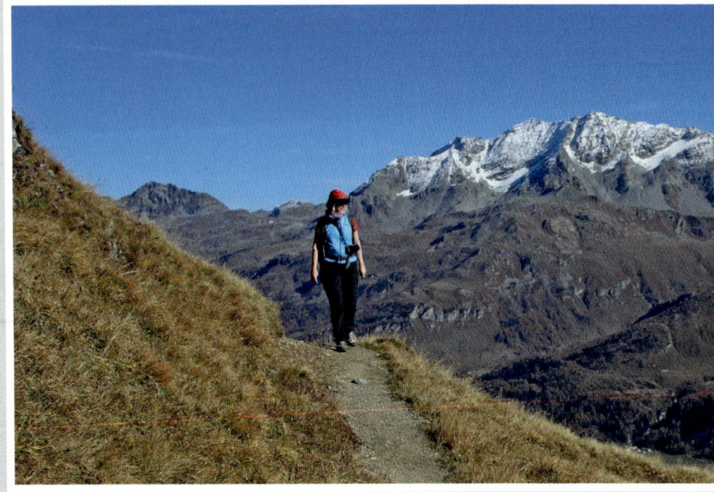

Die Via Engiadina bietet überall viel Aussicht – hier etwa zur Berninagruppe.

Es ist immer ein besonderes Erlebnis, mehrere Tage lang durch eine Landschaft zu wandern, jeden Abend an einem neuen Ort anzukommen und am Morgen zu einer neuen Etappe aufzubrechen... Die rund 160 Kilometer lange Via Engiadina ist diesbezüglich ein Glanzstück der Alpen. Sie durchquert das gesamte Engadin von Majoja bis Vinadi an der österreichischen Grenze – in Höhenlagen zwischen 1000 und 2200 Metern auf der linken Talseite (nur zwischen Zernez und Lavin begleitet sie zwischenzeitlich das rechte Innufer).

Egal, in welche Richtung man diese von der Bündner Arbeitsgemeinschaft für Wanderwege (BAW) gewartete Route begeht: Sie bietet eine ständig wechselnde Sicht auf Gipfel, Alpwiesen, Wälder, Täler und Orte, und zwar vom Sommer bis zum Spätherbst. Im Winter ist die Via Engiadina nicht begehbar – an vielen Stellen zeugen noch im Juni riesige Schneekegel bis zum Talboden von der Lawinengefahr. Da es in den alpinen Regionen entlang der Strecke keine Übernachtungsmöglichkeiten gibt, muss man zwischenzeitlich ins Tal hinunterwandern, um dort in Hotels oder Pensionen zu übernachten und anderntags wieder zur Hauptroute aufzusteigen; im Bereich um St. Moritz und Scuol kann man sich diese zusätzliche Mühe dank der Bergbahnen ersparen. Die hier vorgeschlagenen Teilstrecken lassen sich natürlich auch verkürzen oder verlängern – je nach der persönlichen Kondition oder dem aktuellen Wetter. So könnte man gleich die erste Etappe bis Silvaplana verlängern, nach der zweiten Etappe statt in Celerina auch in St. Moritz nächtigen, die dritte Etappe schon in Samedan beenden, die vierte Etappe mit einer

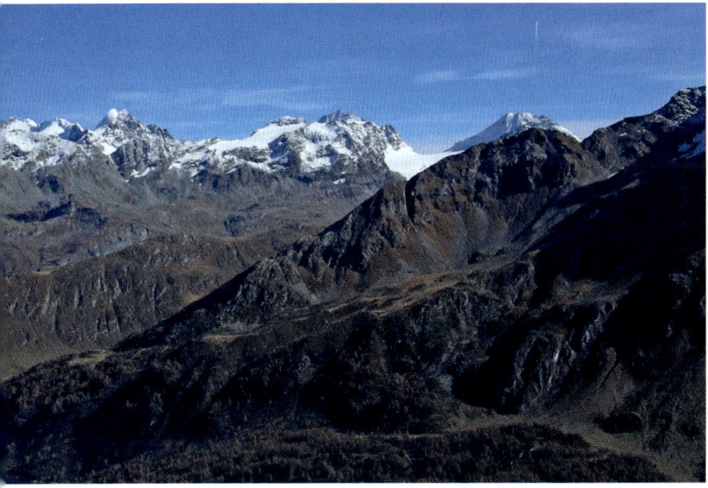

Unterwegs trifft man aber auch so manche nette Zeitgenossen.

Nächtigung in La Punt – Chamues-ch teilen, den Ort S-chanf in die Tour miteinbeziehen, einen Zwischenstopp in Zernez für Besichtigungen nutzen oder die Unterengadiner Wegetappen auf direkten Wegen zwischen den Dörfern variieren.

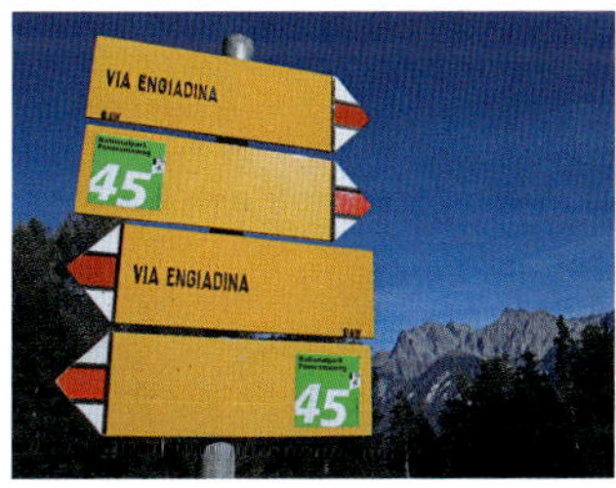

Im Anhang finden Sie eine kleine Auswahl von Hotels, Pensionen und Jugendherbergen in allen Etappenorten; über weitere Nächtigungsmöglichkeiten informieren die Tourismusbüros. Auf jeden Fall sollten die Quartiere sehr frühzeitig gebucht werden, vor allem dort, wo es nur eine oder zwei Nächtigungsmöglichkeiten gibt (Brail, Vnà). Die guten öffentlichen Verkehrsverbindungen ermögliche es aber, einzelne Teilstrecken von einem Stützpunkt aus zu begehen und am Abend mit der Rhätischen Bahn, dem Postauto oder per Engadin Bus zurückzukehren.

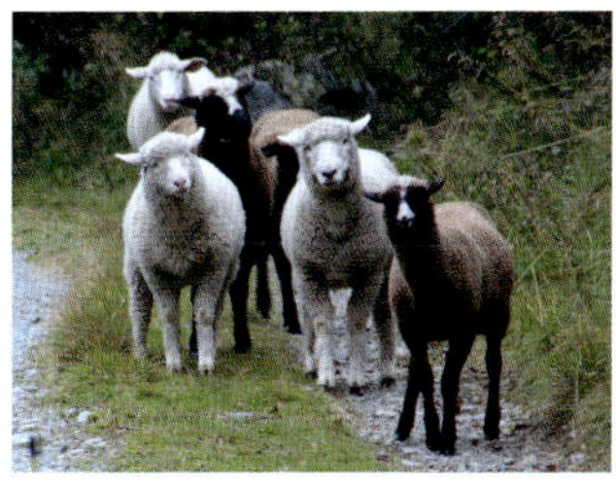

VON MALOJA NACH SILS/SEGL

Die 1. Etappe der Via Engiadina

 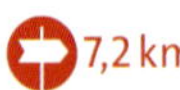 7,2 km 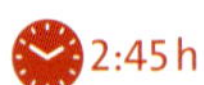 2:45 h 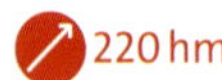 220 hm  220 hm  46

START | Maloja (1815 m), Posta; Postauto-Haltestelle, Parkplatz gegenüber bei den Tennisplätzen. Rückfahrt von Sils i.E./Segl-Baselgia mit dem Postauto (Linie 604) oder Engadin Bus (Linie 4). [GPS: UTM Zone 32 x: 553.400 m y: 5.139.221 m]
CHARAKTER | Landschaftlich sehr schöne Bergwanderung auf Schotterstrassen und guten Alp- und Waldpfaden (T2). Unterwegs keine Einkehrmöglichkeit.

Was für ein Auftakt! Eindrucksvoller als auf den ersten Kilometern der Via Engiadina kann man die Seenlandschaft und das Bergpanorama des Oberengadins kaum erleben. Nach einem gerade einmal einstündigem Aufstieg findet man sich in einem kleinen Dorf mit prächtigen, aus Steinen und Holz erbauten Hütten wieder – inmitten sorgsam gepflegter Hochweiden und schroffer Felsgipfel. Wenn Ihnen diese Landschaft als filmreif erscheint, dann liegen Sie damit nicht falsch: Die benachbarte Alpsiedung war 1978 Schauplatz der Verfilmung der berühmten „Heidi"-Romane von Johanna Spyri. Grevasalvas heisst dieser Ort – doch was so lyrisch klingt, leitet sich bloss von den rätoromanischen Begriffen für „weisses Geröll" her.

▶ In **Maloja** 01 finden Sie bei der Posta schon den ersten Wegweiser der Via Engiadina rechts Richtung „Grevasalvas, Segl-Baselgia"). Sie gehen 250 m neben der Hauptstrasse Richtung Silsersee und zweigen nach dem Hotel Longhin links (Richtung „Pass Lunghin") ab.

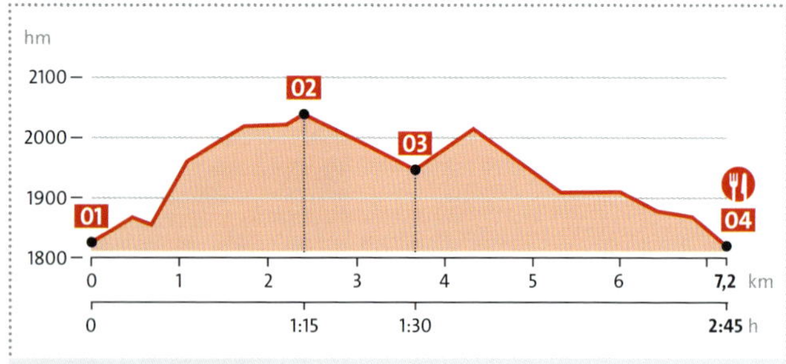

01 Maloja, 1815 m; 02 Blaunca, 2037 m; 03 Grevasalvas, 1941 m;
04 Sils i.E./Segl-Baseglia, 1809 m

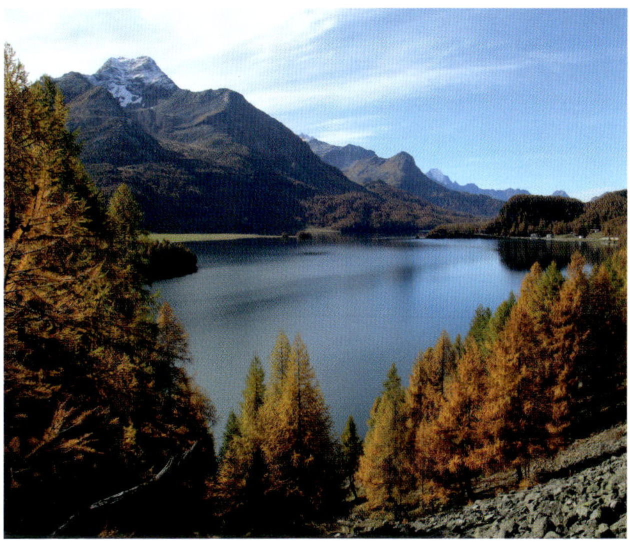

Der Silsersee umrahmt von Lärchen – dahinter die Bergeller Berge.

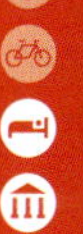

Auf einem Pfad gelangen sie zu einer schmalen Strasse, der Sie links zum Weiler Pila (1835 m) hinauf folgen. Dort biegen Sie rechts ab, überschreiten den Inn auf einem Holzsteg und steigen auf einem Pfad zwischen Felsen zur Gabelung am Plan di Zoch (1945 m) an. Gemäss dem Wegweiser „Plaun da Lej, Grevasalvas, Segl-Baselgia" wenden Sie sich nach rechts, zweigen aber schon nach 50 m wieder links ab. Der Pfad steigt nun quer durch die freien und im Frühsommer blütenreichen Hänge über dem Silsersee an. Die Aussicht reicht nun von den Bergeller Begen mit dem Piz Badile über die Eisspitze des Piz Roseg bis zum Piz Corvatsch. Bald erreichen Sie eine kleine Hochebene (2022 m). An ihrem vorderen Rand erreichen Sie nach 1¼ Stunden Gehzeit die wunderschönen Hütten von **Blaunca** 02 (2037 m). Auf einer Schotterstrasse wandern Sie nun in 15 Minuten hinab ins Alpdorf **Grevasalvas** 03 (1941 m).

Dort zweigen sie links ab (Wegweiser „Pass Lunghin, Piz Grevasalvas") und steigen wie bei Tour 44 unter überhängenden Felsen zu einem Sattel mit der nächsten Weggabelung (2011 m) an und folgen dort der Beschilderung „Segl-Baselgia" nach rechts. Der sorgsam aus Steinen aufgemauerte Weg führt durch duftigen Lärchenwald und Geröllhalden abwärts – immer wieder tun sich Blicke zum See und zum Piz Lagrev auf. Eine Abzweigung Richtung Plaun da Lej bleibt unbeachtet; kurz danach geht's über einen Bach, der einen Wasserfall bildet. Schliesslich gelangen Sie rechts zur Hauptstrasse hinab. Jenseits führt eine Brücke über den Inn zur kleinen, mittelalterlichen Kirche San Lurench und zu den schönen Häusern von **Sils i.E./Segl-Baselgia** 04 (1809 m). 1¼ Stunden ab Grevasalvas.

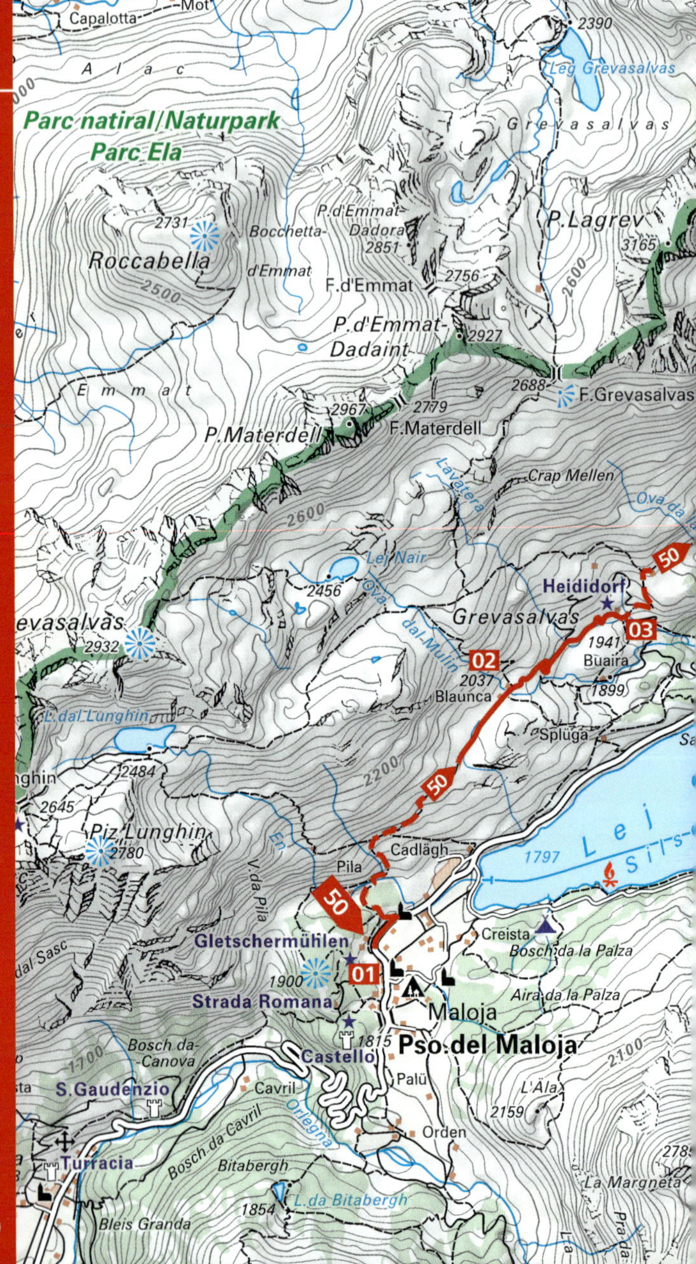
Parc natiral/Naturpark Parc Ela
Roccabella
P.Materdell
F.Materdell
P.d'Emmat-Dadaint
F.d'Emmat
P.Lagrev
F.Grevasalvas
Leg Grevasalvas
Lej Nair
Heididorf
Grevasalvas
Blaunca
Buaira
Splüga
L.dal Lunghin
Piz Lunghin
Cadlägh
Pila
Gletschermühlen
Strada Romana
Castello
Maloja
Pso del Maloja
S.Gaudenzio
Turracia
Creista
Bosch da la Palza
Aira da la Palza
Palü
Orden
Cavril
Bitabergh
L.da Bitabergh
Bleis Granda
La Margneta
Lej da Sils

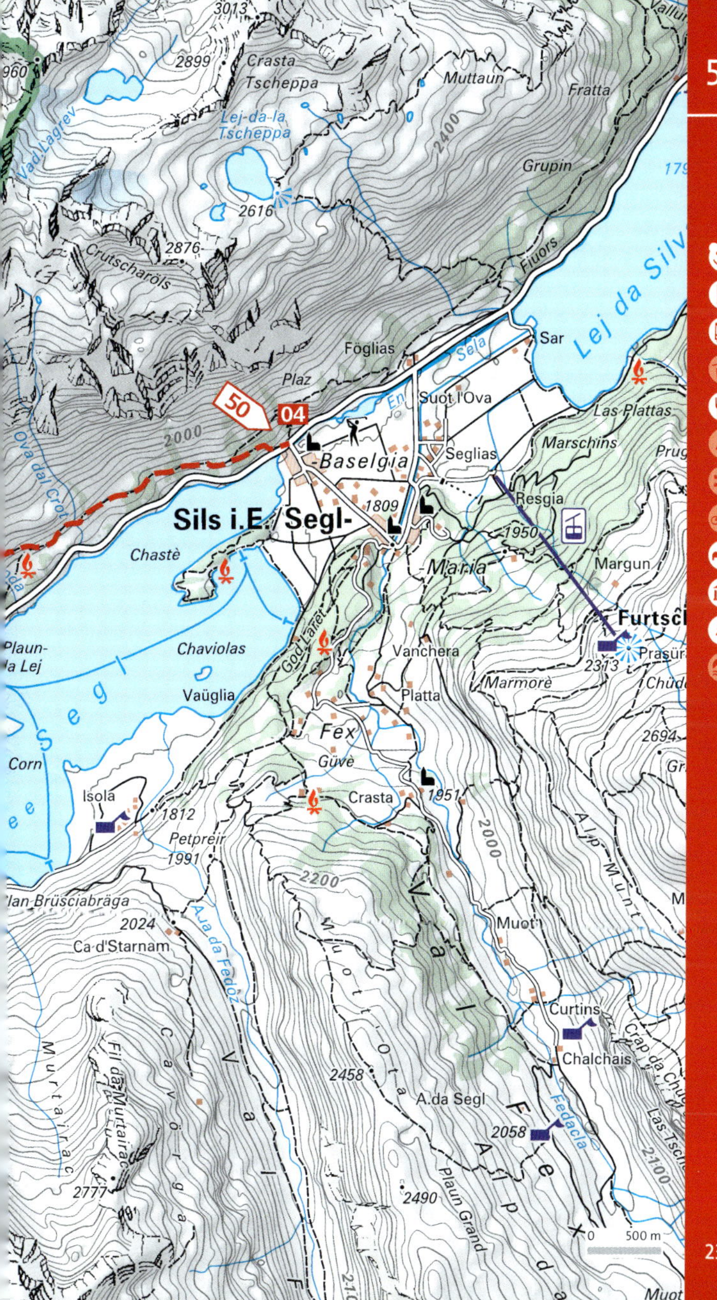
Crasta
Tscheppa
Muttaun
Fratta
Lej-da-la
Tscheppa
Grupin
Crutscharöls
Lej da Silv
Fuors
Föglias
Sar
Sela
Plaz
50
04
Suot l'Ova
Las Plattas
Baselgia
Seglias
Marschins
Resgia
Sils i.E./Segl-
Maria
Chastè
Margun
Furtsc
Plaun-
da Lej
Chaviolas
Vanchera
Prasüra
Marmorè
Vaüglia
Platta
Fex
Güvè
Corn
Isola
Crasta
Petpreir
Alp Munt
Muot
Ca d'Starnam
Aua da Fedoz
Curtins
Chalchais
Crap da Chüd
A.da Segl
Fedacla
Plaun Grand
Las Tschü
Fil da Murtairac
Val Fex
0 500 m

VON SILS/SEGL NACH CELERINA/SCHLARIGNA

Die 2. Etappe der Via Engiadina

 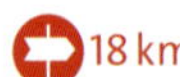 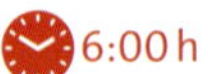   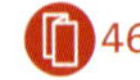

18 km | 6:00 h | 550 hm | 600 hm | 46

START | Sils i.E./Segl-Baselgia (1809 m); Postauto-Haltestelle im Ort, Parkplatz bei der Ortseinfahrt an der Kontonsstrasse. Wer mit der Bergbahn hinunterfahren möchte, findet aktuelle Infos unter www.engadin.stmoritz.ch/sommer/de/aktivitaeten/bergerlebnis/bergbahnen. Rückfahrt von Celerina mit dem Engadin Bus (Linie 2, Haltestelle Cresta Palace an der Via Maistra).
[GPS: UTM Zone 32 x: 557.948 m y: 5.142.648 m]
CHARAKTER | Abwechslungsreiche Bergwanderung auf Schotterstrassen und Alpfaden (T2). Einkehrmöglichkeiten: Alp Suvretta, El Paradiso, Hotel Salastrains, Alp Laret.

Auf dieser Wegetappe findet die Panoramaschau ihre Fortsetzung. Bis zur Julierpass-Strasse wandert man auf den Spuren der Römer, die dort schon vor 2000 Jahren einen Weg angelegt haben. Entlang des Weges zur Alp Suvretta da San Murezzan werden die Bäume immer weniger, bis das Hochtal und seine Seen ohne Hindernisse überblickt werden kann. In der Folge wird hier eine kürzere Wegvariante zur Via Engiadina vorgeschlagen, bei der man sich auch die Talfahrt mit der Gondelbahn erspart. Der letzte Anstieg verspricht Tiefblicke auf St. Moritz und seinen See, seine Hotelpaläs-

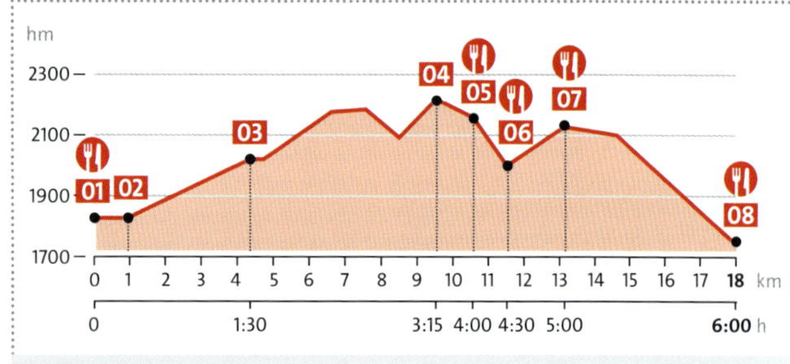

01 Sils i.E./Segl-Baselgia, 1809 m; 02 Föglias, 1809 m; 03 Julierpassstrasse, 2010 m; 04 Alp Survretta, 2211 m; 05 Signal, 2130 m; 06 Station Chantarella, 2005 m; 07 Alp Laret, 2103 m; 08 Celerina/Schlarigna, 1724 m

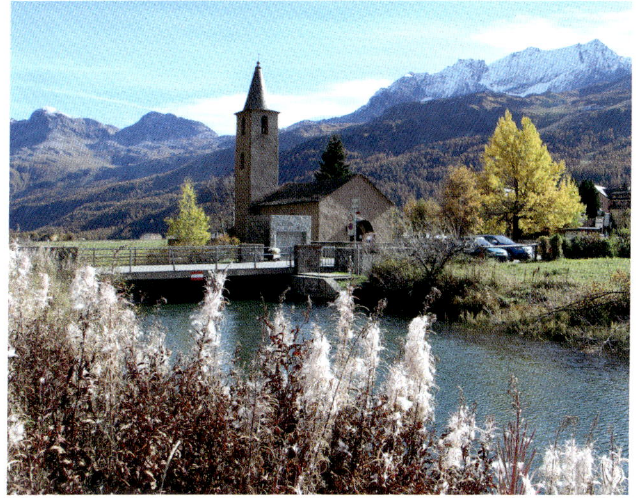
Start bei der reformierten Kirche in Sils i.E./Segl-Baselgia am jungen Inn.

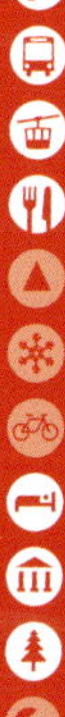

te und seinen schiefen Kirchturm. Dann geht's mit Blick auf die flache Champagna um Samedan endgültig ins Tal hinunter.

▶ In **Sils i.E./Segl-Baselgia** 01 gehen Sie wieder über die Innbrücke zur Hauptstrasse. Dort folgen Sie nun am besten dem Wegweiser „Silvaplauna" nach rechts und spazieren 700 m auf einem schmalen Pfad zwischen der Fahrbahn und dem Inn talauswärts. Beim kleinen, von Schilf gesäumten Lej Giazöl überqueren Sie die Strasse. Jenseits beginnt bei einem kleinen Parkplatz der beschilderte Wanderweg Richtung „Silvaplauna, Plaz", der in den Lärchenwald hinaufführt. Dort treffen Sie bald auf die Via Engiadina, auf die Sie rechts einschwenken. Hinter den Ställen und dem Gewerbegebiet **Föglias** 02 (wo die Zufahrtsstrasse von Sils i.E./Segl-Maria einmündet) wandern Sie neben einem recht verlandenden Gewässer weiter, steigen dann nach links an und bleiben bei einer Abzweigung geradeaus. Im Bereich des Plaun Grand folgt die Via Engiadina einem römerzeitlichen Weg, der den Malojapass mit dem Julierpass verband. Durch die Wälder oberhalb des Lej da Silva-

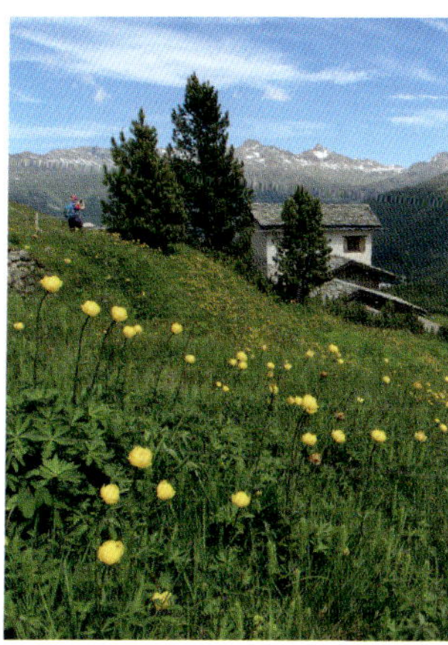
Frühsommer hoch über St. Moritz.

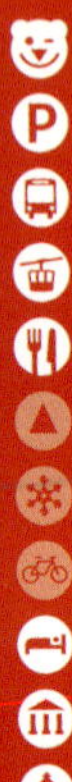

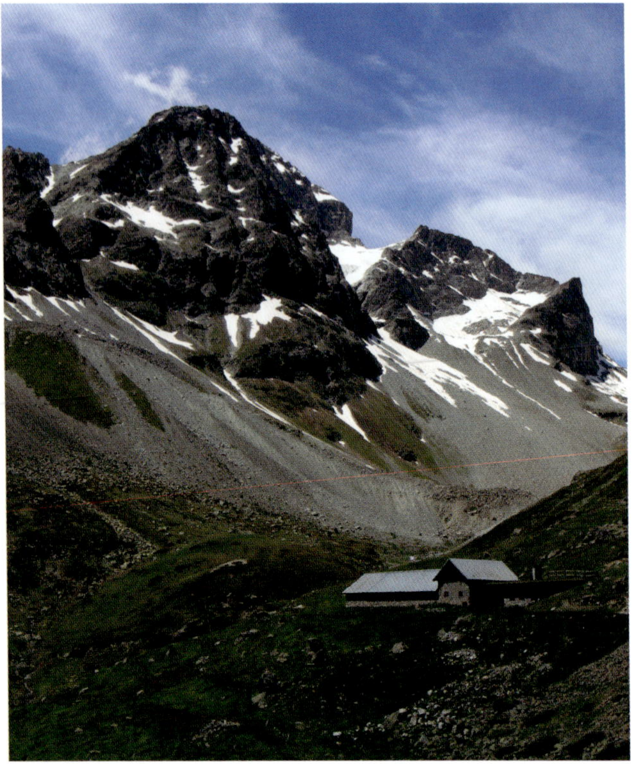

Über der Alp Suvretta erhebt sich der 3380 m hohe Piz Güglia/Piz Julier.

plauna/Silvaplanasees und des gleichnamigen Ortes wandern Sie sanft aufwärts, bis die Route nach links führt und eine Forststrasse erreicht. Auf dieser übersetzen Sie den Wildbach Ova dal Vallun. Gleich nach der Brücke zweigen sie rechts auf einen Pfad ab, auf dem Sie nach 100 m bei einer Hütte die **Julierpassstrasse** 03 (2010 m) ereichen – gut 1 ½ Stunden nach dem Start in Sils/Segl-Baselgia. 200 m weiter vorne befindet sich eine Postauto-Haltestelle (von dort könnte man in 20 Minuten nach Silvaplauna/Silvaplana absteigen).

Von der Strasse führt die Via Engiadina Richtung „San Murezzan“ weiter. Oberhalb einer Hochspannungsleitung biegen Sie rechts ab und wandern durch die licht bewaldeten Hänge unter dem Piz Albana bis auf 2200 m Seehöhe – unterwegs wird die Sicht nach St. Moritz und zum Piz Bernina immer schöner. Nach einem kurzen Abstieg wandern Sie links ins weite Hochtal der Survretta da San Murezzan unter dem Piz Güglia/Piz Julier (3380 m). Rechts abzweigend kommen Sie zur **Alp Survretta** 04 (2211 m). 1 ¾ Stunden.

Der folgende Marsch auf dem breiten, flachen Weg zum El Paradiso Mountain Club (2180 m) bietet viel Musse zum Betrachten der Landschaft. Dahinter steigt die Via Engiadina durch das Skigebiet zur Bergstation der Corvigliabahn (2486 m) an und führt nach Marguns (2276 m) hinab – vorbei an Liften, Skipisten und einem Speichersee für die Kunstschnee-Erzeugung. Weniger von der Erschliessung beeinträchtigt ist jener breite Weg, der vor dem Bergrestaurant Trutz rechts abzweigt, sanft absinkt und dann links zur **Bergstation der Signalbahn** 05 (2130 m) ansteigt. 45 Minuten. Von dort könnte man mit der Gondel nach St. Moritz-Bad hinunterfahren.

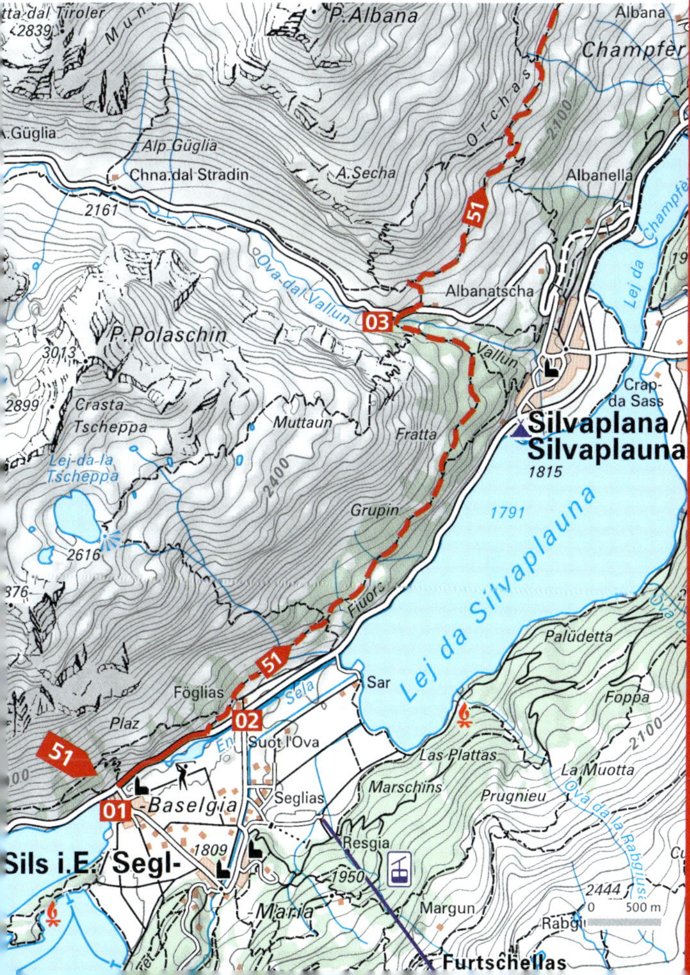

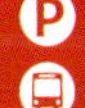
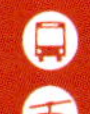

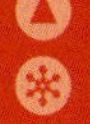

Dahinter wandern Sie in weiteren 30 Minuten auf dem Fahrweg zum Hotel Salastrains (2037 m) hinab und weiter zur **Station Chantarella** 06 der Corvigliabahn (2005 m), von der man mit der Standseilbahn nach St. Moritz-Dorf gelangt (es gibt aber auch einen Fussweg in den Ort).

Wer weiterwandert, muss noch einen letzten, gut 30-minütigen Aufstieg bewältigen. Gemäss der Beschilderung „Celerina, Marguns" geht's unter der Trasse der Corvigliabahn durch und an der Einmündung des Flowtrails vorbei. Dann zweigen Sie links ab und wandern in Kehren durch einen Waldhang

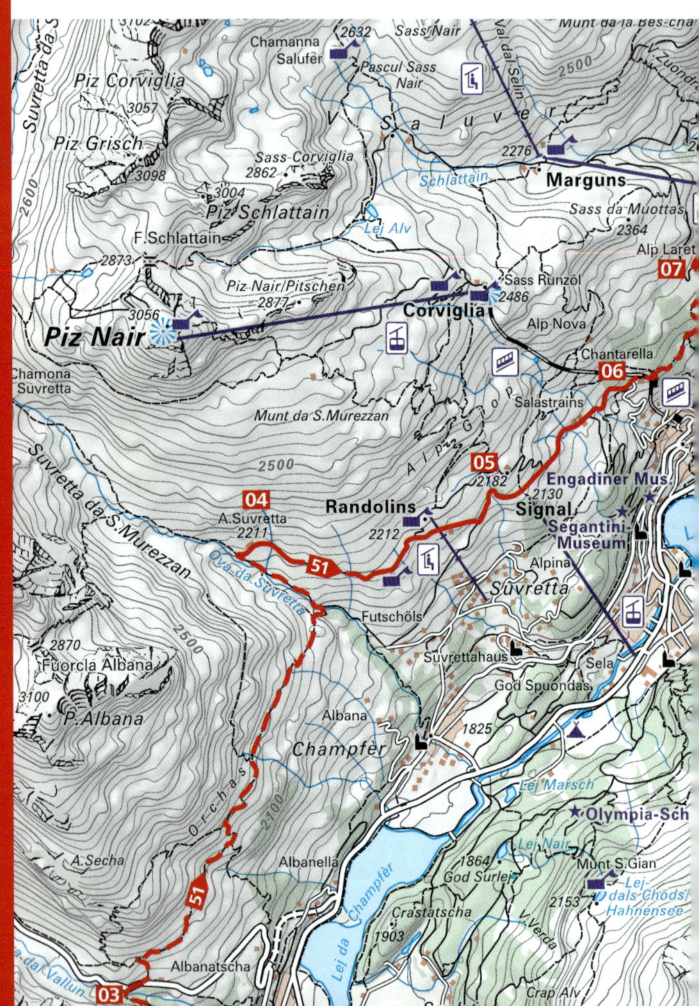

zu einem Sendemasten (2081 m) hinauf. Dort treffen Sie auf eine Strasse, die rechts nach Celerina hinabführt. Schöner ist es jedoch, noch kurz zum herrlich gelegenen Beizli auf der **Alp Laret** 07 (2103 m) anzusteigen.

Hinter der Hütte wandern Sie auf einem flachen Wiesenweg Rich-

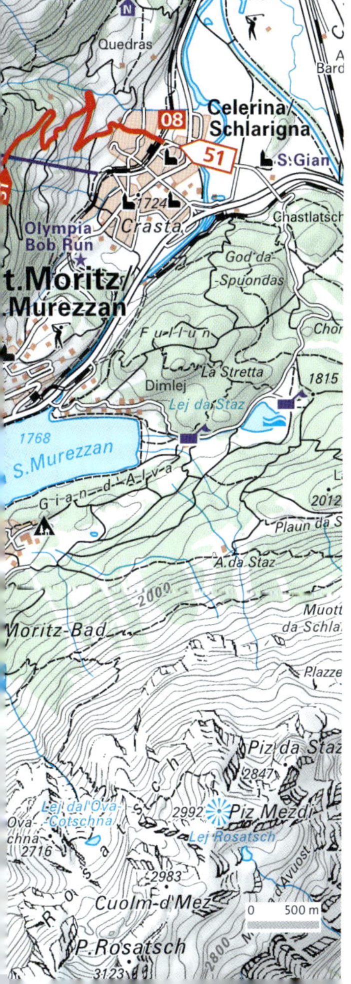

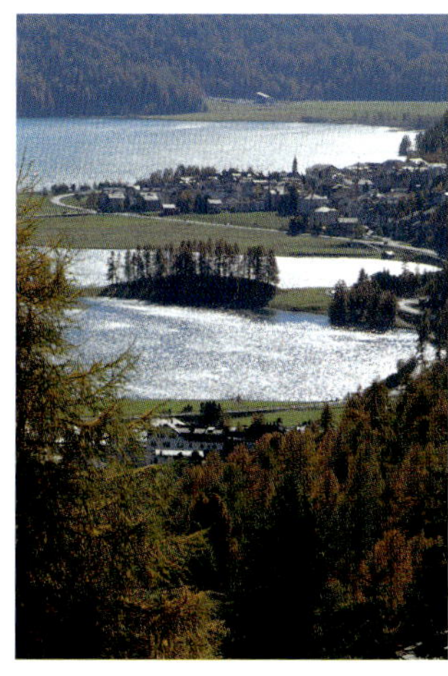

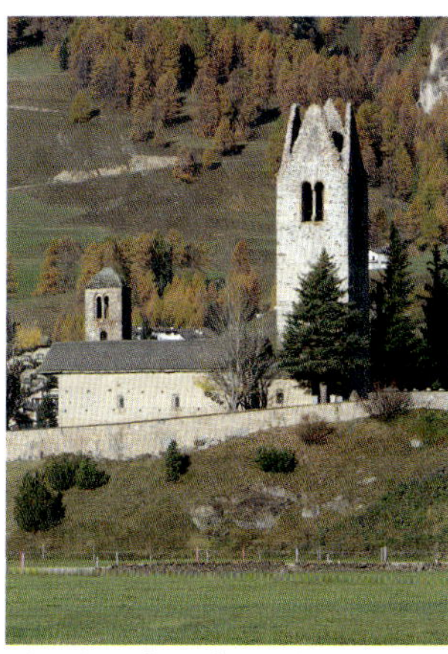

Silvaplana (oben) und die Kirche ohne Dach (San Gian) bei Celerina.

tung Alp Saluver nach Norden, unter der Seilbahn durch in den Wald. Nach ungefähr 20 Minuten erreichen Sie vor der Alphütte einen Graben, in dem Sie rechts auf eine Schotterstrasse abzweigen. Sie führt in etwa 40 Minuten nach **Celerina/Schlarigna** 08 (1724 m) hinunter.

VON CELERINA/SCHLARIGNA ÜBER SAMEDAN NACH BEVER

Die 3. Etappe der Via Engiadina

 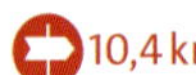 10,4 km  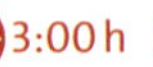 3:00 h 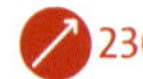 230 hm  820 hm  36

START | Celerina/Schlarigna (1724 m), Talstation der Gondelbahn nach Marguns, Parkplatz; Bahnstation und Postauto-Haltestelle im Ort. Auffahrt mit der Gondelbahn zur Bergstation (2273 m, www.engadin.stmoritz.ch/sommer/de/aktivitaeten/bergerlebnis/bergbahnen). Rückfahrt mit der Rhätischen Bahn oder dem Engadin Bus (Linie 6).
[GPS: UTM Zone 32 x: 563.308 m y: 5.151.751 m]
CHARAKTER | Landschaftlich schöne Höhen- und Talwanderung auf Alpstrassen und Waldpfaden (T2). Einkehren kann man auf Marguns, in der Alp Muntatsch und in Samedan.

Auch der dritte Tag auf der Via Engiadina verwöhnt, gutes Wetter vorausgesetzt, mit interessanten Aus- und Einblicken. Gleich zu Beginn erspart Ihnen die Gondelbahn von Celerina ins Skigebiet Marguns 548 Aufstiegs-Höhenmeter – wer die „by fair means" über die Alp Laret überwinden möchte (oder muss, weil die Seilbahn noch nicht oder nicht mehr in Betrieb ist), rechne 1 ½ bis 2 Stunden Gehzeit dazu.
Es folgen ein wunderbarer Höhenweg mit schier unermesslicher Gipfel- und Gletschersicht, ein gemütlicher Abstieg im schattigen Wald und ein schattiger Spaziergang von Samedan nach Bever, der sich mit einer abschliessenden „Ehrenrunde" ins romantische Val Bever komplettieren lässt.

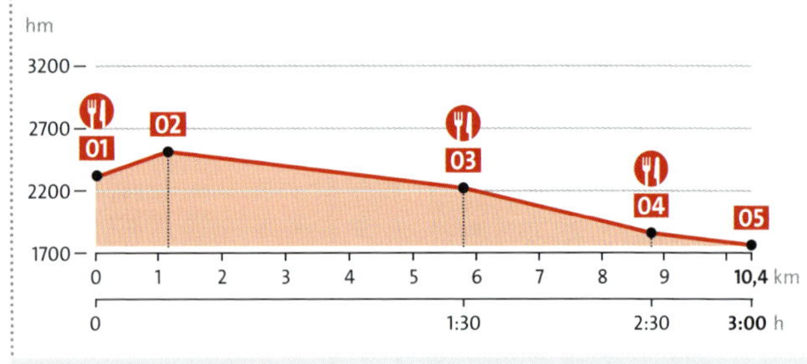

01 Marguns, 1724 m; 02 Munt da la Bes-cha, 2489 m; 03 Alp Muntatsch, 2186 m; 04 Samedan, 1721 m; 05 Bever, 1708 m

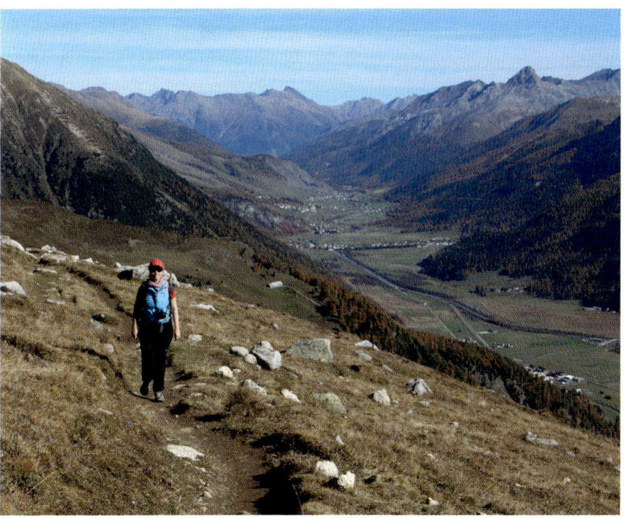

Da hinten geht's weiter – über Zuoz bis ins Gebiet um Zernez.

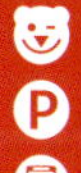
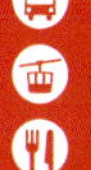
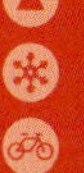
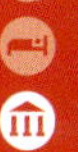

Nach der Auffahrt mit der Gondelbahn zur **Bergstation Marguns** 01 (2278 m) folgen Sie dem Schild der Via Engiadina Richtung „Margunin, Alp Clavadatsch, Samedan" zu den beiden Alphütten und steigen auf einem schönen Pfad unterhalb der Trais Fluors an. Herrlich ist die Sicht ins Tal bis Pontresina und hinüber nach Muottas Muragl (2453 m), aber auch der Rückblick zum Piz Nair (3056 m). Nach etwa 1 km erreichen Sie eine Gabelung, von der Sie links weitergehen. Nach der Überquerung einer mit Mauern verbauten Rinne führt dieser Pfad zur Abzweigung auf den links aufragenden Piz Padella (2855 m). Sie wandern jedoch rechts durch die Gras- und Schutthänge des **Munt da la Bescha** 02 (2489 m). Längst zeigen sich die Eisriesen im Süden: Piz Palü, Piz Morteratsch, Piz Bernina, Piz Corvatsch... Was für eine Panoramapromenade! Auch der vordere Zustiegsweg zum Piz Padella bleibt unbeachtet, bevor es ein paar Meter zur Alp Clavadatsch hinuntergeht. Die Beschilderung „Alp Muntatsch, Bever" hält Sie auf Kurs, während nun auch der Berninapass, der östliche Bereich des Oberengadins und ganz im Westen nocheinmal die Bergeller Berge in Erscheinung treten. Der ebenfalls sichtbare Ort Samedan ist der nächste Touren-Fixpunkt im Tal. Angesteuert wird er über die **Alp Muntatsch** 03 (2186 m), deren gastfreundliche Hütte knapp über der Waldgrenze steht – Sie erreichen sie gut 1 ½ Stunden nach dem Start in Marguns.

Der Abstieg erfolgt auf der Forststrasse Richtung „Bever, San Peter, Samedan", die sich über 3 km in weiten Kehren hinabschlängelt. Nach 1 Stunde sind Sie in Muntarütsch bei der Chesa da tir (Schiessstand) am oberen Ortsrand von **Samedan** 04 (1721 m) angekommen. Wer den Ort mit seinem barocken, mit einem goldenen Stern geschmückten Kirchturm bzw. die oberhalb davon gelegene Kirche St. Peter mit ihrem romanischen Turm besichtigen oder die Tour vorzeitig beenden möchte, gelangt rechts in 15 Minuten ins Zentrum bzw. zum Bahnhof.

Die Via Engiadina folgt dagegen links (Wegweiser „Bever") dem Wanderweg in den Lärchenwald. Es ist ein gemütlicher 30-Minuten-Spaziergang zur Strassenbrücke vor dem Bahnhof und weiter ins Dorfzentrum von **Bever** 05 (1708 m).

Variante: Vor der Brücke zeigt der Wegweiser der Via Engiadina

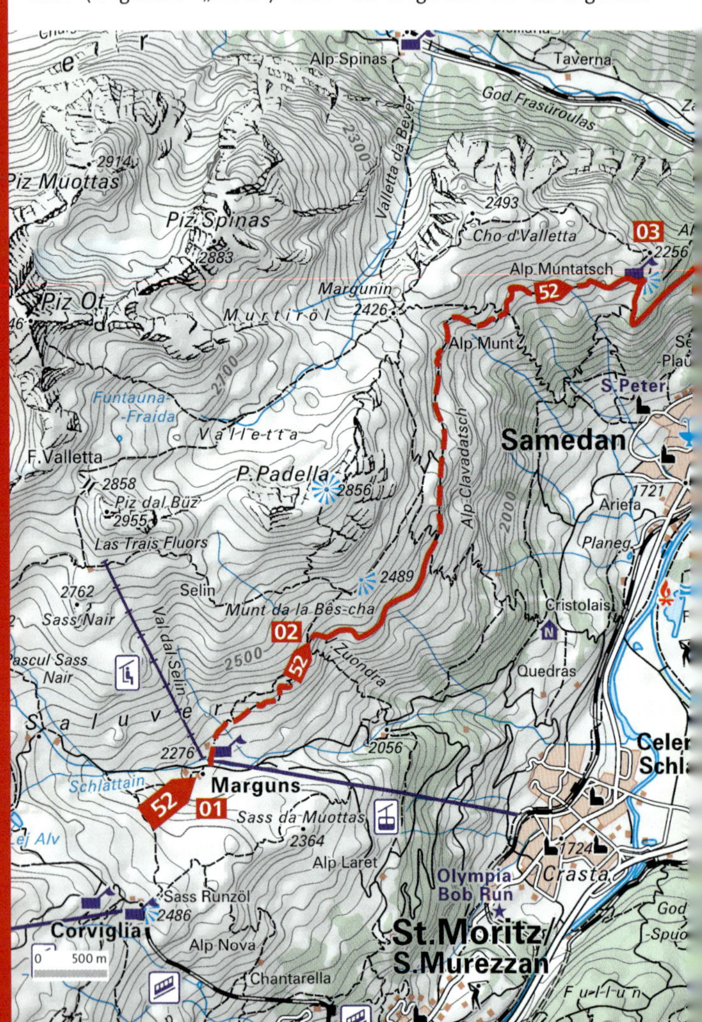

links Richtung „Spinas“ auf einen schnurgeraden Weg, der neben dem Ufer ins Val Bever hineinführt. Nach 800 m geht’s links unter der Albula-Bahnlinie durch und über den Bach zu einer Strasse, der Sie 300 m nach links folgen. Vor ihrer Brücke marschieren Sie geradeaus weiter, bis Sie nach 100 m scharf

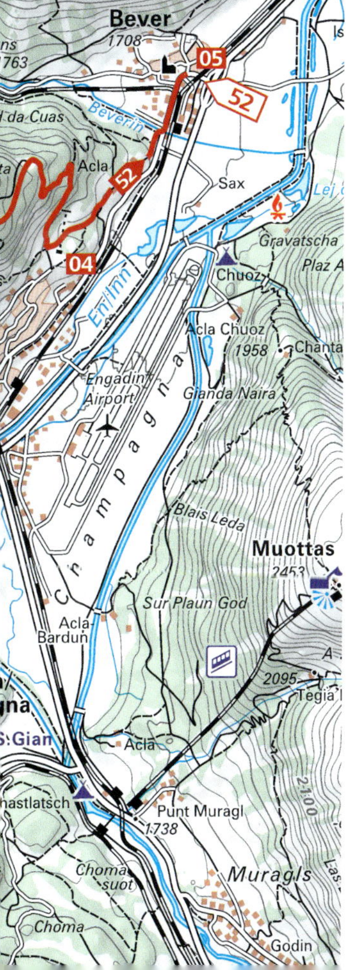

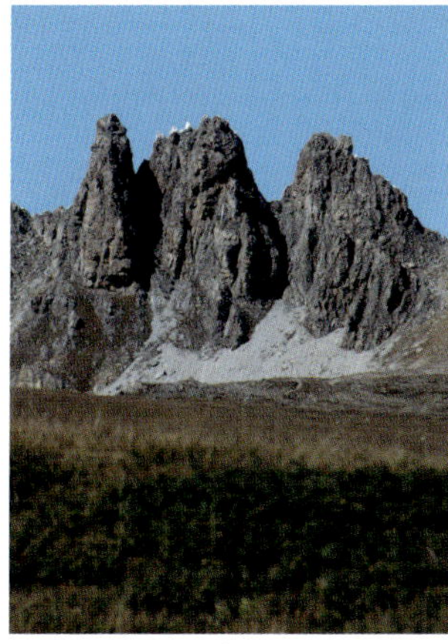

Las Trais Fluors über Marguns.

rechts auf den Senda da Parevlas (Märchenweg) einschwenken. Er führt an von Engadiner Künstlern gestalteten Stationen vorbei und bietet zwischen duftigen Lärchen einen letzten Blick zum Piz Bernina mit dem Biancograt. So erreichen Sie einen Fahrweg, der bald rechts ins historische Zentrum von Bever (1721 m) führt. Plus 1 Stunde.

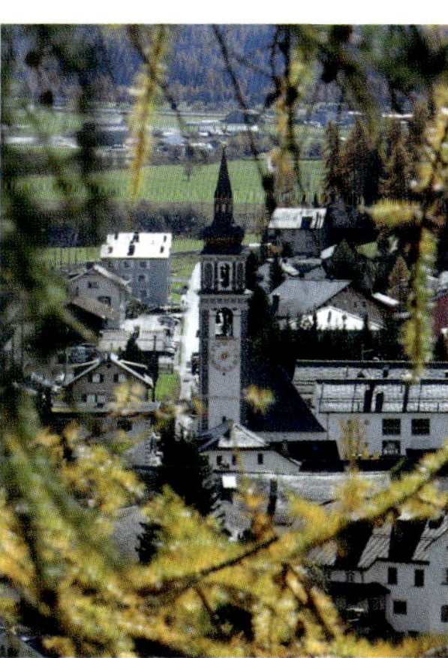

Bever hinterm Lärchenvorhang.

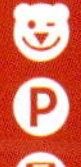
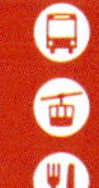
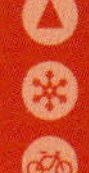
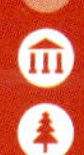

VON BEVER NACH ZUOZ

Die 4. Etappe der Via Engiadina

 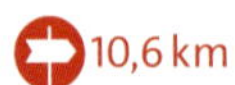  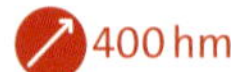  

10,6 km | 3:30 h | 400 hm | 400 hm | 36

START | Bever (1721 m); Bahnstation und Postauto-Haltestelle, kleiner Parkplatz an der Ortseinfahrt aus Richtung Samedan. Rückfahrt mit der Rhätischen Bahn.
[GPS: UTM Zone 32 x: 568.220 m y: 5.155.826 m]
CHARAKTER | Abwechslungsreiche Wanderung im Wald- und Alpbereich auf Schotterstrassen und Pfaden (T2). Unterwegs keine Einkehrmöglichkeit.

Während der Wanderung auf dieser Teilstrecke der Via Engiadina ändert sich das Landschaftsbild des Engadins. Auf dem Weg nach Zuoz treten die vergletscherten Bergriesen der Berninagruppe in den Hintergrund. Umso eindrücklicher erscheinen nun die felsig-schroffen Gipfel der Albula-Alpen und der Livignio-Alpen über dem flachen Talboden des Inns, den die Touristiker „das andere Engadin" und die Einheimischen die Plaiv nennen (das bedeutet soviel wie „Pfarrei" und geht auf das 14. Jahrhundert zurück, als das Oberengadin in drei Pfarrgebiete aufgeteilt wurde). Der Weg steigt durch die Lärchenwälder oberhalb des Dorfes Madulain auf fast 2000 Meter Seehöhe an.

▶ Von der reformierten Kirche in **Bever** 01 gehen Sie am Hotel Crasta Mora vorbei ins historische Dorfzentrum, rechts durch einen Torbogen (kleine gelbe Wanderweg-Markierung), an alten Engadinerhäusern vorbei und nach 150 m links zum Hotel Chesa Salis. Neben seinem Parkplatz beginnt ein kurzer Schotterweg, der am

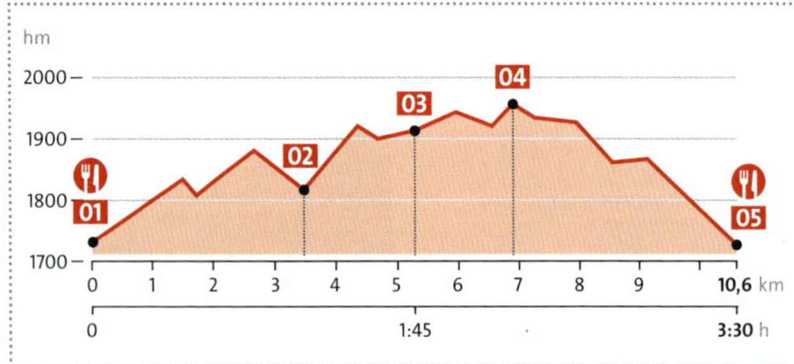

01 Bever, 1721 m; 02 Acla Albertini, 1810 m; 03 Albulapassstrasse, 1910 m; 04 Plaun Grand, 1955 m; 05 Zuoz, 1716 m

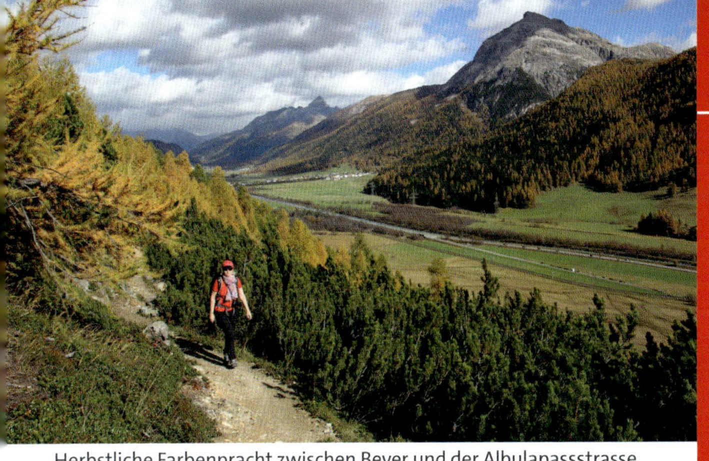

Herbstliche Farbenpracht zwischen Bever und der Albulapassstrasse.

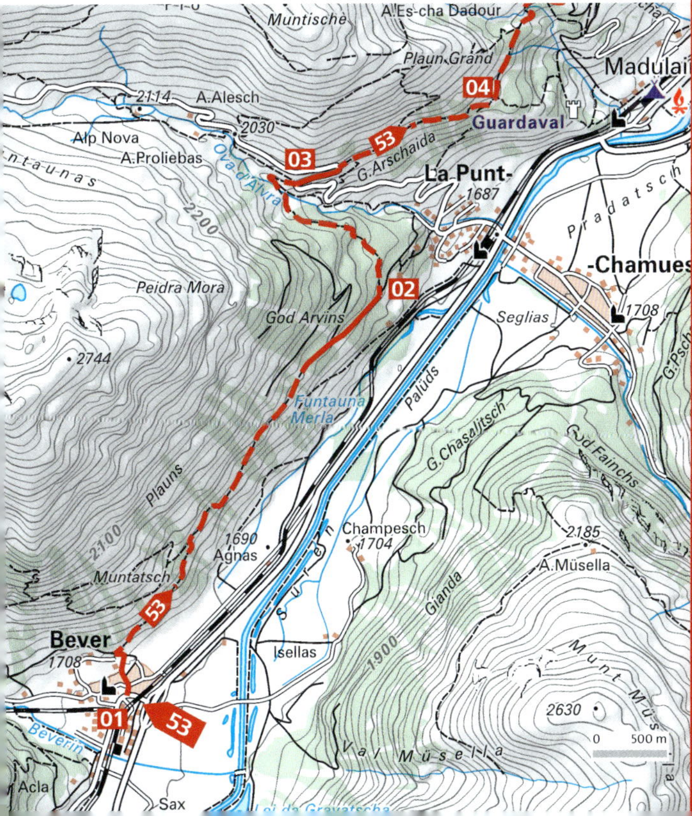

Muntische
A.Es-cha Dadour
Plaun Grand
Madulain
04
2114
A.Alesch
2030
Guardaval
Alp Nova
A.Proliebas
Ova d'Alvra
03
53
G.Arschaida
La Punt-
1687
Pradatsch
2200
-Chamues
Peidra Mora
02
God Arvins
Seglias
1708
2744
Palüds
Funtauna Merla
G.Chasalitsch
God Fainchs
Plauns
2100
1690
Agnas
Champesch
1704
2185
A.Müsella
Muntatsch
53
Gianda
Bever
1708
1900
Isellas
Munt Müsella
2630
01
53
Beverin
Val Müsella
0 500 m
Acla
Sax

nördlichen Ortsrand auf eine Querstrasse trifft. Dieser folgen Sie 100 m nach rechts und über eine Kurve hinauf, bis rechts die beschilderte Via Engiadina abzweigt. Der Weg steigt durch den licht bewaldeten Hang an und führt bald zwischen einzelnen Felsen und Latschenkiefern über dem Talboden dahin. Jenseits baut sich der kalkgraue, 2963 m hohe Piz Mezzaun auf. Im sanften Auf und Ab wandern Sie durch eine Wildschonzone und unterqueren eine Hochspannungsleitung. Auf der nahen Lichtung **Acla Albertini** 02 (1810 m) folgen Sie geradeaus der Beschilderung „Zuoz" (rechts könnte man in 25 Minuten nach La Punt absteigen, dort befindet sich eine Bahnstation).

Die Via Engiadina führt nun durch den Waldhang ins Tal des Albulabachs (Ova d'Alvra), der überschritten wird. Jenseits steigen Sie kurz nach rechts an, bis Sie nach insgesamt 1 ¾ Stunden eine Kehre der **Albulapassstrasse** 03 (1910 m) erreichen.

Sie folgen der Fahrbahn 350 m bergauf, bis der Pfad bei der nächsten Kurve rechts mit dem Wegweiser „Zuoz, Madulain" weiterführt. Dort steigen Sie über einige mit einem Halteseil gesicherte Stein-

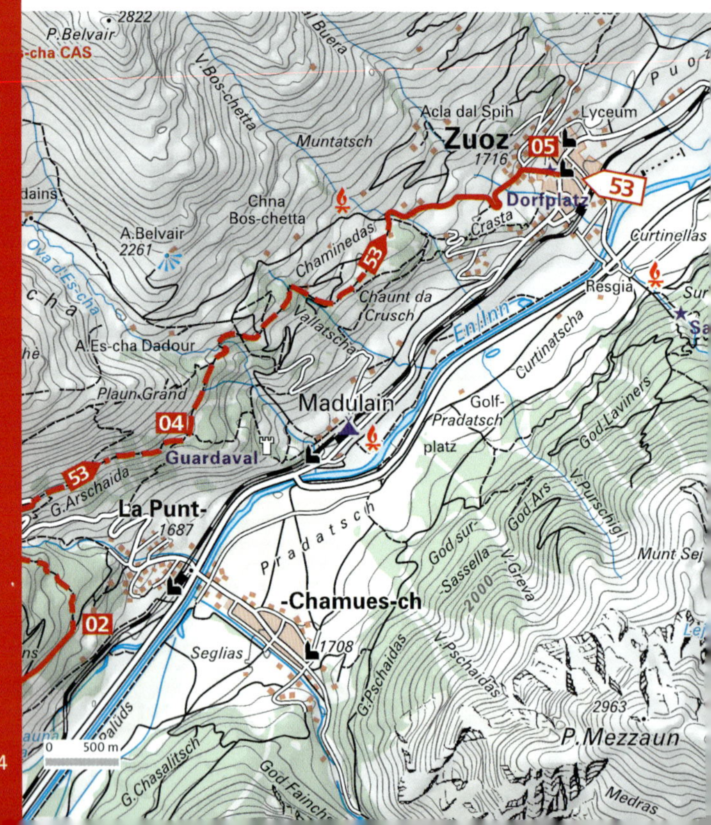

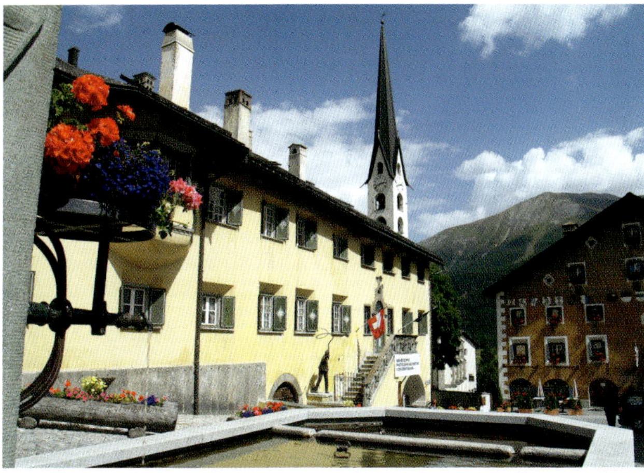

Auf dem schiefen Dorfplatz von Zuoz schwingt eine Figur die Peitsche.

stufen zu einer Rastbank an und durchqueren dann die Waldhänge des God Arschaida bis zur Wiese am **Plaun Grand** 04 (1955 m). Unterwegs zeigt sich der fast 300 m weiter unten gelegene Doppelort La Punt – Chamues-ch an der Mündung des Val Chamuera; im Rückblick senden die beiden markanten Felszacken der Sella (3584 m) über dem Vadret da Roseg einen letzten Gletschergruss aus der Berninagruppe.

Links Richtung „Zuoz" abzweigend wandern Sie sodann über den Plaun dalla Bes-cha ins Tal am Fuss des Piz Kesch/Piz d'Es-cha (3417 m) und weiter zu einer Wegkreuzung auf einer Wiese (1960 m), von der rechts eine Forststrasse nach Madulain (Bahnstation) hinabzieht. Die Via Engiadina führt dagegen geradeaus weiter und quert den Graben der Vallatscha. Danach geht's durch herliche Lärchenwälder und schöne Wiesen zum Rand des Skigebiets von Zuoz. Auf einer Alpstrasse kommen Sie zum Restaurant Pizzet (1837 m), in dessen Nähe eine Siedlung der Bronze- und Eisenzeit nachgewiesen werden konnte.

Auf dem nunmehr asphaltierten Fahrweg erreichen Sie etwa 1 ¾ Stunden nach Verlassen der Albulastrasse das Ortszentrum von **Zouz** 05 (1716 m).

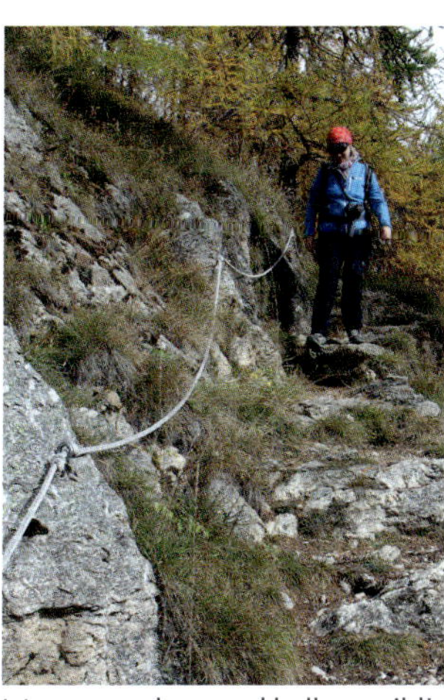

Ist nur ganz kurz und halb so wild!

VON ZUOZ NACH BRAIL

Die 5. Etappe der Via Engiadina

  12,9 km  4:30 h 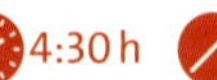 230 hm 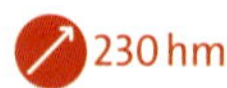 330 hm 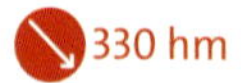 37 

START | Zuoz (1716 m); Bahnstation und Postauto-Haltestelle, Parkplatz beiderseits der Kantonsstrasse in Resgia jenseits des Inns (von dort zu Fuss in 10 Minuten ins Ortszentrum). Rückfahrt mit dem Postauto (Linie 607) oder dem Engadin Bus (Linie 7). [GPS: UTM Zone 32 x: 573.466 m y: 5.161.398 m]
CHARAKTER | Schöne Wanderung im Wald- und Alpbereich auf Schotterstrassen und Pfaden (T2). Unterwegs keine Einkehrmöglichkeit.

Noch ist die „Halbzeit" auf der Via Engiadina nicht ganz erreicht, doch am Schluss dieses Wegabschnitts wechseln Sie vom Engiadin' Ota in die Engiadina Bassa über. Dort verlässt der Inn das breite, hoch gelegene Tal seines Oberlaufs und verschwindet rauschend in einer Schlucht, die den Auftakt seiner wilden Fliessstrecke bis zur österreichischen Grenze bildet. Gleich nach dem Start passieren Sie jedoch noch ein Panorama-Glanzstück des Oberengadins, ein schon in grauer Urzeit bewohntes Gebiet und ein einsam gelegenes Hospiz, das einst von grosser Bedeutung war: Vor dem Bau der modernen Passstrassen kreuzte die Via Valtellina, der wichtige Handelsweg vom Prättigau über den Scalettapass ins Veltlin, bei La Resgia das Inntal. Dort wurden seit dem 13. Jahrhundert Reisende beherbergt und versorgt.

▶ Vor der Chesa Cumünela am zentralen Dorfplatz von **Zuoz** 01 (2278 m) finden Sie den Wegweiser der Via Engiadina, der rechts Rich-

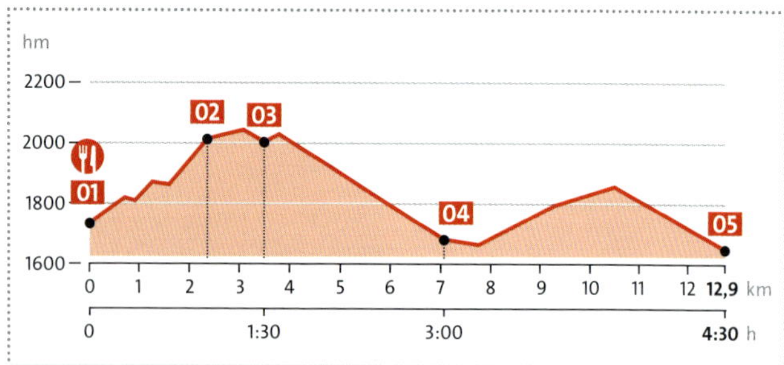

01 Zuoz, 1716 m; 02 Acla Laret, 2006 m; 03 Menhir da Prospiz, 04 Ospiz Chapella, 1660 m; 05 Brail, 1627 m

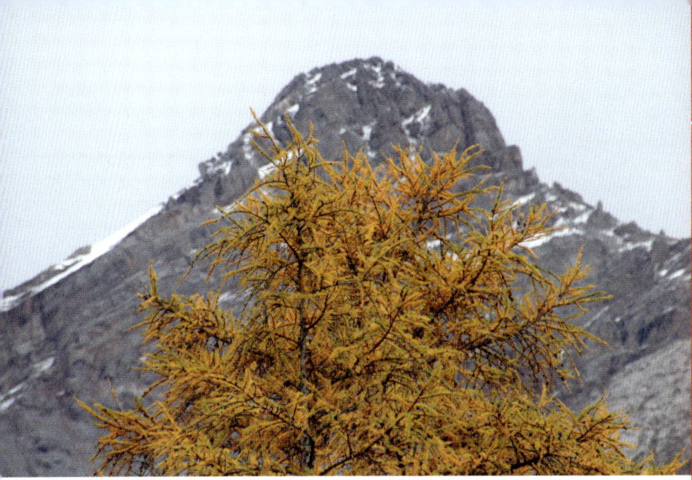

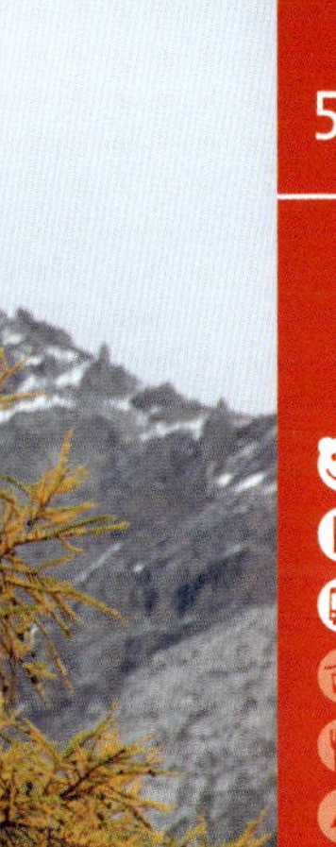

Die Steinkulisse über dieser Wegetappe – der 3127 m hohe Piz d'Esan.

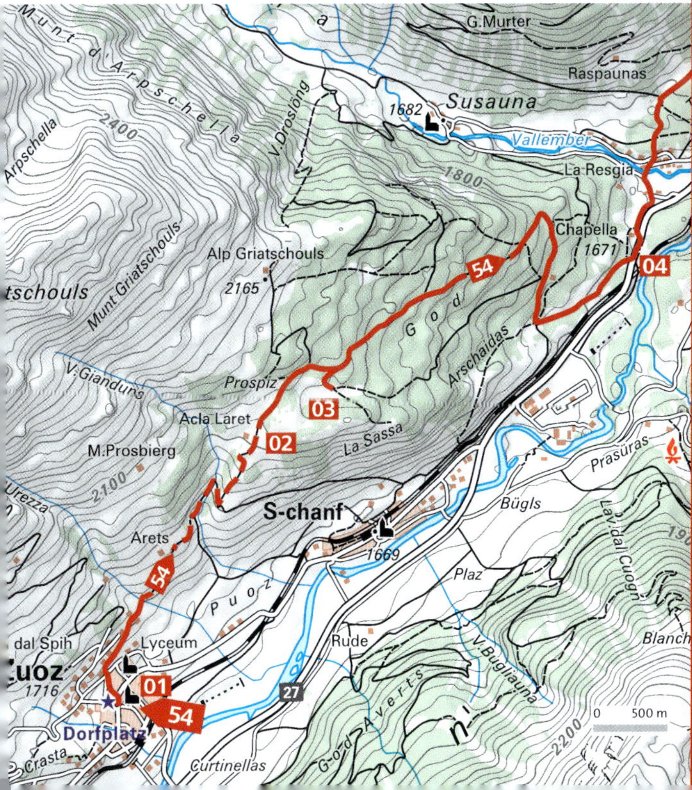

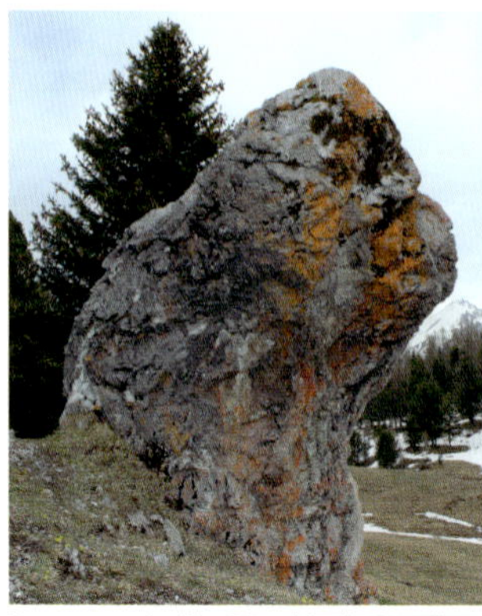
Der sagenhafte Menhir da Prosiz.

tung „Acla Laret, S-Chanf" zeigt. Vor dem Volg-Laden schwenken Sie links auf die Via Plagnoula ein. Sie führt zu einer Kreuzung mit einem modernen Brunnen hinauf. Oberhalb davon, gegenüber der alten Mühle, folgen Sie der Beschilderung „Acla Laret" nach rechts und wandern auf der Via Mulins am Lyceum Alpinum Zuoz vorbei. Am oberen Ortsrand endet der Asphaltbelag. Bald darauf zweigen Sie rechts auf einen Pfad ab (Wegweiser „Acla Laret") und durchqueren die terrassierten Wiesen über dem Tal, wobei ein Bach übersetzt wird. In wechselnder Steigung er-

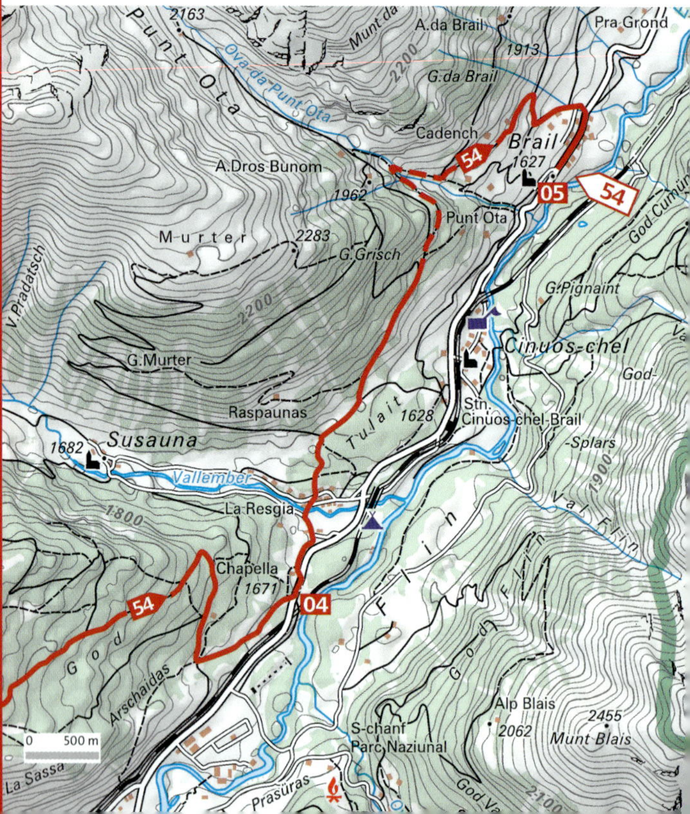

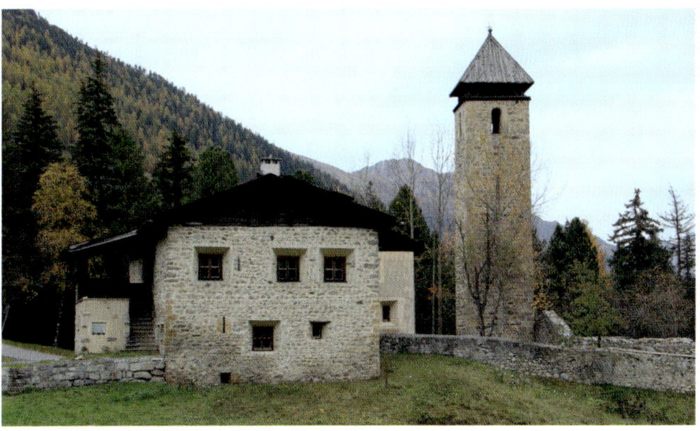

Das Hospiz liegt am historischen Handelsweg vom Veltlin ins Rheintal.

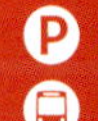

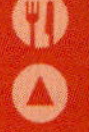
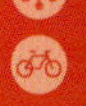
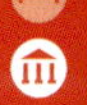

reichen Sie einen Graben, durch den Sie links auf breiterer Trasse ansteigen. Bald geht's nach rechts und durch den Hang zu einer Abzweigung und links zur **Acla Laret** 02 (2006 m) hinauf.

Nun wandern Sie auf einem Fahrweg durch flache Wiesen in den Wald. Nach gut 1 ½ Stunden – bei der Abzweigung zur Alp Griatschouls – zeigt ein Schild den kurzen Abstecher rechts zum **Menhir da Prospiz** 03 (1996 m) an. Das mehr als 2 m hohe Steinungetüm wacht über eine Wiesenmulde. Über diese könnte man noch zum 2800 Jahre alten Siedlungsplatz Bulla Striera weitergehen – das nimmt jedoch zusätzlich 30 Minuten in Anspruch.

Beim Rückweg geht man 50 m oberhalb des Menhirs rechts zur Schotterstrasse, auf der man rechts weiterwandert (wer den Menhir nicht besucht, folgt von der Abzweigung zur Alp Griatschouls gleich dem Wegweiser „Chapella, Staz. Cunuos-chel – Brail" nach rechts). Durch weite Waldungen (God God) gelangen Sie zu einer Strassengabelung (1931 m), von der Sie rechts weiterwandern. Nach 1,7 km biegen Sie links Richtung „Chapella, Staz. Chinuos-chel – Brail" ab. Vor der Kantonsstrasse führt links ein schmaler Pfad zum renovierten **Ospiz Chapella** 04 (1660 m). 1 ½ Stunden von der Acla Laret.

Auf einer Nebenstrasse gelangen Sie an einem Reiterhof vorbei zu einer Gabelung. Rechts auf der Brücke über den Vallember in den Weiler Chapella (1640 m). Dort zweigen Sie links ab (Wegweiser „Chna. digl Kesch CAS, Brail"), überqueren darauf die Kreuzung in La Resgia und bleiben auch bei der nächsten Abzweigung geradeaus. Im Lärchenwald geht's auf einer Schotterstrasse weiter (Blick auf das kleine Dorf Cinuos-chel und bald darauf auch zur Innbrücke der Rhätischen Bahn). Vorbei an der Abzweigung zur Alp Dros Bunom gelangen Sie ins Tal von Punt Ota, wo sie rechts den gleichnamigen Wildbach und damit auch die Grenze zwischen dem Ober- und dem Unterengadin übersetzen. Jenseits treffen Sie bald auf eine Schotterstrasse, auf der Sie rechts durch schöne Wiesen nach **Brail** 05 (1627 m) hinabwandern. 1 ½ Stunden vom Ospiz Chapella.

VON BRAIL ÜBER ZERNEZ NACH LAVIN

Die 6. Etappe der Via Engiadina

  19,4 km 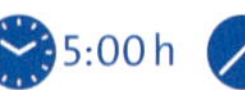 5:00 h 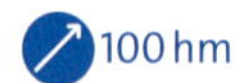 100 hm  320 hm  37

START | Brail (1627 m); Postauto-Haltestelle, Parkplatz am südlichen Ortsrand. Rückfahrt von Zernez mit dem Postauto (Linie 607 – die Bahnstation Chinuos-chel-Brail liegt ausserhalb von Brail), von Susch bzw. Lavin nach Zernez mit der Rhätischen Bahn. [GPS: UTM Zone 32 x: 578.973 m y: 5.1670.885 m]
CHARAKTER | Lange Talwanderung, die man auch in zwei kürzere Wegetappen teilen kann; unterwegs ist man auf beschilderten Asphalt- und Schotterstrassen sowie auf einem Uferweg (T1). Einkehrmöglichkeiten in Zernez, Susch und Lavin.

Auf diesem Wegabschnitt zeigt sich die Via Engiadina nicht als Höhen-, sondern als Talweg. Sie verläuft im ersten Abschnitt bis Zernez durch die Wiesen oberhalb des tief eingeschnittenen Inntals und begleitet den Fluss im zweiten Abschnitt nahe am Ufer. Kulturell ist auch diese Strecke sehr interessant – und unterwegs tun sich immer wieder schöne Ausblicke zu den Bergen des Schweizerischen Nationalparks und der Silvrettagruppe auf.

Vom Hotel Post in **Brail** 01 gehen Sie 150 m neben der Hauptstrasse Richtung Zernez bis zur Postauto-Haltestelle am Nordrand des Ortes (Wegweiser). Von dort folgen Sie der links abzweigenden Asphaltstrasse über eine Kurve hinauf und biegen nach 200 m rechts Richtung „Prazet, Zernez“ ab. Auf einem sanft ansteigenden Feldweg gelangen Sie in licht bewaldetes Gelände auf 1700 m Seehöhe. Dort zweigen Sie rechts Richtung „Zernez“ ab. Bei der Ga-

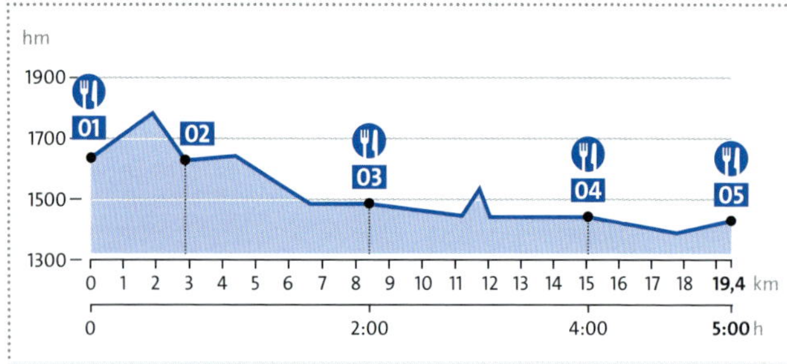

01 Brail, 1627 m; 02 Prazet, 1619 m; 03 Zernez, 1471 m; 04 Susch, 1426 m; 05 Lavin, 1412 m

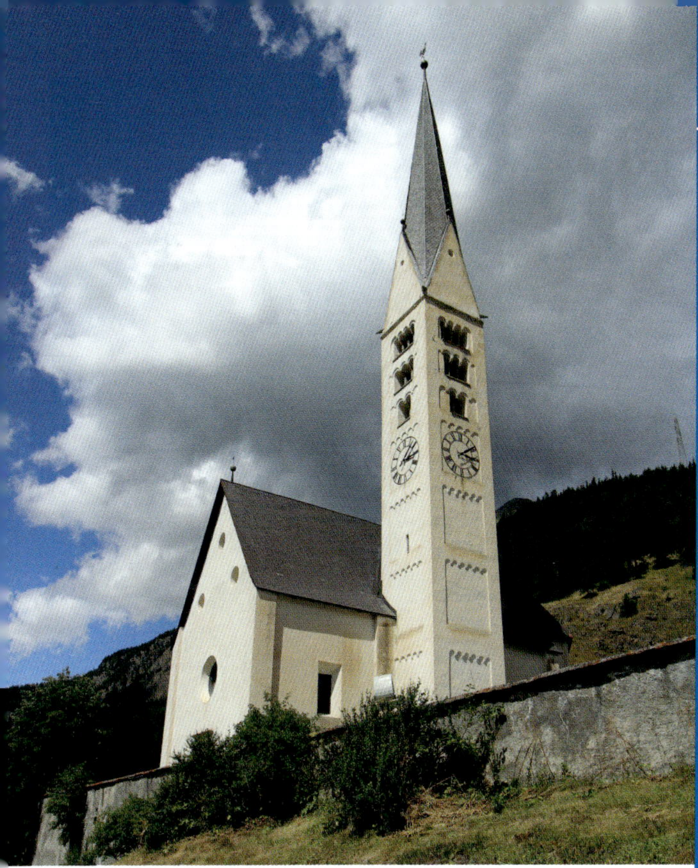

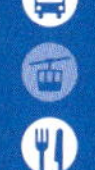
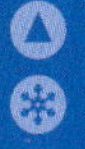

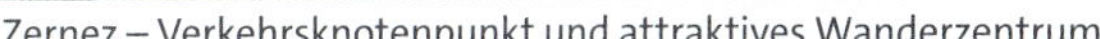

Zernez – Verkehrsknotenpunkt und attraktives Wanderzentrum.

belung nach 300 m bleiben Sie wieder rechts und marschieren nun sachte abwärts. Nach 1 Stunde erreichen Sie **Prazet** 02 (1619 m) – gleich unterhalb dieses Landguts gibt es eine Postauto-Haltestelle.

Die Via Engiadina bleibt jedoch oberhalb der Gebäude und führt weiter durch die Wiesen. Nach einer Bachüberquerung bleiben Sie bei einem Haus (Abzweigung zur Punt Nova) geradeaus und folgen dem Feldweg oberhalb des Inns talauswärts. Nahe den Häusern von Sur Crusch kommen Sie nahe an sein Ufer. Schliesslich tritt der mächtige Felsdreikant des Piz Linard (3410 m) ins Bild. Nach 1 ½ Stunden Gehzeit ab Prazet überschreiten Sie rechts die Innbrücke vor dem Bahnhof in **Zernez** 03 (1471 m). Links kommen Sie neben der Hauptstrasse ins Zentrum. Etwas abseits davon findet man die grössten Sehenswürdigkeiten des Ortes: Die barocke Baselgia Gronda (grosse Kirche) mit ihrem romanischen Turm, die Kapelle San Bastian mit ihren spätgotischen Wandmalereien, das Schloss Wil-

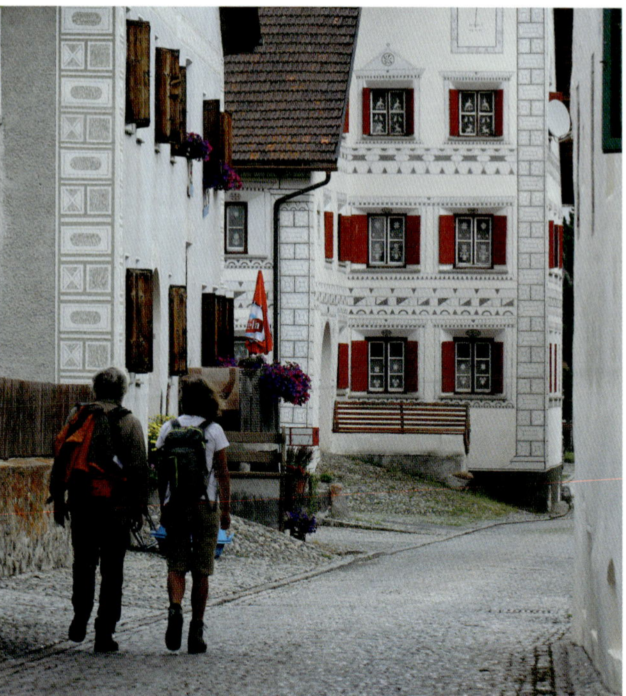

Auch in Susch gibt es auf den Hausfassaden viel zu sehen.

denberg und die beiden kubischen Betongebäude des Nationalparkhauses (Besucherzentrum, Naturkundliches Museum).

Zur Wanderroute Richtung Susch folgen Sie dagegen der Beschilderung „Davos, Scuol" nach links (talauswärts) bis zum Hotel Baer. Dahinter schwenken Sie bei einem grossen Parkplatz rechts auf die schmale Asphaltstrasse Ers Curtins ein (Wegweiser „Pulizia chantunala, Via Engiadina"). Sie führt zum nördlichen Ortsrand und in den Wald, wo es wieder auf Schotterbelag weitergeht. Bei der nächsten Gabelung bleiben Sie links und wandern dem Inn entlang. Nach den moosgrünen Betonblöcken einer Panzersperre passieren Sie bei einem Rastplatz die alte Richtstatt. Zu sehen sind noch die 4 m hohen Steinsäulen des Galgens („Fuorcha") und der Wald heisst hier bis heute „God da la giüstizia". Von dort wandern Sie links auf einem Pfad direkt neben dem Fluss bis zum Hof Crusch Salet; von dort geht's kurz auf einer Asphaltstrasse weiter. Nach 2 Stunden Gehzeit führt eine gedeckte Holzbrücke aus dem Jahre 1878 links nach **Susch** 04 (1426 m). Dort überqueren Sie rechts auf der Hauptstrasse die Suasca, die vom Flüelapass herabfliesst. Vom Haus Crusch Alba führt die Via Engiadina wieder rechts über die

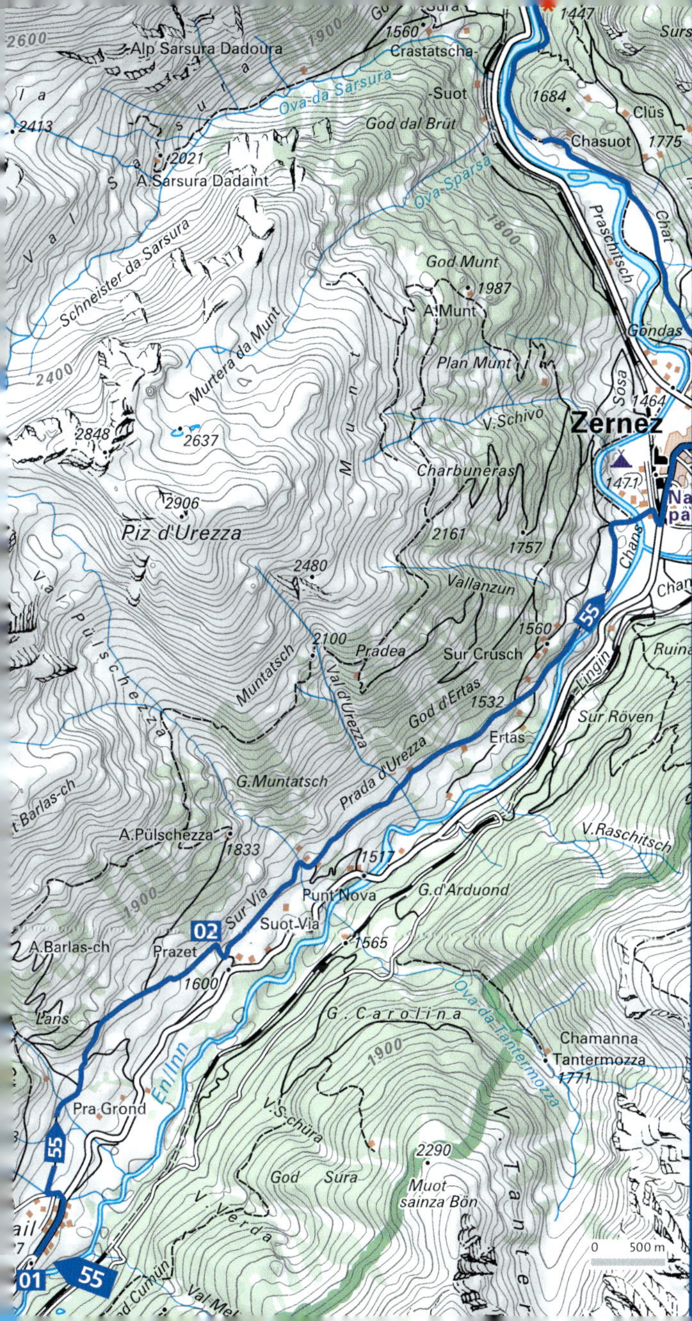
Alp Sarsura Dadoura
1560
Crastatscha-
1447
Ova-da Sarsura
-Suot
1684
Clüs
2413
God dal Brüt
Chasuot
1775
2021
A.Sarsura Dadaint
Ova-Sparsa
Praschitsch
Chat
Schneister da Sarsura
1800
God Munt
1987
A.Munt
Gondas
Murtera da Munt
Plan Munt
2400
Sosa
1464
V.Schivò
Zernez
2848
2637
Charbuneras
1471
2906
Piz d'Urezza
2161
1757
Chaps
2480
Vallanzun
1560
2100
Pradea
Sur Crusch
Muntatsch
Val d'Urezza
God d'Ertas
1532
Lingin
Sur Röven
Ertas
Prada d'Urezza
Val Pülschezza
G.Muntatsch
V.Raschitsch
A.Pülschezza
1833
1517
Punt Nova
G.d'Arduond
1900
Sur Via
02
Suot Via
A.Barlas-ch
Prazet
1565
1600
Ova-da-Tantermozza
G. C a r o l i n a
Chamanna
Tantermozza
1771
1900
En/Inn
Pra Grond
55
V.S-chüra
2290
God Sura
Muot
sainza Bön
V. Verda
01
55
0 500 m

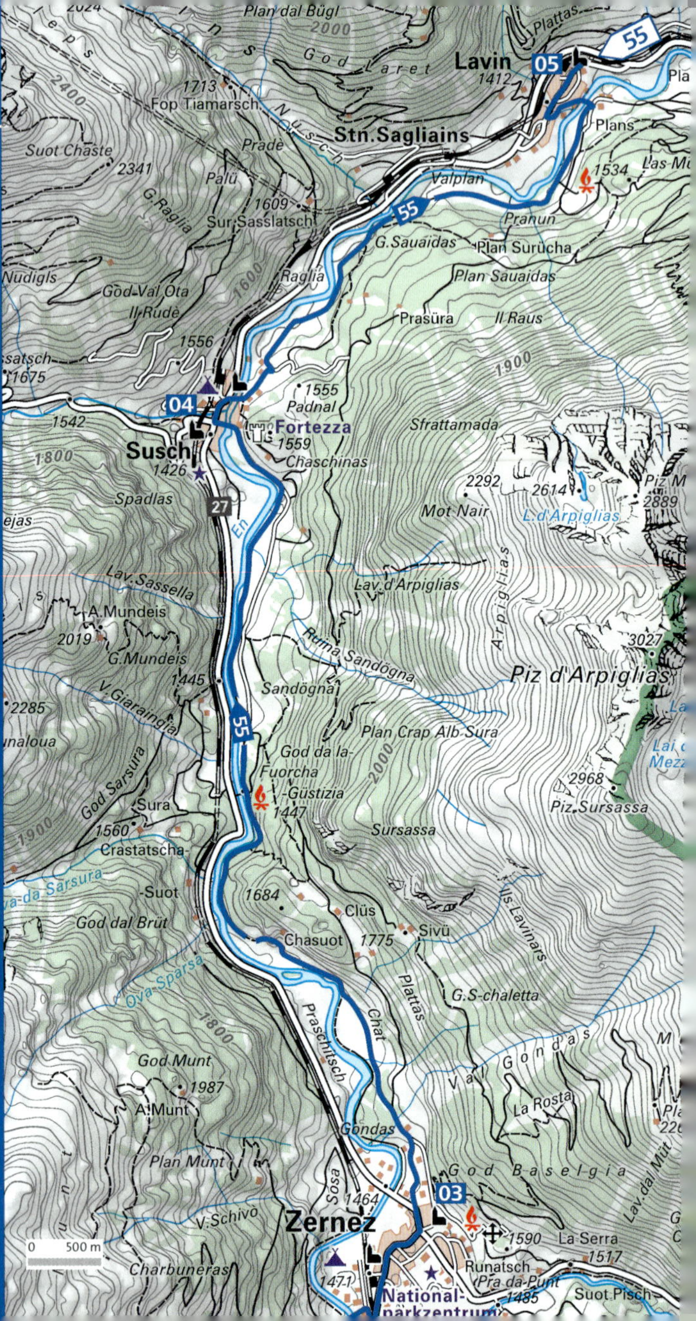
Plan dal Bügl
2000
God Laret
Lavin
1412
05
55
Plattas
1713
Fop Tiamarsch
Nuschà
Stn. Sagliains
Plans
Suot Chaste
2400
2341
Pradè
Palü
1534
Valplan
G. Raglia
1609
Sur Sasslatsch
55
Pranun
G. Sauaidas
Plan Surücha
Nudigls
1600
Raglia
Plan Sauaidas
God Val Ota
Il Rudè
Prasüra
Il Raus
1556
1900
1675
1555
Padnal
04
1542
Fortezza
Sfrattamada
Susch
1559
1800
1426
Chaschinas
2292
2614
Piz M
2889
Spadlas
27
Mot Nair
L. d'Arpiglias
En
Lav. d'Arpiglias
Lav. Sassella
A. Mundeis
Arpiglias
2019
G. Mundeis
Rtüna Sandögna
3027
1445
Sandögna
Piz d'Arpiglias
2285
V. Giaraindia
55
Plan Crap Alb Sura
God da la Fuorcha
2000
Lai d Mezz
God Sarsura
Güstizia
2968
1447
Piz Sursassa
Sura
1560
Sursassa
1900
Crastatscha
Ova da Sarsura
Suot
1684
Clüs
Ils Lavinars
God dal Brüt
Chasuot
1775
Sivü
Ova Sparsa
Plattas
G. S-chaletta
1800
Praschitsch
Chat
Val Gondas
God Munt
1987
La Rosta
A. Munt
Gondas
Plan Munt
Sosa
God Baselgia
Lav. dal Müt
1464
03
V. Schivo
Zernez
1590
La Serra
0
500 m
1517
Charbuneras
1471
Runatsch
Pra da Punt
1485
Suot Pisch
National-
parkzentrum

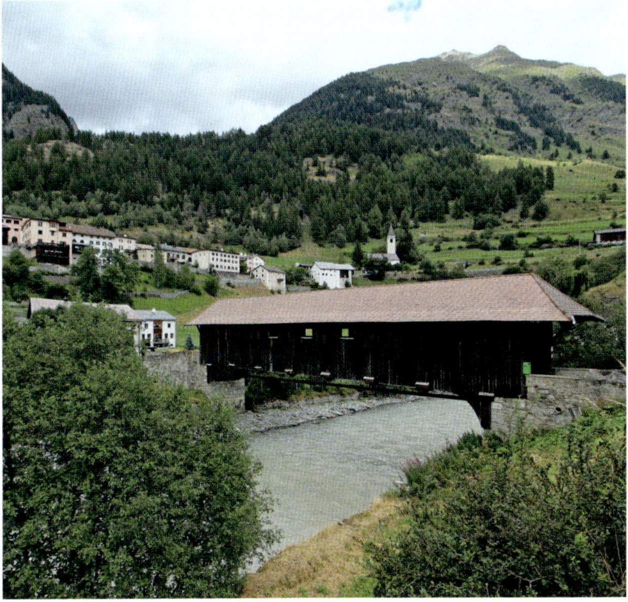

Über diese alte Holzbrücke erreicht man das heutige Etappenziel.

Innbrücke in den alten Ortsbereich mit der Kirche und dem Tour Planta (Plantaturm); rechts oben sieht man die Mauern der Fortezza Rohan aus dem 17. Jahrhundert.
Am Ortsrand biegen Sie links ab und folgen einer Strasse weiter talauswärts. Auf der linken Seite des Inns erscheint der grosse Verladebahnhof Saglians am Südportal des Vereinatunnels der Rhätischen Bahn. Über die Wiesen von Valplan ist es dann nicht mehr weit in den Ort **Lavin** 05 (1412 m), in den Sie ebenfalls über eine holzgedeckte Innbrücke marschieren. 68 Häuser brannten hier im Jahre 1869 ab, manche von ihnen wurden im italienischen Stil mit flachen Dächern neu erbaut. Immerhin verschonte das Feuer die spätgotische Dorfkirche, die sehr sehenswerte Fresken birgt.

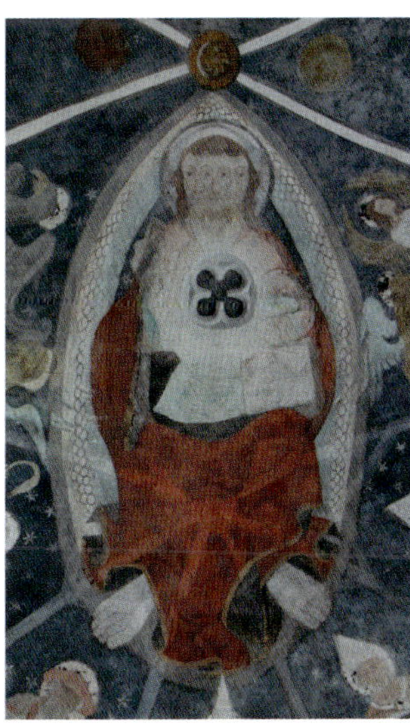

Das Dreifaltigkeits-Fresko in Lavin.

VON LAVIN NACH GUARDA

Die 7. Etappe der Via Engiadina

  13,4 km 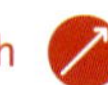 4:00 h 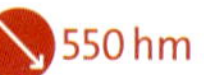 800 hm  550 hm 24

START | Lavin (1412 m); Bahnstation und Postauto-Haltestelle, kleiner Parkplatz jenseits des Inns (Zufahrt über die gedeckte Innbrücke, nach rechts und gleich darauf links). Rückfahrt mit der Rhätischen Bahn von der Station Guarda (etwa 20 Minuten unterhalb des Ortes, auch Postauto-Verbindung).
[GPS: UTM Zone 32 x: 584.735 m y: 5.179.819 m]
CHARAKTER | Abwechslungsreiche Bergwanderung auf Alpstrassen und Pfaden, die Trittsicherheit und Schwindelfreiheit erfordern (T3). Unterwegs keine Einkehrmöglichkeit.

Der Gegensatz zur 6. Etappe könnte nicht augenscheinlicher sein: Statt Auwäldern und Kiesbänken am Fluss erleben Sie heute die wilde Hochgebirgslandschaft der Silvrettagruppe – schon beim Weg ins einsame Val Lavinouz und erst recht beim Übergang ins östlich benachbarte Val Tuoi. Dort erwartet Sie eine der anstregendsten Aufstiegsstrecken im Verlauf der Via Engiadina, der ein aussichtsreicher Höhenpfad über dem Tal folgt. Dort oben, in steilen, felsigen Hängen öffnet sich ein gewaltiger Panoramablick über das Unterengadin.

▶ In **Lavin** 01 gehen Sie an der Kirche vorbei und biegen danach links von der Dorfstrasse ab. Vor den Brücken der Bahnlinie und der Umfahrungsstrasse finden Sie den Wegweiser der Via Engiadina. Dahinter gelangen Sie auf der Schotterstrasse zu einer Abzweigung, von der Sie links (Beschilderung „Alp d'Immez, Chamanna Mara-

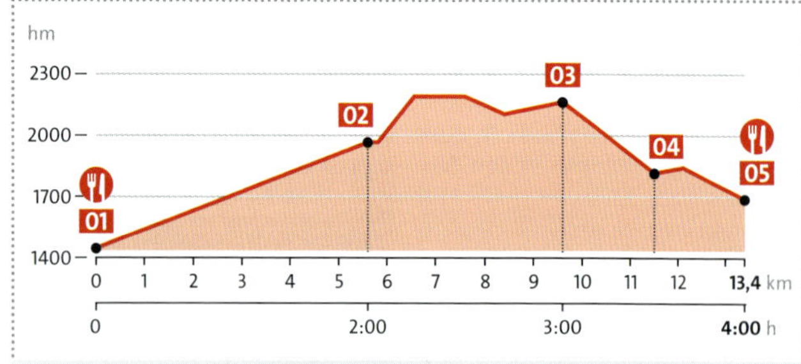

01 Lavin, 1412 m; 02 Alp d'Immez, 1953 m; 03 Chamanna dal Bescher, 2158 m; 04 Val Tuoi, 1798 m; 05 Guarda, 1666 m

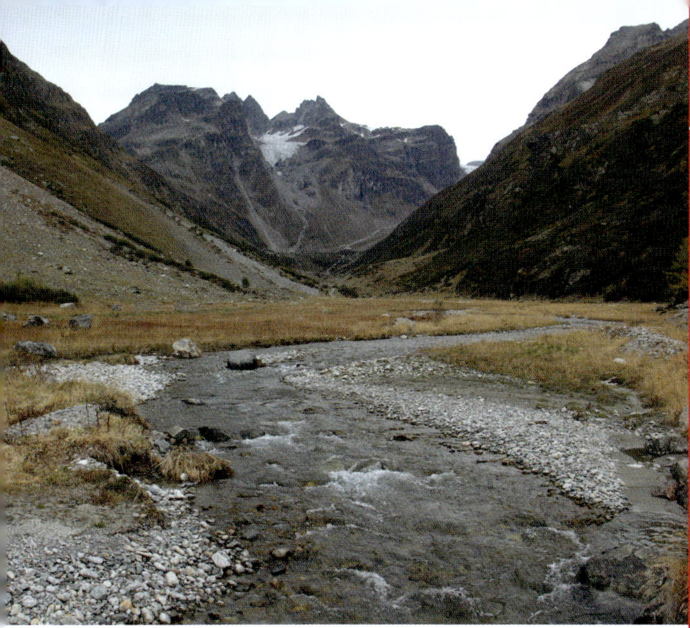

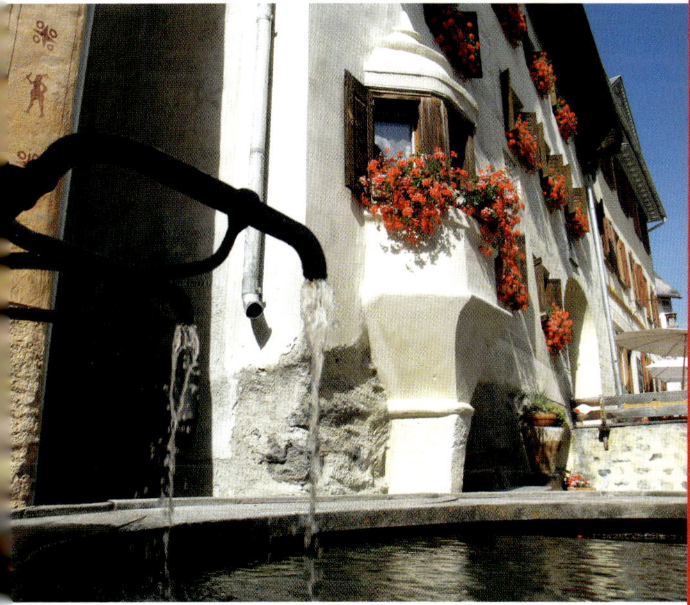

Zauber der Gegensätze – vom Val Lavinuoz bis ins Vorzeigedorf Guarda.

gun CAS“ zu den steilen Waldhängen über dem Ort hinaufwandern. Dort geht's auf der Alpstrasse (oder links davon auf einem Abkürzungsweg) ins Val Lavinuoz hinein. Ein Stück nach der Steinhütte der Alp Lavinuoz Daduora (1779 m) – unter der riesigen Ostflanke des Piz Linard – lichtet sich der Wald: Die Sicht auf den hochalpinen Talschluss mit dem Verstanclahorn (3298 m) und dem zerrissenen Gletschereis des Vadret de las Maisas wird frei. Nach etwa 2 Stunden Gehzeit haben Sie die **Alp d'Immez** 02 (1953 m) erreicht.

Bei der Hütte verlassen Sie den Fahrweg nach rechts (Wegweiser „Chamanna dal Bescher, Guarda“) und steigen auf einem steilen Zickzackpfad an. Auf gut 2150 m Seehöhe wenden Sie sich nach rechts, wandern auf schmaler Spur 1,5 km quer durch die Westhänge unter dem Piz Chapisun und überschreiten dabei den höchsten Punkt der Tour (2240 m). Auf einer Kuppe (2180 m) mit knorrigen Bäumen kommt zum prachtvollen Rückblick zu den Silvrettabergen auch der Tiefblick ins Unterengadin dazu. Dort zweigt eine sehr steile Abstiegsroute nach Lavin ab – die Via Engiadina bleibt jedoch auf der gleichen Höhe und zieht links durch die sehr steilen, stellenweise felsdurchsetzten Südabhänge des Berges. Nach der Querung einiger Gräben und einer Lawinenrinne (Laviner da Gonda) erreichen Sie die kleine **Chamanna dal Bescher** 03 (2158 m).

Von dieser kleinen Holzhütte führt der Pfad durch licht bewaldetes Gelände abwärts und schwenkt nach etwa 500 m in nordöstliche Richtung um. Bei der ersten Abzweigung verlassen Sie die Via Engiadina nach rechts und steigen auf Pfadspuren über die Wiesen der Alp Belvair talwärts. Dort überqueren Sie einen quer verlaufenden Pfad und wandern weiter in den Talgrund des unteren **Val Tuoi** 04 (1798 m).

Dort führt eine Brücke über die Clozza. Jenseits wandern Sie auf einem Fahrweg kurz zur Talstrasse hinauf und folgen dieser nach rechts hinab. Nach einer bewaldeten Anhöhe wird der Blick schon auf das heutige Etappenziel frei. Über Wiesen mit einzelnen grossen Felsblöcken erreichen Sie das Dorf **Guarda** 05 (1666 m).

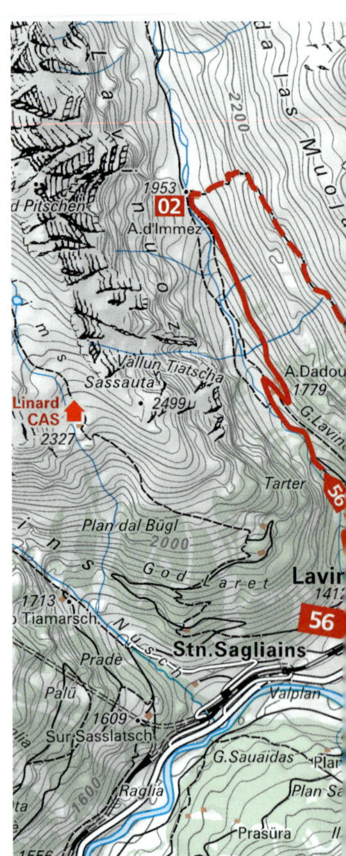

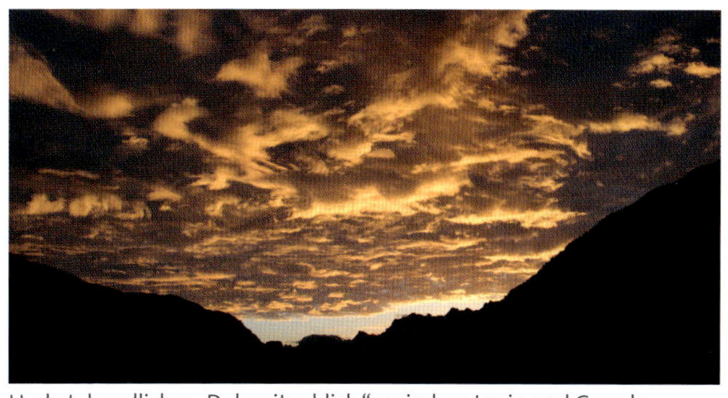

Herbstabendlicher „Dolomitenblick“ zwischen Lavin und Guarda.

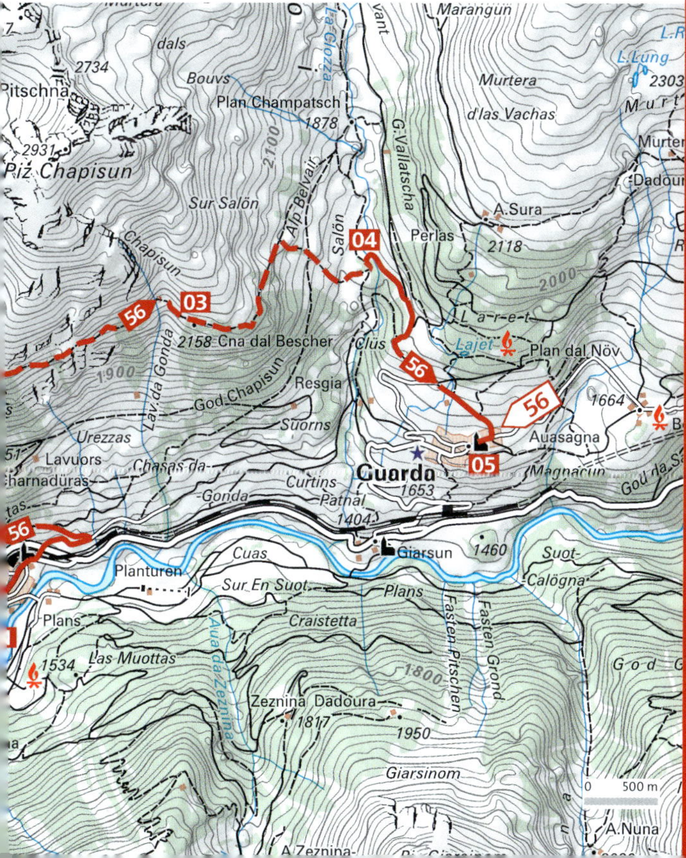

Marangun
L. Lung
2303
Murtera
d'las Vachas
dals
2734
Bouvs
Pitschna
Plan Champatsch
1878
La Clozza
G. Vallatscha
2931
Piz Chapisun
2100
Alp Belvair
Sur Salön
Salön
04
Perlas
A. Sura
2118
Dadour
Chapisun
03
56
2000
2158 Cna dal Bescher
Clüs
Laret
Lajet
Plan dal Növ
1900
Lav. da Gonda
God Chapisun
Resgia
56
1664
Auasagna
Suorns
Urezzas
Lavuors
Chasas da
Charnadüras
Curtins
Guarda
05
1653
Magnacun
God da Sa
Gonda
Patnal
1404
56
Cuas
Giarsun
1460
Suot-Calögna
Planturen
Sur En Suot
Plans
Plans
Craistetta
Aua da Zeznina
Fasten Pitschen
Fasten Grond
1534
Las Muottas
1800
God
Zeznina
Dadoura
1817
1950
Giarsinom
0 500 m
A. Nuna
A. Zeznina

VON GUARDA NACH ARDEZ

Die 8. Etappe der Via Engiadina

   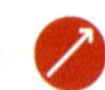 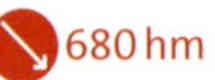 

12,6 km | 4:00 h | 490 hm | 680 hm | 24

START | Guarda (1666 m); Postauto-Haltestelle, Parkplatz (gebührenpflichtig, Automat) vor dem Ort. Rückfahrt von Ardez mit der Rhätischen Bahn bis zur Station Guarda, von dort mit dem Postauto in den Ort (Aufstieg zu Fuss in 30 Minuten).
[GPS: UTM Zone 32 x: 588.095 m y: 5.180.885 m]
CHARAKTER | Landschaftlich sehr schöne Bergwanderung auf markierten Alpstrassen und stellenweise etwas rauen Pfaden (T3). Im Sommer ist die Alp Sura bewirtet.

Diese Wegetappe verbindet zwei der schönsten Dörfer des Unterengadins miteinander. Sie führt aber auch in ein wildromantisches Hochtal im Herzen der Silvretta und über einen Aussichtsbalkon auf der Südseite dieser hochalpinen Gebirgsgruppe. Besonders schön ist es hier im Frühsommer, wenn die Bergwiesen prachtvoll blühen.

▶ Zunächst gehen Sie in den östlichen Dorfbereich von **Guarda** 01. 100 m nach dem Hotel Meisser folgen Sie dem Wegweiser „Alp Sura, Chamanna Tuoi" nach links und wandern auf einer Alpstrasse durch die Wiesenhänge über dem Ort bergwärts. Der rechts abzweigenden Schellen-Ursli-Weg bleibt unbeachtet. Nach einer Kreuzung führt der Fahrweg ins anfangs bewaldete Val Tuoi hinein. Bei der folgenden Gabelung bleiben sie rechts. Bald wandern Sie dem mächtig aufragenden Piz Buin entgegen. Nach etwa 1 ¾ Stunden erreichen Sie die wunderbar gelegene **Alp Suot** 02 (2018 m).

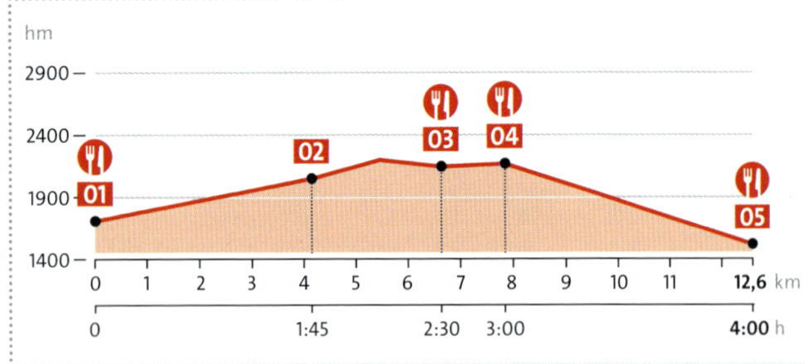

01 Guarda, 1666 m; 02 Alp Suot, 2018 m; 03 Alp Sura, 2118 m; 04 Murtera Dadoura, 2142 m; 05 Ardez, 1464 m

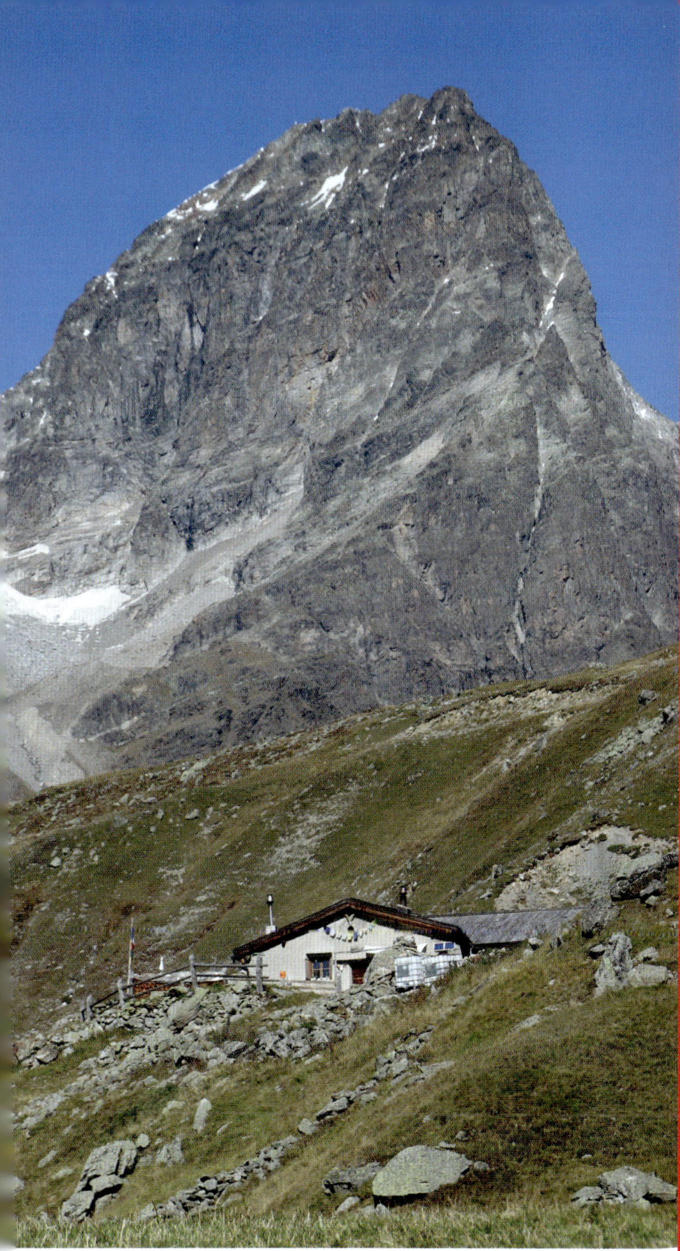

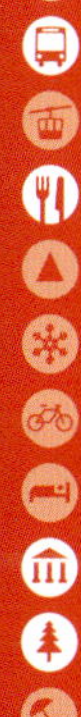

Über der kleinen Alp Suot baut sich der Piz Buin als dunkler Felsriese auf.

Oberhalb der Hütte zweigt die Via Engiadina rechts vom Fahrweg zur Chamanna Tuoi ab (Wegweiser „Alp Sura“). Der Pfad steigt neben einem Bach durch die Hänge unter dem Piz Cotschen an (wunderbarer Blick zum Piz Buin), wendet sich dann nach rechts und führt weniger steil zur einsamen Hütte Maragun (2176 m) hinauf. Von dort geht's auf einem sanft absinkenden Fahrweg oberhalb der Waldgrenze südwärts zur **Alp Sura** 03 (2118 m). Vor ihren vier Hütten geniesst man eine gute Sicht von den Albula-Alpen bis zu den gegenüber aufragenden Engadiner Dolomiten und den Tiefblick nach Lavin.

Dort verlassen Sie die Zufahrtsstrasse nach links und folgen dem Weg neben einem Holzzaun auf eine Wiesenanhöhe (2182 m) und weiter durch die Südhänge zur gut 30 Minuten entfernten, sehr aussichtsreich gelegenen Hütte von **Murtera Dadoura** 04 (2144 m).

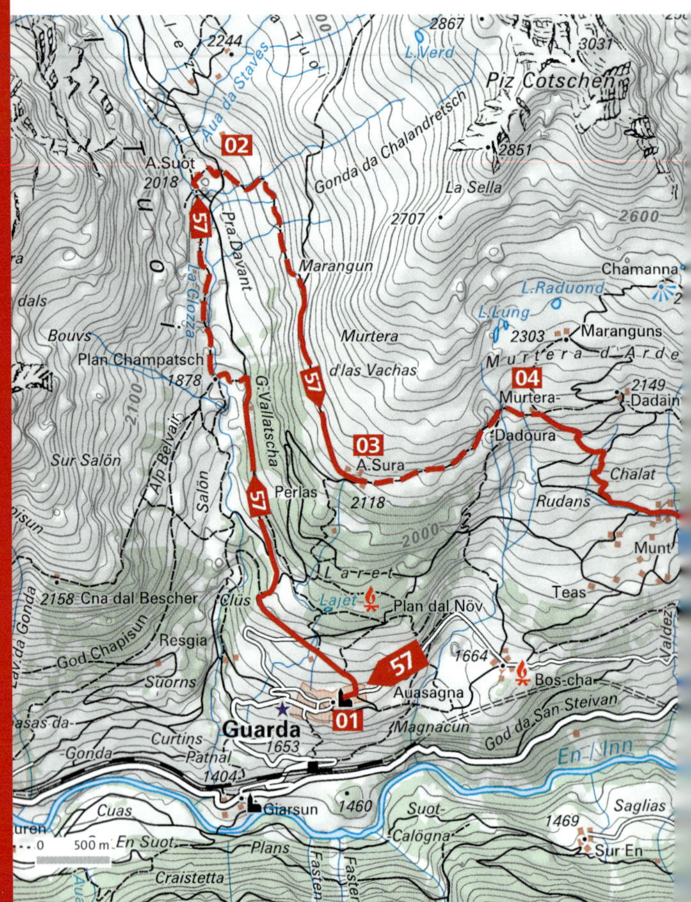

Ein Alpweg führt rechts hinab zu einer Schotterstrasse, auf der Sie rechts zu den verstreut gelegenen Hütten von Munt und Chöglias hinunterwandern (eine Kehre lässt sich abkürzen). Auf 1588 m Seehöhe erreichen Sie eine Abzweigung, von der die Via Engiadina nach links Richtung Ftan ansteigt. Die rechte Strasse führt ins Dorf **Ardez** 05 (1464 m) hinunter. Die Bahnstation befindet sich gleich unterhalb des Ortszentrums.

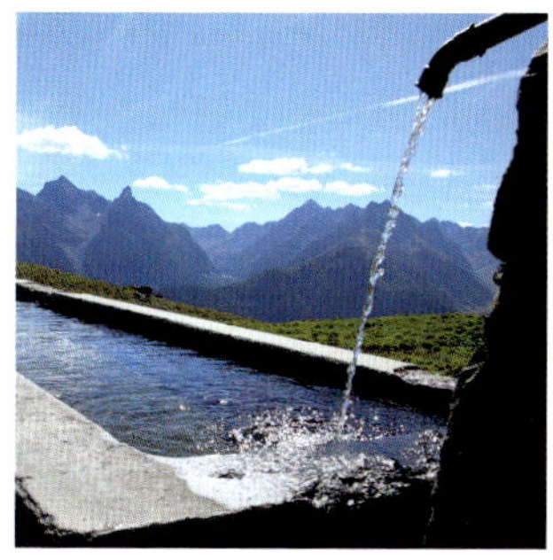

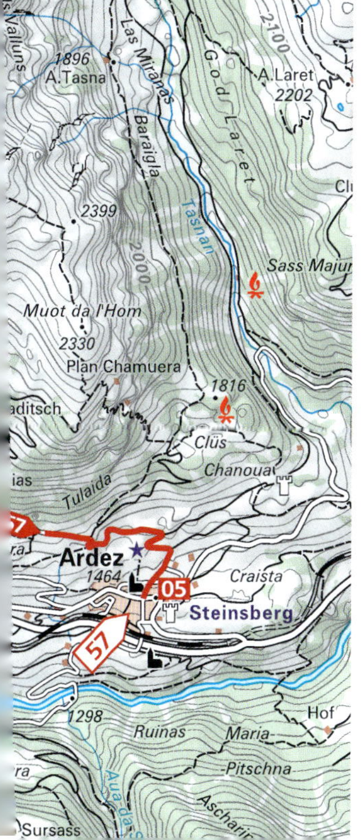

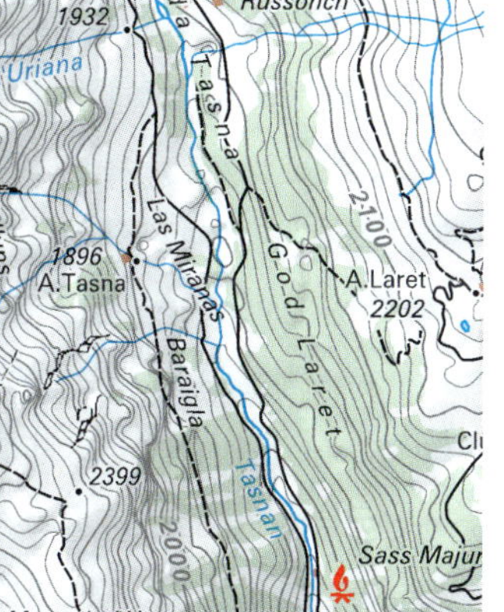

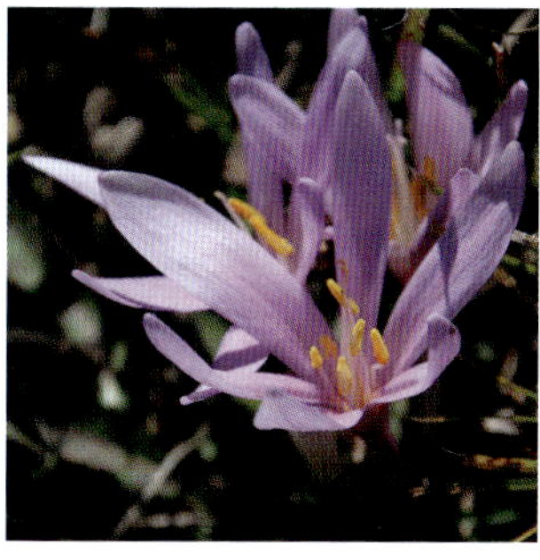

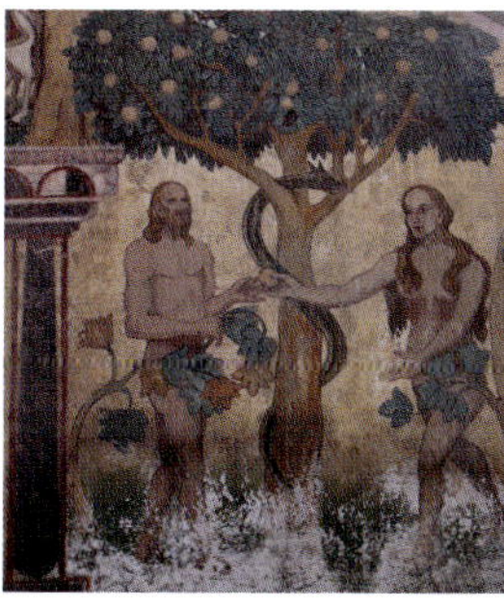

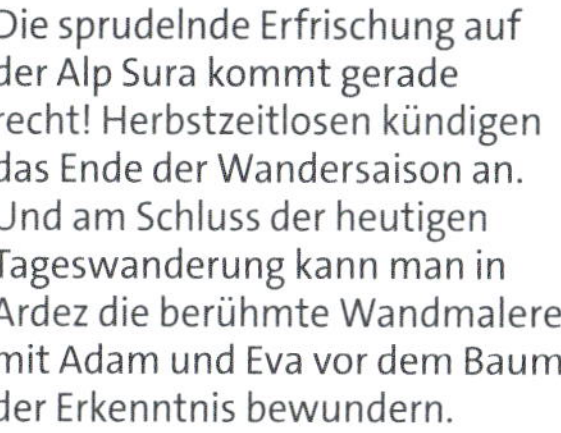

Die sprudelnde Erfrischung auf der Alp Sura kommt gerade recht! Herbstzeitlosen kündigen das Ende der Wandersaison an. Und am Schluss der heutigen Tageswanderung kann man in Ardez die berühmte Wandmalerei mit Adam und Eva vor dem Baum der Erkenntnis bewundern.

VON ARDEZ NACH SCUOL

Die 9. Etappe der Via Engiadina

 13,2 km 4:50 h 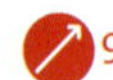950 hm 250 hm 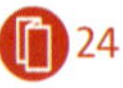24

START | Ardez (1464 m); Bahnstation und Postauto-Haltstelle, gebührenfreie Parklätze an der westlichen Ortseinfahrt und im oberen Dorfrand nahe der Schule (Zufahrt von der östlichen Ortseinfahrt). Von Prui kann man mit der Sesselbahn nach Ftan hinunterfahren, von Motta Naluns mit der Bergbahn nach Scuol, www.bergbahnen-scuol.ch. Rückfahrt von Scuol mit der Rhätischen Bahn (von Ftan per Postauto nach Scuol, Linie 921). [GPS: UTM Zone 32 x: 591.800 m y: 5.180.866 m]
CHARAKTER | Landschaftlich abwechslungsreiche Bergwanderung auf markierten Alpstrassen und Pfaden (T3). Im Sommer sind die Alp Valmala und die Alp Laret bewirtschaftet; Bergrestaurants auf Prui und Motta Naluns.

Dieser Wegabschnitt ist zwar recht lang, bietet aber viele Überraschungen. Zuletzt kann man sich dank der Bergbahn den langen Abstieg ins Tal ersparen und hat so mehr Musse für den herrlichen Höhenweg hoch über Ftan und Scuol.

▶ Von **Ardez** 01 müssen Sie wieder ein Stück auf dem Abstiegsweg der 8. Etappe bergwärts wandern. Bei der Kirche finden Sie den ersten der Wegweiser Richtung „Alp Valmala", denen Sie nun bei den nächsten Abzweigungen folgen. Vom oberen Ortsrand steigen Sie geradeaus zu einer Alpstrasse und auf dieser etwa 120 m nach rechts an. Dann biegen Sie links ab. Nach weiteren 600 m, auf 1588 m Seehöhe, haben Sie die Via Engiadi-

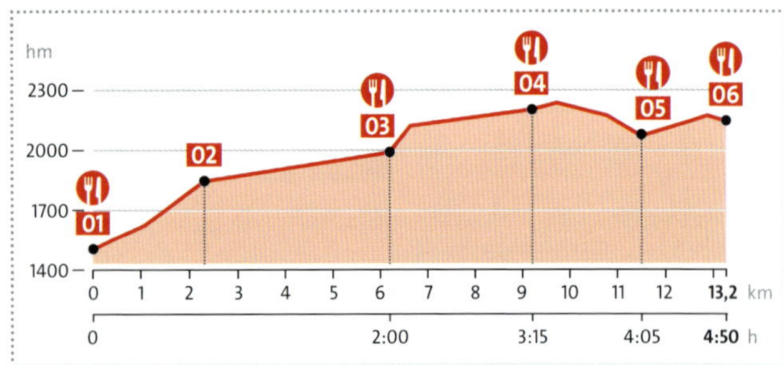

01 Ardez, 1464 m; 02 Plan Chamuera, 1830 m; 03 Alp Valmala, 1979 m; 04 Alp Laret, 2202 m; 05 Prui, 2064 m; 06 Motta Naluns, 2142 m

na wieder erreicht. Sie folgen ihr nach rechts – erst noch kurz auf der Strasse und dann auf dem links abzweigenden Weg. Dieser führt durch schütteren Wald auf die Anhöhe Clüs (1740 m) und zur aussichtsreichen Lichtung am **Plan Chamuera** 02 (1830 m, herrlicher Blick zu den Engadiner Dolomiten). Von dort führt der sanft ansteigende Pfad durch Wald- und Weidehänge ins Val Tasna hinein. Im Bereich der Alp Tasna (1896 m) wird der Blick in den Talschluss frei. Im weiteren Wegverlauf müssen einige schutterfüllte Lawinenrinnen überquert werden. Schliesslich erreichen Sie nach gut 2 Stunden die Hütten der **Alp Valmala** 03 (1979 m).

Nun folgen Sie dem Wegweiser „Alp Laret" nach rechts und gehen auf der Brücke über den Bach. Jenseits verlassen Sie den Fahrweg auf dem Pfad der Via Engiadina Richtung „Alp Laret, Prui" und wandern durch die schütter bewaldeten Hänge der östlichen Talseite ins freie Gelände empor. Dort werden über dem Talschluss die Jamspitze (3176 m), der felsige Piz Urschai (3013 m) und bald auch der Augstenberg (3220 m) sichtbar. nach der Querung einiger Rinnen kommen Sie bei den Fundamenten einer verlassenen Alphütte zu einer Schotterstrasse, die zur nahen **Alp Laret** 04 (2202 m) führt. Nach ca. 1 Stunde 15 Minuten Aufstiegszeit geniessen Sie auch dort einen traumhaften Blick zu den Engadiner Dolomiten.

Auf der Via Engiadina gelangen Sie nun ohne grössere Höhenunterschiede durch die stellenweise steinigen Südhänge des Mot da l'Hom zum Weideboden von Clünas (2135 m). Dort schwenken Sie links auf eine Alpstrasse ein, die Sie aber schon nach 10 m wieder nach

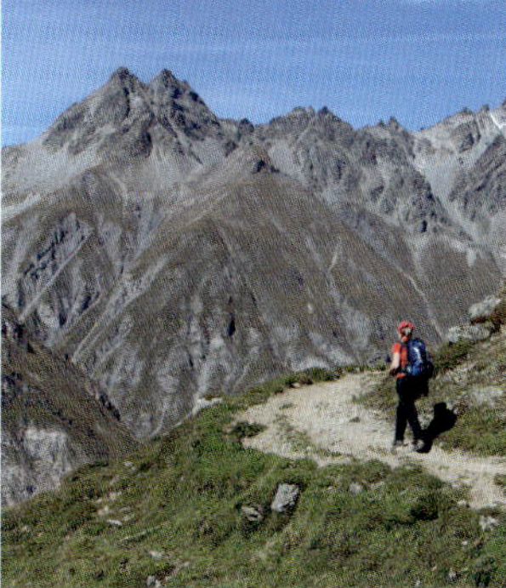

In der Nähe der Alp Laret.

rechts verlassen, um durch licht bewaldetes Gelände bis zur Bergstation der Sesselbahn auf **Prui** 05 (2064 m) abzusteigen. Gehzeit ab der Alp Laret 50 Minuten.

Dem Wegweiser „Motta Naluns" folgend wandern Sie am Bergrestaurant Prümaran Prui und auf der ganz sanft ansteigenden Schotterstrasse – einem Teilstück der Senda d'Aventüra Via Flurina (nach dem Bilderbuch „Flurina und das Wildvögelein") – ostwärts. Nach 45 Minuten stehen Sie vor der Bergstation der Bergbahn auf **Motta Naluns** 06 (2142 m); auch dort gibt es ein Restaurant.

Mit der Gondelbahn gelangen Sie zur Talstation ganz in der Nähe des Bahnhofs von Scuol (1286 m) hinunter und ersparen sich damit 850 Abstiegs-Höhenmeter.

Variante: Wer die Bergbahn nicht nützt, wandert schon von Prui rechts auf der Alpstrasse nach Ftan hinunter. Von der Talstation der Sesselbahn geht's links ins obere Dorf Ftan Pitschen (1644 m). Dort biegt man beim Brunnen nach dem Laden Stalletta rechts ab und folgt dem Weg nach Scuol. Gehzeit ab Prui gut 2 Stunden.

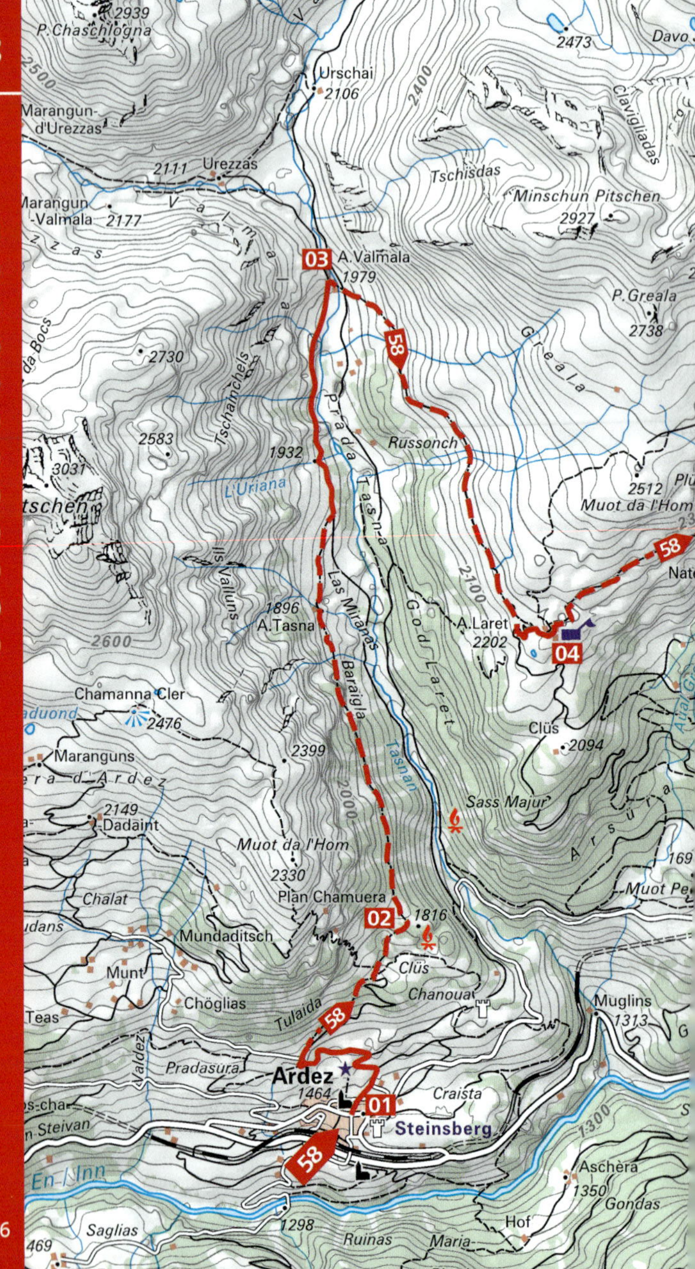
P. Chaschlogna
2939
Urschai
2106
2473
Davo Ja
Marangun-d'Urezzas
2400
Clavigliadas
2111 Urezzas
Tschisdas
Minschun Pitschen
Marangun-Valmala 2177
2927
V a l m a l a
03 A. Valmala
1979
P. Greala
2738
58
2730
G r e a l a
2583
Russonch
3031
1932
L'Uriana
2512
Muot da l'Hom
Tschainchels
P r a d a T a s n a
58
Ils Valluns
2100
1896
A. Tasna
Las Miranas
G o d L a r e t
A. Laret
2202
04
2600
Baraigla
Chamanna Cler
2476
Clüs
2094
Tasnan
Maranguns
2399
2149
Dadaint
2000
Sass Majur
A r s ü r a
Muot da l'Hom
2330
Plan Chamuera
1816
02
Chalat
Mundaditsch
Munt
Clüs
Chanoua
Chöglias
Tulaida
58
Muglins
1313
Teas
Pradasura
Ardez
1464
01
Craista
Steinsberg
58
En / Inn
Aschèra
1350
Gondas
1298
Saglias
Hof
Ruinas
Maria-
Sur En
Arsüra
Pitschna

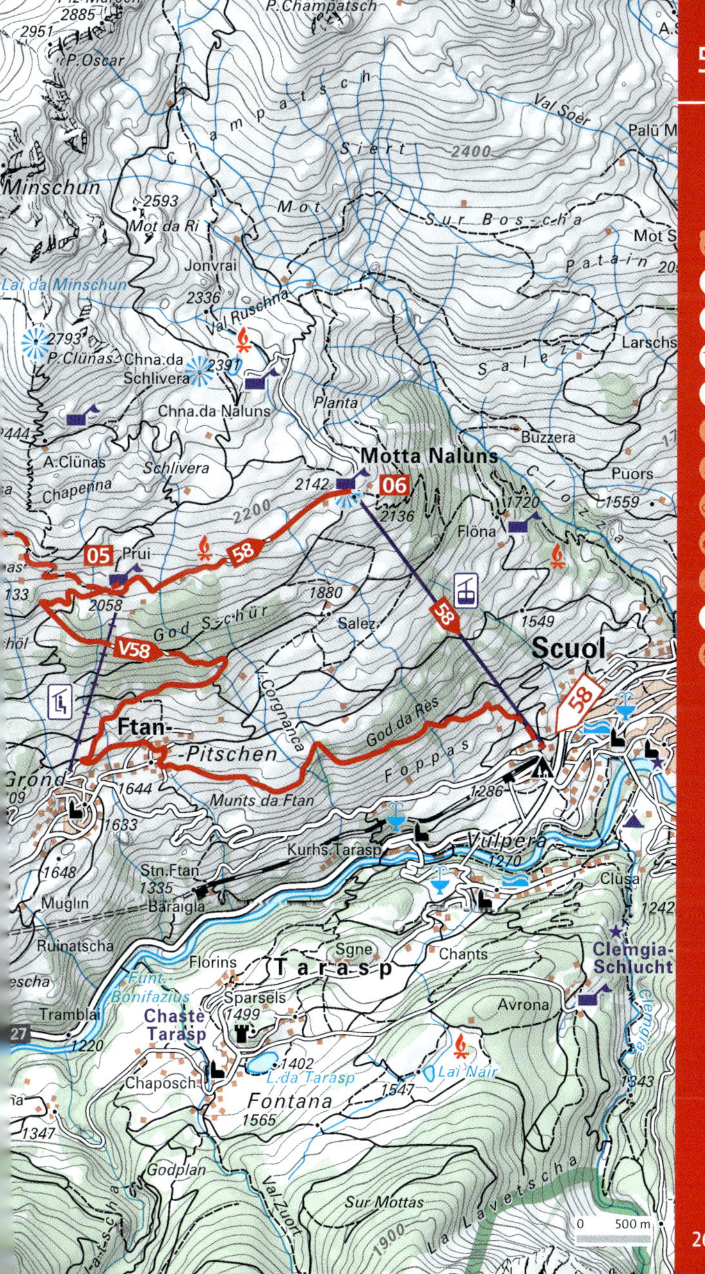
Piz Marsch
2885
2951
P. Oscar
P. Champatsch
Champatsch
Val Sûer
Palü M
Siert
2400
Minschun
2593
Mot da Ri
Mot
Sur Bos-cha
Mot S
Patain
Jonvrai
Lai da Minschun
2336
Val Ruschna
2793
P. Clünas
Chna.da Schlivera
2391
Salez
Larschs
Planta
Chna.da Naluns
Buzzera
A.Clünas
Schlivera
Chapenna
Motta Naluns
06
2142
2136
Puors
Clozza
1720
1559
2200
Flöna
05
Prui
58
2058
1880
God Schür
Salez
1549
V58
Scuol
V. Corgnanca
God da Rès
Ftan
Pitschen
Foppas
1644
Munts da Ftan
1286
1633
Kurhs Tarasp
Vulpera
1270
1648
Stn.Ftan
1335
Clüsa
Muglin
Baraigla
1242
Ruinatscha
Florins
Sgne
Tarasp
Chants
Clemgia-Schlucht
Funt.-Bonifazius
Sparsels
Tramblai
Chaste Tarasp
1499
Avrona
27
1220
1402
L.da Tarasp
Lai Nair
1547
Clemgia
Chaposch
Fontana
1343
1565
1347
Godplan
Val Zuort
Sur Mottas
La Lavetscha
1900
0
500 m

VON SCUOL ÜBER SENT NACH VNÀ

Die 10. Etappe der Via Engiadina

 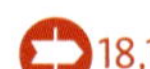 18,1 km  5:30 h 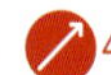 470 hm 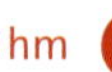 980 hm  24

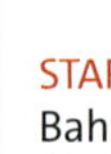

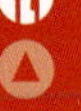
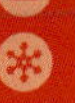

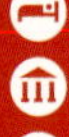

START | Scuol (1286 m), Talstation der Bergbahn, Parkplatz; Bahnstation und Postauto-Haltestelle. Auffahrt zur Bergstation Motta Naluns (2142 m, www.bergbahnen-scuol.ch). Rückfahrt mit dem Postauto von Sent (Linie 923, 925) oder von Vnà (Linie 931 bis Ramosch, dann 921, 911); Postauto-Verbindung dreimal am Tag von Sent zum Hotel Val Sinestra (Linie 925).
[GPS: UTM Zone 32 x: 597.061 m y: 5.184.954 m]
CHARAKTER | Lange, aber erlebnisreiche Alp- und Talwanderung, die man auch in zwei kürzere Tagesabschnitte teilen kann. Man wandert auf Pfaden und Schotterstrassen (T2). Einkehrmöglichkeit auf Motta Naluns, in der Alp Vastur, in Sent, im Hotel Val Sinestra und in Vnà.

Der vorletzte Wegabschnitt der Via Engiadina besteht aus zwei grundverschiedenen Teilen: Nach der Gondelfahrt auf über 2000 Meter Seehöhe erwartet Sie eine Panoramatour zwischen felsigen Gipfeln und freien Weidehängen, und zwar bergab. Etwa zur „Halbzeit" können Sie im Dorf Sent neue Kräfte tanken, bevor eine weitgehend schattige Talumrundung beginnt. Die Highlights am Weg: Eine Hängebrücke, die schönen Engadinerhäuser von Sent, das einstige, fast ein wenig verwunschen wirkende Kurhaus im Val Sinestra und natürlich der zauberhaft gelegene Zielort Vnà, in dem Sie dank zahlreicher Schilder an den Hauswänden einen Schnellkurs für wichtige rätoromanische Verben absolvieren können.

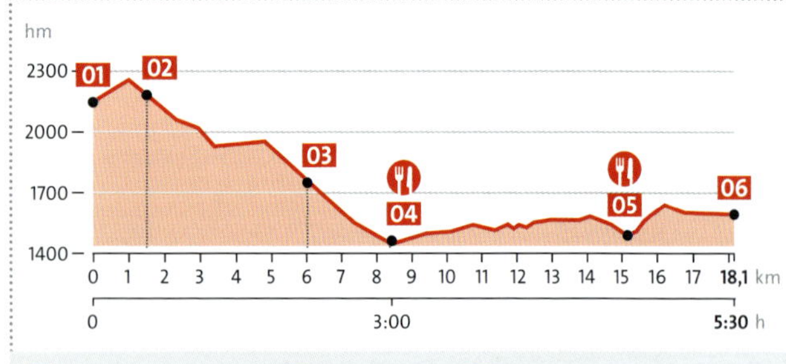

01 Motta Naluns, 2142 m; 02 Jonvrai, 2179 m; 03 Alp Vastur, 1730 m; 04 Sent, 1430 m; 05 Berghaus Val Sinestra, 1473 m; 06 Vnà, 1602 m

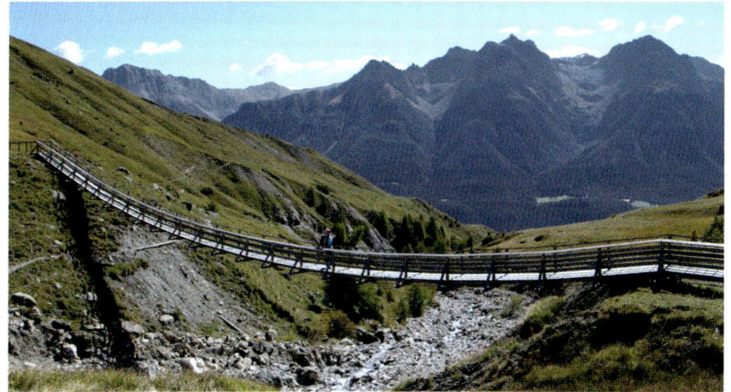

Dieses schwankende Highlight würzt den Abstieg nach Sent.

▶ Von der Bergbahnstation **Motta Naluns** 01 gehen Sie nach dem Wegweiser „Sent“ rechts auf der Alpstrasse unter der benachbarten Sesselbahn durch und rechts daneben bergauf. Nach 1 km – auf 2290 m Seehöhe – zweigen Sie rechts ab und wandern in Kehren in die Mulde **Jonvrai** 02 (2179 m) hinab. Dort endet die Alpstrasse bei drei Liftstationen und Sie steigen auf dem Pfad mit der Be-

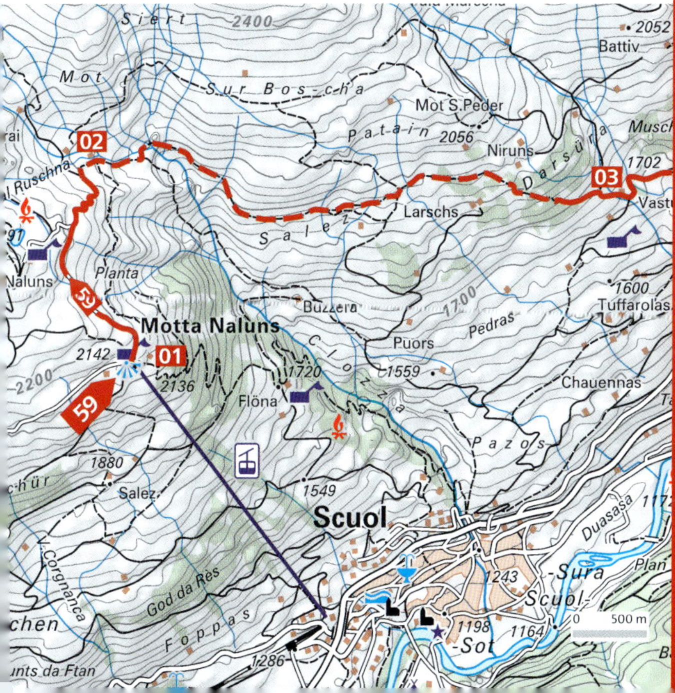

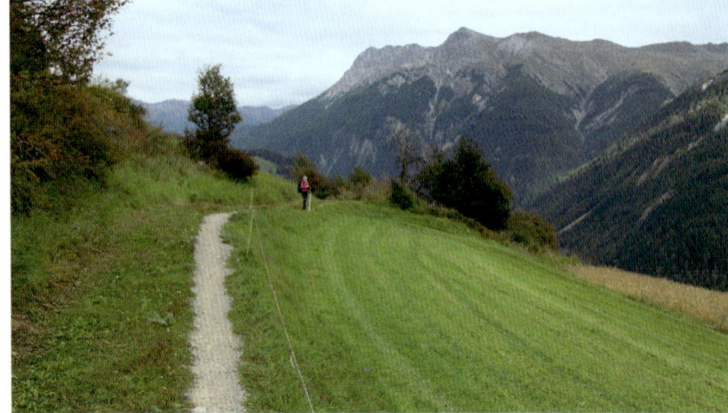

Wer ins Val Sinestra wandert, erblickt schon die Tiroler Grenzberge.

schilderung „Salez, Sent“ durch bewaldetes Gelände ab und überqueren links einen Bach. Es folgt eine lange, hölzerne und etwas schwankende Hängebrücke über das wilde Bachbett der Clozza (2086 m). In der Folge führt der Pfad durch südseitige, aussichtsreiche Grashänge zu den Weiden von Salez (1970 m). Jenseits des Inntals sehen Sie durch das Val S-Charl zwischen dem Piz San Jon (3035 m) und dem Piz Pisoc (3173 m) bis zu den Bergen um den Ofenpass. Auch bei den nächsten Kreuzungen folgen Sie stets der Beschilderung „Sent“. Nach einem bewaldeten Bereich treffen Sie auf eine Alpstrasse, die rechts zur **Alp Vastur** **03** (1730 m) führt. Unterhalb davon wandern Sie durch das Val Gronda und durch weite Wiesen abwärts. Nach knapp 3 Stunden Gehzeit erreichen Sie den oberen Ortsrand von **Sent** **04** (1430 m). Die Via Engiadina umgeht das zauberhafte Dorf links oben – es lohnt sich aber sehr, seine schönen Engadinerhäuser und die Kirche zu besuchen.

Vom Platz im Zentrum geht's gemäss der Beschilderung „Sinestra, Vnà, Zuort“ wieder zum oberen Ortsrand und dann rechts aus dem Dorf hinaus. 300 m nach dem Bauernhof Naggler biegen Sie links ab und schwenken nach 160 m nochmals links auf eine Schotterstrasse ein, die nicht als Wanderroute beschildert ist (Sackgasse). Sie verläuft oberhalb der Fahrstrasse ins Val Sinestra. Zuletzt gelangen Sie auf einem Wiesenpfad zur Postauto-Haltestelle beim Lawinenschranken der Talstrasse, auf der Sie nun durch Waldhänge taleinwärts wandern. In Chavriz Pitschen bleiben Sie rechts, kurz darauf führt eine Metallbrücke über einen wilden Graben. Nach ungefähr 4 km erreichen Sie das **Berghaus Val Sinestra** **05** (1473 m) direkt unterhalb des Hotels Val Sinestra. 1 ¾ Stunden.

Dort folgen Sie dem Wegweiser „Vnà“ nach rechts über die rauschende Brancla, neben der Sie links auf einem Pfad weiter taleinwärts ansteigen. Nach gut 200 m zweigen Sie nochmals rechts Richtung „Vnà“ ab (schöner Rückblick zum einstigen Kurhaus). Durch felsige Waldhänge und Weiden gelangen Sie schliesslich zur östlichen Talstrasse hinauf und rechts ins kleine Dorf **Vnà** **06** (1602 m).

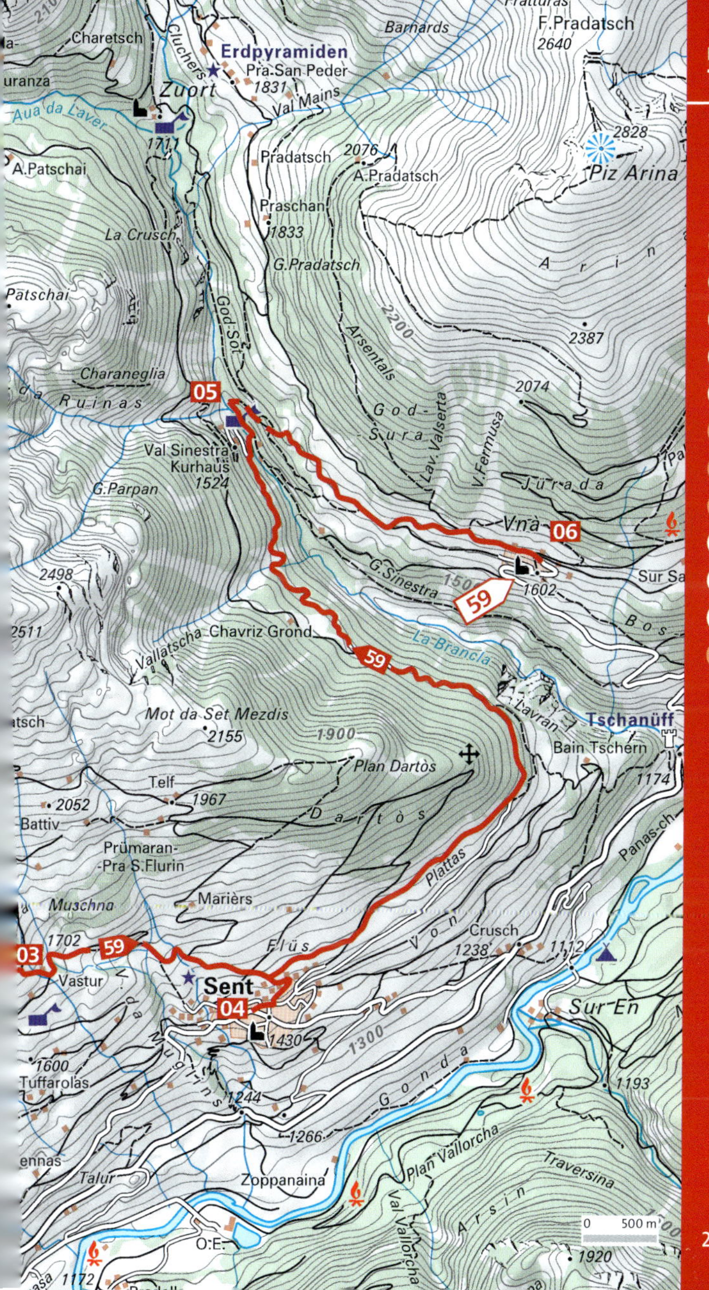
Erdpyramiden
Pra San Peder
1831
Zuort
Val Mains
Charetsch
Aua da Laver
Pradatsch
2076
A.Pradatsch
Praschan
1833
G.Pradatsch
A.Patschai
La Crusch
Patschai
God Sôt
Arsentals
F.Pradatsch
2640
2828
Piz Arina
Barnards
2387
2074
Charaneglia
Ruinas
05
Val Sinestra Kurhaus
1524
G.Parpan
God-Sura
Lav.Valserta
V.Fermusa
Jürada
Vnà
06
1602
G.Sinestra
59
La Brancla
2498
2511
Vallatscha
Chavriz Grond
Mot da Set Mezdis
2155
1900
Plan Dartòs
Tschanüff
Bain Tschern
1174
Lavran
Telf
1967
2052
Battiv
Dartòs
Prümaran-Pra S.Flurin
Mariès
Muschna
Plattas
Panas-ch
1702
03
Vastur
Flüs
Sent
04
1430
Crusch
1238
1112
Sur En
1193
1600
Tuffarolas
Mugrinas
1244
1266
Gonda
Plan Vallorcha
Traversina
Val Vallorcha
Talur
Zoppanaina
O.E.
1172
1920
0 500 m

60

VON VNÀ ÜBER TSCHLIN NACH VINADI

Die 11. Etappe der Via Engiadina

  18,7 km  6:00 h  380 hm 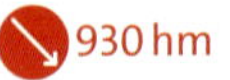 930 hm 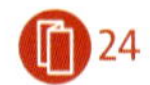 24

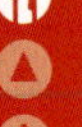
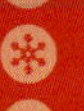

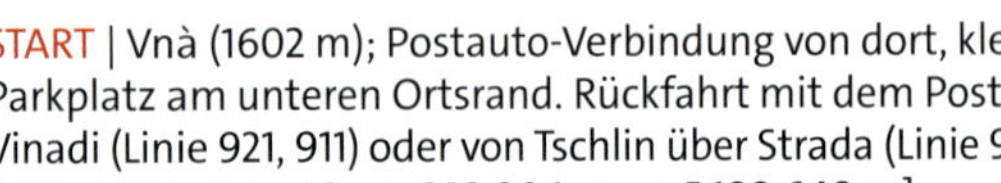

START | Vnà (1602 m); Postauto-Verbindung von dort, kleiner Parkplatz am unteren Ortsrand. Rückfahrt mit dem Postauto von Vinadi (Linie 921, 911) oder von Tschlin über Strada (Linie 941, 921, 911). [GPS: UTM Zone 32 x: 603.994 m y: 5.188.648 m]
CHARAKTER | Lange und vor allem im letzten Abschnitt sehr anspruchsvolle Wanderung im Wald-, Alp- und Talbereich auf Schotterstrassen und stellenweise schmalen Pfaden durch abschüssiges Gelände, die Trittsicherheit und Schwindelfreiheit erfordern; kurze Passagen sind gesichert und bei Nässe rutschig (T3). Einkehrmöglichkeit nur in Tschlin und Vinadi.

Die letzte Etappe der Via Engiadina bietet keinen entspannten Ausklang – ganz im Gegenteil: Sie ist die längste aller Teilstrecken und weist erst ganz zum Schluss einige der heikelsten Passagen des gesamten Wegverlaufs auf. Bei Regen, Schnee oder Vereisung können dort einzelne Passagen in Steilhängen gefährlich werden; dann sollte man es im Dorf Tschlin gut sein lassen oder spätestens von Vadrain in den Grenzort Martina absteigen. Bei guten Verhältnissen erlebt man jedoch hoch über der Innschlucht von Finstermünz ein besonders wildes Gebiet und noch einmal den rauen Charme der Unterengadiner Landschaft.

▶ Von **Vnà** 01 wandern Sie, dem Schild der Via Engiadina Richtung „Tschlin“ folgend, hinter der Usteria Piz Tschütta vorbei und dann

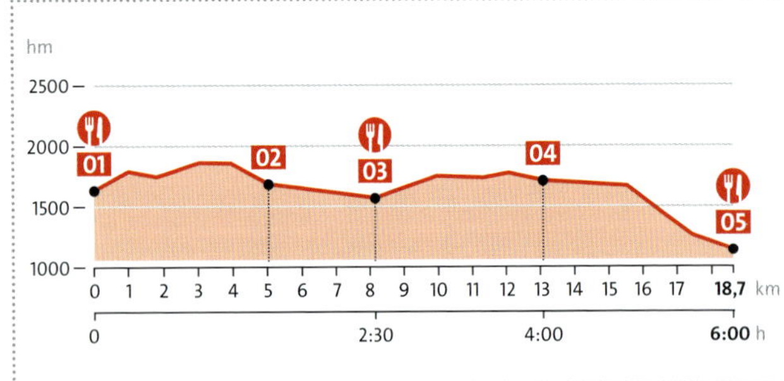

01 Vnà, 1602 m; 02 Val Ruinains, 1654 m; 03 Tschlin, 1533 m; 04 Vadrain, 1680 m; 05 Restaurant Vinadi, 1086 m

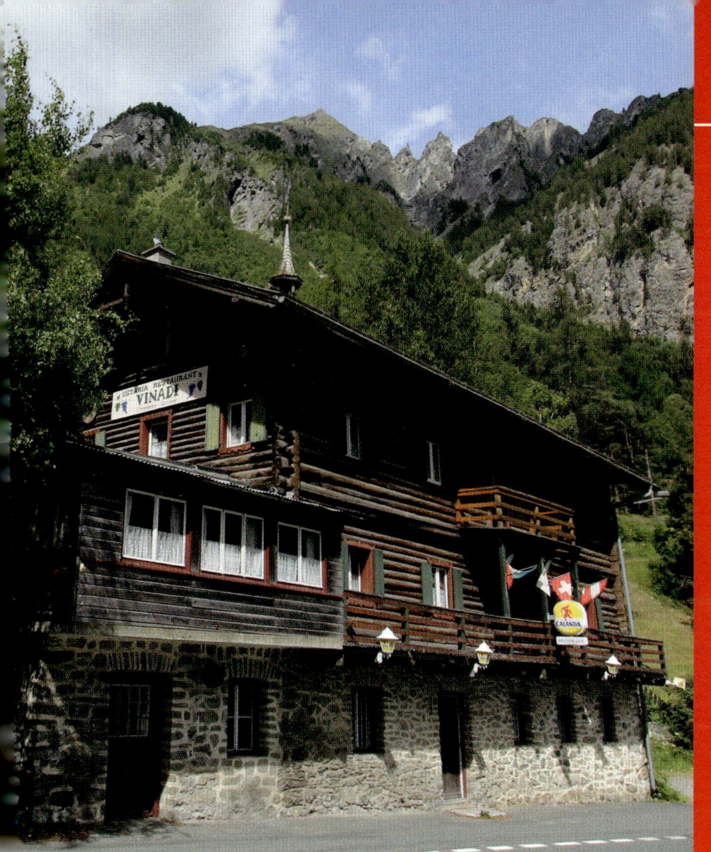

Vinadi ist der Schlusspunkt (oder der Ausgangsort) der Via Engiadina.

auf der Schotterstrasse zum Waldrand hinauf. Nach etwa 800 m geht's von einer Linkskehre rechts auf dem Wanderweg oberhalb der Wiesen von Sur Savuogn weiter. Sanft ab- und dann wieder ansteigend erreichen Sie nach weiteren 1,3 km eine Alpstrasse, der Sie links in einen bewaldeten Graben hinauf folgen. Jenseits davon zweigen Sie rechts auf einen Wanderweg ab, der zu den Wiesen von Chant Dadaint hinabführt. Nach einem Stück auf der Forststrasse durch den Wald God Chilcheras zweigen Sie rechts ab und steigen über Stufen bzw. mit Hilfe von Sicherungen etwa 100 Höhenmeter ins schluchtartige **Val Ruinains** 02 (1654 m) ab. Jenseits der kleinen Brücke durchquert der schmale Pfad die Waldhänge nach Palavrain. Zuletzt wandern Sie auf Schotterstrassen und Feldwegen durch terrassierte Wiesen ins Dorf **Tschlin** 03 (1533 m) hinab. Gehzeit ab Vnà 2 ½ Stunden. Am oberen Ortsrand gehen Sie auf der Strasse am Kirchlein San Plasch aus dem 16. Jahrhundert vorbei; am Brunnen steht eine Holzstatue der „Donna Lupa“, die das Dorf während der Schwabenkriege durch eine List vor dem Einfall österreichischer Truppen bewahrt hat. Beim letzten Haus weist die Beschilderung der Via Engiadina Richtung „Vadrain, Vinadi“ auf den Fahrweg, der ins Val Puntsot führt. Von der folgenden Gabelung gehen Sie links auf der Alpstrasse bergauf. Von der dritten Kehre wandern Sie rechts zu den Wiesen Pra Grond. Bei der folgenden Kreuzung bleiben Sie geradeaus und wandern auf einem Feldweg zu den Wiesen von Mundaditschas und weiter in den God d’Urezzas. Nach 1 ½ Stunden ab Tschlin erreichen Sie am östlichen Rand dieses grossen Waldgebiets eine Forststrasse, die von Martina heraufzieht (letzte vorzeitige Abstiegsmöglichkeit, 1 ½ Stunden). Dieser folgen Sie ca. 150 m links auf die Anhöhe von **Vadrain** 04 (1680 m). Herrliche Sicht zu den Gipfeln um

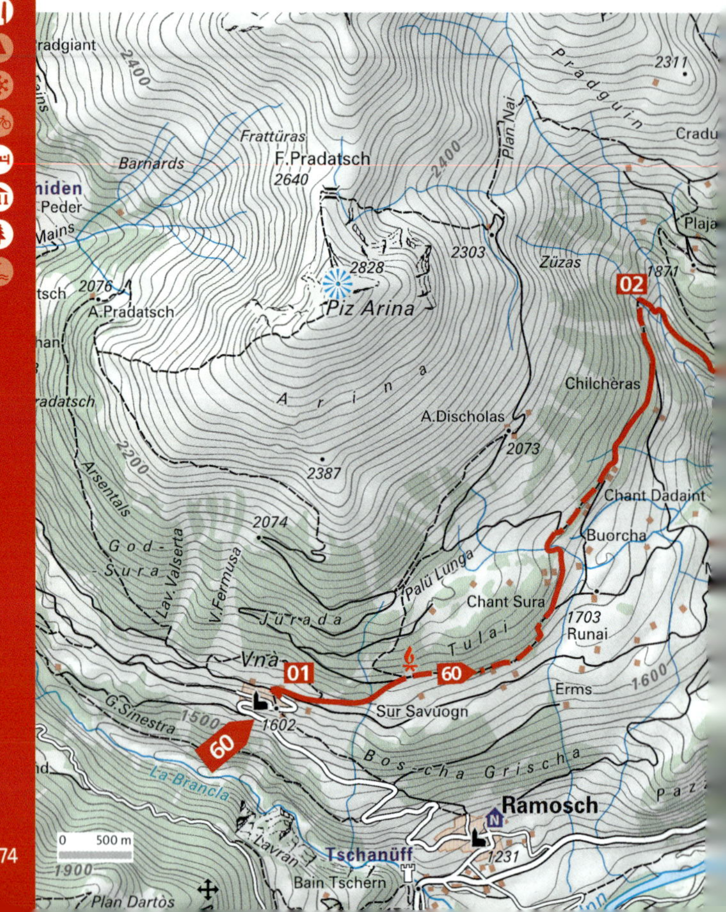

den österreichischen Ort Nauders, die sich jenseits der Innschlucht erheben.
Die Wanderung bis zum Ende der Via Engiadina nimmt noch etwa 2 Stunden Gehzeit in Anspruch, wobei einige anspruchsvolle Passagen überwunden werden müssen. Von der Hütte in La Vota zeigt der Wegweiser „Pra d'Arsüra, Vinadi“ den Abstieg ins Val da Mot, das auf Holzbrücken überquert wird. Die nördlich davon eingerissene

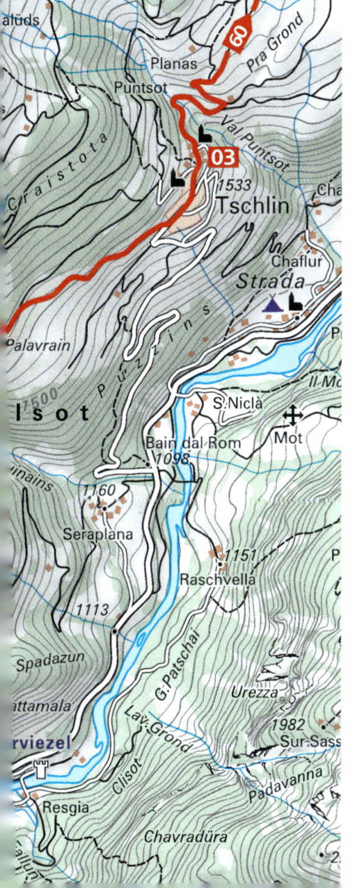

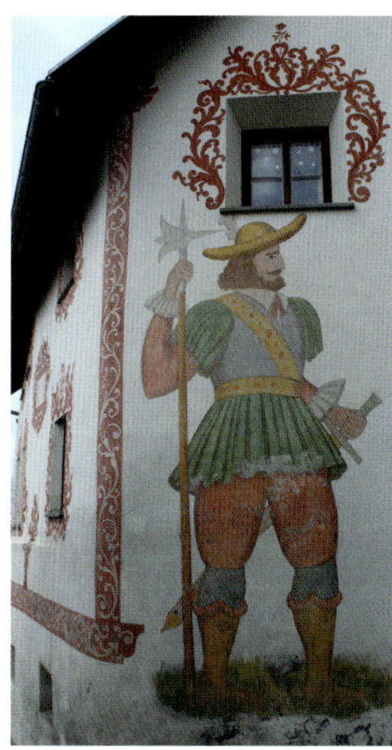

Fassadenmalerei in Tschlin.

Schlucht des Val Tiatsch ist mit einer Haltekette gesichert. Nach der Waldlichtung am Pra d'Arsüra (1561 m) überwindet der stellenweise gesicherte Pfad das felsige Val Mundin. Dann geht's mit Blick auf die Innschlucht in der Tiefe (Kraftwerk) sehr steil in den God Mundin hinunter und links zu den Lawinenstrichen im Val Zipla hinüber. Nach der Überquerung einer Forststrasse kommen Sie vergleichsweise einfach über das Val Funtana Dadaint. Unterhalb der gleichnamigen Quelle kommen Sie auf einem Stufenweg wieder zum Schotterfahrweg, dem Sie links zur Zufahrtsstrasse nach Samnaun folgen. Auf dieser gelangen Sie rechts in wenigen Minuten zum **Restaurant Vinadi** 05 (1086 m), das an der Strasse durch die Innschlucht zwischen Martina und Pfunds steht (Postauto-Haltestelle).

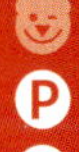
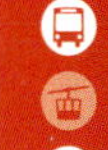
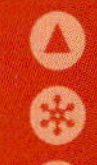

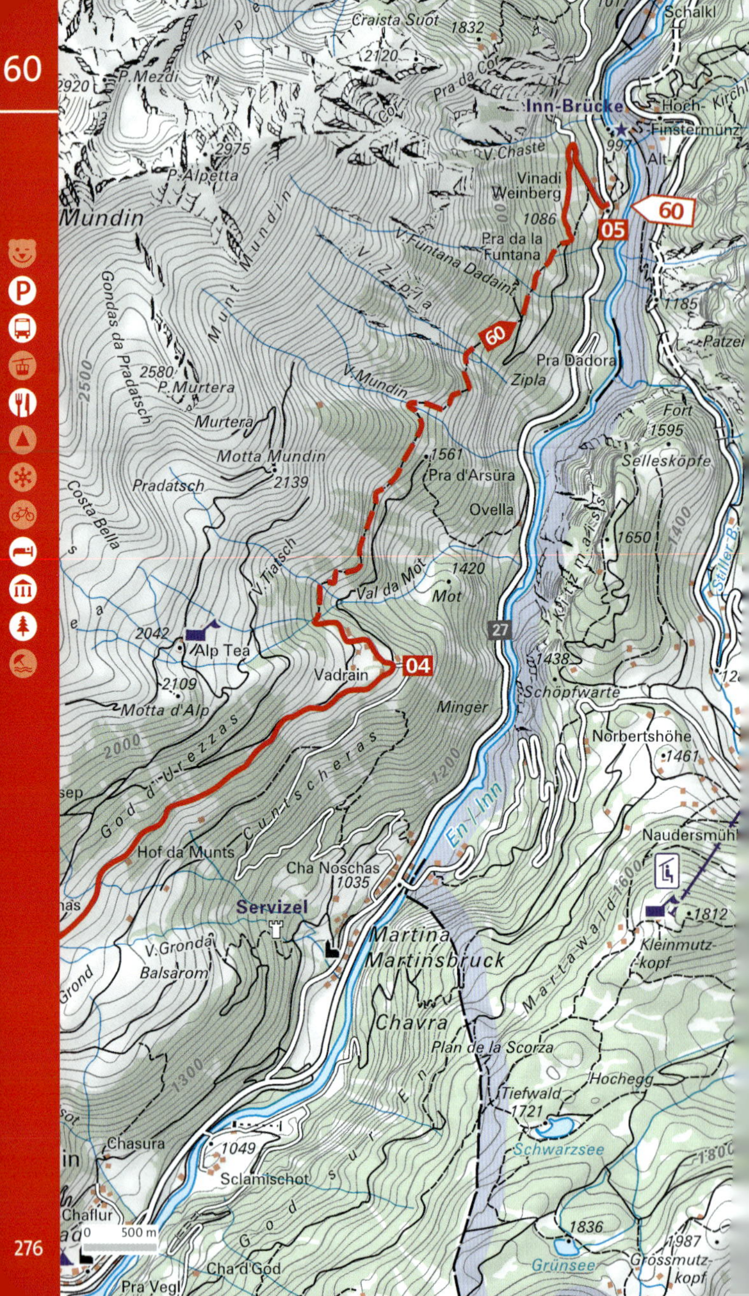
Inn-Brücke
Finstermünz
Schalkl
Vinadi Weinberg
Pra da la Funtana
Pra Dadora
Zipla
V. Mundin
Mundin
P. Murtera
Murtera
Motta Mundin
2139
Pradatsch
Costa Bella
Alp Tea
Motta d'Alp
Vadrain
Val da Mot
Mot
Pra d'Arsüra
Ovella
Fort
Selleköpfe
Schöpfwarte
Norbertshöhe
Naudersmühl
Kleinmutz-kopf
Hof da Munts
Cha Noschas
Servizel
Martina
Martinsbruck
Chavra
Plan de la Scorza
Tiefwald
Hochegg
Schwarzsee
Chasura
Sclamischot
Chaflur
Cha d'God
Pra Vegl
Grünsee
Grossmutz-kopf
V. Gronda
Balsarom
En / Inn
60
05
04
0 500 m

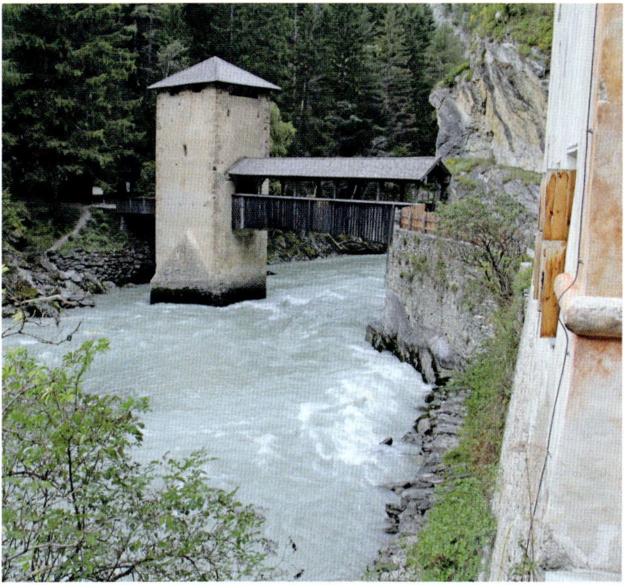

Altfinstermünz

Mitten in der Innschlucht zwischen dem Engadin und Tirol befindet sich eine seltsame Befestigungsanlage. Von dort führte die römische Via Claudia Augusta – bis ins 2. nachchristliche Jahrhundert einer der wichtigsten Alpenübergänge – zum Reschenpass hinauf. Bis ins 11. Jahrhundert war die Klause Altfinstermünz die Gerichtsstätte für das Tiroler Oberland und das Unterengadin, später kassierte man dort Zoll. 1472 erbaute man einen Wehrturm im Fluss, der über Holzbrücken erreichbar ist. Die renovierte Anlage wird heute als Kulturareal genützt (Eintrittsgebühr). Beschilderter Zugang vom Parkplatz 100 m nach Vinadi (15 Minuten Abstieg, 20 Minuten Aufstieg).

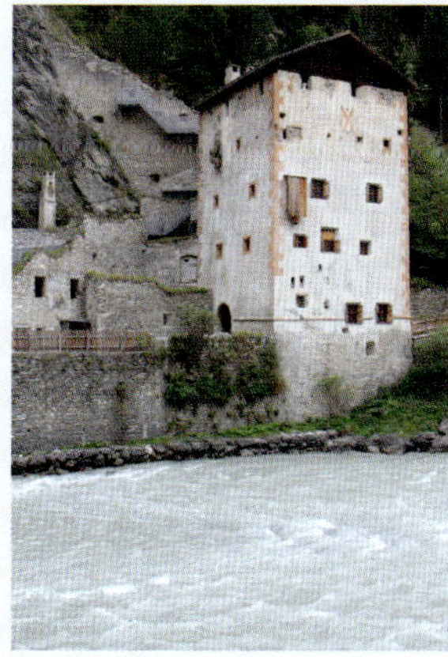

www.altfinstermuenz.com

MEINE TIPPS

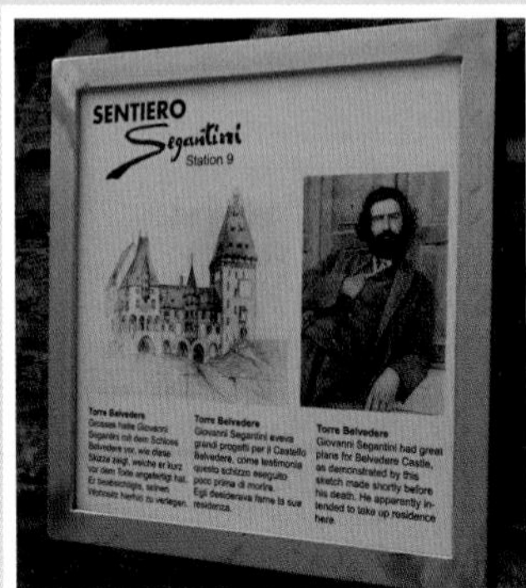

Auf Giovanni Segantinis Spuren.

FÜR KULTURINTERESSIERTE

Am Westrand von Sent schuf der international bekannte Künstler Not Vital, der aus dem Dorf stammt, einen Kunstpark (Eintritt nur mit Führung). Die Pensiun Aldier birgt in ihren Gewölbekellern einen Teil des grafischen Werks des grossen Bergeller Künstlers Alberto Giacometti.
www.sent-online.ch/attracziuns
www.aldier.ch/de/alberto-giacometti

Das weithin sichbare Schloss Tarasp über Vulpera bei Scuol ist eine der eindrücklichsten Burgen der Schweiz.
www.schloss-tarasp.ch

Das Museum d'Engiadina Bassa bietet einen guten Einblick in die Geschichte des Unterengadins. Das 20 Gehminuten von Scuol entfernte alte Badehaus am Inn bildet eine spannende Synthese von Künstlerhaus, Kunsthalle und Kulturzentrum.
www.museumscuol.ch
www.nairs.ch

Vor oder nach einem Besuch der berühmten Klosterkirche St. Johann in Müstair (UNESCO-Welterbe) lohnt sich die Besichtigung des reichhaltigen Klostermuseums im Plantaturm.
www.muestair.ch

Das Museum 14/18 in Sta. Maria Val Müstair erinnert an die Zeit des Ersten Weltkriegs, als die Schweizer Staatsgrenze auch in der Gletscherregion gesichert werden musste.
www.stelvio-umbrail.ch

In Sta. Maria kann auch eine sorgsam renovierte Wassermühle aus dem 17. Jahrhundert besichtigt werden.
www.muglin.ch

Das Hotel Castell über Zuoz ist für seine einzigartige Sammlung zeitgenössischer Kunst bekannt. Führung mit Besichtigung des höchst originellen „Skyspace Piz Utèr" von James Turrell jeden Donnerstag um 17 Uhr.
www.hotelcastell.ch/kunst-architektur/kunst-im-castell

Eine Fahrt mit dem berühmten Berninaexpress der Rhätischen Bahn zählt zu den spektakulärsten Alpenüberquerungen auf Schienen – gleiches gilt für den Erlebniszug Albula mit seinen alten Holzwaggons. Beide Strecken sind UNESCO-Welterbe.
www.rhb.ch/de/panoramazuege

Olympiafeeling in Celerina, dem Ort des ersten Bob Run der Welt.
https://bobmuseum.ch

Die Chesa Planta, ein Kulturzentrum mit überregionaler Ausstrahlung in Samedan, bietet eine Begegnung mit rätoromanischer Kultur.
www.chesaplanta.ch

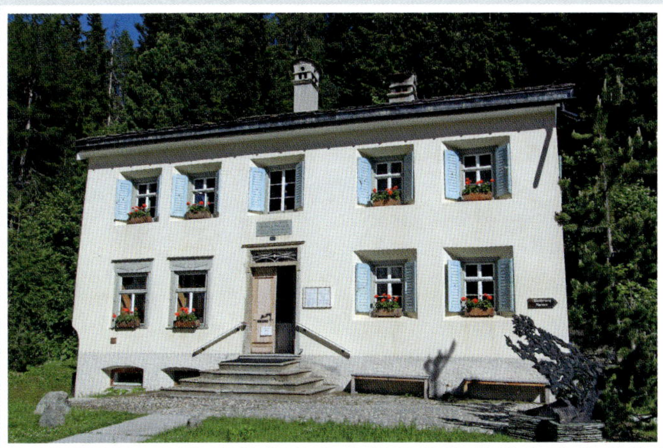

In diesem Haus verbrachte Friedrich Nietzsche mehrere Sommer in Sils i. E.

Das Museum Alpin in Pontresina birgt heimatkundliche Sammlungen und bietet eine Multimediaschau zum Thema „Bergerlebnis".
www.museums.ch/org/de/Museum-Alpin

Im Valposchiavo/Puschlav sind sechs ganz unterschiedliche Museen und Sammlungen zu besichtigen.
www.valposchiavo.ch/de/erleben/erkunden/museen

St. Moritz bietet kulturell sehr viel: Das Museum Engiadinais, das Berry-Museum oder das Mili-Weber-Haus (nur mit Führung zu besichtigen). Etwas oberhalb des Ortsteils Bad ist Giovanni Segantini, dem Erneuerer der Alpenmalerei, ein aussergewöhnliches Museum gewidmet.
www.museum-engiadinais.ch
www.berrymuseum.com
www.miliweber.ch
www.segantini-museum.ch

Im kleinen Nietzsche-Haus – Museum, Wohn- und Forschungsstätte – erinnert man sich in Sils an einen der berühmtesten Gäste im Engadin.
http://nietzschehaus.ch

Giovanni Segantini ist auch in Maloja noch allgegenwärtig – etwa in seinem einstigen Atelier oder auf dem Sentiero Segantini, einem Themenweg zu vielen Orten, die auf seinen Bildern zu sehen sind.
www.segantini.com/centro-segantini-maloja

Wichtige kulturelle Zielpunkte im Bergell sind das Museo Ciäsa Granda in Stampa und das historische Archiv des Bergells im Palazzo Castelmur. Borgonovo war übrigens die Heimat jener weltberühmten Künstlerfamilie, der Giovanni, Augusto, Diego und Alberto Giacometti entstammen.
http://ciaesagranda.ch
www.palazzo-castelmur.ch

ALLES AUSSER WANDERN

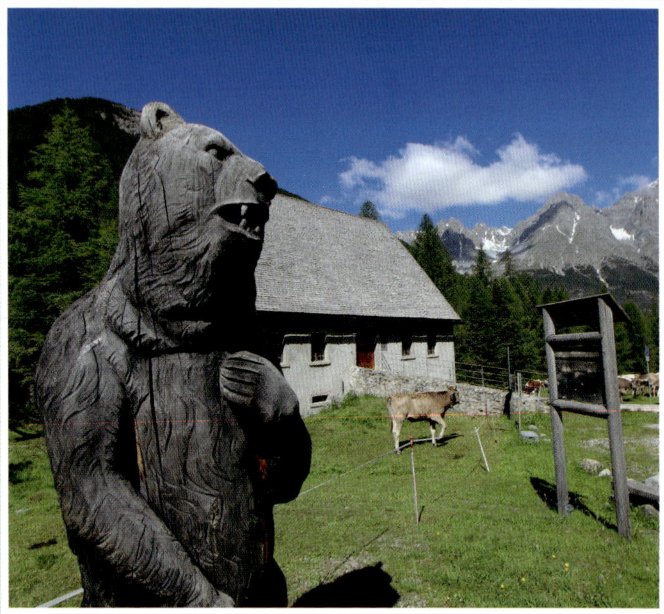

Ein Besuch des Museums Schmelzra in S-charl ist ein bäriges Erlebnis.

FÜR NATURFREUNDE

Das einstige Verwaltungsgebäude der Bergwerke in S-charl beherbergt heute das Museum Schmelzra mit einer Bergbau- und Bärenausstellung. *www.nationalpark.ch/de/besuchen/museum-schmelzra*

Erleben, erfahren und entdecken, staunen, hinterfragen und mitgestalten: Der Besuch des Nationalparkzentrums in Zernez ist ein echtes Erlebnis – und die ideale Vorbereitung für erlebnisreiche Wanderungen im Schweizerischen Nationalpark. *www.nationalpark.ch/de/besuchen/nationalparkzentrum*

FÜR WASSERFANS

Baden in reinem Mineralwasser – das kann man im Bogn Engiadina in Scuol, einer der beliebtesten Bade- und Saunalandschaften der Schweiz. *www.bognengiadina.ch*

St. Moritz ist für sein Hallenbad, Spa & Sportzentrum Ovaverva weit und breit bekannt. Gleich daneben, im Forum Paracelsus, lädt ein Trinkbrunnen zur Degustation des St. Moritzer Sauerwassers ein. In einer Ausstellungen zur Bädergeschichte kann man dort sogar eine Quellfassung aus der Bronzezeit bewundern. *www.ovaverva.ch*

Der Lej da Silvaplauna ist ein Hot-Spot der internationalen Kitesurfszene – dem Malojawind sei Dank.
https://silvaplana.ch/sommer/erleben/kitesurfing

Und noch ein Superlativ: Auf dem Silsersee verkehrt die höchstgelegene Kursschifflinie Europas. In 40 Minuten fährt die MS Segl Maria von Sils nach Maloja hinüber – schöner lässt sich die Berglandschaft des Oberengadins wohl nicht erleben.
www.sils.ch/de-ch/geschichten/silser-geschichten/schifffahrt-silsersee

FÜR BODENSTÄNDIGE GENIESSER

Die Tuorta da nuschs, die berühmte Engadiner Nusstorte, stammt eigentlich aus dem Süden. Ausgewanderte Zuckerbäcker haben sie bei ihrer Rückkehr mitgebracht. Heute stellen viele Bäckereien die lang haltbare Leckerei nach eigenen Rezepten her – in eckiger Form gibt es sie aber nur in der Zuckerbäckerei Benderer in Sent.
www.benderer.ch

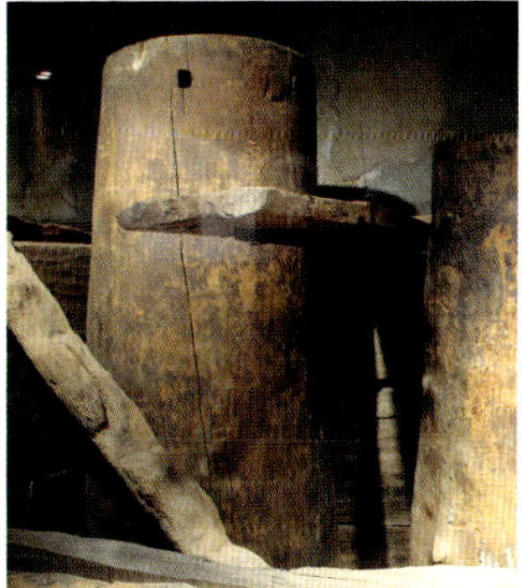

Darin badete man in der Bronzezeit.

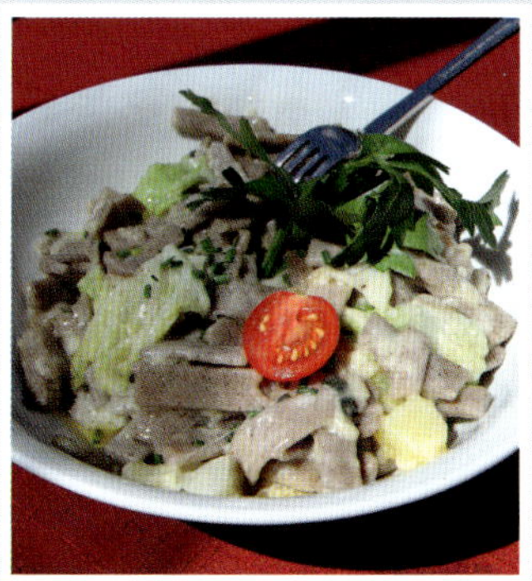

Köstliche Pizzoccheri – bun appetit!

Im Unterengadin braut man (wieder) Bier – in der Alpenbrauerei Girun in Tschlin, in der Bieraria Tschlin in Martina und in der Brauerei Engadiner Bier in Pontresina.
www.girun.ch, www.bieraria.ch, www.kaeslinp.ch

„Geistiges" aus Kräutern, Berggetreide und Zapfen wird in der Antica Distilleria Beretta in Tschierv gebrannt.
www.distilleriaberetta.ch

Das Cafè Badilatti in Zuoz ist Europas höchstgelegene Kaffeerösterei.
www.cafe-badilatti.ch

Bei der Herstellung zusehen und geniessen – das ist das Motto der Schaukäserei Morteratsch bei Pontresina.
www.alp-schaukaeserei.ch

In Brusio (Puschlav) und im Bergell stehen im Herbst die Esskastanien im kulinarischen Mittelpunkt. Beim Festival della Castagna staunt man über die Geschmacksvielfalt des einstigen Grundnahrungsmittels.
http://kastanienland.ch

BERGRESTAURANTS, ALP- UND SCHUTZHÜTTEN

Bitte beachten Sie, dass sich die angegebenen Bewirtschaftungszeiten und Telefonnummern kurzfristig ändern können.
SAC = Schweizer Alpen-Club
www.sac-cas.ch

Engiadina Bassa/Unterengadin

Hof Zuort
7556 Ramosch,
Tel. +41 81 866 31 53,
www.zuort.ch

Hotel Val Sinestra
7554 Sent,
Tel. +41 81 866 31 05,
www.sinestra.ch

Sesvennahütte
Alpenverein Südtirol, I-39024 Mals,
Tel. +39 0473 830 234,
+39 347 954 1069,
www.sesvenna.com

Chamanna Lischana/Lischanahütte
SAC, 7524 Zuoz,
Tel. +41 81 864 95 44,
www.lischanahuette.ch

Bergrestaurant Alpetta (Motta Naluns)
7550 Scuol,
Tel. +41 81 861 14 80,
www.alpettascuol.ch

Bergrestaurant Prümaran Prui
7551 Ftan,
Tel. +41 81 864 03 40,
www.prui.ch

Alp Laret
7551 Ftan,
Tel. +41 81 864 08 80, +41 81 864 84 71

Chamonna Tuoi/Tuoihütte
SAC, 7530 Zernez,
Tel. +41 79 682 32 23,
+41 81 862 23 22,
www.tuoi.ch

Engiadin'Ota/Oberengadin

Gasthaus Albula-Hospiz
CH-7522 La Punt Chamues-ch,
Tel. +41 81 850 03 88,
https://albulahospiz.ch

Romantik Hotel Muottas Muragl
7503 Samedan,
Tel. +41 81 842 82 32,
www.mountains.ch/de/hotels

Munt da la Bês-cha, Restorant
7504 Pontresina,
Tel. +41 79 793 06 80,
www.schafberg.ch

Chamanna Segantini/Segantinihütte
7504 Pontresina,
Tel. +41 79 681 35 37,
www.segantinihuette.ch

Hotel Fex
CH-7514 Val Fex-Segl/Sils,
Tel. +41 81 832 60 00,
www.hotelfex.ch

Alp da Segl
7514 Val Fex-Segl/Sils,
Tel. +39 347 199 36 30

Chamanna Boval/Bovalhütte
SAC, 7504 Pontresina,
Tel. +41 79 567 87 65, +41 81 842 64 03,
www.boval.ch

Chamanna Cluozza
Schweizerischer Nationalpark,
7530 Zernez,
Tel. +41 81 856 12 35,
www.cluozza.ch

Chamanna Coaz/Coazhütte
SAC, 7504 Pontresina,
Tel. +41 81 842 62 78,
www.coaz.ch

Berghaus Diavolezza
7504 Pontresina,
Tel. +41 81 839 39 00,
www.diavolezza.ch

Berghaus Fuorcla Surlej
7513 Silvaplana-Surlej,
Tel. +41 79 791 48 84

Restaurant Hahnensee
7500 St. Moritz,
Tel. +41 81 833 36 34

Chamanna Es-cha
SAC, 7522 La Punt Chamues-ch,
Tel. +41 81 854 17 55, +41 79 336 25 55,
www.es-cha.com

Chamanna Tschierva/Tschiervahütte
SAC, 7504 Pontresina,
Tel. +41 81 842 63 91, +41 79 307 57 87,
www.tschierva.ch

Chamanna Georgy/Georgy's Hütte
7504 Pontresina,
Tel. +41 78 670 95 79, +41 79 512 19 12,
www.georgy-huette.ch

Chamanna Paradis
7504 Pontresina,
Tel. +41 79 610 36 03

Parkhütte Varusch
7525 S-chanf,
Tel. +41 81 851 54 54,
www.varusch.ch

Valposchiavo/Puschlav

Albergo Alp Grüm
7710 Alp Grüm,
Tel. +41 81 844 03 18

Rifugio Cavaglia
7742 Cavaglia-Poschiavo,
Tel. +41 81 844 05 65,
www.rifugiocavaglia.ch

Ristorante Alpe Campo
SAC, 7742 Sfazù,
Tel. +41 81 844 04 82,
www.valdicampo.ch

Rifugio Saoseo
SAC, 7742 Poschiavo,
Tel. +41 81 844 07 66,
www.saoseo.ch

Sassal Masone
7710 Ospizio-Bernina,
Tel. +41 81 844 03 23

Val Bregaglia/Bergell

Capanna da l'Albigna/Albignahütte
SAC, 7603 Vicosoprano,
Tel. +41 81 8221405,
www.albigna.ch

Capanna Forno/Fornohütte
SAC, 7516 Maloja,
Tel. +41 81 8243182,
+41 76 3933196, www.fornohuette.ch

Capanna Sasc Furä
SAC, 7606 Bondo,
Tel. +41 81 822 12 52, +41 79 437 25 80,
www.sascfura.ch

Capanna di Sciora/Sciorahütte
SAC, 7606 Bondo,
Tel. +41 81 822 11 38,
www.sachoherrohn.ch

ÜBERNACHTUNGSVERZEICHNIS

€ unter CHF 60 €€ CHF 60 – 120 CHF €€€ über CHF 120
(pro Pers./DZ/inkl. Frühstück)

Samnaun .... PLZ 7563
Hotel Garni Aurora €€, Waldweg 3, Tel. +41 81 868 51 31, www.aurora-samnaun.ch

Tschlin .... PLZ 7559
Hotel Macun €€, Giassa d'Immez 88, Tel. +41 81 866 32 70, https://hotelmacun.ch

Vnà .... PLZ 7557
Pension Arina €€, Vnà, Tel. +41 81 866 31 27, http://pension-arina.ch

Sent .... PLZ 7554
Pensiun Aldier €€€, Plaz 154, Tel. +41 81 860 30 00, www.aldier.ch
Hof Zuort €€€, Val Sinestra, Tel. +41 81 866 31 53, www.zuort.ch

Scuol .... PLZ 7550
Hotel Altana €€, Via da la Staziun 496, Tel. +41 81 861 11 11, www.altana.ch
Jugendherberge Scoul €, Pra da Faira, Tel. +41 81 862 31 31, www.youthhostel.ch/scuol

S-charl .... PLZ 7550
Gasthaus Mayor €€, S-charl 563, Tel. +41 81 864 14 12, https://gasthaus-mayor.ch
Alpengasthaus Crusch Alba €€€, S-charl, Tel. +41 81 864 14 05, www.cruschalba.ch

Ardez .... PLZ 7546
Schorta's Alvetern, Hotel €€, Arfusch 171, Tel. +41 81 862 21 44, www.alvetern.ch

Guarda .... PLZ 7545
Hotel Meisser €€€, Dorfstrasse 42, Tel. +41 81 862 21 32, www.hotel-meisser.ch
Guarda Lodge €€-€€€, Sur Chafarrer 96, Tel. +41 81 862 29 29, www.guardalodge.ch

Lavin .... PLZ 7543
Hotel Piz Linard €€€, Tel. +41 81 862 26 26, https://www.pizlinard.ch

Zernez .... PLZ 7530
Hotel Crusch Alba €€€, Röven 53, Tel. +41 81 856 13 30, https://cruschalba-zernez.ch
Camping Cul €, Zernez, Tel. +41 81 856 14 62, www.camping-cul.ch

Müstair .... PLZ 7537
Hotel Casa Chalavaina €€-€€€, Müstair, Tel. +41 81 858 54 68, http://chalavaina.ch

Sta. Maria Val Müstair .... PLZ 7536
Hotel Crusch Alba €€, Plaz d'Immez 23, Tel. +41 81 858 51 06, www.hotel-cruschalba.ch
Jugendherberge Sta. Maria €, Chasa Plaz, Tel. +41 81 858 56 61, www.youthhostel.ch/de/hostels/sta-maria

Lü .... **PLZ 7534**
Pension Hirschen €€, Lü, Tel. +41 81 858 51 81, www.hirschen-lue.ch

Brail .... **PLZ 7527**
Hotel Post €€, Via Maistra, Tel. +41 81 851 22 66, www.zernez.com/deutsch/hotel/hotel-post

Zuoz .... **PLZ 7524**
Hotel Crusch Alva €€-€€€, Via Maistra 26, Tel. +41 81 851 23 40, www.cruschalva.ch

Bever .... **Plz 7502**
Hotel Chesa Salis €€-€€€, Fuschigna 2, Tel. +41 81 851 16 16, www.chesa-salis.ch

Samedan .... **Plz 7503**
Hotel Bernina 1865€€€, Plazzet 20 , Tel. +41 81 852 12 12, www.hotel-bernina.ch

Pontresina/Puntraschigna .... **PLZ 7504**
Hotel Steinbock€€€, Via Maistra 219, Tel. +41 81 839 36 26, www.hotelsteinbock.ch
Jugendherberge Pontresina €, Via da la staziun 46, Tel. +41 81 842 72 23, www.youthhostel.ch/de/hostels/pontresina

Poschiavo .... **PLZ 7742**
Albergo Croce Bianca €€-€€€, Postfach 135, Tel. +41 81 844 01 44, www.croce-bianca.ch

Celerina/Schlarigna .... **PLZ 7505**
All in One Hotel Inn Lodge €€, Via Nouva 3, Tel. +41 81 834 47 95, www.mountains.ch/de/hotels/all-in-one-hotel-inn-lodge

St. Moritz/San Murezzan .... **PLZ 7500**
Hotel Languard €€-€€€, Via Veglia 14, Tel. +41 81 833 31 37, www.languard-stmoritz.ch
Jugendherberge St. Moritz Bad €, Via Surpunt 60, Tel. +41 81 836 61 11, www.youthhostel.ch/de/hostels/st-moritz

Silvaplana/Silvaplauna .... **PLZ 7513**
Conrad's Mountain Lodge €€-€€€, Via dal Farrer 1, Tel. +41 81 828 83 83, www.cm-lodge.com

Sils/Segl .... **PLZ 7514**
Hotel Seraina €€, Via da Marias 37, Tel. +41 81 838 48 00, www.hotel-seraina.ch

Maloja .... **PLZ 7516**
Hotel Longhin €€€, Hauptstrasse 40a, Tel. +41 81 824 31 31, www.longhin.ch

Casaccia .... **PLZ 7602**
Hotel Pensiun Stampa €€, Hauptstrasse 1, Tel. +41 81 824 31 62, www.hotelstampa.ch

Soglio .... **PLZ 7610**
Hotel La Soglina €€€, Soglio, Tel. +41 81 822 16 08, www.lasoglina.ch

REGISTER

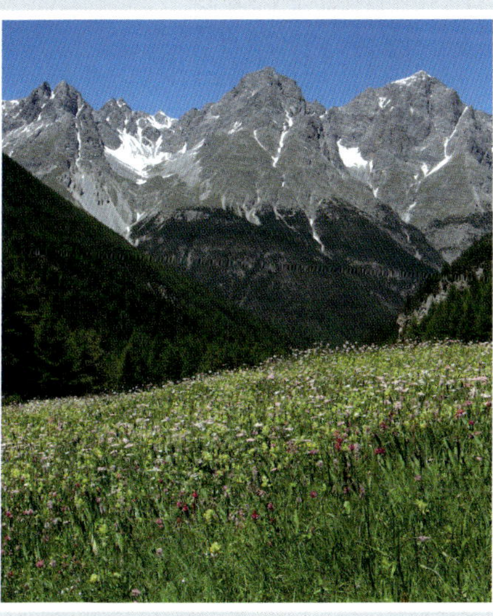

Die wilden Berge über S-charl im Unterengadin.

IMPRESSUM

© KOMPASS-Karten, A-6020 Innsbruck (20.01)
1. Auflage 2020 Verlagsnummer 5923 ISBN 978-3-99044-578-5

Titelbild: Frühsommer im Fextal © Wolfgang Heitzmann

Text und Fotos: Wolfgang Heitzmann und Renate Gabriel

Wanderkartenausschnitte: © Hallwag Kümmerly+Frey AG
Kartengrundlage für Gebietsübersichtskarte S. 10-11, U4:
© MairDumont, D-73751 Ostfildern 4

Benützung der Landeskarte der Schweiz mit Bewilligung von swisstopo (1502-U/051218)

Alle Angaben und Routenbeschreibungen wurden nach bestem Wissen gemäß unserer derzeitigen Informationslage gemacht. Die Wanderungen wurden sehr sorgfältig ausgewählt und beschrieben, Schwierigkeiten werden im Text kurz angegeben. Es können jedoch Änderungen an Wegen und im aktuellen Naturzustand eintreten. Wanderer und alle Kartenbenützer müssen darauf achten, dass aufgrund ständiger Veränderungen die Wegzustände bezüglich Begehbarkeit sich nicht mit den Angaben in der Karte decken müssen. Bei der großen Fülle des bearbeiteten Materials sind daher vereinzelte Fehler und Unstimmigkeiten nicht vermeidbar. Die Verwendung dieses Führers erfolgt ausschließlich auf eigenes Risiko und auf eigene Gefahr, somit eigenverantwortlich. Eine Haftung für etwaige Unfälle oder Schäden jeder Art wird daher nicht übernommen. Für Berichtigungen und Verbesserungsvorschläge ist die Redaktion stets dankbar. Korrekturhinweise bitte an folgende Anschrift:

KOMPASS-Karten GmbH
Karl-Kapferer-Straße 5, A-6020 Innsbruck
www.kompass.de/service/kontakt

MIX
Papier aus verantwortungsvollen Quellen
FSC® C015829